"十四五"时期国家重点出版物出版专项规划项目

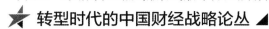
转型时代的中国财经战略论丛

国家自然科学基金项目（72204001，72471004）
安徽省高校优秀青年项目（2023AH030035）
安徽省哲学社会科学规划青年项目（AHSKQ2020D14）
安徽省高校优秀科研创新团队（2022AH010027）

"新四化"趋势下汽车产业转型升级演化机理研究

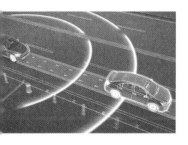

Research on Evolution Mechanism of
Automobile Industry Transformation and
Upgrading under the Trend of "New Four Modernizations"

赵　丹　等著

中国财经出版传媒集团
经济科学出版社
Economic Science Press
·北京·

图书在版编目（CIP）数据

"新四化"趋势下汽车产业转型升级演化机理研究／
赵丹等著. -- 北京：经济科学出版社，2024. 10.
（转型时代的中国财经战略论丛）. -- ISBN 978-7-5218
-6416-8

Ⅰ. F426. 471

中国国家版本馆 CIP 数据核字第 2024SY2390 号

责任编辑：王红英
责任校对：齐　杰
责任印制：邱　天

"新四化"趋势下汽车产业转型升级演化机理研究
"XINSIHUA" QUSHI XIA QICHE CHANYE ZHUANXING
SHENGJI YANHUA JILI YANJIU
赵　丹　等著
经济科学出版社出版、发行　新华书店经销
社址：北京市海淀区阜成路甲 28 号　邮编：100142
总编部电话：010 - 88191217　发行部电话：010 - 88191522
网址：www. esp. com. cn
电子邮箱：esp@ esp. com. cn
天猫网店：经济科学出版社旗舰店
网址：http：//jjkxcbs. tmall. com
固安华明印业有限公司印装
710 × 1000　16 开　34.75 印张　550000 字
2024 年 10 月第 1 版　2024 年 10 月第 1 次印刷
ISBN 978 - 7 - 5218 - 6416 - 8　定价：128.00 元
（图书出现印装问题，本社负责调换。电话：010 - 88191545）
（版权所有　侵权必究　打击盗版　举报热线：010 - 88191661
QQ：2242791300　营销中心电话：010 - 88191537
电子邮箱：dbts@ esp. com. cn）

支撑项目：

国家自然科学基金青年项目"新版双积分政策下新能源汽车扩散演化机理与积分调整决策研究"（项目批准号：72204001）研究成果；

安徽省高校优秀青年项目"新版双积分政策下智能网联汽车市场跨界合作演化机理研究"（项目批准号：2023AH030035）研究成果；

安徽省哲学社会科学规划青年项目"小世界网络环境下考虑供需两侧驱动的新能源汽车扩散机理研究"（项目批准号：AHS-KQ2020D14）研究成果；

安徽省高校优秀科研创新团队"社会计算"（2022AH010027）研究成果。

课题组成员

课题负责人：赵　丹　汪和平

主要成员：赵　丹　汪和平　王治国　张洪亮

　　　　　陈　彬　钟　玥　谢能刚

其他成员：王　健　李叶凯　李文武

总　序

转型时代的中国财经战略论丛

　　"转型时代的中国财经战略论丛"（以下简称《论丛》）是在国家"十四五"规划和 2035 年远景目标纲要的指导下，由山东财经大学与经济科学出版社共同策划的重要学术专著系列丛书。当前我国正处于从全面建成小康社会向基本实现社会主义现代化迈进的关键时期，面对复杂多变的国际环境和国内发展新格局，高校作为知识创新的前沿阵地，肩负着引领社会发展的重要使命。为响应国家战略需求，推动学术创新和实践结合，山东财经大学紧密围绕国家战略，主动承担时代赋予的重任，携手经济科学出版社共同推出"转型时代的中国财经战略论丛"系列优质精品学术著作。本系列论丛深度聚焦党的二十大精神和国家"十四五"规划中提出的重大财经问题，以推动高质量发展为核心，深度聚焦新质生产力、数字经济、区域协调发展、绿色低碳转型、科技创新等关键主题。本系列论丛选题涵盖经济学和管理学范畴，同时涉及法学、艺术学、文学、教育学和理学等领域，有力地推动了我校经济学、管理学和其他学科门类的发展，促进了我校科学研究事业的进一步繁荣发展。

　　山东财经大学是财政部、教育部和山东省人民政府共同建设的高校，2011 年由原山东经济学院和原山东财政学院合并筹建，2012 年正式揭牌成立。近年来，学校紧紧围绕建设全国一流财经特色名校的战略目标，以稳规模、优结构、提质量、强特色为主线，不断深化改革创新，整体学科实力跻身全国财经高校前列，经管类学科竞争力居省属高校首位。随着新一轮科技革命和产业变革的推进，学科交叉融合成为推动学术创新的重要趋势。山东财经大学秉持"破唯立标"的理念，积极推动学科交叉融合，构建"雁阵式学科发展体系"，实现了优势学科的联动发展。建立起以经济学、管理学为主体，文学、理学、法学、工学、教育学、艺术学等多学科协调发展的学科体系，形成了鲜明的办学特色，为国家经济建设和社会发展培养了大批高素质人才，在国内外享有较高声誉和知名度。

山东财经大学现设有 24 个教学院（部），全日制在校本科生、研究生 30000 余人。拥有 58 个本科专业，其中，国家级一流本科专业建设点 29 个，省级一流本科专业建设点 20 个，国家级一流本科专业建设点占本科专业总数比例位居省属高校首位。拥有应用经济学、管理科学与工程、统计学 3 个博士后科研流动站，应用经济学、工商管理、管理科学与工程、统计学 4 个一级学科博士学位授权点，11 个一级学科硕士学位授权点，20 种硕士专业学位类别。应用经济学、工商管理学、管理科学与工程 3 个学科入选山东省高水平学科建设名单，其中，应用经济学为"高峰学科"建设学科。在 2024 软科中国大学专业排名中，A 以上专业 23 个，位居山东省属高校首位；A＋专业数 3 个，位居山东省属高校第 2 位；上榜专业总数 53 个，连续三年所有专业全部上榜。工程学、计算机科学和社会科学进入 ESI 全球排名前 1%，"经济学拔尖学生培养基地"入选山东省普通高等学校基础学科拔尖学生培养基地。

山东财经大学以"努力建设特色鲜明、国际知名的高水平财经大学"为发展目标，坚定高质量内涵式发展方向，超常规引进培养高层次人才。通过加快学科交叉平台建设，扎实推进学术创新，实施科学研究登峰工程，不断优化科研管理体制，推动有组织的科研走深走实见行见效，助力学校高质量发展。近五年，学校承担国家级科研课题 180 余项，整体呈现出立项层次不断提升、立项学科分布逐年拓宽的特征，形成以经管学科为龙头、多学科共同发展的良好态势。其中，国家重点研发计划 1 项，国家社会科学基金重大项目 5 项、重点项目 9 项、年度项目 173 项。学校累计获批省部级科研奖励 110 余项，其中，教育部人文社科奖一等奖 1 项，成功入选《国家哲学社会科学成果文库》，实现学校人文社科领域研究成果的重大突破。学校通过不断完善制度和健全机制激励老师们产出高水平标志性成果，并鼓励老师们"把论文写在祖国的大地上"。近五年，学校教师发表 3500 余篇高水平学术论文，其中，被 SCI、SSCI 收录 1073 篇，被 CSSCI 收录 1092 篇，在《中国社会科学》《经济研究》《管理世界》等中文权威期刊发表 18 篇。科研成果的竞相涌现，不断推进学校哲学社会科学知识创新、理论创新和方法创新。学校紧紧把握时代脉搏，聚焦新质生产力、高质量发展、乡村振兴、海洋经济和绿色低碳已搭建省部级以上科研平台机构 54 个，共建中央部委智库平台 1 个、省级智库平台 6 个，省社科理论重点研究基地 3 个、省高等学校实验室 10 个，为教师从事科学研究搭建了更广阔的平台，营造了更优越的学术生态。

"十四五"时期是我国从全面建成小康社会向基本实现社会主义现代化迈进的关键阶段，也是山东财经大学迎来飞跃发展的重要时期。2022 年，党的二十大的胜利召开为学校的高质量发展指明了新的方向，建校 70 周年暨合并建校 10 周年的校庆更为学校的内涵式发展注入了新的动力；2024 年，学校第二次党代会确定的"一一三九发展思路"明确了学校高质量发展的路径。在此背景下，作为"十四五"时期国家重点出版物出版专项规划项目，"转型时代的中国财经战略论丛"将继续坚持以马克思列宁主义、毛泽东思想、邓小平理论、"三个代表"重要思想、科学发展观和习近平新时代中国特色社会主义思想为指导，紧密结合《中共中央关于制定国民经济和社会发展第十四个五年规划和二〇三五年远景目标的建议》和党的二十届三中全会精神，聚焦国家"十四五"期间的重大财经战略问题，积极开展基础研究和应用研究，进一步凸显鲜明的时代特征、问题导向和创新意识，致力于推出一系列的学术前沿、高水准创新性成果，更好地服务于学校一流学科和高水平大学的建设。

我们期望通过对本系列论丛的出版资助，激励我校广大教师潜心治学、扎实研究，在基础研究上紧密跟踪国内外学术发展的前沿动态，推动中国特色哲学社会科学学科体系、学术体系和话语体系的建设与创新；在应用研究上立足党和国家事业发展需要，聚焦经济社会发展中的全局性、战略性和前瞻性重大理论与实践问题，力求提出具有现实性、针对性和较强参考价值的思路与对策。

序

汽车产业作为现代经济的重要支柱之一，其发展经历了多个阶段的转型与升级，从早期的机械化生产到电动化、智能化的不断进步，汽车产业的演变始终与时代的变迁息息相关。当今时代，汽车产业正经历一场深刻变革，这场变革的核心便是所谓的"新四化"趋势——电动化、智能化、网联化和共享化。这一趋势不仅推动了汽车技术的革新，也促使产业结构和商业模式的深度调整，更代表未来汽车产业发展的必由之路。然而，新冠疫情的暴发对中国实体经济造成了莫大冲击，西方国家实行技术制裁加大转型难度。经济处于复苏状态、技术还需不断突破，双重难题下汽车产业转型升级之路任重而道远。为此，"新四化"趋势下汽车产业转型升级演化机理问题是当前监管机构、汽车行业和学术界广泛关注的焦点。

近年来，国内外学者从多种视角对汽车产业转型升级及驱动政策相关问题展开研究，安徽工业大学管理科学与工程学院赵丹老师主持国家自然科学基金青年项目"新版双积分政策下新能源汽车扩散演化机理与积分调整决策研究"课题、安徽省高校优秀青年项目"新版双积分政策下智能网联汽车市场跨界合作演化机理研究"课题，以及其他汽车产业转型升级及驱动政策的相关省部级课题研究工作。这本专著针对"新四化"趋势下汽车产业转型升级演化机理问题进行的研究是在课题组已有研究工作和实践工作积累基础上的拓展和深入，包含车企微观生产决策、汽车产业电动化转型、汽车产业智联化转型等相关内容。

在车企微观生产决策方面，深入理解和有效管理车企微观生产决策，对车企的可持续发展和市场竞争力至关重要。这本专著考虑需求侧消费者低碳偏好、汽车制造商寻租行为、汽车市场内部竞合等研究情形，结合动态奖惩机制、奖惩政策到双积分政策的过渡、新旧双积分政策对比等，多方位、多角度地分析驱动政策对汽车制造商微观生产决策的影响，为汽车制造商生产决策和政府政策制定提供智力支持。车企微观生产决策的复杂性和重要性涵盖了资源配置、工艺优化、质量控制等多个方面，优秀的生产决策不仅能帮助车企在生产能力、成本、技术、供应链等诸多因素之间找到最佳平衡点，还可以提高车企运营效率以应对市场需求变化和技术进步带来的挑战。

在汽车产业电动化转型方面，电动化转型意味着一场经济结构的重塑，深刻影响汽车产业发展，探讨如何构建一个可持续发展的电动出行生态是目前的研究重点。该书首先通过演化博弈、随机演化博弈等方法，考虑政府动态政策以探讨各相关主体间的竞合关系；后续从复杂网络层面研究新能源汽车扩散问题，进一步拓展外部网络拓扑结构、内部节点更新策略等研究情形，从网络层面出发推动汽车产业变革。汽车产业电动化转型是一场社会价值观的变革，政策层面的大力支持，加上消费者对可持续发展的追求，共同推动着这场转型向着更深层次、更广泛的空间发展。

在汽车产业智联化转型方面，智联化转型不仅是对传统汽车技术的延续，更是对未来出行方式的一次颠覆性创新。然而，技术的复杂性、数据安全和隐私保护、新兴法规和标准的制定等难题，都需要行业内外的广泛合作和不断探索。该书在考虑公众对未知价值与风险感知的心理行为基础上，从供需两侧角度构建车企与消费者的双层网络博弈模型，通过分析双层异质网络的交互作用以推动智能电动汽车扩散；接续引入互联网企业与金融机构，通过考虑资金时滞探究智能网联汽车市场跨界合作演化机理问题，把握关键参数影响汽车产业智联化转型的支配规律，以及参数间的协同效用。

目前，国家层面针对汽车产业转型升级以及相关驱动政策研究工作高度重视，鼓励各类学者与研究人员对此类工作开展自主性与原创性工作。这本专著从我国促进新能源汽车产业发展的重大战略需求中凝练出科学问题，旨在从市场趋势、政策体系、竞争格局、创新路径和跨界融合等方面深入探讨汽车产业转型升级演化机理问题，集中体现了课题组目前的最新研究成果。这本专著通过对汽车产业转型升级过程的系统性分析，揭示汽车产业如何在政策和市场的双重驱动下实现创新与发展，能够为汽车产业转型升级和汽车产业政策等相关研究工作提供理论和方法基础，为政策制定者和行业从业者提供参考和借鉴，为推动汽车产业的持续健康发展贡献力量！

梁昌勇

安徽省管理学学会理事长

教育部"长江学者奖励计划"特聘教授

前　言

　　"新四化"趋势——电动化、智能化、网联化和共享化，作为推动汽车产业发展的主要动力，其不仅是技术进步的结果，更是政策引导、市场需求变化和环境保护等多重因素共同作用的产物。这一趋势不仅代表了汽车技术的飞跃发展，也对产业结构、市场格局以及政策环境提出了新的要求和挑战。汽车产业作为国民经济的重要支柱，其转型升级路径将深刻影响整个社会经济的未来发展。本书旨在深入探讨"新四化"趋势下汽车产业转型升级的演化机理，并对相关的驱动政策进行研究，以期为汽车产业的可持续发展提供理论指导和方法支持。

　　汽车产业的转型升级不仅是一个技术创新的过程，更是一个涉及多方利益主体的具有复杂因果关系和时序的复杂系统行为的问题。了解各项技术变革如何相互影响、交织并推动产业进步，有助于我们把握未来汽车产业发展的脉搏与方向；分析当前政策环境及其对汽车产业转型的支持与制约因素以及各因素间的联动性，可以为决策者提供可行的决策建议。本书通过引入了演化博弈、随机演化博弈、复杂网络博弈以及非线性动力学等先进理论和方法，设定车企微观生产决策、汽车产业电动化转型和汽车产业智联化转型三类需要逐一研究、逐层深入与有机联系的具体研究内容，从多层面、多维度系统性地探讨了"新四化"趋势下汽车产业转型升级演化机理问题。

　　演化博弈理论作为研究社会行为演变的重要工具，利于我们深入理解汽车产业中不同主体（包括企业、政府、金融机构和消费者）之间的行为交互，能够揭示在电动化、智能化、网联化和共享化的推动下各方主体如何调整其策略以实现长期的最优状态，以及这些调整如何影响汽车产业转型升级进程；随机演化博弈则考虑了主体策略选择中的随机性和不确定性，使我们能够更真实地模拟汽车产业转型升级过程中可能面临的各种不确定因素，有助于探索在面对政策调整、技术变革以及市场波动时各方主体应如何采取有效的应对措施；复杂网络博弈为探索汽车产业多层面、跨领域互动关系提供了全新视角，通过分析产业链中各个节点之间的网络结构及其动态变化，我们能够更好地理解企业之间的合作与竞争关系，以及这些关系如何影响整个汽车产业的协同演化；非线性动力学理论则能够解释汽车产业转型过程中的复杂动态现象，如混沌、分叉等非线性现象，这些现象往往在传统线性分析中易被忽视且对产业发展的影响深远，通过对这些非线性现象的深入研究可以更准确地预测汽车产业未来发展的趋势。

面对全球竞争的加剧，以及环境保护和能源转型的双重压力，汽车产业的转型升级不仅是技术的革新，更是产业生态系统的重构。未来汽车产业发展将需要企业、政府和社会各界的共同努力，以应对复杂多变的外部环境，实现可持续发展的目标。

期待本书的研究工作能够为读者开启一扇洞察汽车产业未来发展的窗口，为汽车行业的研究者、政策制定者以及相关从业者提供有价值的参考。我们诚挚地希望各行各业积极参与，共同推动中国汽车产业迈向更光明的未来。

本书研究工作受到国家自然科学基金青年项目"新版双积分政策下新能源汽车扩散演化机理与积分调整决策研究"（项目批准号：72204001）、安徽省高校优秀青年项目"新版双积分政策下智能网联汽车市场跨界合作演化机理研究"（项目批准号：2023AH030035）、安徽省哲学社会科学规划青年项目"小世界网络环境下考虑供需两侧驱动的新能源汽车扩散机理研究"（项目批准号：AHSKQ2020D14）、安徽省高校优秀科研创新团队"社会计算"（2022AH010027）的支持，在此一并感谢！本书是在前人相关研究成果的基础上，进一步发掘出的崭新课题，在此向他们表示衷心的感谢！

限于编者水平，书中的不足之处，敬请广大同仁及读者不吝指正。

作 者
2024 年 9 月

目　录

上篇：车企微观生产决策

中篇：汽车产业电动化转型

下篇：汽车产业智联化转型

第1章 绪 论

自全球经济高速发展及科技飞速进步，我国汽车产业正经历前所未有的深刻变革。"新四化"——电动化、智能化、网联化、共享化，成为引领汽车产业转型升级的重要趋势，这些趋势不仅改变了传统汽车产业的生产方式、产品形态和商业模式，还对政策制定和产业布局提出了新的挑战和要求。全球汽车保有量的快速增长和城市化进程的加速使传统燃油车辆带来的环境问题日益突出，迫使燃油车企纷纷投入转型行列。"新四化"趋势下汽车产业转型升级是一个复杂而系统的过程，涉及技术创新、市场需求、政策驱动等多个方面。在这个过程中，政府、企业、金融机构和消费者以及其他各行各业均扮演着重要的角色。如何在目前的社会环境、国际局势中引导汽车市场朝着环保、高效能源利用的方向发展，成为当下众多学者所关注的重点课题。深入研究各利益相关主体间的交互关系以及政府的牵头作用，对于推动汽车产业健康、可持续发展具有重要意义。本书以此作为切入点，重点探讨"新四化"趋势下汽车产业转型升级的演化机理及驱动政策。

1.1 研究背景与问题提出

1.1.1 研究背景

随着信息技术与制造业的深度融合，"互联网＋汽车"成为时代热题，全球范围内的汽车产业结构和商业模式正在经历前所未有的变革（张伯旭和李辉，2017；Liu et al. ，2024）。在新一轮浪潮中，以电动化、智能化、网联化和共享化为主要特征的"新四化"趋势，不仅重新定义了各行各业的竞争格局，更深刻地影响着汽车产业的转型路径。其中，电动化是在环境保护压力下，推动汽车动力系统的革新；智能化技术推动汽车从传统的机械产品向智能化工具转变；网联化改变了人与车、车与车之间的交互模式；共享化优化交通环境，减少不必要的交通资源浪费。汽车产业作为国民经济的支柱产业，其自身规模大、带动效应强、国际化程度高、资金技术人才密集，必将成为新一轮科技革命以及中国制造业转型升级的中流砥柱（张新钰等，2024；李克强等，2017），也深刻影响了整个产业链条的结构和运作方式。从传统的内燃机驱动到电动化驱动的转变，从单一车辆到互联互通的智能交通系统，"新四化"正推动汽车产业迈向全新的发展阶段。

汽车产业的转型升级是一个复杂动态过程，其演化机理更是涉及多层面、多维度、多属性问题。（1）技术驱动是推动产业变革的核心动力：随着互联网、人工智能、大数据分析等新技术的不断成熟和应用，传统汽车制造商不得不调整其研发和生产策略以适应市场对电动化、智能化和网联化产品的需求。（2）市场需求变化是拉动产业转型的重要因素：消费者对环保、安全、舒适性和便利性的要求日益增加，促使汽车企业在产品设计、服务模式以及销售渠道上不断进行创新和调整；传统汽车的功能要求逐渐拓展到了对智能驾驶、多媒体互联等新领域的需求，推动了汽车产品设计和功能配置的全面升级（Wang C. et al.，2024）。（3）政策环境变化对汽车产业的演化产生深远影响：各国政府为应对环境保护和能源挑安全等挑战，相继出台一系列支撑新能源汽车研发和推广的政策措施，例如，碳减排驱动政策（碳交易政策、碳税政策等）和新能源汽车支持政策（补贴政策、双积分政策等）。产业是发展的根基，汽车产业更是一国综合实力的体现。新能源汽车将改变我国经济格局，应把握汽车产业革命机遇，进一步推动整体产业向更环保和智能化方向前行。

迫于能源环境及社会需求压力，各国政府普遍意识到汽车产业的重要性和其转型的紧迫性，纷纷制定了一系列政策措施以促进产业的升级和创新。例如，中国的双积分政策促进了新能源汽车的市场推广和技术创新；通过制定严格的排放标准和大力支持充电基础设施建设，欧洲推动了电动化技术的应用和普及（Kerna T. & Kigle S.，2022）；美国则通过技术创新和市场开放政策鼓励企业在智能网联汽车领域的投入和竞争（Wang J，2023）。政策驱动是响应全球环境和技术挑战的必然选择，随着全球汽车保有量的增加和城市化进程的加速，传统燃油汽车所带来的环境问题日益突出，迫使各国政府加大力度推动新能源汽车和环保技术的应用。政策的制定不仅能够引导市场向环保、高效能源利用的方向发展，还能有效推动汽车产业在技术创新和产业结构优化上的持续进步。

变革孕育新产品，新产品成就新企业，新企业造就新产业，新产业引领新时代。在汽车革命的大背景下，我国正处于由汽车大国向汽车强国转变的关键阶段，应准确把握汽车发展新形势、积极顺应汽车发展新潮流、勇于抢抓汽车发展新机遇，推动中国新能源汽车走向世界舞台中央（赵丹等，2024）。"新四化"趋势下的汽车产业转型升级是一个从决策到扩散、从微观到宏观的演化过程，涉及政府、汽车制造商、金融机构、消费者等多利益相关者的复杂行为。针对汽车产业转型升级演化机理及其驱动政策的研究，不仅有助于深入理解"新四化"趋势对汽车产业结构和竞争格局重塑的影响，也为各国政府和企业制定战略决策提供了理论依据和政策建议。

1.1.2 问题提出

在汽车产业"新四化"发展趋势下，汽车制造商的生存环境、成本构成、竞争规则和经营行为等均发生了改变，全球范围内汽车制造商的运作策略都面临着诸多由于供应链企业结构复杂、成员企业类型多样、企业间关系紧密、驱动政策等引发的与以往完全不同的新问题特性。鉴于已有相关研究成果的不足之处，本书结合汽车市场政策过渡，讨论"新四化"趋势下汽车产业转型升级演化机理，本书旨在解决以下问题。

1.1.2.1 驱动政策对汽车产业转型升级的影响

在双积分政策未问世之前，补贴政策作为推动汽车产业发展的有效工具之一，其对新能源汽车扩散的影响吸引众多学者开展深入研究。伴随新能源汽车的发展和大众对环保的重视，消费者低碳偏好和消费者续航能力需求被纳入供应链模型，久而久之，补贴政策和其他政策结合的复合牵引效果的研究也日渐丰富，例如补贴和税收政策、补贴和"双碳"政策等。在车企对补贴政策的高度依赖下，人们大多着眼于补贴对供应链定价和生产决策的影响，忽视了补贴结束后，车企应当如何调整生产策略以应对政策变化。

为推动国内新能源汽车产业高质量稳步发展和传统燃油汽车产业的节能降耗转型，双积分政策应运而生。双积分政策以市场机制逐步代替财政补贴，有效解决企业"骗补"现象频发问题。双积分政策作为降低企业平均燃料消耗并推广新能源汽车的可持续发展政策，有效接替补贴政策并在更大程度上推动新能源汽车市场扩张，冲击燃油车市场。然而，当前政策低于预期，积分市场供大于求，新能源汽车加持使得燃油车企节能技术研发懈怠，导致双积分政策降低油耗初衷难以实现。因此，双积分政策需要根据政策背景及市场发展逐步调节。时至今日，双积分政策历经数次修改，而变动后的双积分政策对于汽车产业转型升级的促进效果如何，至今还没有相关的理论研究给出答案。

1.1.2.2 "新四化"发展对汽车产业转型升级的影响

随着汽车工业的快速发展，发展新能源汽车已成为所有汽车企业的共识。作为减少交通排污的有效技术，新能源汽车企业近年来发展迅速：一方面，能源危机、环境污染和国家战略安全成为社会发展中的突出问题；另一方面，能源、电子、控制、互联网等新技术与汽车制造深度融合。因此，在能源战略转型阶段大力推动新能源汽车产业发展，是中国必须面对的问题。

新能源汽车产业被视为推动低碳交通转型和减缓气候变化的新兴战略产业。就目前而言，汽车产业正发生百年来最深刻的变革，电动化仅仅是序幕，智能网联则被认为是未来竞争的焦点。面对智能技术不完善、资金短缺、智能软件等问题，传统车企迫切需要寻求新发展出路，适应新能源智联化市场。针对汽车的智联化转型分两步进行：一是达到先进驾驶辅助标准（是指具有 0~2 级驾驶自动化功能），二是达到自动驾驶标准（是指具有 3~5 级驾驶自动化功能）[1]。智能网联汽车的发展弥补了我国在传统汽车制造方面低于发达国家的不足，是实现汽车制造业领先世界的关键突破。

---

① 智能网汽车分级：L0：应急辅助；L1：部分驾驶辅助；L2：组合驾驶辅助；L3：有条件自动驾驶；L4：高度自动驾驶；L5：完全自动驾驶。

1.2 研究意义与研究内容

1.2.1 研究意义

"新四化"趋势下汽车产业转型升级及驱动政策问题，是一个有待拓展的、具有较高研究价值和应用价值的崭新课题。该问题的研究成果能够为汽车产业转型升级这一复杂系统问题的研究提供科学的方法论指导，亦能够为政府和汽车企业制定最优策略提供智力支持。因此，本书具有重要的理论与实际意义。

1.2.1.1 理论意义

一是丰富了汽车产业转型升级演化机理问题的理论研究及方法论指导。由于双积分政策实施的年限较短，汽车制造商在实际的生产运作中更多关注的是新能源汽车的技术发展与补贴政策方面。双积分政策的实施，虽然让汽车制造商意识到低碳转型的重要性，但其对汽车市场新旧动能的转换影响较小，难以推动汽车市场的彻底转型。而本书从汽车制造商视角出发，系统推理补贴政策、双积分政策、碳税政策和碳交易对汽车制造商转型升级的影响，分析现阶段汽车制造商转型升级必要性。同时，本书通过对政策性、市场性、成本性和金融性等参数进行综合分析，能够为汽车制造商转型升级提供一定的智力支持。

二是促进多学科相关领域的进一步融合。汽车产业转型升级涉及多环节、多过程、多领域、多利益相关者，本书结合了能源与环境经济学理论、行为运作理论、运筹优化理论、复杂网络理论以及多种研究方法。该研究将汽车产业转型升级问题由二维运作层面推广到网络层面、由单层网络层面推广到多层网络层面，弥补了已有研究动态性不足和集成性低、复杂性低的缺陷，实现了研究方法方面的突破，力求为现实世界中汽车产业转型升级问题的研究提供科学的方法论指导。

1.2.1.2 实践意义

为政府宏观政策制定提供了一定的决策支持。大多数文献仅抽象表现了积分概念，本书结合双积分政策的具体内容，将实际积分核算标准纳入模型考虑范围，并根据财政部、发改委等最新发布的多项政策，提出"以奖代补，奖优罚劣"的思想，旨在提高理论与实践的关联度。本书针对双积分政策背景下新能源汽车产业发展出现的问题进行分析，并提出相应的政策建议。随着双积分政策对燃油消耗量达标值要求越来越严格，汽车制造商碳减排成本已成为企业生产成本中的重要支出，因此本书以双积分政策和低碳政策为背景，探究在国家优化汽车市场及社会能源结构的情况下，汽车制造商如何科学制定转型策略，以期达到最优化收益。同时，本书通过对不同政策组合进行比较，分析政策组合对汽车市场发展的影响，为政府部门制定政策提供理论指导，从而更好地推动汽车产业能源结构化转型。

1.2.2 研究内容

依据研究问题和研究目标，本书设定了如下三个主要研究内容。

（1）车企微观生产决策。针对该研究内容，主要从以下几个方面逐层展开：

①在政府奖惩机制和消费者低碳偏好条件下，构建了消费者效用函数、汽车制造商利润函数和政府与汽车制造商的演化博弈模型，并将积分交易价格、积分比例要求等双积分政策相关因素纳入模型中，分析政府以奖励代替补贴，以惩罚规制市场情景下汽车制造商生产决策。

②在双积分政策下，针对机动车检测过程中可能存在寻租行为影响纯电动汽车的质量问题，构建纯电动汽车制造商、第三方检测机构和地方政府间三方演化博弈模型，分析寻租行为对系统演化和博弈主体行为策略的影响。

③考虑供需两侧不同产业政策背景，基于有限理性建立了汽车制造商向价格博弈非线性演化模型。将非线性动力学理论与 Bertrand 博弈相结合，并将积分交易价格、碳税额、碳普惠收益等低碳政策因素纳入模型，分析供需两侧不同产业政策对新能源汽车产业发展的复合牵引作用。

④在隐性补贴与双积分政策并行阶段，建立由传统车企、零售商和消费者组成的4种汽车供应链决策模型，分析市场性因素和政策性因素对汽车制造商生产与定价决策的多重影响。

⑤考虑消费者电池技术敏感和积分交易价格因素，针对由一个动力

电池供应商和纯电动汽车制造商组成的二级汽车供应链，将新版双积分政策单车积分计算方法中的续驶里程、能量密度和电耗调整系数等纳入到供应链收益模型，研究电动汽车供应链研发与定价决策。通过仿真实验讨论了新版双积分政策的有效性，比较新旧版双积分政策对企业决策的影响。

⑥构建了政府不监管和实施监管时，纯电动车企和燃油车企的合作创新动态演化博弈模型，分析了新能源汽车（new energy vehicle，NEV）积分比例、标准车型积分计算方法和奖惩机制等对汽车企业合作创新行为演化的影响。

（2）汽车产业电动化转型。

针对该研究内容，主要从以下几个方面逐层展开：

①为有效驱动汽车市场稳步增大、燃油车企有序转型，本书在三方Hotelling模型基础上构建了由新能源车企、燃油车企、政府为主体的三方演化博弈模型，分析有关因素在系统演化过程中有着怎样的影响。

②如何有效地促进氢燃料电池汽车发展和绿氢的研发，已成为清洁能源发展的关键问题。考虑到多种环境不确定因素的随机干扰，本书构建了政府、车企和制氢企业三方随机演化博弈模型，分析补贴、氢基础设施建设成本和环境税等对博弈主体行为策略的影响。

③探讨了政府补贴对新能源汽车扩散的促进作用，构建了一个三阶段演化博弈模型。基于实际应用，在四种权威网络中模拟了新能源汽车的扩散过程。

④探讨了如何促进新能源汽车的稳定扩散，以及如何缓解政府面临的相关财政压力。首先，在考虑和不考虑补贴退坡的前提下，应用间接演化博弈论来检验地方政府与汽车制造商之间复杂行为的互动机制。其次，定义了理想事件，并分析了关键因素对系统动态演化过程的影响。

⑤运用复杂网络演化博弈论，研究了新版双积分政策对我国电动汽车扩散的影响，并进一步讨论了不同更新策略对电动汽车扩散的差别影响。

⑥在复杂网络背景下构建汽车制造商间演化博弈模型，引入动态碳交易机制、奖惩政策，分析各有关因素影响新能源汽车扩散的支配规律，进一步拓展不同更新策略对系统演化结果的影响。

⑦结合后悔理论和演化博弈理论，考虑个人碳交易，研究了动态双积分与动态碳交易政策下汽车制造商、研究机构和消费者间的交互作用。

（3）汽车产业智联化转型。

针对该研究内容，主要从以下几个方面逐层展开：

①在考虑价值与风险感知的基础上，构建汽车制造商与消费者间双层网络博弈模型，探讨相关因素对新能源汽车智能化转型的影响。

②在新版双积分政策下，通过 Hotelling 模型描述消费者效用，构建传统车企、互联网企业、金融机构三方演化博弈模型，探究传统车企在不同时期智联化转型策略。此外，本书将演化博弈与资金时滞相结合，定义传统车企长、短期发展理想事件。

③考虑新版双积分政策，构建传统车企、互联网企业和金融机构间三方演化博弈模型。定义了理想事件，分析了关键要素对系统演化的影响。最后，将资金时滞与演化博弈相结合，通过仿真实验对相关参数的敏感性进行分析。

1.3　研究方法与技术路线

1.3.1　研究方法

本书提出的"新四化"趋势下汽车产业转型升级及演化机理问题，是一个多学科交叉的研究问题。因此，针对该问题的具体研究涉及到来自不同学科的多种研究方法，主要包括文献归纳法、数学建模法、博弈论方法、比较分析法、仿真分析法等，具体说明如下：

（1）文献归纳法。针对"新四化"趋势下汽车产业转型升级演化机理问题的研究框架和科学问题的提炼，应用文献归纳法，梳理国内外已有前沿研究对问题的科学定义和具体刻画，以及前沿方法论指导。具体包括政府驱动政策研究、车企生产运营决策研究、新能源汽车扩散研究、智能网联汽车扩散研究、博弈论相关研究。

（2）数学建模法。运用数学符号、数学公式、程序、图形等对汽车产业转型升级演化机理本质属性进行抽象而又简洁的刻画，能够有效解释现阶段汽车产业内在决策行为并预测未来的发展规律，同时为推动汽车产业平稳发展提供最优策略。

（3）博弈论方法。研究具有竞争或对抗性质的对象在一定规则下产生的各种行为。博弈论考虑博弈中个体的预测行为和实际行为，并研究优化策略。为更准确把握制造商决策规律，本书将汽车制造商作为博弈主体，研究其应对其他博弈主体行为所作出的策略反应。

（4）比较分析法。比较分析法的基本思路是将相同或类似的项目进行比较，分析项目之间差异。通过使用比较分析法，本书比较新版和旧版双积分政策下，纯电动汽车制造商和动力电池供应商收益以及研发、定价决策的变化情况。

（5）仿真分析法。由于数学模型难以详细刻画实现均衡过程中各个参数对系统演化的影响，本书采用仿真分析法对理论分析进行验证和进一步拓展，即通过对模型参数赋值，可视化呈现系统动态演化过程并揭示其演化规律。

1.3.2 技术路线

本书研究的技术路线如图1.1所示。

1.3.3 研究特色与创新之处

本书对"新四化"趋势下汽车产业转型升级演化机理进行了探索和研究。针对已有研究中的不足之处，本书主要开展了以下三个方面的创新性工作。

（1）车企微观生产决策方面的创新性工作。

针对该研究内容，主要从以下几个方面逐层展开：

①结合我国财政部《关于完善新能源汽车推广应用财政补贴政策的通知》（以下简称《通知》），明确提出调整补贴方式，从购置补贴向示范应用转变，基于此本书提出以奖励代替补贴，以惩罚规制市场的政府机制，并融入双积分政策因素，探究政府机制与积分市场对汽车制造商生产决策的影响。在已有研究基础上，构建消费者效用函数，探究消费者低碳偏好、新能源汽车续航里程和质量等因素对汽车制造商价格、需求和利润的影响。利用演化博弈的特点，重点刻画政府动态奖惩机制，即静态奖励与静态惩罚、动态奖励与静态惩罚、静态奖励与动态惩罚、动态奖励与动态惩罚四种政策组合下对汽车制造商生产决策的影响，为

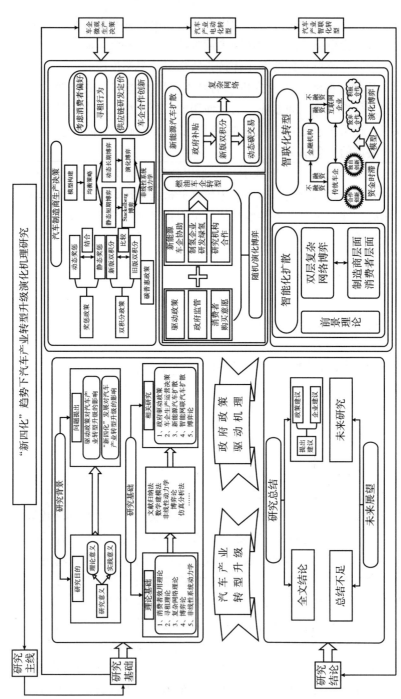

图1.1 技术路线

资料来源：笔者自行绘制。

补贴退坡后引导新能源汽车的高质量发展提供一定的智力支持。

②借助演化博弈理论，探讨纯电动汽车制造商、第三方检测机构和地方政府间潜在的寻租行为及其对纯电动汽车质量安全的影响。研究旨在揭示合谋行为产生的条件及其对消费者生命财产安全的威胁，完善监管机制，以推动新能源汽车产业的健康发展。

③探讨了政府补贴退出背景下，供给侧的碳税政策、双积分政策和需求侧的碳普惠政策对汽车产业新旧动能转换的影响，分析了消费者低碳偏好、积分价格、碳税额和碳普惠收益等因素对演化路径和系统稳定性的影响。进一步考虑将 Bertrand 博弈和非线性动力学理论相结合，基于有限理性，建立不完全信息下动态 Bertrand 博弈模型，探究产业政策对汽车产业生产和定价决策的动态影响。

④考虑隐性补贴和双积分政策深入推行的现实背景，通过构建不同情境下的博弈模型，分析政策过渡对传统车企生产决策的影响。通过建立燃油车油耗达标、未达标两种不同情境下的博弈模型，讨论两种生产模式在政策过渡阶段对汽车制造商生产与定价决策的影响。

⑤结合新版双积分政策单车积分计算方法，将续驶里程调整系数、能量密度调整系数和电耗调整系数等纳入模型，使研究问题更加贴合实际情况。研究新版双积分政策带来的影响，通过仿真实验比较新旧版双积分政策，讨论了新版双积分政策的有效性以及政策更迭对企业行为的潜在影响。

⑥结合国家发展和改革委员会《关于完善汽车投资项目管理的意见》，鼓励车企间的资源共享和战略合作，选取纯电动车企和燃油车企作为研究对象，将政府视为外部监管者与引导者，研究政府监管机制对创新主体决策的影响。结合双积分政策的具体考核标准，将纯电动车标准车型积分计算方法与油电混合的低耗车型积分计算方法纳入模型，研究市场机制对创新主体决策的影响。利用演化博弈特点刻画创新主体间合作策略的动态变化过程，并结合实际应用具体分析。

（2）汽车产业电动化转型方面的创新性工作。

针对该研究内容，主要从以下几个方面逐层展开：

①构建了新能源车企、燃油车企、政府的三方演化博弈，动态分析相关因素对燃油车企转型的影响，实现理论创新。在将 Hotelling 模型上升到三方竞争的基础上与三方演化博弈模型结合研究，更符合车企间的

竞合博弈，体现方法的创新性；考虑同一策略内部个体模仿效应、外部时间延迟影响，引入羊群效应和时滞效应改进演化博弈。基于实际情况考虑转型燃油车企同时生产燃油汽车和新能源汽车，提出适应性惩罚动态调整环境惩罚，更具有现实指导意义。对模型分析进行改进，同时分析两方主体对另一个主体策略选择的影响，更利于理解三者之间的相互作用，符合实际情况。

②构建了政府、车企和制氢企业的随机三方演化博弈模型，讨论随机扰动对系统演化的影响。将政策端与供给端相结合，讨论如何促进氢燃料电池汽车发展，并得出最优补贴和惩罚机制。分析了不同变量对博弈主体影响程度的优先级。

③建立了新能源汽车扩散的三阶段演化博弈理论模型，并在构建的四种权威网络中模拟了新能源汽车的扩散过程。从扩散深度和速度两个方面分析了政府补贴对不同拓扑特征和网络规模下新能源汽车扩散的影响。将影响新能源汽车扩散的网络拓扑分为两个优先级，找到了在新能源汽车扩散中表现最佳的网络结构。

④讨论了补贴政策退坡对新能源汽车扩散的影响。定义了一个理想事件并分析了其概率，获得了最优退坡率，根据影响程度将新能源汽车产业发展的决定因素划分为三个优先级。

⑤利用复杂网络演化博弈理论构建电动汽车扩散模型，探讨双积分政策对电动汽车扩散的微观宏观机制。将积分评价标准纳入模型，通过实际应用仿真，分析了 NEV 积分交易价格、NEV 积分核算系数、对 FV 制造商的积分要求以及 CAFC 实际值与 CAFC 目标值的比例对电动汽车产业发展的协同效应。本书进一步扩展了对复杂网络的研究，讨论了不同的内部节点更新策略时对电动汽车扩散的影响。

⑥从现实角度出发，汽车市场中众多燃油汽车企业处于转型行列，将燃油汽车向新能源汽车过渡纳入模型。基于燃油车企转型在不同网络算法下进行仿真分析，研究网络拓扑对企业转型的影响。在奖励逐步取消的同时考虑碳交易政策逐步实施，将动态政策引入复杂网络环境中探讨新能源汽车扩散问题。同时将 Fermi 函数、EWA 学习算法纳入网络，探讨转型燃油车企对考虑收益、技术学习两种更新策略的态度。

⑦在动态视角下研究双积分政策与碳交易政策，分析了相关因素对

新能源汽车扩散的影响，有助于理论的完善。以市场为导向，将产研消作为博弈主体进行研究。将消费者个人碳交易与汽车制造商碳交易市场相结合，综合考虑汽车碳排放的全过程。

（3）汽车产业智联化转型方面的创新性工作。

针对该研究内容，主要从以下几个方面逐层展开：

①考虑企业与消费者相互依赖关系，本书将单层同质网络上升至双层异质网络，在双层复杂网络背景下构建了消费者、汽车制造商之间的演化博弈模型，接续分析汽车制造商与消费者在不同网络层面的交互作用，同时从供给侧和需求侧给出管理启示，实现理论创新。为响应国家号召，以推动新能源汽车智能化为目的，将企业生产智能电动汽车策略纳入模型考虑。由于外部社会环境产生的种种不确定性，引入前景理论与复杂网络演化博弈模型相结合，探讨价值与风险感知对智能电动汽车扩散的影响，体现方法的创新性。前景理论仅提出风险规避系数来表现主体对未知损失的敏感程度，但现实策略主体的保守心理使得其对未知收益仍持有怀疑态度，据此，本书引入收益敏感系数调整主体感知价值的相对收益，实现对前景理论的改进，使其更具有现实指导意义。

②在新版双积分政策背景下，构建传统车企、互联网企业、金融机构三者跨界合作演化博弈模型。从研究问题本质出发，定义资金时滞，并将其纳入传统车企智联化转型演化博弈分析过程。结合工业和信息化部《国家车联网产业标准体系建设指南（智能网联汽车）》（2023版），分两阶段建立适应我国国情并与国际接轨的智能网联汽车标准体系，定义两类理想事件，讨论传统车企智联化转型两步走战略。仿真分析政策性因素与市场性因素的交互作用对传统车企智联化转型短、长期影响。

③针对传统车企转型，考虑并分析新版双积分政策如何推动传统车企生产新能源汽车甚至高端智能网联汽车。在传统车企与互联网企业跨界合作创新时，考虑资金时滞对系统影响。构建传统车企、互联网企业、金融机构三方演化博弈模型，定义理想事件，分析成本性因素、市场性因素和政策性因素变动对三方策略及理想事件的影响。

第2章 相关概念、理论基础及文献综述

车辆电动化的创新发展及其与清洁能源、能源互联网的创新融合，将为我国能源转型及履行碳中和承诺提供关键突破口；车辆的智能化和网联化、共享化则让汽车从传统的工业机电产品演化为一个随着数据而功能不断迭代的网络移动节点，汽车变成交通系统中一个可控的智能联网终端。智能新能源汽车改变的不仅仅是汽车产业，也将改变交通系统及未来出行方式，因此"新四化"趋势下汽车产业转型升级已引起学术界的广泛关注。在此基础上，介绍本书研究内容所涉及的相关基本理论与方法，考虑到本书研究内容的直接相关性，此章节对政府驱动政策、车企生产运营决策、新能源汽车扩散、智能网联汽车扩散以及博弈论的相关文献进行梳理和评述，以期为后续章节研究提供理论基础。

2.1 相关概念

2.1.1 新能源汽车

不同于传统燃油汽车（fuel vehicle，FV），新能源汽车是指将采用非常规车用燃料作为动力来源，或者采用常规车用燃料但采用了新型车载动力装置的汽车。新能源汽车主要包括纯电动汽车、混合动力汽车、燃料电池汽车等。具体分类见表2.1（甘建元，2019；汪晓茜等，2017）。

表 2.1   新能源汽车分类

分类	纯电动车	混合动力汽车	燃料电池汽车
能源补给	充电	充电	加氢
驱动能源	电主	油电双主	电主
最大时速	100 千米/小时	>160 千米/小时	130 千米/小时
续航里程	200～400 千米	纯电动模式 50 千米	700 千米

资料来源：笔者自行整理而得。

纯电动汽车（battery electric vehicle，BEV），主要的能源补给是外接电源进行充电，通过车载电池存储电力，然后利用电动机提供驱动动力。纯电动汽车最早始于 1834 年，近些年随着电池技术的发展，已由铅酸电池演变为镍氢电池再到锂离子电池，此外，车载电池的重量和体积也更加轻巧便捷，续航里程普遍在 200～400 千米左右。2008 年，使用锂离子电池的纯电动车出现在市场上，意味着纯电动汽车开始真正的实现推广和应用，目前纯电动汽车也是我国新能源汽车发展的主力军。

混合动力汽车（hybrid electric vehicle，HEV），也称为油电混合动力车，顾名思义就是采用传统内燃机和电动机共同提供驱动动力。混合动力汽车最早始于 1900 年，日本的丰田公司在 1997 年推出了丰田普锐斯车型，使得混合动力汽车开始进入人们的视野，在之后的技术研发和产品销售上丰田公司也始终保持在行业的领先地位。混合动力汽车分为可外接充电和不可外接充电两种类型，按照我国的政策①规定，可外接充电的混合动力汽车才是符合政策规定的新能源汽车。

燃料电池汽车（fuel cell electric vehicle，FCEV），主要的能源补给是氢气和经过空气氧的催化后通过电化反应生成的电能提供驱动动力。燃料电池汽车由巴拉德动力系统公司在 20 世纪 90 年代率先研发了 90 千瓦的燃料电池发动机，直至丰田公司在 2015 年推出新款燃料电池汽车，才使得该车型在市场上开始销售。

发展新能源汽车不仅可以有效缓解能源与环境压力，还可以带动汽车产业节能减排转型升级，迸发新的经济增长点。然而，从总体看，目

15

---

① 工业和信息化部令第 54 号公布的《工业和信息化部关于修改〈新能源汽车生产企业及产品准入管理规定〉的决定》修订。

前仍存在诸多制约因素如核心零部件、电池技术等尚未完全突破，且生产成本和研发成本较高，给消费者带来较大压力。此外，充换电基础配套设施不够完善，相关产业政策与行业标准还需建立健全。

2.1.2　智能网联汽车

智能网联汽车（intelligent connected vehicle，ICV）主要由环境感知系统、决策系统以及控制系统三部分组成（郭欣宇，2023），见图 2.1。环境感知系统是指智能电动汽车通过雷达（激光雷达、毫米波雷达）、相机（红外相机、鱼眼相机等）、通信（车辆网）、定位（卫星定位、Wi-Fi 定位等）辅助智能车对周围环境与自身位置进行感知，最终将感知信息发送给决策系统；决策系统是指智能电动汽车收到环境感知信息进行融合计算处理，对不同的交通参与者（道路、其他车辆、行人、非机动车）进行检测与跟踪，将决策结果下发给控制系统；控制系统是指车辆在收到决策系统的结果后，对自车进行控制与执行（加速、转向、刹车等操作）。

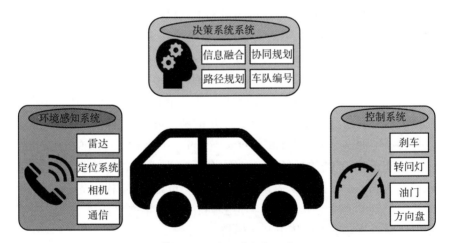

图 2.1　智能网联汽车组成

资料来源：笔者根据郭欣宇（2023）整理而得。

智能网联汽车涉及整车零部件、信息通信、智能交通、地图定位等多领域技术，将技术架构划分为"三横两纵"技术架构，如图 2.2 所示。"三横"指车辆关键技术、信息交互关键技术与基础支撑关键技术；"两纵"指支撑智能网联汽车发展的车载平台与基础设施。基础设施包括交通设施、通信网络、大数据平台、定位基站等，将逐步向数字化、智能化、网联化和软件化方向升级，支撑智能网联汽车发展。

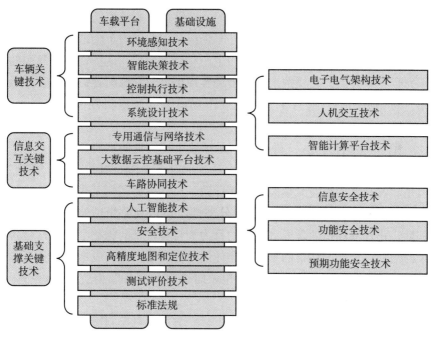

图 2.2　智能网联汽车"三横两纵"关键技术框架

资料来源：笔者根据郭欣宇（2023）整理而得。

2.1.3　补贴政策

在新能源汽车发展初期阶段，由于关键技术攻关难度较大、研发成本较高和基础设施配套服务难以保证等问题，汽车制造商生产研发的积极性较低，产品价格较高难以获取消费者的青睐。因此政府需要给予一定的财政补助来推动汽车制造商的研发生产，以及通过从消费端进行财政补贴来降低消费者实际购买新能源汽车的支付价格，有效提高消费者的购买意愿，从而实现市场需求的扩大。此外，汽车制造商的生产数量也会随之增加，从而进一步增加了新能源汽车的产能，形成新能源汽车行业的良性循环。

2.1.3.1 补贴政策的理论依据

（1）市场失灵理论。该理论指的是完全竞争的市场结构才是资源配置的最佳方式，即帕累托最优状态。然而，现实中难以满足理想化的假设条件，由于垄断、信息不对称、外部性等问题，单独依靠价格来调控市场是无法实现资源的最佳配置的，这种情况则是市场失灵。在国内新能源汽车市场中，基本都是国外车企或是大型国内车企占据着主导地位，中小车企难以承担较大规模的生产和研发活动，这呈现出了鲜明的不完全竞争特点，想要推动整个市场实现更高的资源配置，需要政府运用"看得见的手"进行干预，实现市场机制与政府机制的复合牵引，提高整体的社会福利水平。

（2）外部性理论。"外部性"是导致市场失灵的重要原因之一，该理论指的是市场中经济主体的行为对其他经济主体的福利产生了影响，但是却没有承担收益或损失，从而导致了市场供需两侧无法形成最优均衡，对资源配置的效率也较低。"外部性"可以划分为正外部性和负外部性，正外部性指的是经济主体的行为为自身带来的收益小于为社会带来的福利；负外部性指的是经济主体的行为所需承担的成本小于社会福利的损失。当市场上存在外部性现象时，应及时采取相应措施进行干预，以免降低资源配置的效率。

在新能源汽车市场的生产研发上，一方面，汽车制造商突破关键性技术难题获得收益的同时，会产生技术溢出的正外部性；另一方面，汽车产品能够获得消费者的认可，当消费者购买使用新能源汽车时，会产生节能减排和环境保护的正外部性。生产环节和消费环节获得的社会福利均大于所产生的收益，会导致市场资源配置的失灵，无法达到帕累托最优状态，为了解决外部性带来的影响，政府应当进行宏观的调控监督，颁布相应政策。支持新能源汽车的生产研发和应用推广，如通过补贴使得经济主体的收益与成本对等，鼓励经济主体提高生产研发的积极性，实现新能源汽车行业发展的长效机制。

2.1.3.2 补贴政策的现实依据

（1）新能源汽车"三纵三横"。

2000～2015 年，工信部、财政部等部门在新能源汽车领域累计投资达 200 亿余元，基本确立了电动汽车"三纵三横"的基本格局（见

图 2.3）。新能源汽车在技术上取得了一定的进步，但在核心零部件等
关键技术上仍存在技术瓶颈，与国外车企有较大差距。

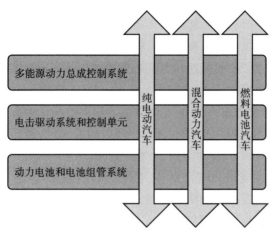

图 2.3　"三纵三横"示意

资料来源：笔者自行绘制。

（2）新能源汽车推广应用政策。

2009 年开始，国家开始出台新能源汽车推广应用政策，对试点推
广新能源汽车的城市实施市场价补贴、税费减免等政策。此外，各级政
府积极响应政策，对于消费者购买新能源汽车也给予一定的优惠补贴。
具体分为以下几阶段（见图 2.4）。

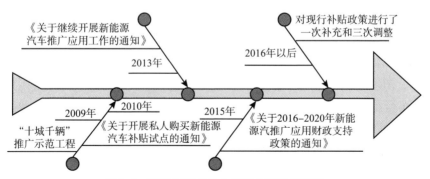

图 2.4　新能源汽车推广应用政策时间梳理

资料来源：笔者自行绘制。

政策示范阶段。2009 年开始启动"十城千辆"推广示范工程，对

公交车、出租车等公共交通领域的新能源汽车实行补贴政策。2010 年，财政部、工信部等四部门联合颁布《关于开展私人购买新能源汽车补贴试点的通知》，通知明确提出将根据汽车行业发展情况和消费者购买情况对 5 个试点城市实施新能源汽车补贴方案，并组织专家对方案的实施进行论证，这是国内首个有关私人购买新能源汽车的补贴政策。与此同时，我国还颁布了税收优惠、车辆购置税减免等多项政策，全力推进新能源汽车的示范应用。

政策全面普及阶段。2016 年财政部等四部委联合颁布《关于 2016 - 2020 年新能源汽车推广应用财政支持政策的通知》，通知明确提出将综合考虑成本、规模和技术等因素逐步退坡，其中 2017 年和 2018 年在 2016 年的基础上退坡 20%，2019 年和 2020 年在 2016 年的基础上退坡 40%。此外，还提高了补贴的门槛，按照"新能源汽车推广应用工程推荐车型目录"的标准进行补助。这一阶段补贴刚刚开始退坡，财政激励措施效果仍相对有效。

政策全面退坡阶段。政府在 2016 年之后根据政策的实际运行情况进行了一次补充和三次调整。新能源汽车的准入门槛不断提高，补贴额度不断降低，退坡幅度不断加大，预计 2020 年实现全面退坡。然而由于 2020 年突如其来的新冠疫情对国民经济运行产生了较大的冲击，补贴退坡延迟至 2022 年底。

2.1.4 双积分政策

双积分政策（dual credit policy），涉及平均燃油消耗量（corporate average fuel consumption，CAFC）积分和新能源汽车（new energy vehicle，NEV）积分，这一政策借鉴了美国 ZEV 法案，并充分考虑了国内汽车行业的实际发展情况，其具体框架体系如图 2.5 所示。双积分政策对各个汽车制造商积分达标（正积分）要求有严格规定，汽车制造商可以通过两种方式通过考核：（1）自主研发生产新能源汽车，获取正积分。（2）从其他企业购买积分抵偿。其中购买积分又细分为两种，一种是从关联企业获得 CAFC 油耗正积分抵偿本企业 CAFC 油耗负积分；另一种是从其他企业购买 NEV 积分抵偿 CAFC 油耗负积分或 NEV 负积分，抵偿比例均为 1∶1。按照《乘用车燃料消耗量评价方法及指标》（GB27999 – 2019）条款中规定，CAFC 的计算涉及 CAFC 目标值、CAFC 达标值和 CAFC 实际值，CAFC 目标值为。

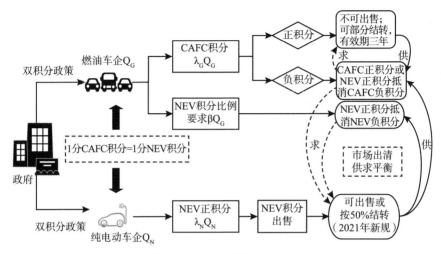

图 2.5　双积分政策框架体系

资料来源：笔者自行绘制。

$$O_{CAFC} = \frac{\sum\limits_{k=1}^{N} T_k \times V_k}{\sum\limits_{k=1}^{N} V_k} \qquad (2.1)$$

式（2.1）中，O_{CAFC} 表示燃油汽车制造商 CAFC 的目标值，T_k 表示第 k 个车型的 CAFC 目标值，V_k 表示第 k 个车型的年度生产或进口量。CAFC 达标值为：

$$R_{CAFC} = \delta \times O_{CAFC} \qquad (2.2)$$

式（2.2）中，δ 为企业平均燃料消耗量的要求，2018 年、2019 年、2020 年及以后 CAFC 消耗量要求分别为 120%、110%、100%。CAFC 实际值为：

$$P_{CAFC} = \frac{\sum\limits_{k=1}^{N} FC_k \times V_k}{\sum\limits_{k=1}^{N} V_k \times W_k} \qquad (2.3)$$

式（2.3）中，FC_k 表示第 k 个车型的燃料消耗量，W_k 表示第 k 个车型对应的乘性系数。本书为了简便计算，只涉及一种纯电动车和燃油车，因此，设定 $\delta = 1$，$W = 1$。

NEV 积分的计算涉及 NEV 实际值和 NEV 达标值。其中，NEV 实际值为：

$$P_{NEV} = \sum_{k=1}^{N} C_k \times V_{k-NEV} \qquad (2.4)$$

式（2.4）中，C_k 表示第 k 个新能源车型积分，V_{k-NEV} 表示第 k 个新能源车型的年度生产量（不含出口）或进口量。而 NEV 达标值，涉及新能源积分比例要求，对燃油汽车制造商年度生产或进口量不足三万辆的企业，不设定新能源积分比例要求；达到三万辆以上的，从 2019 年开始设定新能源汽车积分比例要求。因此，NEV 达标值为：

$$R_{NEV} = \beta \times \sum_{k=1}^{N} V_{k-CV} \qquad (2.5)$$

式（2.5）中，β 表示新能源汽车比例要求，V_{k-CV} 表示第 k 个燃油车车型的年度生产量（不含出口）或进口量。双积分政策对纯电动车、插电式混合动力车和燃料电池车设定了不同的计算乘性系数，由于模型中纳入了标准车型积分计算方法，具体视汽车制造商实际情况有所不同。

在双积分政策实施初期，由于考核机制过于宽松，市场上正积分大于负积分，从而导致积分交易价格不断下跌，难以起到惩罚和激励作用，未能达到降低燃油消耗量的目的（见图 2.6）。在此情景下，工业和信息化部、财政部、商务部、海关总署、国家市场监督管理总局五部委（以下简称五部委）在 2020 年修订了新版双积分政策，提高了考核门槛，倒逼汽车制造商提高研发水平，增加生产数量。未来我国新能源汽车行业低碳发展的工作仍需继续完善市场机制，实现积分的精确管理、核算、认证以及核查，为新能源汽车行业"双碳"目标的实现保驾护航。

2.1.5　碳减排驱动机制

碳减排驱动机制主要包括供给侧的驱动机制和需求侧的驱动机制，例如供给侧的碳税和碳交易政策，需求侧的碳普惠政策。碳减排驱动机制的主要目的是减少大气中的二氧化碳含量，促使企业和个人采取低碳行为。本书主要涉及的是供给侧的碳税政策和碳交易政策以及需求侧的碳普惠政策。

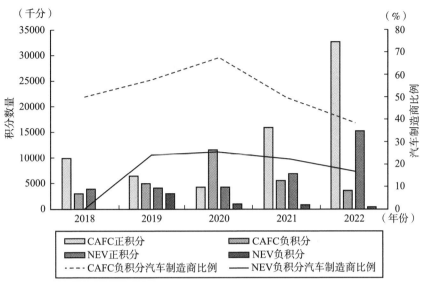

图 2.6　企业平均燃料消耗量与新能源汽车积分情况统计

资料来源：笔者自行绘制。

2.1.5.1　碳普惠政策

碳普惠是一种依托互联网技术对公众、社区和中小微企业碳减排量进行量化、记录、核证的减碳机制。根据其规定的减碳标准和方法，对公众衣、食、住、行、游等绿色低碳行为产生的减碳量进行汇总，记录在个人的碳账本中，公众可以通过个人减碳量进行减碳量交易，从而获得经济回馈。政府也可制定相应的政策鼓励，同时可以联合企业给予市场化激励，进一步促进消费端减碳行为。例如，2020 年 1 月，蔚来发布"Blue Point 蓝点计划"（见图 2.7），作为碳交易市场和个人之间的纽带，征得用户同意收集信息的前提下，通过蔚来 App 平台，处理认证用户驾驶蔚来纯电汽车所产生的减排数据。同时，蔚来将收集的碳减排量进行汇总统一纳入碳交易市场进行交易，并将获得的减碳收益以积分的形式回馈给蔚来汽车车主，车主可以在蔚来商城中用这些积分选购商品。通过蓝点计划，蔚来打通了官方机构与用户的里程数据，通过切实共赢的方式，吸引用户间接参与碳交易行为，与用户一道践行绿色低碳的生活方式。

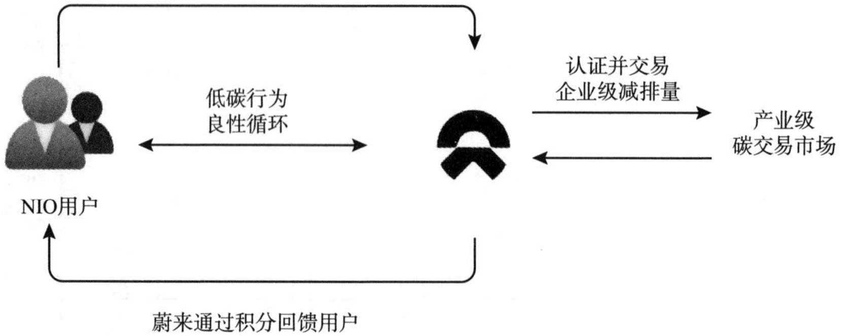

认证并交易
企业级减排量

产业级
碳交易市场

低碳行为
良性循环

NIO用户

蔚来通过积分回馈用户

图 2.7　蔚来碳普惠模式示意

资料来源：笔者自行绘制。

2.1.5.2　碳税政策

碳税通常指的是，当企业排放超过政府额定的二氧化碳量，则需要向政府缴纳的环境税。从环境保护和社会经济发展的角度来看，碳税的征收机理如图 2.8 所示。若要确定最佳碳税征收水平，则需要根据碳减排边际成本（曲线 MC）和碳减排边际损害（曲线 MD）来确定。由图 2.8 可知，T^* 为两者交点，此时两者达到平衡，此处则为最佳碳税征收水平。在实际生活中，是否征收碳税并不是绝对的，它不仅需要考量环境和经济因素，还需要和社会效益以及国情相结合。现阶段，我国在交通领域正在实施双积分政策，并未实施碳税政策，是否需要实施仍需根据国情和汽车市场实际定夺。

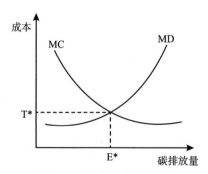

成本

MC　　　　　MD

T^*

E^*　　碳排放量

图 2.8　最佳碳税征收原理

资料来源：笔者自行绘制。

实施碳税会带来减排效应、经济效应和能源消费效应等。减排效应主要是政府可以通过征收碳税，迫使企业减少碳排放；经济效应一方面可以提升政府的税收收入。另一方面可以抑制高碳经济的发展，促使企业研发更多的低碳产品；能源消费效应是指随着碳税的提升，企业将转向低碳技术，从而市场上将产生更多低碳产品，消费者可选择更为环保的商品，进而改变社会的消费结构，实现低碳发展。

2.1.5.3　碳交易机制

碳交易是指通过建立一个可交易的碳排放权市场，以实现企业或国家对二氧化碳等温室气体排放的控制和管理。碳交易的政策理论是基于"排污者付费"的原则，即为企业或机构的碳排放设定额度，如超过该额度，则其需要购买更多碳排放量；如低于该额度，则可以将剩余的碳排放量卖给其他企业或机构（冯一范，2023）。碳交易政策对碳减排效应可划分为直接作用机制和间接作用机制（李敏，2024）。

（1）碳交易政策减排效应的直接作用机制。

①倒逼效应。碳交易政策是环境制度和市场制度相结合的一种减排方法，当它把保护环境的压力给到企业，迫使企业采取行动进行减排，就会产生倒逼效应。在碳交易政策的背景下，倒逼效应可以解释为政府或市场通过引入碳定价机制，如碳税或碳排放交易系统，迫使企业减少碳排放以降低碳成本。企业必须购买足够的碳排放权或支付碳税，否则就会面临额外成本或罚款。

②绿色悖论效应。绿色悖论效应是指在实施环境保护政策或碳减排政策之前，一些企业或国家可能会增加其碳排放，以应对未来可能出现的更高碳成本或更严格的减排规定。这一现象与制定碳减排政策的初衷相悖，因为它导致了短期内的额外碳排放，而不是减少。碳交易政策会设定相应的碳价格来促进企业减排，但是一些企业会认为未来碳价格会上涨，因此这些企业会在当下选择增加碳排放，购买更多的碳配额，在未来碳价格上涨的时候出售给需要碳配额的企业，从此获得高额利润，这种期望导致企业不会马上减少碳排放。

③既定需求效应。一个企业的生产和经营方式在很早之前就已经确定了，在运营过程中，企业对于能源的需求也是确定的。当实施节能措施或者碳减排技术的时候，企业在短期内不会因为这些政策的出现就改变其对能源的需求，也就导致企业的碳排放量也不会出现变化。因此，

碳交易政策的实施不会改变企业对于能源的需求以及碳排放量，即碳交易政策的实施对碳减排没有产生影响。

碳交易政策直接作用机制如图2.9所示。

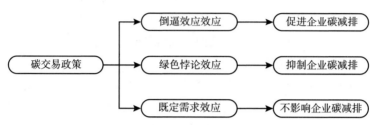

图2.9 碳交易政策减排效应的直接作用机制

资料来源：笔者自行绘制。

（2）碳交易政策减排效应的间接作用机制。

①能源结构优化效应。能源结构的优化是实现减排目标的关键。碳交易政策通过设立碳配额和相应的碳价格来激励企业减排。低耗能企业可能出现剩余的碳配额，然后出售给碳配额不足的高耗能企业，获得一些利益；高耗能企业面对购买碳配额的高昂成本也会选择优化能源结构。碳排放成本的增加会提高高碳能源的价格，降低低碳能源的价格，这给企业和消费者提供了经济激励，很多高耗能企业最终不会花费昂贵的费用购买碳配额，而是选择优化能源结构，最终促进企业向低耗能和低碳能源转变。

②绿色技术创新效应。绿色技术创新在减排目标当中发挥重要的作用。首先，基于波特假说理论，碳交易政策会激发"创新补偿"效应，政府设置合理的环境规制可以促进企业创新；企业在碳交易政策实施的基础上可以促进技术创新，达到减少成本的目的；如果企业技术得到创新就可以出售多余的碳配额，提高公司利益。其次，碳交易政策的实施提高了高碳能源的成本，推动企业寻求更加清洁和低碳的能源替代品，这种市场需求的变化刺激了企业进行能源技术的研发和创新；碳交易政策还可以通过增加高碳能源的碳排放成本，使得低碳技术在成本效益上更具竞争力。

碳交易政策间接作用机制如图2.10所示。

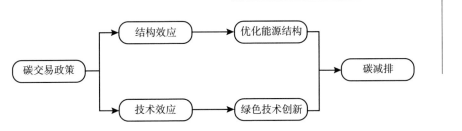

图 2.10　碳交易政策减排效应的间接作用机制

资料来源：笔者自行绘制。

2.1.6　低碳供应链

低碳供应链（low-carbon supply chain，LCSC）的概念源于对环境负责的供应链管理和运营（environmentally responsible supply chain management and operations），其目标是减少碳排放（Shaharudin MS et al.，2019）。该研究领域吸引了来自管理科学领域和技术/工程领域等不同思想流派的学者，其中管理科学学者主要关注如何解读碳排放数据以得到减少碳排放的商业策略；而工程学者则寻求如何采用技术视角来减少碳排放。此外，关于 LCSC 的实践问题亦受到了学术界和企业界的高度关注（Brandenburg M，2015；Liu P，2019）。下面，本书将具体针对 LCSC 的概念、LCSC 的实践和消费者低碳偏好的影响三个方面进行分析。

2.1.6.1　低碳供应链的概念

针对 LCSC 的研究需依赖多种理论框架，如制度理论（研究企业实施 LCSC 的制度压力）（Zeng H et al.，2017）、利益相关者理论（研究 LCSC 的驱动因素）（Böttcher CF & Müller M，2015）、权变理论（关于企业如何预测和改进 LCSC 的风险管理）（Furlan，2017）、博弈论（企业实现低碳绩效的战略选择）（Chen X et al.，2017）和一些具有学术争议的交叉理论（Liu X－H et al.，2016；Mao Z et al.，2017），其在学术界尚未建立起统一的定义。博星和穆勒（Böttcher & Müller，2015）扩展了低碳运营的涵义，将 LCSC 定义为在产品开发、生产过程和物流运营中减少碳排放；费尔南多和霍尔（Fernando & Hor，2017）将 LCSC 定义为在单位收入、运营、碳排放收费、生产流程和总排放量等方面的碳减排。目前，关于 LCSC 概念的定义主要存在两种学派。第一学派考虑到

LCSC 减少温室气体排放的目标、与能源的强相关性、以及自愿减少碳排放等特点，将 LCSC 定义为不同于绿色供应链的一种形式（Jassim SH et al.，2017；Jica M et al.，2016）；第二学派将 LCSC 定义为绿色供应链的延伸，其能够间接帮助企业实现碳减排（Das & Jharkharia，2018；Kushwaha & Sharma，2016）。沙哈儒丁等（Shaharudin M S et al.，2019）综合考虑两种学派的观点，将 LCSC 定义为关于供应链碳排放的设计、控制、监管和降低，包括产品设计、采购、生产过程和包括分销网络的物流过程，其更倾向于第一学派，认为 LCSC 是一种特殊类型的绿色供应链，并给出了 LCSC 概念框架（见图 2.11）。

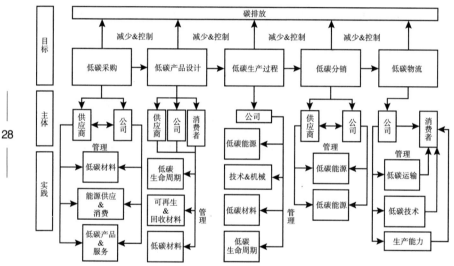

图 2.11　LCSC 概念框架

资料来源：沙哈儒丁等（Shaharudin MS et al.，2019）。

2.1.6.2　低碳供应链的实践

　　LCSC 概念框架表明，LCSC 目标包含了碳减排和从采购、产品设计、生产过程、分销到物流的供应链全过程的控制。每一个供应链过程都为管理碳排放提供了减排机会，下面本书将通过归纳分析，简要介绍整个供应链过程中 LCSC 的一些主要实践。

　　（1）低碳采购阶段。当前，企业可以通过购买低碳能源和可再生能源、低碳原材料、低碳商品和服务，在与供应商的采购活动中减少碳排放。

（2）低碳产品设计阶段。企业获得了供应商的低碳能源、低碳材料、低碳商品和服务后，它们就可以开始设计和开发自己的产品。一些企业在产品设计过程中合作整合供应商和客户，以减少设计阶段的碳排放；企业还可以通过使用可再生、可回收和低碳材料替代传统材料以实现减排目的。此外，通过生命周期评估，企业可对原材料和产品生命周期产生新的见解。

（3）低碳生产阶段。一旦设计阶段完成，企业就可以生产产品。生产阶段是碳排放的主要来源之一。在这个阶段，企业可以通过使用低碳能源来减少碳排放，比如可再生能源；它们还可以投资节能和能效项目、投资低碳技术和机械，并进行生命周期评估来控制生产过程的碳排放。此外，企业还可以通过使用环保包装来间接降低碳排放和环境退化的影响。

（4）低碳分销阶段。在生产之后，产成品通常被保存在仓库或配送到一个供应链网络。从相关文献可知，企业关注的是与仓储相关的碳排放。当企业将产品从仓库转移到客户手中时，降低与整个供应链运输相关的碳排放亦是企业和客户共同关心的课题。

（5）低碳物流过程。企业十分关注物流过程的低碳选择，其可以减少运输过程中的碳排放。此外，企业还可以投资于低碳技术以设计运输路线和合并装载等。

表 2.2 总结了供应链碳减排的一些相关文献。从表 2.2 可以看出，与绿色供应链实践不同的是，LCSC 更加注重能源和材料相关问题以及整个供应链的碳减排问题。

表 2.2　　　　　　　　　　　　LCSC 的实践

领域	实践	作者
低碳采购	通过购买低碳能源、消费和购买能够减少整个生命周期碳排放的商品和服务来减少碳排放。	科雷亚等（Correia et al.，2013）
低碳产品设计	在产品开发过程中考虑生命周期评估，使用可再生和回收材料，减少碳密集型材料和总排放量	博星和穆勒（Böttcher & Müller）
低碳生产过程	通过整合与能源有关的关注、技术和机械的采用、材料和部件的选择以及管理生命周期和生产过程实现碳减排	金等（Jin et al.，2017）

领域	实践	作者
低碳分销	商品的仓储和运输过程使用更少的能源，低碳排放和环保包装。	陈等（Chen et al.，2016）
低碳物流	运输效率、技术排放和生产力方面减少碳排放。	何等（He et al.，2017）

2.1.6.3 消费者低碳偏好的影响

随着消费者环保意识的逐渐提升，越来越多的消费者开始关注产品的环境属性。已有相关研究均证实了，消费者在购买产品过程中更倾向于低碳足迹的商品[1][2]。对低碳产品表现出的低碳偏好意味着这类产品将会给消费者带来额外的效用。作为供应链的关键环节，消费者的低碳偏好势必将影响供应链企业低碳化运作的决策方案（见图2.12）。

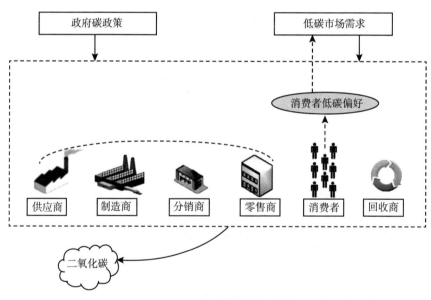

图2.12 LCSC的示意

资料来源：笔者自行绘制。

---

① Kotchen MJ. Impure public goods and the comparative statics of environmentally friendly consumption [J]. Journal of Environmental Economics and Management，2005，49（2）：281 - 300.

② Aguilar FX，Vlosky RP. Consumer willingness to pay price premiums for environmentally certified wood products in the U. S [J]. Forest Policy and Economics，2007，9（8）：1100 - 1112.

消费者的低碳偏好将给低碳产品带来一个附加市场，其可以弥补低碳产品和普通产品之间的价格差距。此外，消费者低碳偏好的存在，将会对市场需求和产品价格产生影响，进而使得低碳供应链中的企业倾向于自愿减排而不是强制性的约束。例如，西门子、华为、达能、宝洁、家乐福等多家跨国公司都将低碳环保和可持续发展作为品牌定位。其中，作为全球领先的信息与通信技术（ICT）解决方案提供商，华为技术有限公司自 2011 年起参加了由公众环境研究中心（IPE）发起的"绿色选择"活动，将 IPE 环保检索纳入供应商自检表和审核清单，并鼓励其供应商积极减少碳排放。2017 年全年，华为的 25 家供应商累计实现碳减排 63000 吨（孙雪梅，2016）；宝洁在 2013 年可持续发展报告中承诺，到 2020 年实现单位产量减少能耗 20%，与其供应商合作，宝洁中国工厂每年将减少 600 公吨的二氧化碳排放（Du S et al.，2016）。

2.2　理论基础

2.2.1　消费者效应理论

消费者效用是指当消费者在选购商品时，因其品牌、性能、质量、包装等因素，对商品的满意程度，或者是消费者对商品内在价值的认可度。消费者效用理论是以最大限度地提高消费者利益为原则，通过对消费者的消费数据进行收集，将消费者主观的商品价值认可度转化为可视的客观数据，进而来判断不同消费者消费行为背后的消费心理。在运用消费者效用进行研究时，通常会有以下假设：

（1）消费者是完全理性的，并且对于所购买的产品完全了解，可通过自身选择追求效用最大化。

（2）消费者拥有消费主权，可以决定是否购买此商品，不会受外在条件限制，因此消费者的购买决策会对制造商生产决策产生影响，需要制造商迎合消费者喜好。

（3）消费者效用仅来源于所购买的商品，与其他因素无关。

因此，根据消费者效用理论，制造商进行产量和价格决策时，应该将消费者效用考虑在内，通过需求侧市场调研，制定需求量会更加合理。基于此，可以得出以下研究启示：

（1）消费市场中往往存在信息不对称现象，消费者对所售商品实际价值和缺陷并不完全了解，在购物时会存在盲目性和冲动性。同理，制造商也无法完全预测消费者购买偏好和购买能力，可能导致其生产商品存在滞后性。消费者效用可以侧面体现消费者心理特征和消费偏好，制造商可据此进行产品创新和广告营销。

（2）市场中同类商品的增加，导致市场竞争增大，消费者有更多的选择空间，相应地商品边际效用下降，消费者愿意支付的心理预期价格降低。为了提升消费者的支付意愿，公司必须提高其核心竞争力，拒绝模仿同类商品并避免商品的同质化，同时提升研发能力，多方位满足消费者需求，避免边际效益的下降。

2.2.2 寻租理论

寻租理论最早出现在 20 世纪 60 年代中期。塔洛克（Tulloch，1967）在一篇开创性的论文中提出了寻租的基本思想，该论文讨论了一方为实现垄断地位而付出的成本。然而，没有使用"寻租"一词，克鲁格（Kluge，1974）首先提出了寻租的概念。简单来讲，寻租中的"租"是租金，一种经济学概念，一般是指利益和好处，而寻租就是寻找利润、利益与好处，相关主体利用政府政策，在不以生产为前提下而获得超额利润的过程。

寻租行为的按照不同的角度分类，可以按照寻租行为的行为主体划分为政府机构、企业组织和民间三类；按照寻租行为的合法性划分为合法和非法两类；按照组织方式划分为政府寻租和市场寻租。

20 世纪 80 年代，中国正处于改革开放阶段，逐步走向注重效率的活力发展的社会形态，推动各个领域的发展。这段时期，中国正由计划经济转向市场经济，在这接轨时期，新旧制度并存，寻租活动开始活跃，中国学者对寻租理论的研究激情也就高涨了起来。初期，大多数学者对寻租理论的研究停留在其对中国改革造成的影响，直到 20 世纪 90 年代末，更为系统的理论研究才发展起来（李玮彬，2013）。

研究发现寻租行为会导致社会福利的损失、资源的浪费和政府监管的失败（Buchanan et al.，1983；Rowley et al.，2013）。寻租行为在一定程度上影响市场的健康发展，损害人民群众的生命财产安全。迄今为止，众多学者对食品安全、药品安全、建筑安全、碳数据核查等多领域中涉及的寻租行为展开研究，并阐述了其产生的原因和抑制的方法，但对新能源汽车行业检测中可能存在的问题尚未提及。

2.2.3　复杂网络理论

复杂网络（complex network）的概念源于数学中的图论（graph theory），其中由埃尔德什（Erdös）和雷尼（Rényi）于 20 世纪 60 年代建立的随机图理论（random graph theory）构成了复杂网络研究的基本理论。其后，瓦茨和斯托加茨（Watts and Strogatz，1998）于 1998 年在《自然》（Nature）杂志上提出了 WS 小世界网络模型（Watts & Strogatz，1998）；紧接着，巴拉巴西和阿尔伯特（Barabási and Albert，1999）于 1999 年在《科学》（Science）杂志上提出了 BA 无标度网络模型（Barabási & Albert，1999），这两篇文章揭示了复杂网络的小世界特性和无标度特性，使关于复杂网络的研究得到迅速的发展，并广泛应用于物理学、生物学、管理学、计算机科学等领域。下面，本书将具体针对复杂网络的概念、复杂网络的基本特征量和复杂网络的基本模型做以下简单介绍。

2.2.3.1　复杂网络概念

所谓网络（Network）是指节点和连边的集合（Erdös & Rényi，1960），通常记作 G = (V，E)，其中 V(G) 表示节点的集合，E(G) 表示连边的集合。如果任意一条边都没有方向性，即任意节点对（i，j）和（j，i）对应为同一条边，那么该网络为无向网络（Undirected Network），否则为有向网络（Directed Network）；如果每条边都被赋予相应的权重，那么该网络为加权网络（Weighted Network），否则为无权网络（Unweighted Network）。无权无向网络、无权有向网络和加权网络的结构示意图分别如图 2.13、图 2.14、图 2.15 所示。

目前，关于复杂网络的概念，在学术界尚未建立起统一的定义。从最近的研究（Amancio et al.，2011；Cong & Liu，2014）来看，复杂网络包含以下三层含义：

33

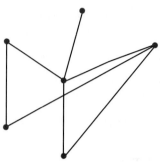

图 2.13　无权无向网络示意

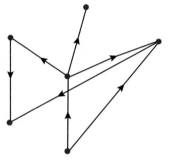

图 2.14　无权有向网络示意

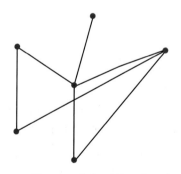

图 2.15　加权网络示意

资料来源：笔者自行绘制。

（1）复杂网络是大量现实世界系统的拓扑抽象；

（2）复杂网络中的节点按照某种（自）组织原则的方式连边；

（3）复杂网络具有小世界特性、无标度特性和高聚类特性。

2.2.3.2　复杂网络的基本特征量

复杂网络的基本特征量可以描述其拓扑结构，主要有：度分布、聚类系数和平均路径长度等（Watts & Strogatz，1998；Barabási & Albert，1999），下面分别对这些特征量进行介绍。

（1）度分布（Degree Distribution）。

网络中某个节点 i 的度表示与该节点直接相连的边的数目，通常记作 k_i，节点的度可以刻画节点在网络中的重要性；

网络中所有节点的度的平均值称为网络的（节点）平均度，记作 $\langle k \rangle$，具体形式可表示为：

$$\langle k \rangle = \frac{\sum_{i=1}^{N} k_i}{N} \tag{2.6}$$

其中，N 为网络中所有节点的数量。

网络的度分布表示随机选取一节点，该节点的度恰好为 k 的概率，记作 $p(k)$，具体形式可表示为：

$$p(k) = \frac{N_k}{N} \tag{2.7}$$

其中，N_k 表示度为 k 的节点数量，度分布函数 $p(k)$ 能够描述网络中节点的分布情况。

（2）聚类系数（Clustering Efficient）。

节点 i 的聚类系数表示与节点 i 直接相连的所有节点所构成的子网中的现有边数 E_i 与最大可能边数 $k_i(k_i-1)/2$ 之比，记作 C_i，具体形式可表示为：

$$C_i = \frac{2E_i}{k_i(k_i-1)} \tag{2.8}$$

整个网络的聚类系数定义为网络中所有节点 i 的聚类系数 C_i 的平均值，记作 C，具体形式可表示为：

$$C = \frac{1}{N} \sum_{i=1}^{N} C_i \tag{2.9}$$

其中，N 为网络中所有节点的数量。网络的聚类系数可以刻画网络中节点的相互关系和节点间联系的紧密程度。

（3）平均路径长度（Average Path Length）。

网络中任意两个节点 i 和 j 之间的距离（亦称最短路径）表示从其

中一个节点出发到达另一个节点所要经过的最少边数，通常记作 l_{ij}；

网络中任意两个节点之间距离的最大值为网络的直径，记作 D，具体形式可表示为：

$$D = \max_{i,j}\{l_{ij}\} \tag{2.10}$$

网络中所有节点对之间距离的平均值为网络的平均路径长度，记作 L，具体形式可表示为：

$$L = \frac{2\sum\limits_{i \geqslant j} l_{ij}}{N(N-1)} \tag{2.11}$$

其中 N 为网络中所有节点的数量。网络的平均路径长度和直径可以衡量网络的传输效率。

以上三个基本特征量在复杂网络中得到了最广泛的应用。

2.2.3.3 复杂网络的基本模型

依据拓扑结构的不同，复杂网络一般可划分为规则网络、随机网络、小世界网络和无标度网络。下面分别对这四种复杂网络的网络模型和拓扑结构特性进行介绍。

（1）规则网络（Regular Network）。

规则网络（Regular Network）是指网络中的节点按照确定的规则连边，常见的规则网络有全局耦合网络（Globally Coupled Network）、最近邻耦合网络（Nearest-neighbor Coupled Network）和星型网络（Star Coupled Network）。规则网络的结构示意图如图 2.16 所示。

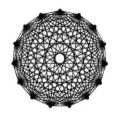  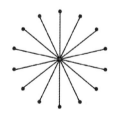

（a）全局耦合网络　　　　（b）最近耦合网络　　　　（c）星型网络

图 2.16　规则网络示意

资料来源：笔者自行绘制。

对于含有 N 个节点的网络而言，全局耦合网络中共有 $N(N-1)/2$ 条边，其最小平均路径长度为 $L = 1$，最大聚类系数为 $C = 1$；最近邻耦合网络中的每个节点只和它周围的邻居节点相连，其平均路径长度为 $L \approx N/2k \to \infty$，（$N \to \infty$），聚类系数为 $C = 3(k-2)/4(k-1) \approx 3/4$；星型网络中有一个中心节点，其余 $N-1$ 个节点都只与这个中心节点相连，其平均路径长度为 $L = 2 - 2(N-1)/N(N-1) \to 2$，（$N \to \infty$），聚类系数为 $C = (N-1)/N \to 1$，（$N \to \infty$）。

（2）随机网络（Random Network）。

匈牙利数学家 Erdös 和 Rényi 于 1959 年首次提出了随机网络模型，又称为 ER 随机网络模型（Erdös & Rényi，1959）。经典的随机网络，是指给定 N 个孤立的节点，以某个概率 p 连接所有可能出现的 N(N-1)/2 种连接。图 2.17 所示为按照概率 p = 0.2 产生的含有 10 个节点的随机网络结构示意图。

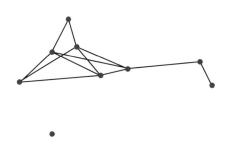

图 2.17　随机网络示意

（3）小世界网络（Small-world Network）。

常用的小世界网络模型主要有：WS 小世界网络模型和 NW 小世界网络模型。

WS 小世界网络模型的构造算法为：考虑含有 N 个节点的最近邻耦合网络，形成一个环形结构，其中每一个节点都与它左右相邻的各 k/2 个节点相连（k 为偶数）；以概率 p 随机地重新连接网络中的每一条边，即连边的一个端点保持不变，而另一个端点取为网络中以概率 p 随机选择的一个节点，在随机化重连过程中避免重边和自连现象。图 2.18 所示为按照概率 p = 0.3 产生的含有 15 个节点的 WS 小世界网络结构示意图，由图 2.18 可知，通过调节概率 p 的值可控制网络模型从完全规则网络至完全随机网络的过渡。

既 Watts 和 Strogatz 于 1998 年提出了 WS 小世界网络模型之后，为了避免在随机化重连过程中破坏网络的连通性，美国学者 Newman 和 Watts 于 1999 年又进一步提出了 NW 小世界网络模型，即在构造网络模型时用"随机化加边"取代"随机化重连"。小世界网络的度分布满足指数分布的形式，其具有较小的平均路径长度和较大的聚类系数，即具有小世界特性。

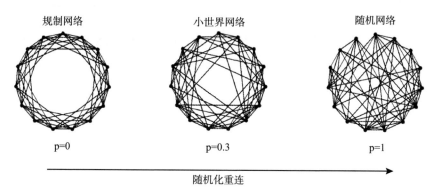

规制网络　　　　　　　　小世界网络　　　　　　　　随机网络

p=0　　　　　　　　　　p=0.3　　　　　　　　　　p=1

随机化重连

图 2.18　WS 小世界网络示意

资料来源：笔者自行绘制。

（4）无标度网络（Scale-free Network）。

大量的实证研究表明，许多现实网络的度分布满足幂律分布的形式，且节点的连接度没有明显的特征标度，既 Barabási 和 Albert 于 1999 提出了一个无标度网络模型之后，此类网络被统称为 BA 无标度网络。

BA 无标度网络模型的构造算法为：考虑含有 m_0 个节点的初始网络，在每一个时间步长中，引入一个连接度为 m 的节点，且有 $m \leqslant m_0$，新增节点与网络中 m 个已经存在的节点相连，不存在重复连接的情况；新增节点与网络中一个已经存在的节点 i 相连接的概率 $\prod_i$ 正比于节点 i 的度 k_i，即 $\prod_i = k_i / \sum_j k_j$；经历 t 个时间步长后，初始网络变成一个含有 $N = m_0 + t$ 个节点，$m \times t$ 条边的网络。图 2.19 所示为 $m_0 = 10$，$m = 1$，历经 10 个时间步长后产生的含有 20 个节点的 BA 无标度网络结构示意图。

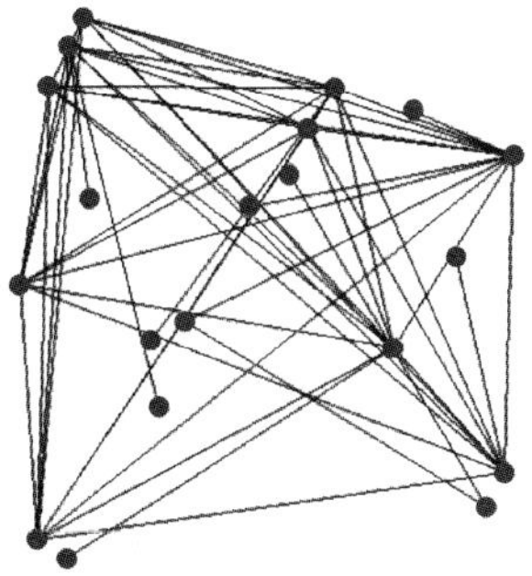

图 2.19　BA 无标度网络示意

通过平均场理论（Mean-field Approach）分析表明，BA 无标度网络的度分布为：

$$p(k) = \frac{2m(m+1)}{k(k+1)(k+2)} \propto 2m^2 k^{-3} \tag{2.12}$$

BA 无标度网络的聚类系数为：

$$C = \frac{m^2(m+1)^2}{4(m-1)} \left[\ln\left(\frac{m+1}{m}\right) - \frac{1}{m+1} \right] \frac{[\ln(t)]^2}{t} \tag{2.13}$$

BA 无标度网络的平均路径长度为：

$$L \propto \frac{\log N}{\log\log N} \tag{2.14}$$

2.2.4　博弈论

作为应用数学的一个分支，博弈论（game theory）是研究对抗冲突中均衡问题的学科。尽管自生命在这个星球上诞生时起，博弈论的精髓就已经在实践中得到了应用，但关于这门学科的理论基础却应该追溯到冯·诺伊曼（Von Neumann）和摩根斯坦（Morgenstern）于 1944 年共同编写的《博弈论与经济行为》（*Theory of Games and Economic Behavior*）（Neumann & Morgenstern，1944）一书。诺伊曼和摩根斯坦针对标准型、扩展型和合作型博弈模型解等概念和分析方法分别给出了系统的描述和界定，他们的研究工作主要集中在合作博弈和非合作博弈中的零和博弈。在此基础上，1950 年约翰·纳什（John Nash）证明了非合作博弈及其均衡解的存在性，即著名的"纳什均衡"。纳什均衡理论的提出和不断完善，进一步使得博弈论能够应用于生物学、政治学、经济学和计算机科学等更广阔的领域（Farooqui & Niazi，2016）。

作为行为科学研究的经典理论，博弈论一直是分析供应链成员决策（如减排、定价和利润分配等）的有效工具之一。本书将具体针对Stackelberg 博弈、Bertrand 博弈、演化博弈论、随机演化博弈论、网络演化博弈论进行简单介绍。

2.2.4.1 Stackelberg 博弈

Stackelberg 博弈是德国经济学家斯塔克尔伯格（Stackelberg）在1934 年提出的一种产量竞争模型，体现了企业间的不对称竞争。Stackelberg 博弈中往往存在一个领导者和跟随者，领导者先进行产量决策，跟随者再进行产量决策。这种情况通常存在于大企业和微小企业或者制造商和零售商中。

Stackelberg 博弈的求解方法是先利用逆向归纳法对需求函数进行求解，得出最优均衡产量，然后将最优均衡产量代入利润函数，得出最优均衡利润。

2.2.4.2 Bertrand 博弈

Bertrand 博弈属于完全信息静态博弈，它是由伯特兰德（Bertrand）在1883 年提出的一种寡头博弈模型。博弈主体主要以价格作为博弈变量，其生产的商品具有差异性，并非完全同质的，例如品牌、质量、包装等差异。此外，两者生产的商品虽不同，但具有很强的替代性，且并不是可以完全替代，如新能源汽车和燃油汽车。

Bertrand 博弈的求解过程是先求导数找各个博弈方的反应函数，再通过求解联立方程组的方式求纳什均衡，从而得出博弈方的均衡结果。

2.2.4.3 演化博弈论

（1）基本概念。

演化博弈论（evolutionary game theory，EGT）是对经典博弈论的升华，经典博弈论认为博弈主体在选择过程中是完全理性人，而演化博弈认为在实际情况中，完全理性人是几乎不存在的，因而提出博弈主体是有限理性的基本假设。演化博弈论借鉴了理性经济学和演化生物学的思想，创造性地将传统博弈理论和动态演变过程相融合。该理论强调博弈主体在特定环境下，会随着时间的变化从集体行为中相互效仿、试错和学习，从而不断调整自身策略以达到最优收益。

史密斯（Smith）和普莱斯（Price）首次提出了演化稳定策略（evolutionary stable strategy，replicator dynamics，ESS），这不同于经典博弈论中认为博弈主体间的行为存在静态均衡，而是假设从一个行为群体中随机抽取的个体作为博弈方，遵循生物进化的方式多次博弈后，通过不断模仿学习与试错最终达到动态均衡（范如国，2011）。

（2）核心内容。

演化博弈论的两大核心内容为演化稳定策略（ESS）和复制动态（replicator dynamics，RD），即群体演化策略的稳定状态和收敛于这种状态的动态过程。

①演化稳定策略。演化稳定策略指的是在特定环境下，某个群体中大多数个体都采取的策略，且选择其他策略无法获得更高的收益，当突变者尝试改变该群体选择的策略时，不会改变和破坏该群体的选择。

②复制动态。复制动态是指某个群体选择该种策略的收益与平均收益的差值等同于选择该种策略的个体数增长速率，若某个群体选择该种策略的收益大于群体的平均收益，则选择该种策略的个体比例会不断增加，具体的符号表示如下（马知恩和周义仓，2011）：

$$F(x_i) = \frac{dx_i}{dt} = [f(S_i, x) - \bar{f}(x, x)] \times x_i \qquad (2.15)$$

其中，S 表示某个博弈群体的策略集合，$S = \{s_1, s_2, \cdots, s_j\}$，$i = 1, 2, \cdots, j$，$s_i \in S$；$x_i$ 表示该群体选择 s_i 策略的比例；$x = \{x_1, x_2, \cdots, x_j\}$ 表示改群体在 t 时间点选择某种策略的比例；$f(S_i, x)$ 表示博弈群体选择 s_i 策略的期望收益；$\bar{f}(x, x) = \sum x_i(S_i, x)$ 表示博弈群体的平均收益。

式（2.15）介绍的是单个博弈群体的复制动态，然而在实际的案例中往往涉及多方群体。两方主体复制动态如式（2.16）所示：

$$\begin{cases} F(x_1) = \frac{dx_1}{dt} = [f(s_1, x) - \bar{f}(x, x)] \times x_1 \\ F(y_1) = \frac{dy_1}{dt} = [f(u_1, y) - \bar{f}(y, y)] \times y_1 \end{cases} \qquad (2.16)$$

其中，S、U 表示两方博弈群体的策略集合，$S = \{s_1, s_2\}$，$U = \{u_1, u_2\}$，$i = 1, 2, \cdots, j$；x_1、y_1 分别表示该群体选择 s_1、u_1 策略的比例；$f(s_1, x)$、$f(u_1, x)$ 表示博弈群体选择 s_1 策略和 u_1 策略的期望

收益；$\bar{f}(x, x)$、$\bar{f}(y, y)$ 表示两方博弈群体的各自平均收益。

当 $F(x_1)$、$F(y_1)$ 都等于零时，即两方博弈群体的比例变化率为零，说明此时博弈系统已到达稳定状态，需满足以下条件：

$$\begin{cases} x_1 = 0 \text{ 或 } f(s_1, x) = \bar{f}(x, x) \\ y_1 = 0 \text{ 或 } f(u_1, y) = \bar{f}(y, y) \end{cases} \tag{2.17}$$

其中，通过式（2.17）可以求得均衡点。

（3）演化博弈的求解。

各个均衡点并非都能达到稳定状态，因此需要对各个均衡点进行稳定性分析。在演化博弈的求解中，一般使用 Friedman 提出的雅可比矩阵（Jacobian 矩阵）来判断局部稳定性。通过计算雅可比矩阵的行列式和迹的正负来判断博弈系统中各个均衡点的稳定性。两方博弈群体的 Jacobian 矩阵计算公式如下：

$$J = \begin{bmatrix} \dfrac{\partial F(x_1)}{\partial x_1} & \dfrac{\partial F(x_1)}{\partial y_1} \\ \dfrac{\partial F(y_1)}{\partial x_1} & \dfrac{\partial F(y_1)}{\partial y_1} \end{bmatrix} \tag{2.18}$$

若均衡点所对于的行列式和迹同时满足式（2.19）和式（2.20），则该均衡点所对应的策略为演化系统的稳定策略（ESS），若不能同时满足，则该均衡点是不稳定的。

$$\det J = \begin{bmatrix} \dfrac{\partial F(x_1)}{\partial x_1} & \dfrac{\partial F(x_1)}{\partial y_1} \\ \dfrac{\partial F(y_1)}{\partial x_1} & \dfrac{\partial F(y_1)}{\partial y_1} \end{bmatrix} > 0 \tag{2.19}$$

$$\operatorname{tr} J = \left(\dfrac{\partial F(x_1)}{\partial x_1} + \dfrac{\partial F(y_1)}{\partial y_1} \right) < 0 \tag{2.20}$$

2.2.4.4 随机演化博弈论

考虑实际情况下博弈参与者在调整策略时并不总是保持理性，此外诸如信息不透明和收益波动性等因素的影响也会使传统演化博弈模型失去反映这些不确定因素的能力。通过在传统演化博弈中引入高斯白噪声来描述现实不确定性，随机演化博弈成为分析有限总体的不确定性动态博弈过程的首选方法。

假设 P_i、$f_i(s, x_i)$ 分别为 t 时刻选择策略 s_i 的个体所占比例及相对应的适应度函数（支付函数），则有 $P_i = x_i/N$，$P_1 + P_2 + \cdots + P_n = 1$。相应地，该种群 t 时刻平均适应度 $f_{ave,t}$ 由式（2.21）表示为：

$$f_{ave,t} = \sum_{i=1}^{n} P_i f_i(s, x_i) \tag{2.21}$$

由此，可得到离散和连续复制动态模型的两种表达形式：

$$\begin{cases} x_i(t+1) = x_i(t) + f_i(s, x_i)x_i(t)，\forall t，离散形式 \\ \dot{x}_i(t) = [f_i(s, x_i) - f_{ave,t}]x_i(t)，\forall t，连续形式 \end{cases} \tag{2.22}$$

$$\begin{cases} P_i(t+1) = \dfrac{1 + f_i(s, x_i)}{1 + f_{ave,t}} P_i(t)，\forall t，离散形式 \\ \dot{P}_i(t) = [f_i(s, x_i) - f_{ave,t}]P_i(t)，\forall t，连续形式 \end{cases} \tag{2.23}$$

随机演化博弈模型的表达形式为：

$$\begin{cases} P_i(t+1) = \dfrac{1 + f_i(s, x_i)}{1 + f_{ave,t}} P_i(t) + \sigma P_i(t)[1 - P_i(t)]dw(t)， \\ \forall t，离散形式 \\ \dot{P}_i(t) = [f_i(s, x_i) - f_{ave,t}]P_i(t) + \sigma P_i(t)[1 - P_i(t)]dw(t)， \\ \forall t，连续形式 \end{cases}$$

$$\tag{2.24}$$

为了更准确地描述各博弈主体受不确定因素的影响，本书按惯例采用高斯白噪声来模拟随机干扰项，$dw(t)$ 为高斯白噪声，$w(t)$ 为标准一维 Brown 运动过程，σ 为随机干扰强度。

2.2.4.5　网络演化博弈论

网络演化博弈论（Networked Evolutionary Game Theory）由 Nowak 和 May 于 1992 年在《自然》杂志上首次提出，考虑博弈各方以及他们之间的关系构成一个复杂网络，其中每个节点代表一个决策主体，节点间的边代表决策主体之间的相互作用关系，在每一轮博弈中，每个节点都与他的邻居节点进行交互，并采取统一的动力学规则进行策略的更新直至达到演化稳定均衡。

博弈模型、网络拓扑结构和动力学规则构成了网络演化博弈的三个基本要素。①博弈模型（如囚徒困境博弈、铲雪博弈）用来描述决策主体所处的博弈情景；②网络拓扑结构（如规则网络、随机网络、小世界网络、无标度网络）用来描述决策主体之间的相互作用关系；③动力学规则（如模仿最优、复制规则、费米规则、Moran 过程）用来指导决策主体在博弈过程中不断地调整或改变自身的博弈策略，直至系统达到稳态。

（1）模仿最优（Imitate the Best）。

模仿最优规则是一个确定性的动力学规则，其动力学机制为：在每轮博弈过后，个体会比较自己和所有邻居的收益，采取获益最高的策略进行下一轮交互；若不同策略具有相同的收益，则随机选择一个策略进行下一轮交互。

（2）复制规则（Replicator Rule）。

复制规则引入了随机因素，其动力学机制为：在每轮博弈过后，个体会随机地选择一个邻居节点进行收益比较，若邻居收益大于自身收益，则其在下一轮博弈中将以概率 p（式（2.25））模仿该邻居的策略（Helbing，1992；Schlag，1998）。

$$p(A_m \to A_n) = \frac{pr_n - pr_m}{\phi \cdot \max(k_m, k_n)} \tag{2.25}$$

其中，A_m 和 A_n 分别表示主体 m 和 n 的策略选择，pr_m 和 pr_n 分别表示主体 m 和 n 的博弈收益，k_m 和 k_n 分别表示主体 m 和 n 的度，ϕ 为博弈矩阵中最大参数与最小参数的差以保证 $p(A_m \to A_n) \in [0, 1]$。

（3）费米规则（Femi Rule）。

费米规则引入了噪声参数，其动力学机制为：在每轮博弈过后，个体会随机地选择一个邻居节点进行收益比较，其在下一轮博弈中模仿该邻居策略的概率为：

$$\tau(A_m \to A_n) = \frac{1}{1 + \exp[(pr_n - pr_m)/k]} \tag{2.26}$$

其中，$k(k > 0)$ 表示噪声强度。与复制规则不同，费米规则允许个体以较小的概率模仿收益较低邻居的策略，即个体在进行策略调整的过程中可能会犯错（Szabó & Töke，1998）。

（4）Moran 过程（Moran Process）。

Moran 过程又叫生灭过程（Birth-death Process），其动力学机制为：在每轮博弈过后，以正比于个体 m 适应度的概率 $\prod_m$（式（2.27））繁殖一个后代，然后随机取代该个体的某个邻居（Lieberman et al.，2005）。

$$\prod_m = \frac{pr_m}{\sum pr_n} \tag{2.27}$$

其中，pr_m 表示个体 m 的适应度（由博弈收益来衡量），Moran 过程体现了生物界优胜劣汰的机制。

2.2.5　非线性动力系统

2.2.5.1　基本概念

非线性系统动力学是研究各种非线性现象，包括混沌、分岔、共振等的动力学模型和行为规律的学科，深入探索了众多非线性现象背后的动力学机制。这一学科涵盖了从混沌理论到分岔动力学、再到共振、分形和其他复杂行为。通过对这些现象进行细致的分析和建模，非线性系统动力学不仅为理解经济活动中动态系统的复杂性提供了重要视角，也为工程技术乃至社会科学等多个领域提供了新的研究工具和理论基础。现实情境中，市场竞争的加剧使得企业间存在多元化的决策行为，运用博弈方法结合非线性动力学方法将市场中的混乱状况运用建模和数值仿真的办法进行可视化呈现。通过对相关参数进行调整来模拟市场中重要因素的变化，从而分析相关因素对企业生产和市场稳定性的影响。

2.2.5.2　主要内容

二维离散动力系统为：

$$x_i(t+1) = T(x_1(t)+x_2(t)) \quad i = 1, 2 \tag{2.28}$$

其中，$t \in N$，$x_1(t)$ 和 $x_2(t)$ 是 t 时刻的状态变量，那么用映射 $T \rightarrow R^2$ 表示 t+1 时刻的状态变量。系统（2.28）的不动点是对于任意 t，使得 $x_i(t+1) = T(x_1(t)+x_2(t)) = x_i(t)$ $i = 1, 2$，记为 (x_1^*, x_2^*)。

定理 1　设 $\lambda_i(i = 1, 2)$ 是系统（2.28）在不动点 (x_1^*, x_2^*) 处 Jacobian 矩阵 $J_{(x_1^*, x_2^*)}$ 的两个特征值，则：

①当 $|\lambda_i| < 1(i = 1, 2)$ 时，不动点 (x_1^*, x_2^*) 是局部渐进稳定的汇点；

②当 $|\lambda_i| > 1(i = 1, 2)$ 时，不动点 (x_1^*, x_2^*) 是局部不稳定的源点；

③当 $|\lambda_1| > 1$ 且 $|\lambda_2| < 1$（或 $|\lambda_1| < 1$ 且 $|\lambda_2| > 1$）时，不动点 (x_1^*, x_2^*) 是鞍点；

④当 $|\lambda_1| = 1$ 或 $|\lambda_2| = 1$ 时，不动点 (x_1^*, x_2^*) 是非双曲点。

定理 2　（Jury 判定）若 $J_{(x_1^*, x_2^*)}$ 为系统在不动点 (x_1^*, x_2^*) 处

Jacobian 矩阵，则平衡点（x_1^*，x_2^*）处的局部渐进稳定性条件为：

$$\begin{cases} 1 - \mathrm{Tr}(J_{(x_1^*, x_2^*)}) + \mathrm{Det}(J_{(x_1^*, x_2^*)}) > 0 \\ 1 + \mathrm{Tr}(J_{(x_1^*, x_2^*)}) + \mathrm{Det}(J_{(x_1^*, x_2^*)}) > 0 \\ 1 - \mathrm{Det}(J_{(x_1^*, x_2^*)}) > 0 \end{cases} \tag{2.29}$$

其中，$\mathrm{Tr}(J_{(x_1^*, x_2^*)})$ 为矩阵 $J_{(x_1^*, x_2^*)}$ 的迹，$\mathrm{Det}(J_{(x_1^*, x_2^*)})$ 为矩阵 $J_{(x_1^*, x_2^*)}$ 的行列式。

2.3 文 献 综 述

"新四化"趋势下汽车产业转型升级演化机理问题是一个崭新的研究课题，其在现实环境中存在重要实际背景。目前，已有文献对燃油车企转型以及新能源汽车扩散及相关问题展开了研究，并得出了一些有价值的结论和管理启示。同时，这些研究的学术思想和提出的理论与模型均是开展本书研究工作的重要基础。本书重点从如下角度出发，通过对已有相关研究成果的分析和评述，总结目前关于汽车产业转型升级演化机理相关研究的进展、贡献与不足，为开展后续工作奠定理论基础。

2.3.1 政府驱动政策研究

政策驱动的汽车产业转型升级是响应全球性环境和技术挑战的必然选择。传统燃油汽车引起的环境问题日益严重以及世界能源危机不断加剧，迫使各国政府通过制定和实施一些政策来加大推动新能源汽车和环保技术的引用。政策的制定不仅能够引导市场向环保、高效能源利用的方向发展，还能有效推动汽车产业在技术创新和产业结构优化上的持续进步。

2.3.1.1 补贴政策

通过向新能源汽车生产企业和消费者提供经济激励来促进新能源汽车的市场推广和普及，补贴政策在新能源汽车发展初期阶段对于克服新技术成本高昂和市场接受度低的问题起到重要作用（Bergek et al.，Hao et al.，2014）。迄今，关于补贴政策的研究主要集中在补贴对企业研发投入（蔡建湖等，2022）、产业生产决策（熊勇清等，2020）以及补贴政策设计（鞠晴江等，2021）等方面，这些研究反映了政府补贴对新能源汽车的发展具有显著的激励作用。

发展新能源汽车的关键在于核心技术，而技术研发是提高生产力和竞争力的重要因素，了解政府对车企研发创新活动给予补贴以及政策是否有效至关重要（Jiang & Xu，2023）。赵骅和郑吉川（2019）针对新能源汽车补贴政策优化问题，基于动力系统分支理论构建动态博弈模型探讨三种新能源汽车补贴对车企研发与市场稳定性的影响。李良成和黎祯祯（2023）运用 PSM－DID 研究方法就补贴退坡政策对企业研发投入的影响进行研究，研究发现补贴退坡政策实施总体上会对新能源汽车企业研发投入产生显著负效应，导致企业减少研发投入，这种负效应在非国企和经济欠发达地区的企业中更为显著。

由于新冠疫情对新能源汽车市场造成较大冲击，国家层面选择延长新能源汽车财政补贴期限。楼高翔等（2023）拟从现实政策出发，对比分析按回收量补贴和按回收电池容量补贴两种补贴政策，探讨回收补贴对动力电池回收率、各成员利润、供应链利润、消费者福利和社会福利的影响。皮等（Pi et al.，2024）研究调查政府补贴如何影响汽车制造商进入电动汽车市场和退出油车市场决策，研究表明即使生产电动汽车和建设充电站具有成本效益，购置补贴和充电站补贴依旧能激励车企进入电动汽车市场，但可能不足以激励（或潜在阻碍）整车厂退出油车市场。

过低补贴可能引起新能源汽车研发投入不足，过高补贴可能导致企业严重依赖，如何在新能源汽车研发阶段作出最优政府补贴依旧值得深入研究（Suna et al.，2022）。郑小雪等（2020）在考虑消费者具有绿色偏好情景下构建了主从博弈模型，分析了补贴制造商和补贴消费者两种模式对新能源汽车产业发展的影响，此外还研究了制造商技术创新对补贴政策的替代作用。通过数个额外社会经济因素以试图确定政策工具（消费者经济激励）与电动汽车采用的关系，完善补贴激励政策和充电基础设施有利于新能源汽车的推广和应用（Sierzchula et al.，2014）。

新能源汽车补贴政策虽能有效促进新能源汽车的大量采用、新能源汽车产业发展进入快车道，但对于庞大的汽车市场而言仍难以面面俱到，过度依赖财政补贴也带来了诸如企业骗取补贴、忽视新能源汽车技术水平提高、财政压力大等一系列问题（程永伟和穆东，2018；李冬冬

47

等，2024）。为此，中国于2018年正式实施双积分政策，自此中国汽车市场走上补贴和双积分政策共同推动的道路。

2.3.1.2 双积分政策

时至今日，随着补贴经历退坡和完全退出，双积分政策逐步成为了学界关注的热点。双积分政策充分借鉴了欧洲的企业平均燃油经济性标准（CAFÉ）（He et al.，2020；Wang & Miao，2021）和加州零排放汽车（ZEV）计划（Lou et al.，2020；Li et al.，2020），结合中国新能源汽车市场的实际发展情况，并在实施过程中不断修正。自2017年发布并于2018年正式实施以来，双积分政策显著影响了汽车市场格局、企业战略规划、技术研发和相关行业收益。现有的研究主要集中在政策分析和企业应对策略方面。

在政策分析方面，现有研究主要集中在以下三类问题上：（1）双积分政策的功能，包括电动汽车盈利能力、电动汽车普及率、电池技术发展、道路交通排放等。（2）补贴政策与双积分政策的比较与交互。贾等（Jia et al.，2024）比较了上述两类政策，发现双积分政策可以更稳定地推广和应用绿色甲醇汽车。裴等（Pei et al.，2023）表示，与补贴政策相比，将双积分政策纳入绿色技术创新能够有效提升企业绩效。（3）双积分政策的实施。赵等（Zhao et al.，2024）分析了在双积分政策实施过程中，政府和企业需要作出的调整，从而有效地促进FV企业转型。一些人认为双积分政策出台过于仓促（王云石，2017），尽管现有文献提供了不同的视角，但值得注意的是，双积分政策对中国电动汽车产业发展的潜在影响，缺乏系统和定量的分析。

在企业应对策略方面，多数学者研究表明，双积分政策下电动汽车产销量大幅增长。例如，在双积分政策下，BEV-350（电池电动汽车）轿车将是插电式电动汽车中最受欢迎的车型，其次是插电式混合动力SUV（Ou et al.，2018）。双积分政策不仅直接提高了汽车制造商的研发强度，还降低了它们对补贴的依赖程度，缓解了补贴退坡带来的负面影响（Shi & Lin，2023）。双积分政策可以有效地提升汽车制造商的环境责任和技术研发（Li et al.，2023）。一些学者提出了进一步的政策建议，但均缺乏具体的实施标准，对实践的指导意义不强。例如，新能源汽车积分核算系数越高，对新能源汽车产业发展的促进作用越强，但没有给出合理的上限（卢超等，2021）。在双积分政策下，维持较高的新能源汽车积分价格是新能源汽车发展的关键，但没有给出具体的阈值范围（Cheng & Fan，2021）。然而，一些学者持相反观点，认为双积分政策并不总是有利于推动新能源汽车产业发展。例如，双积分政策作为补贴政策的重要替代方案，其实施不只是对汽车市场产生积极影响（Yang et al.，2022）。事实上，双积分政策是一把"双刃剑"，简单地谈论某些特定参数（如 NEV 积分交易价格）的变动是错误的。确定参数之间的相互作用和最优组合是实现政策预期的关键。因此，迫切需要进一步研究政策参数影响汽车制造商生产策略选择的支配规律，并制定政策优化方案。

尽管双积分政策取得了显著成效，但也存在一些需要注意的问题和挑战，我国双积分政策的研究主要集中在宏观和微观两个层面，考虑双积分政策的不断修订，政府和企业要持续加强合作与沟通，共同推动双积分政策的持续改进和有效实施；同时需要加强与碳减排等其他政策的衔接，形成政策合力。

2.3.1.3　碳减排政策

碳中和和碳达峰作为我国近年的低碳目标，引起学界越来越多学者的关注，在"双碳"背景下，学者们针对低碳活动展开了一系列的探讨和研究。目前，关于碳减排的研究主要集中于政策干预对碳减排的影响，减少碳排放的政策主要分为两类，一类是政府基于行政命令干预碳排放的环境规制手段，另一类是基于市场行为的碳税和碳排放权交易措施（李素娟，2023）。结合章节内容对于碳减排政策的运用，本书主要从市场属性进行相关文献的梳理和总结。

征收碳税的出发点是为解决环境的负外部性问题，有助于企业调整运营模式以减少碳排放，从而显著影响企业生产和定价决策，碳税政策的实施推动企业碳减排的同时对经济发展也产生重大影响（Bureau，2011；Zhou et al.，2021；王娜，2022）。（1）在碳税对企业碳减排的影响方面。廖等（Liao et al.，2023）研究了在补贴退出的不同阶段静态碳税和动态碳税对新能源汽车的推广作用，研究发现在补贴政策退出的不同阶段，应采取不同的碳税政策。曾等（Zeng et al.，2024）认为碳配额有利于促进燃油车减排并对新能源汽车扩散有激励作用，同时当消费者更偏向燃油车时，碳税政策有利于减少碳排放和提高社会福利。熊中楷等（2014）研究了碳税和消费者环保意识对供应链碳排放及利润的影响，结果表明碳税增加或消费者环保意识增强，会使清洁型制造商的碳排放减少，而污染型制造商的碳排放增加。（2）在碳税对国民经济的影响方面。王金南等（2009）模拟了碳税对中国宏观经济和碳排放的影响，结果表明低税率碳税对中国的经济影响很小，但对减缓碳排放增长具有明显的效果。常原华和李戈（2024）在碳达峰背景下以实现国家自主贡献目标为出发点设计了 3 种碳税返还方案，包括依据产量占比返还、依据出口占比返还以及依据碳强度返还，并运用动态递推可计算一般均衡模型（CGE）模拟了这三种税收返还方案下征收碳税引起的经济和环境影响。白仲林和贾鸿业（2024）根据中国经济实践构建数字经济 - 能源的动态可计算（CGE），并按照两类政策的不同配置设计了 15 种政策情景，模拟评估了各种情景下政策组合的碳强度。

在当前可持续发展、绿色发展及稳增长大背景下，诸多学者也开始关注和评估碳交易政策对经济社会发展的影响。碳交易政策能够以较低成本方式实现高效且持续稳定的减排效果，其对经济社会发展能够产生众多积极影响（Zhang et al.，2017；Tang et al.，2015）。林鹏昇和李硕（2024）在事件分析法的框架下比较低碳省市试点（行政手段）和碳排放权交易市场试点（市场机制）的碳减排效果及其影响机制，研究发现碳交易试点在降低碳排放强度的同时，扩大了经济产出，最终使碳排放总量增加龚本钢等（2024）针对由原始设备制造商（OEM）和第三方再制造商（TPR）组成的再制造供应链，在碳交易政策下研究区块链技术对再制造供应链定价与减排决策的影响。李楠（2024）基于我国碳排放权交易试点的准自然实验，使用 2010 ~ 2020 年试点地区上市公司数据，通过双重差分法、三重差分法研究碳交易政策对企业违约风险的影响，研究发现碳交易政策显著降低了试点企业特别是高污染企业的违约风险。考虑碳减排压力在主要集中在高碳行业，碳交易可能会加剧企业供给收缩导致经济压力加大，对经济社会发展产生负面影响。林和贾（Lin & Jia，2019）基于 CGE 模型模拟了仅电力部门参加的中国碳市场对经济、能源和环境产生的影响，研究表明中国全国碳市场的实施将会对工业产出造成一定的抑制效应，将对中国 GDP 产生0.19% ~1.44% 的负面影响。他们使用 CGE 讨论了中国碳交易制度中政府罚款对能源、经济和环境的影响，研究发现碳配额交易违约罚款显著影响碳排放权交易成本，罚款过多可能会给经济增长造成阻碍从而会造成 GDP 的损失。

市场波动是市场属性的内在机制，现有关于碳税和碳交易政策的研究文献中更多偏向于静态分析，对于碳税税率、碳交易市场价格等政策内部动态变化未曾深入考虑。现有研究缺乏对动态政策的考虑使其脱离实际条件，这不利于市场引导企业实现碳减排，也不利于了解评估政策的市场属性对企业生产经营的影响与冲击（王伟，2022）。

对政策驱动的汽车产业转型升级问题的研究，是理解全球汽车产业发展趋势和应对全球性环境挑战的重要途径。对于推动汽车产业的可持续发展具有重要的理论和实践价值。在未来的研究中，需要继续关注技术创新、市场需求变化以及政策效果评估等方面的动态变化，以推动全球汽车产业朝着更加环保、智能和可持续的方向发展。

2.3.2　车企生产运营决策研究

汽车企业作为全球经济的重要组成部分，其生产运营决策对企业竞争力和长期发展至关重要。随着技术的进步和市场需求的变化，车企长期面临着如何提高效率、降低成本、增强灵活性等挑战。目前，关于车企生产运营决策的研究主要集中于智能制造、车企数据分析、绿色生产、供应链管理。

随着人工智能、大数据、物联网等技术的发展，车企开始借助智能制造技术来优化生产运营决策，提高生产效率和灵活性。例如，智能物流管理、智能生产调度、工业互联网等领域的研究与应用。罗泽飞和覃元庆（2024）分析了动力电池智能制造的背景和需求，梳理以高强度、高安全、轻量化、低成本为目标的电池制造工艺目标，从闭环控制架构、智能数字字典、知识管理与决策等角度提出新能源汽车电池智能制造的思路和策略，实现更高效率的生产控制和更高质量的加工。陈宇靖和孙延明（2024）从新能源汽车的智能制造技术补贴政策入手，将消费者对新能源汽车的购买偏好纳入考虑范围，构建了传统汽车生产商和新能源汽车生产商的竞争性定价决策模型，求解了在不同补贴程度下汽车企业的最优定价及生产策略，并分析了社会福利的情况。

车企通过对生产运营数据的分析，可以更好地了解生产过程中的问题，并进行针对性的优化与改进，数据分析在生产规划、生产调度、质量控制等方面发挥着重要作用。庞欢等（2022）从车企在质保数据分析应用方面的需求出发，依据数据管理、信息配置、数据分析挖掘和结果后处理的流程进行系统框架结构搭建和功能模块设计，所设计系统统可以支撑车企的产品评估和运营决策。李等（Li et al.，2023）基于统计和真实车辆数据的简单计算实现对健康特征的提取，构建了包含趋势模型、周期模型和假日模型的时间序列预测模型，并用粒子群算法进行多模型优化，所得评估和预测精度优于传统网络模型。

环保、节能已成为全球热点议题，车企也开始关注绿色生产，研究如何在生产运营中降低能耗、减少废弃物，并实现可持续发展。采用混合整数约束动态模型，在不同的时间尺度上解决外部氢能消费者需求、最优负荷需求跟踪和电力市场参与等问题，实现燃料电池电动汽车的绿色氢气生产（Abdelghany et al.，2022）。基于污染源分析、技术流程图和技术升级，提出报废车辆部件升级利用的绿色战略，开发了报废车辆智能拆解和升级利用生产线，以提高生产效率、减少污染排放（Wang et al.，2024）。

车企生产运营决策中，供应链管理是至关重要的一环。供应商选择、库存管理、物流优化等方面的研究，都对车企的生产运营效率和成本控制有着重要影响。邹宗保等（2024）基于博弈论，深刻分析了双寡头竞争环境下，具备动力电池生产能力的制造商关于电池生产业务和整车组装业务的不同运营策略对竞争对手选择电池供应商的影响。刘丛等（2024）通过构建供应商持股、制造商持股、交叉持股等不同情形下新能源汽车供应链纵向合作创新博弈模型，探讨持股策略适用的必要条件及不同情形下企业的创新决策，研究发现电池批发价格和新能源汽车销售价格随供应商持股比例提高而降低，但随制造商持股比例的提高而提高。

关于车企生产运营决策方面的研究一直是一个重要的领域，特别是随着汽车行业的发展与变革，车企不断寻求更加高效、智能的生产运营方式（程永伟，2018；王欢欢，2020）。现有研究更多地集中于车企微观决策，缺乏带入宏观问题考量，如政府规制、市场作用等；同时车企生产运营决策也受多方面因素影响，如消费者需求、同类的竞合博弈等。

2.3.3　新能源汽车扩散研究

熊彼特（Schumpeter，1934）在 19 世纪初提出了创新扩散理论，认为创新扩散本质上是潜在采用者对被采用者的模仿行为。罗杰斯（Rogers，1995）定义了创新扩散的权威概念，明确指出创新扩散是指随着时间的推移，新产品、新技术或新思想通过某种渠道在社会系统成员之间传播的过程。经典的创新扩散理论为研究扩散问题提供了重要的理论基础（Griese et al.，2021）。近年来随着电动汽车产业的发展，新能源汽车扩散是创新扩散中一个新的研究领域。而现阶段对于探究新能源汽车扩散问题，相关文献均从汽车制造商供给侧以及消费者需求侧出发，探讨如何有效推动新能源汽车发展。

在供给侧层面中，新能源汽车扩散是指新能源汽车生产策略通过扩散网络在汽车制造商之间随时间扩散的过程（Zhao et al.，2021），其研究主要从汽车制造商角度分析相关因素对新能源汽车扩散的影响。建立信息不对称和信息共享条件下的技术创新决策模型，分析得出双积分政策正向刺激新能源汽车技术创新，但信息不对称对双积分政策的激励效果产生负向影响（Ma et al.，2023）；建造两层次博弈模型，研究发现双积分政策的实施可以减少供应商技术研发对补贴的严重依赖，提高供应商选择合作研发的比例（Han et al.，2022）；构建政府补贴决策和制造商商业模式决策的演化博弈模型，研究制造商的分时租赁模式采用策略问题，并揭示新能源车补贴、新能源车技术等因素与分时租赁模式之间关系（万谧宇等，2023）。供给侧主要通过优化汽车制造商配置和调整生产结构来提高供给体系质量和销量，进而推动新能源汽车扩散。

相较于供给侧，需求侧则通过刺激市场渗透来间接影响企业对技术的采用，从而达到扩散目的，其研究更注重描述消费者层面对于新能源汽车的偏好程度。调查感知价值、积极情绪和消费者特征对新能源汽车购买意愿影响，探讨感知价值和积极情绪与购买意愿之间的关系（Zhe et al.，2024）；将消费者购买意向划分为决策过程中的早期意图、后期意图和未来意图三个阶段，提出消费者购买意愿在早期呈现下降趋势，随后阶段呈上升趋势（Lin et al.，2022）。需求侧的研究检验了消费者市场的引导效果，为新能源汽车指明了未来发展方向。

供需两侧更是将需求侧管理与供给侧改革有效结合，从整体上协调市场和汽车制造商。建立了制造商、消费者、回收商和政府的四方演化博弈，探讨了四者行为策略对新能源汽车生命周期碳减排的影响，并以此对影响因素进行排序（Wang et al.，2023）；在具有低碳意识的消费者市场背景下，构建了汽车制造商竞争模型，发现补贴政策和双积分政策对社会福利的影响呈相反趋势，但在促进销量和利润方面均能发挥积极作用（Lu et al.，2023）；从供需两侧综合评价不同补贴政策的效果，提出适应性补贴比一致性补贴更能有效提高企业效益，扩散率的提高使传统汽车制造商通过扩大平均市场需求而受益（Wang et al.，2023）。从供需两侧发力，形成需求牵引供给、供给创造需求的更高水平动态平衡，为推动新能源汽车产业发展提供坚实基础。

2.3.4 智能网联汽车扩散研究

智能网联汽车实现了远程信息处理和汽车运行的有机结合，是跨界协同发展的重要案例，其在实现自动驾驶的同时，能够与其他车辆、基础设施、设备和外部网络进行无线通信和交换信息。作为新技术革命下互联网产业与汽车产业相融合的新兴事物，智能网联汽车发展对于实现节能减排、提高交通效率具有重要的战略意义（Yang & Liu，2021）。相关研究表明，在智能网联汽车发展初级阶段，智能驾驶辅助技术可以减少30%的交通事故，提升10%的交通效率，降低5%的油耗与排放；发展至最终阶段，交通效率将提升30%，甚至可以完全避免交通事故[①]。

智能网联汽车中先进和智能的功能可以显著提高道路安全性、乘坐舒适性，改善驾驶体验、效率并减少车辆排放，智能汽车发展主要趋势是确保舒适性、安全性、效率和环境可持续性，发现智能汽车能够提高乘客主观舒适度，缓解晕车，降低乘客姿态不稳定（Guo et al.，2021）。联网自动驾驶汽车和人类驾驶车辆共享道路构成一个交互系统，联网自动驾驶汽车不仅能提高交通系统移动性，还能提高人类驾驶汽车燃油效率（Baby et al.，2023）。智能网联汽车可以提供更安全、节能、环保、舒适的出行方式，是城市智能交通系统的重要组成部分，其不仅

---

① 中国汽车工程学会. 节能与新能源汽车技术路线图 [M]. 北京：机械工业出版社，2016：464.

是产品和技术的升级，还可能带来汽车及相关产业全业态和价值链的重构（李克强等，2017）。发展智能电动汽车是解决社会问题的重要手段，也是构建智慧出行的核心要素，更是推行数字中国的重要载体。

智能网联汽车技术的进步和相关数据的应用引起了公众对社会接受度的关注和挑战。当下科技水平匮乏、产业管理复杂以及渗透比例低下使得消费者对于智能电动汽车持有怀疑态度，公众对智能网联汽车驾驶的恐惧是一种技术恐惧症，可能会被分解为道路事故的可能性、网络攻击的风险和系统错误的可能性（Cugurullo & Acheampong，2023）。我国智能网联汽车的发展水平与欧美等发达国家仍存在较大差距，主要存在标准法规不完善、产业链不完整和商业模式不清晰等问题（胡鑫等，2019）。通过智能网联汽车市场渗透率来探讨智能网联汽车的安全效应，并提出市场渗透率的提高能够显著降低车祸发生概率（Xiao et al.，2021）。因此，亟需从考虑消费者心理行为出发，通过科技创新提高公众认可度，从根本上提高智能网联汽车渗透率。

智能网联汽车技术虽可以提升道路交通的安全系数，但在面对复杂的交通环境时依旧存有发展困境。消费者作为智能网联汽车发展的支撑群体，智能网联汽车市场接受度更是直接关联企业未来发展，探讨车企与消费者间的相互作用是未来汽车产业智能网联化转型的重要一环；同时，智能网联汽车发展离不开政府驱动政策的引导作用，智能网联汽车扩散问题研究依旧是值得关注的热点。

2.3.5　博弈论相关研究

博弈论是一门研究决策者之间相互作用与其决策后果的数学学科。通过构建数学模型来分析和预测参与者的行为，主要研究了利益冲突时每个主体的行为选择问题。露西（Luce）和雷法（Raiffa）在 1957 年指出，传统博弈论提出了完全理性假设（Luce & Raiffa，1957；石夫磊，2021），此类假设基于静态条件，存在众多限制和弊端。由于现实世界决策者的不完全理性，促使学者追求更加动态化的博弈理论，于是传统博弈理论的一个新的发展方向就是动态博弈理论。本书主要运用演化博弈、随机演化博弈以及网络演化博弈等动态博弈理论，以下对这三类博弈论方法的国内外文献进行总结归纳。

2.3.5.1 演化博弈

为了克服完全理性假设带来的弊端，近年来，动态博弈理论逐渐发展起来，其中，以演化博弈最为显著。演化博弈是一种不同博弈主体之间的相互依赖，最终不断调整适应度的行为演化方法，其核心是单边演化稳定策略。基于有限理性与演化稳定策略的优势，演化博弈理论近年来被学者广泛的应用于众多领域，如新能源汽车运营、电动汽车充电设施部署、企业碳减排等。

汽车产业发展过程中，车企不乏同其他主体间存在互动并动态调整企业策略，演化博弈论的有限理性以及动态演化特征更符合企业实际情况。彭频和何熙途（2021）为探究在政府补贴下政府、汽车企业以及消费者间的博弈关系，基于演化博弈理论研究了政府补贴与新能源汽车产业发展的关系，指出政府补贴会削弱企业核心竞争力，完善惩罚机制会促进产业发展。刘亚婕和董锋（2022）从竞合视角出发，运用演化博弈理论分析两家新能源汽车企业和政府之间的行为选择及演化均衡状态，仿真模拟初始意愿、双积分政策、税收优惠政策以及政府资助行为对于系统稳态的影响。目前，电动汽车充电基础设施规范运营关系到新能源汽车产业链的安全和韧性，不少学者已将演化博弈论应用至充电设施运营问题。曹等（Cao et al.，2022）通过演化博弈模型研究电动汽车充电运营商定价决策问题，研究发现运营商可通过降低充电桩价格引导更多用户选择共享充电桩。王伟等（2024）基于利益相关者视角，构建充电基础设施多主体演化博弈模型，结合系统动力学，研究政府、运营商和消费者的演化稳定状态及各参数变量对主体策略选择的影响，研究发现运营补贴力度、政府监管成本和惩罚力度等因素均是影响系统向稳定状态演化的主要驱动力。随着经济发展从"重碳经济"向"低碳经济"转变，节能减排问题依旧是一大热点，部分学者对减排过程中博弈主体之间行为策略进行分析（蒋军等，2023）。潘大鹏等（2024）基于绿色偏好视角构建三方演化博弈模型，分析了绿色监管、绿色转型和绿色债券投资行为决策之间的相关性，他们发现政府、企业和金融机构的绿色偏好大小对绿色发展存在不同影响，企业绿色偏好对绿色转型起决定性作用。邵举平等（2023）为研究供应链企业投入减排的积极性，应用演化博弈理论构建了企业低碳动力模型，得到制造商与零售商的演化稳定策略。他们发现只有当减排投资收益高于减排投资成本时，制造商才会主动减少碳排放，只有当低碳宣传收益高于宣传成本时，零售商才会主动宣传低碳产品。

2.3.5.2　随机演化博弈

单纯的演化博弈缺乏对现实生活中持续存在的随机扰动的考虑，即博弈双方在策略调整过程中存在随机扰动项，这时仅仅使用一般的演化博弈模型难以反映现实中车企发展情形（贺一堂，2018）。近年来，国内外学者开始使用引入白噪声后的随机演化博弈模型来考察受到随机干扰后的群体演化博弈情形，建立随机微分方程（林元烈，2002；胡适耕等，2008），作为普通复制动态方程的扩展（谢识予，2012）。与传统演化博弈模型中的复制动态方程不同，随机演化博弈包含了高斯白噪声随机扰动项，即某一群体的变化率不仅与该群体的数量、该群体超出群体平均收益的大小有关，还有其他一些不确定的因素，可以把这些不确定因素作为随机扰动项添加进传统的复制动态方程中。

鉴于客观世界的复杂性以及人们并非完全理性，决策过程包含部分非正常扰动。因此，与传统演化博弈模型相比，随机演化博弈模型更能够与客观世界的演化状况相吻合。目前，国内外学者在随机演化博弈领域开展了诸多研究工作。其中，最先给出随机演化博弈概念的是福斯特（Foster，1990）和杨（Young，1990），他们提出不同于以往的演化稳定策略的概念，稳定策略不仅仅针对一部分独立的、偏离策略的个体是稳定的，针对随机突变也是稳定的，即引出了随机稳定策略（SSS）的概念。

此外，李军强等（2024）基于研发补贴对企业产生的双重"认证效应"构建了地方政府、研发企业和外部投资者之间的随机演化博弈模型，他们以2019年我国12个省份的601家创业板上市公司数据为样本，对其他省份研发补贴的效力进行了横向比较。研究发现地方政府发放的研发补贴对企业和投资者选择研发和投资策略不具有决定性作用，但研发补贴会显著影响两类主体选择概率的收敛速度和稳定性。陈伟杰等（2024）考虑公众环境关注度，构建地方政府、第三方治理企业及排污企业的三方随机演化博弈模型，以探究环境信用联合奖惩背景下相关主体行为的影响因素。何洪阳等（2024）运用演化博弈理论探究政府与平台在平台经济中的协同治理问题，发现随机扰动的引入提高了政企协同治理的难度。赵等（Zhao et al.，2024）构建了演化博弈模型来调查何种因素可增强港口联盟韧性，其中，特别考虑了随机因素的影响，研究表明扰动性的增强会使得港口更加关注联盟发展。

由于客观世界的复杂性以及人们并非完全理性，决策过程将包含部分非正常扰动（贺一堂，2018）。因此，与传统演化博弈模型相比，随机演化博弈模型更能够与客观世界的演化状况相吻合，也更能准确描述整个演化过程和规律。

2.3.5.3 网络演化博弈

关于演化博弈的已有研究通常假设所有个体都是相互作用或随机联系的。但现实复杂环境下，主体之间的联系并不是完全耦合或随机的，嵌入社会网络的主体会表现出自身的拓扑和统计特征。伴随社会环境日新月异的变化，主体间的竞合行为不仅受到自身条件影响，还会受到所处网络环境影响，社会系统主体间的博弈关系与网络结构联系愈加密切。由于不同个体间的竞争、合作或模仿引起结果大不相同，吸引部分学者将演化博弈论与复杂网络有机结合，探索微观企业行为在宏观网络上的涌现结果。

当前，复杂社会环境的不断更迭使得复杂网络演化博弈成为分析新能源汽车扩散的有效方法之一。王璐等（2022）以市场需求侧与供给侧协调为思路，基于复杂网络演化博弈理论，构建新能源汽车扩散模型，研究绿色消费者对制造商微观决策与宏观新能源汽车扩散的影响。孙威威和张峥（2024）构建了复杂网络的多主体博弈模型，研究创新扩散问题，他们发现制造商采纳不同技术的单位利润、专利费、技术优势系数是影响创新扩散的关键变量。节点度和网络重连概率影响扩散速度，节点度越低则重连概率对扩散速度的影响越显著，且网络规模越高节点度和网络重连概率对扩散速度的影响越显著。范等（Fan et al.，2022）基于复杂网络演化博弈论，研究消费者绿色偏好和政府相关政策对新能源汽车研发扩散的影响，研究发现消费者绿色偏好和配额制度对新能源汽车研发扩散具有双重性，即在增加新能源汽车企业比例的同时，抑制了新能源汽车企业的研发扩散。王等（Wang et al.，2023）借助复杂网络演化博弈模型，分析双积分政策背景下电动汽车扩散问题，他们指出信息传递对政策有效性的异质性影响。复杂网络博弈考虑个体网络结构，反映扩散过程中个体间博弈过程和策略演化，更贴近现实。

以上文献皆讨论的是新能源汽车生产策略随时间在汽车制造商种群

的传播。然而，单层网络博弈仅能够从单一主体扩散出发，难以涉及层间主体的互动过程；新能源汽车发展过程还应考虑产品满足消费者需求以及把握汽车市场动态，双层网络博弈能够通过考虑供需两侧层级的交互机制，从消费者角度进一步深入研究扩散规律。复杂网络的快速发展使得描述政府、消费者以及各相关层面之间的交互成为可能。

上篇：车企微观生产决策

第3章 动态奖惩机制下考虑消费者低碳偏好的汽车制造商生产决策研究

3.1 研 究 背 景

"双碳"背景下交通领域正在稳步推进节能减排工作，其中推广和应用新能源汽车成为了实现我国绿色经济可持续发展的重要战略举措。2017年《乘用车企业平均燃料消耗量与新能源汽车积分并行管理办法》（以下简称《积分办法》）正式实施，旨在建立基于油耗积分和新能源积分的双积分政策，促进新能源汽车行业协调发展形成市场化机制，逐渐取代"退坡"的补贴政策。在双积分政策下，汽车产品的平均燃油消耗量实际值高于目标值会产生CAFC负积分，低于目标值可以获得CAFC正积分；而汽车产品的新能源汽车积分实际值高于达标值可以获得NEV正积分，低于达标值会产生NEV负积分。企业可以通过自主研发生产新能源汽车获取正积分或从其他企业购买积分抵偿，这一方面要求燃油汽车降低油耗，另一方面有利于提高新能源汽车产销。

当前，新能源汽车已进入全面市场化发展新阶段，据公安部官网统计①，截至2021年底，全国新能源汽车保有量达784万辆，占汽车总量的2.60%，同比增长59.25%，其中，纯电动汽车保有量640万辆，占新能源汽车总量的81.63%。然而，市场规模的快速扩张使得新能源汽

---

① 中华人民共和国公安部. 2021年全国机动车保有量达3.95亿新能源汽车同比增59.25% [EB/OL]. [2022-01-11]. https://www.mps.gov.cn/n2254314/n640933-4/c8322353/content.html.

车的问题逐渐暴露，汽车质量问题以及相关维权事件成为了舆论焦点，《国内汽车消费维权舆情研究报告（2021）》中指出新能源汽车国内品牌中，质量问题投诉占比 54.75%，其次是虚假宣传占比 32.26%，服务问题与未及时交付问题分别占比 7.4% 与 5.59%[①]。此外，由于新能源汽车电池系统与配套充电设施仍存在技术瓶颈，环境温度的变化可能导致续航缩水、充电功率低等情况，更加适合市内代步而不适合长途出行，这些因素都成了后补贴时代限制新能源汽车行业发展的主要原因。未来，政府如何保障汽车制造商生产新能源汽车的积极性，完善产业监管体制，推动我国新能源汽车产业高质量发展成为了亟待解决的问题。

3.2 静态奖惩机制下演化博弈模型构建与分析

3.2.1 模型描述

本书从供需两侧角度出发，讨论政府奖惩机制下考虑消费者低碳偏好对汽车制造商生产决策的影响。汽车制造商作为供给方可以选择生产新能源汽车或燃油汽车，消费者作为需求方基于效用最大化原则选择购买新能源汽车或燃油汽车或不购买，政府作为监管者根据汽车制造商不同的生产决策宏观调控奖惩政策，从而激励约束汽车制造商。

"双碳"背景下新能源汽车需求潜力持续释放，市场体量初显规模，但仍然面临着诸多制约因素，本书借鉴文献（马亮等，2018；李新然等，2019），假设消费者主要考虑汽车产品的续航性能和质量两种属性，通过构建消费者效用函数和汽车制造商利润函数，结合演化博弈分析政府和汽车制造商的最优生产决策，旨在为新能源汽车的健康发展和传统燃油汽车的积极转型提供一定的理论依据。

---

① 消费者网. 2021 年国内汽车消费维权舆情研究报告 [EB/OL]. [2022 – 03 – 17]. http://www.bjxf315.com/qc/57211.html.

3.2.2　基本假设

假设 1：汽车制造商：假设汽车制造商可选择行动集合为 ｛生产新能源汽车，生产燃油汽车｝。新能源汽车和燃油汽车的销售价格分别为 p_N 和 $p_G(p_N > p_G)$；生产数量分别为 Q_N 和 Q_G，且汽车供应链中产销平衡；利润分别为 $\prod_N$ 和 $\prod_G$。此外，由于新能源汽车续航、质量等关键技术还有待进一步研发，其生产成本会高于燃油汽车，假设生产燃油汽车的成本为 c，生产新能源汽车的成本为 $kc(k > 1)$，其中 k 为两类汽车产品的成本差异系数。

假设 2：消费者：假设消费者可选择行动集合为 ｛购买新能源汽车，购买燃油汽车，不购买｝。消费者的支付意愿为 θ 且 θ 服从 [0，1] 的均匀分布，由于消费者低碳偏好水平不同，对新能源汽车和燃油汽车也会产生不同的估值，假设对燃油汽车的估值为 $\gamma\theta(0 \leq \gamma < 1)$，其中 γ 为消费者对燃油汽车的估值折扣因子，消费者低碳偏好水平越高，则 γ 越小。李新然和李长浩（2019）假设消费者选择购买汽车时，续航性能和质量两种属性会影响消费者效用，在续航里程属性方面，用 h 表示新能源汽车的续航性能，$h \in$ [0，1]；δ 表示消费者对新能源汽车续航性能的认可度，$\delta \in$ [0，1]。在质量属性方面，用 m 表示新能源汽车的质量属性，$m \in$ [0，1]；g 表示消费者对新能源汽车质量属性的认可度，$g \in$ [0，1]。

假设 3：政府：假设政府可选择行动集合为 ｛奖惩结合政策，流于形式政策｝，其中奖惩结合政策的含义是指汽车制造商生产新能源汽车或燃油汽车时，政府作为外部监管者给予一定的奖励或惩罚，结合双积分政策共同规制市场；流于形式政策的含义是指政府不给予汽车制造商任何奖励或惩罚，仅依靠双积分政策调节市场。此外，假设汽车制造商生产燃油汽车时，政府获得环境收益 L；汽车制造商生产新能源汽车时，政府获得环境收益 $\alpha L(\alpha > 1)$。同时，由于新能源汽车和燃油汽车具有不同的环境影响，假设政府汽车制造商生产新能源汽车和燃油汽车时，政府分别需付出环境治理成本 C_1 和 $C_2(C_1 < C_2)$。

假设 4：奖惩机制：《通知》中明确提出要坚持平缓补贴退坡力度，加强产品安全监管引导，做好政策收尾工作。因此，本书提出"以奖代补，奖优罚劣"，假设政府对汽车制造商生产新能源汽车实施奖励政策，给予每辆符合政策标准的新能源汽车奖励额 s，奖励总额为 $S = s \times Q_N$；假设政府为推动国内汽车制造商的积极转型，给予每辆排放超标的燃油汽车惩罚额 a，惩罚总额为 $A = a \times Q_G$。此外，政府实施奖惩政策时，需要付出监管成本 C_s。

假设 5：双积分政策：赵丹等（2024）假设汽车制造商生产的燃油汽车平均燃料消耗积分为负（即排放超标），设定单位 CAFC 积分系数为 $\lambda_G（\lambda_G > 0）$，单位 NEV 积分系数为 λ_N，则生产新能源汽车可提供积分量 $\lambda_N Q_N$，生产燃油汽车积分需求量为 $\lambda_G Q_G$。此外，我国工信部于 2019 年开始强制纳入新能源积分比例考核，2019～2023 年度的新能源积分比例要求分别为 10%、12%、14%、16%、18%。令新能源汽车比例要求为 $\beta（0 < \beta < 1）$，则生产燃油车所需配比的 NEV 积分为 βQ_G。积分交易价格 P_λ 由市场供需情况决定，设定汽车制造商生产新能源汽车获得 NEV 积分收益 R_1；汽车制造商生产燃油汽车需要付出 CAFC 积分成本 R_2，且需要配比 NEV 积分成本 R_3，可知 $R_1 = P_\lambda \times \lambda_N Q_N$，$R_2 = P_\lambda \times \lambda_G Q_G$，$R_3 = P_\lambda \times \beta Q_G$。

表 3.1 给出了假设中提及的相关符号及其定义。

表 3.1 符号及定义

符号	含义	符号	含义
$p_i（p_N > p_G > 0）$	销售价格（$i = N, G$）	$\lambda_N（\lambda_N > 0）$	NEV 积分系数
$Q_i（Q_i > 0）$	生产数量（$i = N, G$）	$\lambda_G（\lambda_G > 0）$	CAFC 积分系数
$c（c > 0）$	生产成本	$\beta（0 < \beta < 1）$	新能源汽车积分比例要求
$k（k > 1）$	成本差异系数	$P_\lambda（P_\lambda > 0）$	积分交易价格
$\prod_i（\prod_i > 0）$	利润（$i = N, G$）	$R_1（R_1 > 0）$	NEV 积分收益
$L（L > 0）$	政府的环境收益	$R_2（R_2 > 0）$	CAFC 积分成本
$\theta（0 \leq \theta \leq 1）$	消费者支付意愿	$R_3（R_3 > 0）$	NEV 积分比例成本
$\gamma（0 \leq \gamma < 1）$	燃油汽车估值折扣因子	$\alpha（\alpha > 1）$	政府收益系数
$h（0 \leq h \leq 1）$	新能源汽车续航性能属性	$C_s（C_s > 0）$	监管成本
$\delta（0 \leq \delta \leq 1）$	续航性能属性认可度	$C_i（C_i > 0）$	环境治理成本（$i = 1, 2$）
$m（0 \leq m \leq 1）$	新能源汽车质量属性	$S（S > 0）$	奖励总额
$g（0 \leq g \leq 1）$	质量属性认可度	$A（A > 0）$	惩罚总额

资料来源：笔者自行绘制。

3.2.3　模型构建

3.2.3.1　消费者效用函数

将市场规模标准化为 1，考虑需求侧消费者对新能源汽车续航性能属性认可度、质量属性认可度因素，可得消费者购买新能源汽车的效用为：

$$U_1 = \theta - p_N + \delta h + mg \tag{3.1}$$

消费者购买燃油汽车的效用为：

$$U_2 = \gamma\theta - p_G + h + m \tag{3.2}$$

消费者不购买的效用为：

$$U_3 = 0 \tag{3.3}$$

当 $U_1 > U_2$ 且 $U_1 > 0$ 时，可得 $\theta > \dfrac{p_N - p_G + (1 - \delta)h + (1 - g)m}{1 - \gamma}$ 且 $\theta > p_N - \delta h - mg$，令 $\theta_1 = \dfrac{p_N - p_G + (1 - \delta)h + (1 - g)m}{1 - \gamma}$，当 $\theta_1 < \theta < 1$ 时，易知新能源汽车需求 $Q_N = \displaystyle\int_{\theta_1}^{1} f(\theta)\mathrm{d}\theta = 1 - \dfrac{p_N - p_G + (1 - \delta)h + (1 - g)m}{1 - \gamma}$。

当 $U_1 < U_2$ 且 $U_2 > 0$ 时，得 $\dfrac{p_G - h - m}{\gamma} < \theta < \dfrac{p_N - p_G + (1 - \delta)h + (1 - g)m}{1 - \gamma}$，令 $\theta_2 = \dfrac{p_G - h - m}{\gamma}$，当 $\theta_2 < \theta < \theta_1$ 时，燃油汽车需求 $Q_G = \displaystyle\int_{\theta_2}^{\theta_1}(\theta)\mathrm{d}\theta = \dfrac{\gamma(p_N - \delta h - mg) + h + m - p_G}{\gamma(1 - \gamma)}$。当 $U_2 < U_3$ 时，得 $0 < \theta < \dfrac{p_G - h - m}{\gamma}$，消费者不购买汽车。

3.2.3.2　汽车制造商利润函数

在本节中，p_N、p_G 为决策变量，汽车制造商基于利润最大化原则作出相应决策，因此，汽车制造商生产新能源汽车和燃油汽车的利润函数分别如下：

$$\prod{}_N = (p_N - kc)Q_N$$
$$= (p_N - kc)\left(1 - \frac{p_N - p_G + (1 - \delta)h + (1 - g)m}{1 - \gamma}\right) \tag{3.4}$$

$$\prod{}_G = (p_G - c)Q_G = (p_G - c)\frac{\gamma(p_N - \delta h - mg) + h + m - p_G}{\gamma(1 - \gamma)}$$

$$(3.5)$$

由于 $\dfrac{\partial^2 \prod{}_N}{\partial p_N^2} < 0$，$\dfrac{\partial^2 \prod{}_G}{\partial p_G^2} < 0$，可知 $\prod{}_N$ 和 $\prod{}_G$ 分别是关于 p_N 和 p_G 的凸函数。故令 $\dfrac{\partial \prod{}_N}{\partial p_N} = 0$，$\dfrac{\partial \prod{}_G}{\partial p_G} = 0$，联立求解得到 p_N 和 p_G：

$$p_N = \frac{(2 - \gamma)(\delta h + mg) + 2(1 - \gamma) - h - m + (2k + 1)c}{4 - \gamma} \quad (3.6)$$

$$p_G = \frac{2(h + m) - \gamma(\delta h + mg + h + m + \gamma + 1) + (k\gamma + 2)c}{4 - \gamma} \quad (3.7)$$

将 p_N 和 p_G 代入 Q_N、Q_G、$\prod{}_N$、$\prod{}_G$ 可得：

$$Q_N = \frac{(2 - \gamma)(\delta h + mg) - h - m - c(2k - k\gamma - 1) + 4\gamma - 2}{(1 - \gamma)(4 - \gamma)} \quad (3.8)$$

$$Q_G = \frac{\begin{array}{c}(\gamma - 2)(\delta h + mg) + (2\gamma - 1)(h + m)\\ + c(2k - k\gamma - 1) + (\gamma - 1)(\gamma - 2)\end{array}}{(1 - \gamma)(4 - \gamma)\gamma} \quad (3.9)$$

$$\prod{}_N = \frac{[(2 - \gamma)(\delta h + mg) - h - m - c(2k - k\gamma - 1) + 4\gamma - 2]^2}{(1 - \gamma)(4 - \gamma)^2} \quad (3.10)$$

$$\prod{}_G = \frac{\begin{array}{c}[(\gamma - 2)(\delta h + mg) + (2\gamma - 1)(h + m)\\ + c(2k - k\gamma - 1) + (\gamma - 1)(\gamma - 2)]^2\end{array}}{\gamma(1 - \gamma)(4 - \gamma)^2} \quad (3.11)$$

命题 1 对新能源汽车和燃油汽车的续航性能属性、质量属性和成本因素进行偏导分析，存在如下关系：

（i）当 $\dfrac{1}{2 - \gamma} < \delta \leqslant 1$ 时，$\dfrac{\partial p_N}{\partial h} > 0$；当 $0 \leqslant \delta < \dfrac{1}{2 - \gamma}$ 时，$\dfrac{\partial p_N}{\partial h} < 0$；当 $\dfrac{1}{2 - \gamma} < g \leqslant 1$ 时，$\dfrac{\partial p_N}{\partial m} > 0$；当 $0 \leqslant g < \dfrac{1}{2 - \gamma}$ 时，$\dfrac{\partial p_N}{\partial m} < 0$，$\dfrac{\partial p_G}{\partial h} > 0$，$\dfrac{\partial p_G}{\partial m} > 0$。

（ii）当 $\dfrac{1}{2 - \gamma} < \delta \leqslant 1$ 时，$\dfrac{\partial Q_N}{\partial h} > 0$；当 $0 \leqslant \delta < \dfrac{1}{2 - \gamma}$ 时，$\dfrac{\partial Q_N}{\partial h} < 0$；当 $\dfrac{1}{2 - \gamma} < g \leqslant 1$ 时，$\dfrac{\partial Q_N}{\partial m} > 0$；当 $0 \leqslant g < \dfrac{1}{2 - \gamma}$ 时，$\dfrac{\partial Q_N}{\partial m} < 0$。

（ⅲ）当 $0 \leqslant \delta < \dfrac{1-2\gamma}{\gamma-2}$ 且 $\dfrac{1}{2} < \gamma < 1$ 时，$\dfrac{\partial Q_G}{\partial h} > 0$；当 $\dfrac{1-2\gamma}{\gamma-2} < \delta \leqslant 1$ 时，$\dfrac{\partial Q_G}{\partial h} < 0$；当 $0 \leqslant g < \dfrac{1-2\gamma}{\gamma-2}$ 且 $\dfrac{1}{2} < \gamma < 1$ 时，$\dfrac{\partial Q_G}{\partial m} > 0$；当 $\dfrac{1-2\gamma}{\gamma-2} < g \leqslant 1$ 时，$\dfrac{\partial Q_G}{\partial m} < 0$。

（ⅳ）$\dfrac{\partial p_N}{\partial c} > 0$，$\dfrac{\partial p_G}{\partial c} > 0$，$\dfrac{\partial Q_N}{\partial c} < 0$，$\dfrac{\partial Q_G}{\partial c} > 0$。

命题 1（ⅰ）表明，新能源汽车的销售价格受燃油汽车估值折扣因子 γ、续航性能属性认可度 δ 和质量属性认可度 g 的影响，当消费者低碳偏好水平较低时，对新能源汽车续航性能属性认可度或质量属性认可度较高时才会使新能源汽车制造商具有一定的价格优势。然而，燃油汽车的销售价格并不会受消费者低碳偏好水平的影响，且随着新能源汽车续航性能属性 h 和质量属性 m 的提高，燃油汽车的销售价格反而会提高。命题 1（ⅱ）同理命题（ⅰ），不做分析。

命题 1（ⅲ）表明，燃油汽车的生产数量也受燃油汽车估值折扣因子 γ、续航性能属性认可度 δ 和质量属性认可度 g 的影响。有趣的是，燃油汽车估值折扣因子大于一定阈值时，燃油汽车的生产数量会随着新能源汽车续航性能属性 h 和质量属性 m 的增加而增加；但当续航性能属性认可度 δ 和质量属性认可度 g 大于一定阈值时，无论消费者低碳偏好水平高低，燃油汽车的生产数量都会随续航性能属性或质量属性的增加而下降。

命题 1（ⅳ）表明，随着生产成本 c 的增加，新能源汽车和燃油汽车的销售价格都会随之增加。然而，由于成本差异系数 k 的影响，新能源汽车制造商的成本负担更重，在一定程度上会抑制其生产意愿，因此新能源汽车的生产数量会有所下降，而燃油汽车的生产数量由于成本优势会提高生产数量。

3.2.3.3　汽车制造商与政府演化博弈模型构建

假设政府对汽车制造商实施静态奖惩机制，汽车制造商生产新能源汽车的概率为 x，生产燃油汽车的概率为 $1-x$；政府实施奖惩结合型政策的概率为 y，实施流于形式型政策的概率为 $1-y$，可以得到政府与汽车制造商的演化博弈支付矩阵，见表 3.2。

69

表 3.2 政府与汽车制造商的演化博弈支付矩阵

		政府	
		奖惩结合型（y）	流于形式型（1 - y）
汽车制造商	生产新能源汽车 （x）	$\prod_N + R_1 + S$ $\alpha L - S - C_1 - C_s$	$\prod_N + R_1$ $\alpha L - C_1$
	生产燃油汽车 （1 - x）	$\prod_G - R_2 - R_3 - A$ $L + A - C_2 - C_s$	$\prod_G - R_2 - R_3$ $L - C_2$

资料来源：笔者自行整理。

3.2.4 模型分析

3.2.4.1 演化博弈模型分析

根据演化博弈的相关理论和支付矩阵，可以计算出汽车制造商选择生产新能源汽车的期望收益为：

$$E_{11} = y(\prod_N + R_1 + S) + (1 - y)(\prod_N + R_1) \qquad (3.12)$$

汽车制造商选择生产燃油汽车的期望收益为：

$$E_{12} = y(\prod_G - R_2 - R_3 - A) + (1 - y)(\prod_G - R_2 - R_3)$$

$$(3.13)$$

汽车制造商的平均期望收益为：

$$E_1 = xE_{11} + (1 - x)E_{12} \qquad (3.14)$$

汽车制造商生产新能源汽车的复制动态方程为：

$$F(x) = \frac{dx}{dt} = x(E_{11} - E_1)$$

$$= x(1 - x)\left[y(S + A) + \prod_N - \prod_G + R_1 + R_2 + R_3\right]$$

$$(3.15)$$

政府选择奖惩结合型政策的期望收益为：

$$E_{21} = x(\alpha L - S - C_1 - C_s) + (1 - x)(L + A - C_2 - C_s) \qquad (3.16)$$

政府选择流于形式型政策的期望收益为：

$$E_{22} = x(\alpha L - C_1) + (1 - x)(L - C_2) \qquad (3.17)$$

政府的平均期望收益为：

$$E_2 = yE_{21} + (1 - y)E_{22} \qquad (3.18)$$

政府选择奖惩结合型政策的复制动态方程为：

$$F(y) = \frac{dy}{dt} = y(E_{21} - E_2) = y(1 - y)\left[-x(S + A) + A - C_s\right]$$

$$(3.19)$$

为确保政府机制可以有效规制汽车制造商生产决策行为，需保证生产新能源给予奖励后的总收益大于生产燃油汽车惩罚后的总收益，且政府收益大于零，即有 $\prod_N + R_1 + S > \prod_G - R_2 - R_3 - A$，$L + A - C_2 - C_s > 0$，且 $S > 0$，$A > 0$。后文以此条件进行稳定性分析。

3.2.4.2　稳定性分析

根据 $F(x)$ 和 $F(y)$ 两个复制动态方程，可以得到汽车制造商生产新能源汽车和燃油汽车的演化动态，形成一个二维动力系统 D_1：

$$\begin{cases} F(x) = \dfrac{dx}{dt} = x(1 - x)\left[y(S + A) + \prod_N - \prod_G + R_1 + R_2 + R_3\right] \\ F(y) = \dfrac{dy}{dt} = y(1 - y)\left[-x(S + A) + A - C_s\right] \end{cases}$$

$$(3.20)$$

令 $F(x) = 0$，$F(y) = 0$，D 始终存在四个局部均衡点，分别为 $(0, 0)$，$(0, 1)$，$(1, 0)$，$(1, 1)$，当 $0 \leqslant \dfrac{A - C_s}{S + A} \leqslant 1, 0 \leqslant \dfrac{\prod_G - \prod_N - R_1 - R_2 - R_3}{S + A} \leqslant 1$ 时，存在第五个均衡点 (x^*, y^*)，其中 $x^* = \dfrac{A - C_s}{S + A}$，$y^* = \dfrac{\prod_G - \prod_N - R_1 - R_2 - R_3}{S + A}$。

根据弗莱德曼（Friedman，1998）方法，对二维动力系统的雅可比矩阵进行稳定性分析可得系统演化稳定策略（ESS）。由计算 D_1 计算可得雅克比矩阵 J_1 为：

$$J_1 = \begin{bmatrix} (1 - 2x)\left[y(S + A) + \prod_N - \prod_G + R_1 + R_2 + R_3\right] & x(1 - x)(S + A) \\ y(1 - y)(S + A) & (1 - 2y)\left[-x(S + A) + A - C_s\right] \end{bmatrix}$$

$$(3.21)$$

微分方程组 D_1 的稳定性由行列式 $DetJ_1$ 和迹 TrJ_1 的符号决定。当

满足 $DetJ_1 > 0$，$TrJ_1 \leqslant 0$ 时，复制动态方程达到演化稳定策略（ESS）。静态惩罚和静态奖励下系统稳定性分析结果如表 3.3 所示。

表 3.3 静态奖励和静态惩罚下系统稳定性分析

平衡点	$DetJ_1$	符号	TrJ_1	符号	结果
$(0, 0)$	$(\prod_N - \prod_G + R_1 + R_2 + R_3)(A - C_s)$	$-$	$\prod_N - \prod_G + R_1 + R_2 + R_3 + A - C_s$	不确定	不稳定
$(0, 1)$	$(S + A + \prod_N - \prod_G + R_1 + R_2 + R_3)(C_s - A)$	$-$	$S + \prod_N - \prod_G + R_1 + R_2 + R_3 + C_s$	不确定	不稳定
$(1, 0)$	$(\prod_G - \prod_N - R_1 - R_2 - R_3)(-S - C_s)$	$-$	$\prod_G - \prod_N - R_1 - R_2 - R_3 - S - C_s$	不确定	不稳定
$(1, 1)$	$(\prod_G - \prod_N - R_1 - R_2 - R_3 - S - A)(S + C_s)$	$-$	$\prod_G - \prod_N - R_1 - R_2 - R_3 - A + C_s$	不确定	不稳定
(x^*, y^*)	$+$	$+$	0	0	稳定

注："+"表示大于 0，"–"表示小于 0。
资料来源：笔者自行整理。

由表 3.3 可知，系统在 $(0, 0)$、$(0, 1)$、$(1, 0)$、$(1, 1)$ 都不具有稳定性，而在 (x^*, y^*) 具有稳定性，对应的雅克比矩阵为：

$$J_1' = \begin{bmatrix} 0 & \dfrac{(S + C_s)(A - C_s)}{S + A} \\ \dfrac{(S + A + \prod_N - \prod_G + R_1 + R_2 + R_3)(\prod_N - \prod_G + R_1 + R_2 + R_3)}{S + A} & 0 \end{bmatrix}$$

$$(3.22)$$

根据式（3.22）可知，雅克比矩阵 J_1' 的特征根为一对纯虚根，微分方程系统演化轨迹是围绕中心点 (x^*, y^*) 的闭环曲线，无限接近 (x^*, y^*) 但无法自动稳定到该点。

命题 2 在静态奖励和静态惩罚的情景下，政府和制造商经过长期演化后，在不同状态下会存在以下演化稳定策略：

（ⅰ）当 $A < C_s$ 且 $\prod_N + R_1 < \prod_G - R_2 - R_3$ 时，系统演化稳定策略为（0，0）。

（ⅱ）当 $A < C_s$ 且 $\prod_N + R_1 + S < \prod_G - R_2 - R_3 - A$ 时，系统演化稳定策略为（0，1）。

（ⅲ）当 $\prod_N + R_1 + S < \prod_G - R_2 - R_3 - A$ 时，系统不存在演化稳定策略。

（ⅳ）当 $\prod_N + R_1 > \prod_G - R_2 - R_3$ 时，系统演化稳定策略为（1，0）。

命题2（ⅰ）表明，依靠双积分政策牵引市场而政府干预较弱时，即当汽车制造商生产新能源汽车的收益小于生产燃油汽车的收益，且政府惩罚额低于监督成本时，汽车制造商与政府的演化稳定策略为生产燃油汽车和实施流于形式政策。这种情况通常出现在新能源汽车发展的初期阶段，由于新能源汽车产品的相关技术和基础设施不完善，研发和生产成本较高，汽车制造商无法从中获取足够收益，而政府初期监督、调研、评估尚未形成体系，耗费的人力物力成本过高，因此双方会趋向（0，0）的演化稳定策略。

命题2（ⅱ）和命题2（ⅲ）表明，当政府积极干预并实施奖惩结合政策，汽车制造商生产燃油汽车的收益仍然高于生产新能源汽车的收益时，汽车制造商与政府的演化稳定策略为生产燃油汽车和实施奖惩结合政策或不存在稳定演化稳定策略。这种情况通常出现在新能源汽车发展的培育阶，此时政府可通过提高奖惩额度进一步规制市场，为新能源汽车行业发展提供良好的政策环境。此外，汽车制造商应充分利用双积分政策和政府奖惩政策的利好，积极提高研发水平，获取更多的积分收益以提升市场竞争力。

命题2（ⅳ）表明，政府弱化干预而依靠双积分政策牵引市场，汽车制造商生产新能源汽车的收益高于生产燃油汽车的收益时，此时汽车制造商与政府的演化稳定策略为生产新能源汽车和实施流于形式政策。这种情况通常出现在新能源汽车发展的成熟阶段，新能源汽车产业技术水平显著提升、产业体系日趋完善，成为新销售车辆的主流，因此双方会趋向（1，0）的演化稳定策略。

3.3 动态奖惩机制下演化
博弈模型构建与分析

3.3.1 动态奖励与静态惩罚

假设政府对汽车制造商给予动态奖励和静态惩罚，即当汽车制造商生产新能源汽车时，政府给予奖励为 $S(x) = (1-x)\bar{s} \cdot Q_N = (1-x)\bar{S}$，$\bar{s}$ 表示单位奖励上限值，惩罚仍然为 A，则二维动力系统 D_2：

$$\begin{cases} F(x) = \dfrac{dx}{dt} = x(1-x)\left[y(S(x)+A) + \prod_N - \prod_G + R_1 + R_2 + R_3\right] \\ F(y) = \dfrac{dy}{dt} = y(1-y)\left[-x(S(x)+A) + A - C_s\right] \end{cases}$$

$$(3.23)$$

同理，D_2 始终存在四个局部均衡点，分别为 $(0,0)$，$(0,1)$，$(1,0)$，$(1,1)$，当 $0 \le \dfrac{A-C_s}{S(x)+A} \le 1$，$0 \le \dfrac{\prod_G - \prod_N - R_1 - R_2 - R_3}{S(x)+A} \le 1$ 时，存在第五个均衡点 (x_1^*, y_1^*)，其中 $x_1^* = \dfrac{A-C_s}{S(x)+A}$，$y_1^* = \dfrac{\prod_G - \prod_N - R_1 - R_2 - R_3}{S(x)+A}$。

讨论系统在 (x_1^*, y_1^*) 处的稳定性，对应的雅克比矩阵 J_2' 为：

$$J_2' = \begin{bmatrix} \dfrac{\bar{S}(\prod_N - \prod_G + R_1 + R_2 + R_3)}{[(1-x)\bar{S} + C_s](A-C_s)} & (A-C_s) \\ \dfrac{[(1-x)\bar{S} + C_s](A-C_s)}{[(1-x)\bar{S}+A]^3} & \dfrac{[(1-x)\bar{S}+C_s]}{(1-x)\bar{S}+A} \\ \dfrac{(\prod_G - \prod_N - R_1 - R_2 - R_3)[(1-x)\bar{S}+A + \prod_N - \prod_G + R_1 + R_2 + R_3][(2x-1)\bar{S}-A]}{[(1-x)\bar{S}+A]^2} & 0 \end{bmatrix}$$

$$(3.24)$$

根据式（3.24）可知，雅克比矩阵 J_2' 的特征根为一对带负实部的特征复根，系统具有渐进稳定性，微分方程系统演化轨迹是趋向中心点 (x_1^*, y_1^*) 的螺旋曲线。

命题 3　在动态奖励和静态惩罚的情景下，对汽车制造商与政府的概率进行偏导分析，存在如下关系：

（ⅰ）$\dfrac{\partial x_1^*}{\partial C_s} < 0$，$\dfrac{\partial x_1^*}{\partial A} > 0$，$\dfrac{\partial x_1^*}{\partial \overline{S}} < 0$；

（ⅱ）$\dfrac{\partial y_1^*}{\partial A} < 0$，$\dfrac{\partial y_1^*}{\partial \overline{S}} < 0$，$\dfrac{\partial y_1^*}{\partial R_1} < 0$，$\dfrac{\partial y_1^*}{\partial R_2} < 0$，$\dfrac{\partial y_1^*}{\partial R_3} < 0$。

命题 3（ⅰ）表明在动态奖励和静态惩罚的情景下，汽车制造商生产新能源汽车的概率与政府监督成本和奖励上限值呈负相关，与政府惩罚总额呈正相关。这是由于汽车制造商在过渡转型时过于依赖政府，导致政府财政负担过重，难以形成可持续性的监管。

命题 3（ⅱ）表明在动态奖励和静态惩罚的情景下，政府实施奖惩结合型政策的概率与政府的惩罚总额、奖励上限值、NEV 积分收益、CAFC 积分成本和 NEV 积分比例成本呈负相关。这是由于奖惩机制可以进一步规制市场，汽车制造商为降低损失会自发降低燃油汽车的生产积极性。此外，验证了双积分政策可以通过提高积分交易价格、新能源积分比例要求或积分系数进一步促进新能源汽车行业的可持续性发展。

3.3.2　静态奖励与动态惩罚

假设政府对汽车制造商给予静态奖励和动态惩罚，即当汽车制造商生产燃油汽车时，政府实施惩罚为 $A(x) = (1-x)\overline{a} \cdot Q_G = (1-x)\overline{A}$，$\overline{a}$ 表示单位惩罚上限值，奖励仍然为 S，则二维动力系统 D_3：

$$\begin{cases} F(x) = \dfrac{dx}{dt} = x(1-x)\left[y(S + A(x)) + \prod_N - \prod_G + R_1 + R_2 + R_3\right] \\ F(y) = \dfrac{dy}{dt} = y(1-y)\left[-x(S + A(x)) + A(x) - C_s\right] \end{cases}$$

$$(3.25)$$

D_3 始终存在四个局部均衡点，分别为 $(0, 0)$，$(0, 1)$，$(1, 0)$，

（1，1），当 $0 \leqslant \dfrac{A(x) - C_s}{S + A(x)} \leqslant 1$，$0 \leqslant \dfrac{\prod_G - \prod_N - R_1 - R_2 - R_3}{S + A(x)} \leqslant 1$

时，存在第五个均衡点 (x_2^*, y_2^*)，其中 $x_2^* = \dfrac{A(x) - C_s}{S + A(x)}$，$y_2^* =$

$\dfrac{\prod_G - \prod_N - R_1 - R_2 - R_3}{S + A(x)}$。

讨论系统在 (x_2^*, y_2^*) 处的稳定性，对应的雅克比矩阵 J_3' 为：

$$J_3' = \begin{bmatrix} \dfrac{\overline{A}(\prod_N - \prod_G + R_1 + R_2 + R_3)}{(S + C_s)[(1-x)\overline{A} - C_s]} & (S + C_s) \\ \cfrac{(S + C_s)[(1-x)\overline{A} - C_s]}{[(1-x)\overline{A} + S]^3} & \dfrac{[(1-x)\overline{A} - C_s]}{(1-x)\overline{A} + S} \\ \dfrac{(\prod_N - \prod_G + R_1 + R_2 + R_3)[S + (1-x)\overline{A}}{} & \\ \dfrac{+ \prod_N - \prod_G + R_1 + R_2 + R_3][S + 2(1-x)\overline{A}]}{[(1-x)\overline{A} + S]^2} & 0 \end{bmatrix}$$

$$(3.26)$$

同理，系统在 (x_2^*, y_2^*) 具有渐进稳定性，微分方程系统演化轨迹是趋向中心点 (x_2^*, y_2^*) 的螺旋曲线。

命题 4　在静态奖励和动态惩罚的情景下，对汽车制造商与政府的概率进行偏导分析，存在如下关系：

（ⅰ）$\dfrac{\partial x_2^*}{\partial C_s} < 0$，$\dfrac{\partial x_2^*}{\partial \overline{A}} > 0v$，$\dfrac{\partial x_2^*}{\partial S} < 0$；

（ⅱ）$\dfrac{\partial y_2^*}{\partial \overline{A}} < 0$，$\dfrac{\partial y_2^*}{\partial S} < 0$，$\dfrac{\partial y_2^*}{\partial R_1} < 0$，$\dfrac{\partial y_2^*}{\partial R_2} < 0$，$\dfrac{\partial y_2^*}{\partial R_3} < 0$。

命题 4（ⅰ）表明在静态奖励和动态惩罚的情景下，汽车制造商生产新能源汽车的概率与政府监督成本和奖励总额呈负相关，与政府惩罚上限值呈正相关。命题 4（ⅱ）表明在静态奖励和动态惩罚的情景下，政府实施奖惩结合型政策的概率与政府的惩罚上限值、奖励总额、NEV 积分收益、CAFC 积分成本和 NEV 积分比例成本呈负相关。

3.3.3　动态奖励与动态惩罚

假设政府对汽车制造商给予动态奖励和动态惩罚，即当汽车制造商生产新能源汽车时，政府给予奖励为 $S(x) = (1-x)\bar{s} \cdot Q_N = (1-x)\bar{S}$，$\bar{s}$ 表示单位奖励上限值；当汽车制造商生产燃油汽车时，政府实施惩罚为 $A(x) = (1-x)\bar{a} \cdot Q_G = (1-x)\bar{A}$，$\bar{a}$ 表示单位惩罚上限值，得到二维动力系统 D_4：

$$
\begin{cases}
F(x) = \dfrac{dx}{dt} = x(1-x)\Big[y(S(x) + A(x)) + \prod_N - \prod_G \\
\qquad\qquad\qquad\qquad + R_1 + R_2 + R_3 \Big] \\
F(y) = \dfrac{dy}{dt} = y(1-y)\Big[-x(S(x) + A(x)) + A(x) - C_s \Big]
\end{cases}
$$

$$(3.27)$$

D_4 始终存在四个局部均衡点，分别为 $(0, 0)$，$(0, 1)$，$(1, 0)$，$(1, 1)$，当 $0 \leqslant \dfrac{A(x) - C_s}{S(x) + A(x)} \leqslant 1$，$0 \leqslant \dfrac{\prod_G - \prod_N - R_1 - R_2 - R_3}{S(x) + A(x)} \leqslant 1$ 时，存在第五个均衡点 (x_3^*, y_3^*)，其中 $x_3^* = \dfrac{A(x) - C_s}{S(x) + A(x)}$，$y_3^* = \dfrac{\prod_G - \prod_N - R_1 - R_2 - R_3}{S(x) + A(x)}$。

讨论系统在 (x_3^*, y_3^*) 处的稳定性，对应的雅克比矩阵 J_4' 为：

$$
J_4' = \begin{bmatrix}
\dfrac{(\bar{S}+\bar{A})(\prod_N - \prod_G + R_1 + R_2 + R_3)}{[(1-x)\bar{A}+(1-x)\bar{S}]^3} & \dfrac{[(1-x)\bar{S}+C_s]}{[(1-x)\bar{A}-C_s]} \\
\dfrac{[(1-x)\bar{S}+C_s][(1-x)\bar{A}-C_s]}{} & \dfrac{[(1-x)\bar{A}-C_s]}{(1-x)\bar{A}+(1-x)\bar{S}} \\
\dfrac{(\prod_G - \prod_N - R_1 - R_2 - R_3)[(1-x)\bar{S}+(1-x)\bar{A}+\prod_N - \prod_G + R_1 + R_2 + R_3]\,[(2x-1)\bar{S}+2(1-x)\bar{A}]}{[(1-x)\bar{A}+(1-x)\bar{S}]^2} & 0
\end{bmatrix}
$$

$$(3.28)$$

同理，系统在 (x_3^*, y_3^*) 具有渐进稳定性，微分方程系统演化轨迹是趋向中心点 (x_3^*, y_3^*) 的螺旋曲线。

命题 5　在动态奖励和动态惩罚的情景下，对汽车制造商与政府的概率进行偏导分析，存在如下关系：

（ⅰ）$\dfrac{\partial x_3^*}{\partial C_s} < 0$，$\dfrac{\partial x_3^*}{\partial \bar{A}} > 0$，$\dfrac{\partial x_3^*}{\partial \bar{S}} < 0$；

（ ii ） $\dfrac{\partial y_3^*}{\partial A} < 0$，$\dfrac{\partial y_3^*}{\partial S} < 0$，$\dfrac{\partial y_3^*}{\partial R_1} < 0$，$\dfrac{\partial y_3^*}{\partial R_2} < 0$，$\dfrac{\partial y_3^*}{\partial R_3} < 0$。

命题 5（ i ）表明在动态奖励和动态惩罚的情景下，汽车制造商生产新能源汽车的概率与政府监督成本和奖励上限值呈负相关，与政府惩罚上限值呈正相关。命题 5（ ii ）表明在动态奖励和动态惩罚的情景下，政府实施奖惩结合型政策的概率与政府的惩罚上限值、奖励上限值、NEV 积分收益、CAFC 积分成本和 NEV 积分比例成本呈负相关。

3.4　数值仿真分析

对比静态与动态奖惩机制可知，政府实施静态奖励和静态惩罚时系统不存在演化稳定策略，需要政府进一步完善奖惩机制，促进汽车制造商积极转型。在政府与汽车制造商的复制动态方程式（3.20）、式（3.23）、式（3.25）、式（3.27）中，涉及不同奖惩机制下的参数或变量，在模型中可以通过雅克比矩阵判断演化系统在均衡点的稳定性，但是难以详细刻画实现均衡过程中各个参数对演化系统的影响。为了对不同奖惩机制下政府与汽车制造商之间进行动态分析，本书采用数值分析的方法对理论分析进行验证和进一步拓展，即通过对模型参数赋值，可视化呈现动态过程并揭示变化规律。

设置数值分析参数如下。参考汪旭辉等（2020）对参数取值范围主要有两方面依据。其一，政府与企业调研数据。在政策调研数据方面，根据工信部发布的积分管理年度报告[①]及中国汽车报预测数据[②]，令 $P_\lambda \in [0.10, 0.30]$。参考假设 5 取值，设定 $\beta \in [0.10, 0.18]$。在企业调研数据方面，本书选取一汽大众为案例进行分析，根据一汽大众官网数据[③]并结合《积分办法》中的纯电动车积分核算方法 0.0056R +

---

①　工业和信息化部装备工业发展中心. 乘用车企业平均燃料消耗量与新能源汽车积分并行管理实施情况年度报告（2021）[EB/OL]. [2021 – 05 – 27]. http：//www. miit-eidc. org. cn/art/2021/5/27/art_68_5821. html.

②　中国汽车报. 中汽数据预判积分交易 2021 年主流价格每分 2600 – 2900 元 [EB/OL]. [2021 – 08 – 24]. http：//www. cnautonews. com/yaowen/2021/08/24/detail_2 – 0210824346287. html.

③　一汽大众官方网站，https：//vw. faw-vw. com/models/.

0.4（为纯电模式下工况续航里程）和乘用车平均油耗积分核算方法 $0.0018 \times (CM - 1415) + 4.8$，一汽大众经典车型宝来纯电款工况续航里程 R 约为 346 千米，宝来燃油款百公里油耗约为 5.5L，整车质量 CM 约 1317kg；设定 NEV 积分系数 $\lambda_N \in (2, 2.5)$，CAFC 积分系数 $\lambda_G \in (0.5, 1)$。其二，等式平衡原则。例如，在稳定性分析中为了符合现实意义，需满足 $\prod_N + R_1 + S > \prod_G - R_2 - R_3 - A$，$L + A - C_2 - C_s > 0$，并根据式（3.6）～式（3.11）计算设定 $\bar{s} \in [0.10, 0.14]$，$\bar{a} \in [0.06, 0.10]$，$\gamma \in [0, 1]$，$k = 1.2$，$c = 0.05$，$C_S = 0.002$。

3.4.1　政府动态奖惩对演化博弈的影响分析

为便于讨论，设定 $\delta = h = 0.5$，$m = g = 0.4$，$\bar{s} = 0.12$，$\bar{a} = 0.08$，$\beta = 0.16$，$\lambda_N = 2.2$，$\lambda_G = 0.6$，$P_\lambda = 0.15$。其中 x 代表汽车制造商选择生产新能源汽车的概率，y 代表政府实施奖惩结合型政策的概率，参考文献（Sun et al.，2023）假设新能源汽车行业的动态演化时间 $t = 200$（月），具体演化路径图如下所示。

图 3.1（a）显示，在静态奖励和静态惩罚情况下，政府与汽车制造商的演化路径是围绕平衡点的闭环椭圆轨迹，双方不存在演化稳定策略。图 3.1（b）显示，汽车制造商的生产决策和政府实施奖惩结合政策的概率会随着时间推移受到周期性波动的影响，并在稳定点附近振荡，无法达到平衡。这是由于市场中的信息不对称或交换不及时，博弈双方难以做出长期稳定的决策，因此政府可以通过实施动态奖惩机制进一步规制市场。

图 3.2、图 3.3、图 3.4 对应三种不同动态奖惩机制的演化稳定策略，汽车制造商和政府的演化路径呈螺旋状收敛最终接近稳定点。对比三种动态奖惩政策下演化路径图可得图 3.5，通过比较稳定点和演化速度可知，三种动态奖惩机制下动态奖励和静态惩罚政策最优，其次是动态奖励和动态惩罚，最后是静态奖励和动态惩罚。这说明，政府实施奖惩结合型政策的概率相差不大时，动态奖励和静态惩罚更能激励汽车制造商生产新能源汽车。

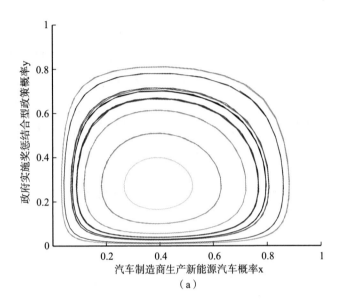

（a）

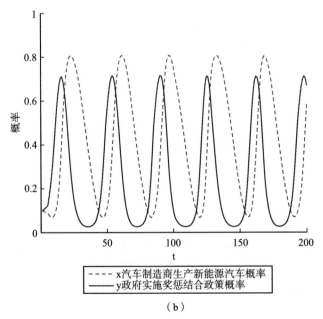

（b）

图3.1 静态奖励与静态惩罚下演化路径

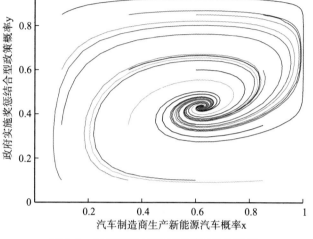

图 3.2　动态奖励与静态惩罚下演化路径

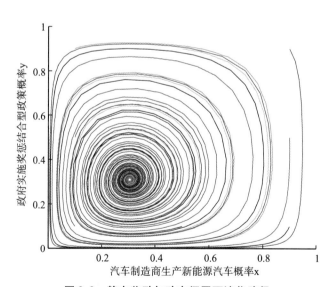

图 3.3　静态奖励与动态惩罚下演化路径

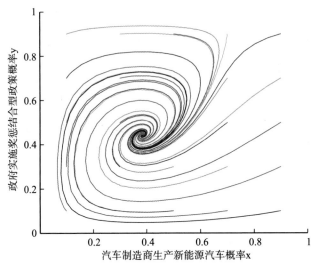

图3.4 动态奖励与动态惩罚下演化路径

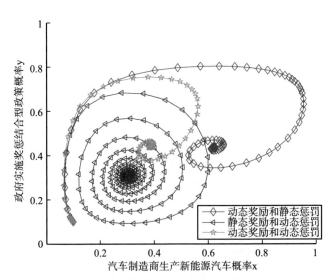

图3.5 三种动态奖惩政策下演化路径

3.4.2　供给侧政策对汽车制造商生产决策的影响分析

（1）双积分政策对汽车制造商生产决策的影响。

在动态奖励与静态惩罚情况下，进一步讨论双积分政策对汽车制造商生产决策的影响。以积分交易价格 P_λ 为例，根据图 3.6（a）可知，保持其他参数不变情况下，其仿真曲线经过短时间振荡后稳定在 x = 0.6 左右，随着积分交易价格的提高，振荡幅度随之增加，且稳定所需时间更久。这说明较高的积分交易价格在短时间内可以更快促进新能源汽车行业的发展，但是也容易对生产燃油汽车的制造商造成较大压力，导致市场波动。图 3.6（b）显示演化路径的渐进稳定点随着积分交易价格的降低逐渐向上移动，即当市场交易机制尚未形成时，政府将实施奖惩机制加强对汽车市场的监管。此外，根据命题 3（ⅱ）可知，提高新能源积分比例要求或积分系数也能够达到类似效果，即适度提升核算标准或考核门槛，也能够达到降低供给、提高需求的目的，倒逼企业加大研发力度，通过积分收益获取更高利润。

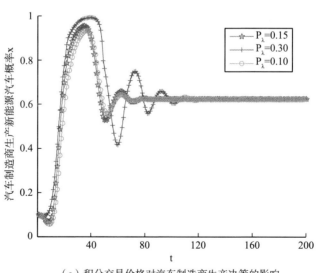

（a）积分交易价格对汽车制造商生产决策的影响

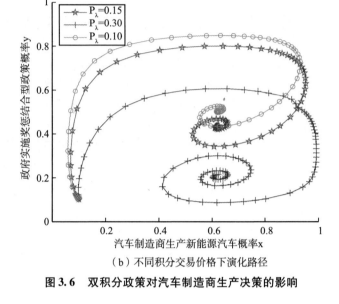

（b）不同积分交易价格下演化路径

图 3.6　双积分政策对汽车制造商生产决策的影响

（2）政府奖惩机制对汽车制造商生产决策的影响。

在动态奖励与静态惩罚情况下，进一步讨论政府奖励 $\bar{s}$ 和惩罚 $\bar{a}$ 对汽车制造商生产决策的影响。根据图 3.7 可知，保持其他参数不变情况

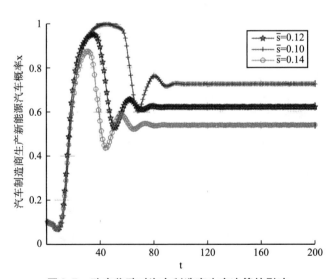

图 3.7　政府奖励对汽车制造商生产决策的影响

下，奖励上限值的增加会降低汽车制造商生产新能源汽车的概率。这也间接地验证了命题 3（ⅰ），即奖励的增加未必会取得更理想的效果，政府由于财政负担过重，降低了奖励的概率，即奖励政策失效。图 3.8 反映了惩罚上限值的增加会增加汽车制造商生产新能源汽车的概率，虽然振荡幅度较大且稳定性较差，但在发展阶段初期有助于汽车制造商保持较高的生产意愿，因此政府有必要构建高效创新的监管机制。

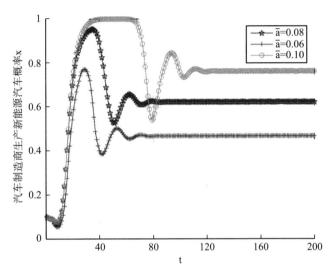

图 3.8　政府惩罚对汽车制造商生产决策的影响

（3）双积分政策与政府奖惩机制的复合牵引对汽车制造商生产决策的影响。

在动态奖励与静态情况下，进一步讨论积分交易价格较低（$P_\lambda = 0.1$）和较高（$P_\lambda = 0.3$）时，政府不同奖惩力度对汽车制造商生产决策的影响。假设政府奖惩机制存在低奖励高惩罚（$\bar{s} = 0.10$，$\bar{a} = 0.10$）、适度奖励适度惩罚（$\bar{s} = 0.12$，$\bar{a} = 0.08$）、高奖励低惩罚（$\bar{s} = 0.14$，$\bar{a} = 0.06$）三种状态。对比图 3.8 和图 3.9 可知，积分交易价格较低时，政府奖惩机制对汽车制造商的生产意愿不会产生显著影响；对比图 3.9 和图 3.10 可知，发展初期阶段积分交易价格较高时，市场波动性较大，发展成熟阶段无论积分交易价格高或低，最终低奖励高惩罚更有利于提高汽车制造商的生产新能源汽车的概率，即惩罚力度的提高对系统演化的促进效果更为明显。这也反映了前期单一的政府机制或市场机制难以保证新能源汽车行业的健康发展，需要两者搭配实现复合牵引，进一步规制市场。

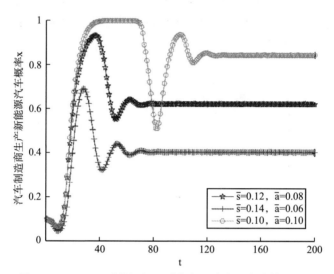

图 3.9　$P_\lambda = 0.1$ 时奖惩机制对汽车制造商生产决策的影响

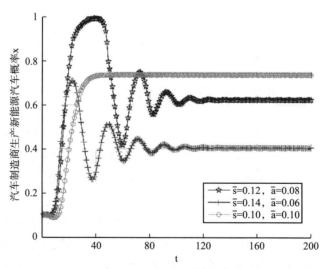

图 3.10　$P_\lambda = 0.3$ 时奖惩机制对汽车制造商生产决策的影响

3.4.3　需求侧消费者行为对汽车制造商生产决策的影响分析

（1）燃油汽车估值折扣因子对汽车制造商生产决策的影响。

图 3.11 和图 3.12 展示了燃油汽车估值折扣因子 γ 对汽车制造商的生产数量和利润的影响。根据图 3.11 可知，随着燃油汽车估值折扣因

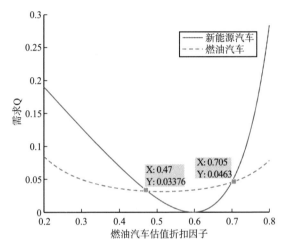

图 3.11　燃油汽车估值折扣因子对生产数量的影响

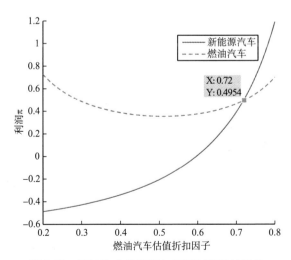

图 3.12　燃油汽车估值折扣因子对利润的影响

子 γ 的增加，新能源汽车和燃油汽车的生产数量先减少后增加。然而，当燃油汽车估值折扣因子 γ∈（0.47，0.705）时，燃油汽车的生产数量会超过新能源汽车的生产数量。有趣的是，结合图 3.12 可见虽然燃油汽车估值折扣因子的增加可能会导致新能源汽车的生产数量下降，但新能源汽车制造商的利润会持续攀升，且当 γ>0.72 时，新能源汽车制造商的利润会超过燃油汽车制造商。

（2）新能源汽车续航性能和质量对汽车制造商生产决策的影响。

图 3.13 展示了新能源汽车续航性能属性 h 和消费者续航性能属性认可度 δ 对汽车制造商利润的影响，图 3.14 展示了新能源汽车质量属性 m 和消费者质量属性认可度 g 对汽车制造商利润的影响。可以看出，随着新能源汽车续航性能属性和质量属性的增加有助于提高新能源汽车制造商的利润优势，然而消费者对续航性能属性认可度和质量属性认可度的提高反而会降低其利润优势。因此，新能源汽车制造商应该切实关注产品性能的提高来进一步扩大利润优势。此外，由于汽车制造商难以通过提高消费者认可度提高利润，后补贴时代政府应该加大普及和宣传力度，综合考虑生产成本、质量标准、优惠政策等因素建立动态调整机制，加快构建科学、规范的激励机制。

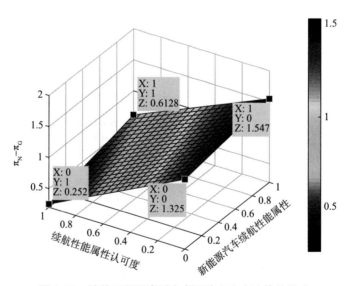

图 3.13　续航里程因素对汽车制造商生产决策的影响

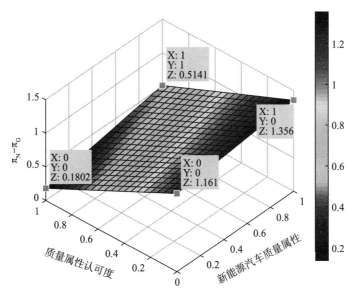

图 3.14　质量因素对汽车制造商生产决策的影响

3.5　结论与政策建议

为支持新能源汽车产业高质量发展，响应国家新能源汽车推广应用财政补贴政策，促进新能源汽车的技术研发和市场消费，本书构建消费者效用函数、汽车制造商利润函数和政府与汽车制造商的演化博弈模型，并将双积分政策相关因素纳入模型中，分析政府以奖励代替补贴，以惩罚规制市场情景下汽车制造商生产决策的演化稳定策略，结果表明：

（1）从成本性因素来看，新能源汽车的销售价格和生产数量会受消费者低碳偏好水平的影响，而燃油汽车的销售价格不受影响；当续航性能属性认可度和质量属性认可度大于一定阈值时，无论消费者低碳偏好水平高低，燃油汽车的生产数量都会随续航性能属性或质量属性的增加而下降；成本差异系数的存在使燃油汽车制造商具有更高的成本优势，会提高其生产数量，

（2）从供需两侧来看，积分交易价格的提高可以促进新能源汽车行业的快速发展，但容易导致市场波动；汽车制造商生产新能源汽车的

概率与政府奖励上限值呈负相关，与惩罚上限值呈正相关；随着新能源汽车续航性能属性和质量属性的增加，可以增加新能源汽车制造商的利润优势，然而消费者对续航性能属性认可度和质量属性认可度的提高反而会降低新能源汽车制造商的利润优势。

（3）从政策组合来看，政府采用静态奖励与静态惩罚时，系统不存在演化稳定策略，演化轨迹是围绕均衡点的闭环曲线；当政府实施动态奖惩政策即动态奖励与静态惩罚、静态奖励与动态惩罚、动态奖励与动态惩罚时，演化轨迹是趋近均衡点的螺旋曲线，更有利于双方的混合战略达到平衡点；对比三种政策组合发现，动态奖励与静态惩罚的政策组合最优。

基于以上结论，提出以下政策建议：

（1）政府应根据市场实际情况宏观调控奖惩机制，盲目提高奖励不仅会给政府带来沉重的财政负担，还会导致政策失效。因此，政府应该结合地方实际，科学制定新能源汽车推广方案，建议采取动态奖励与静态惩罚的政策组合，最大限度推动新能源汽车行业的发展。

（2）相关部门应加快健全新能源汽车行业监管制度，完善新能源汽车标准体系，提高核算标准及积分门槛，落实新能源汽车推广应用的财政支持，有效缓解企业技术研发投入的资金压力。政府可"以奖代补"支持新能源汽车领域"短板"和配套运营服务体系建设等，以惩罚规制车辆的质量和信息安全，切实保障消费者利益；汽车制造商应牢固树立安全责任意识，聚焦动力电池安全性、经济性、续航体验等关键性难题，解决消费者里程焦虑问题，进一步提高利润优势。

（3）新能源汽车产业政策实施和优化要充分考虑政策"阶段性"，在发展初期阶段，引导较高的积分价格促进市场快速渗透，增强产业发展动力，同时要加强监管力度保证市场的稳定性；在发展培育阶段，进一步提高奖惩力度规制市场，强化汽车制造商创新驱动，缓解补贴退坡对企业的资金压力，但是应规范激励方式和金额标准，保证资源配置合理和政策实施有效；在发展成熟阶段，弱化奖励的同时适当增加惩罚力度，还可以通过新增交易调节机制如建立积分池，灵活调控积分市场供需关系，实现双积分政策与政府奖惩机制的复合牵引，建立新能源汽车可持续发展的长效机制。

第4章 双积分政策下考虑寻租行为的纯电动车制造商生产决策研究

4.1 研究背景

新能源汽车已进入全面市场化发展新阶段，全年新注册新能源汽车登记从 2019 年的 120 万辆到 2023 年的 743 万辆，呈高速增长态势（金朝力，2024）。

通过中国汽车召回网召回数据，2017～2023 年中国市场上主要品牌的纯电车型召回次数为 74 次（具体见图 4.1）。其中海外汽车品牌的

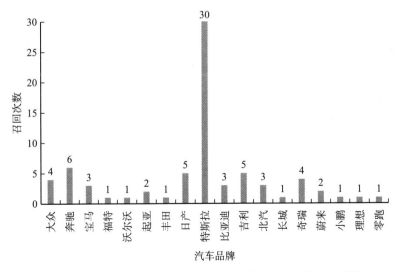

图 4.1 2017～2023 年中国国内市场各品牌纯电动汽车召回次数

召回次数远高于国内汽车品牌，反映了国内汽车品牌对于质量监管的不完善。作为中国新能源汽车行业头部的比亚迪，更是于 2024 年发生了引发社会广泛关注的大批量纯电动车质量缺陷召回事件，决定自 2024 年 9 月 30 日起召回部分国产海豚和元 PLUS 纯电动车，共计 96714 辆。

从目前中国汽车行业的实际情况来看，大量的召回在很大程度上反映了相关产品的质量问题。同样，工信部在新能源汽车产品生产一致性监督检查中发现，一些企业的部分车型存在生产一致性问题，如新能源乘用车涉及零部件参数与备案参数不一致、整备质量超出允许误差范围等问题。由此可见，纯电动汽车质量监管是当前亟待解决的关键问题。

纯电动汽车作为新能源汽车的重要子分类，其质量监管与我国推行的新能源汽车产业政策密不可分，产品质量必须符合政策下的质量标准与技术要求。目前，我国实施的主要新能源汽车产业政策为双积分政策。政策规定生产新能源汽车获得的 NEV 正积分可以出售，纯电动汽车存在特定的积分计算方式，其单车积分系数由续驶里程、能量密度和车型电能消耗确定，而这些数据需检验报告核定。同时在政策推进过程中，政府指出健全开放检验检测制度，规定只要明确具备相应法定资质，即可承担车辆产品准入管理的检验工作，自此，第三方机动车检测机构的数量愈渐增加。随着政府将机动车检测服务外包给第三方机动车检测机构，检测过程中频频出现企业疏通、贿赂等行为以骗取额外积分收益，即寻租行为。"审核新能源车企新车型数据接入符合性"成为权力寻租的对象，如部分车企为数据接入合规行贿上海某机构。在双积分政策背景下，这些寻租行为将直接影响纯电动汽车的质量监管。

寻租行为会导致资源分配不合理，本节借助演化博弈理论，探讨纯电动汽车制造商、第三方检测机构和地方政府间潜在的寻租行为及其对纯电动汽车质量安全的影响。研究旨在揭示合谋行为产生的条件及其对消费者生命财产安全的威胁，完善监管机制，以推动新能源汽车产业的健康发展。

4.2 问题描述与假设

4.2.1 问题描述

双积分政策下，随着纯电动汽车规模增长，质量问题日渐凸显，部分原因源于检测过程中的寻租行为，涉及制造商、第三方检测机构和地方政府。三方主体交互关系如图4.2所示。

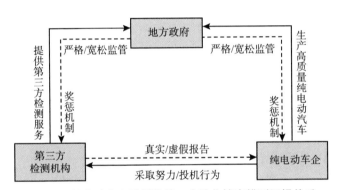

图4.2 纯电动汽车质量监管三方演化博弈模型逻辑关系

来源：笔者自行绘制。

4.2.2 假设条件

假设1：纯电动汽车制造商、第三方检测机构和地方政府均为有限理性。

假设2：纯电动汽车制造商策略空间 $\alpha = (\alpha_1, \alpha_2) = ($积极生产，投机生产$)$，并以 x 的概率选择 α_1，以 $1 - x$ 的概率选择 α_2。第三方检测机构策略空间 $\beta = (\beta_1, \beta_2) = ($拒绝寻租，意向寻租$)$，并以 y 的概率选择 β_1，以 $1 - y$ 的概率选择 β_2。地方政府策略空间 $\gamma = (\gamma_1, \gamma_2) = ($严格监管，宽松监管$)$，并以 z 的概率选择 γ_1，以 $1 - z$ 的概率选择 γ_2。其中，x，y，z $\in [0, 1]$。

假设3：纯电动汽车制造商积极生产时，生产中高质量纯电动汽车，按照双积分政策规定获得一定的积分收益 λQP_e，其中 λ 为积极生产时获得的单车积分，Q 为汽车生产总量，P_e 为积分交易价格。销售纯电动汽车的初始收益为 R，积极和投机生产成本分别为 C_H，C_L，$C_H > C_L$。

假设 4：第三方检测机构的净利润为 P，是检测收益和检测成本的差值。第三方检测机构选择拒绝寻租策略，获得政府的奖励 A_0；选择意向寻租产生投机成本 C_F，主要包含篡改数据，伪造检测报告和与制造商商务来往等费用。

假设 5：地方政府严格监管的成本为 C_G，严格监管下，发现寻租行为的概率 $k(0 < k \leqslant 1)$，间接反映地方政府的监管能力。本书认为地方政府宽松监管下很难发现寻租行为，所以宽松监管时不存在惩罚和奖励。制造商选择积极生产时，中高质量汽车流入市场给政府带来良好的环境效益 V；反之，带来环境治理损失 V。

假设 6：若纯电动汽车制造商选择投机行为且第三方检测机构意向寻租时，则会产生寻租行为，二者"合谋"成功，纯电动汽车制造商对第三方检测机构进行利益输送（以下简称寻租成本）$S(C_F < S < C_H - C_L = \Delta C)$，希望其能够篡改数据以拿到合格标准并获得积分收益 $\Delta \lambda QP_e$，$\Delta \lambda$ 是通过寻租行为而获取的单车积分增量。

假设 7：为了避免寻租行为的发生，地方政府对纯电动汽车制造商和第三方检测机构进行惩罚。对于纯电动汽车制造商的投机生产的单边违规行为，给以罚款 F_B；对于第三方检测机构意向寻租的单边违规行为，给以罚款 F_O。发现纯电动汽车制造商与第三方检测机构形成双边违规（即合谋成功），双方的处罚都加重到 δ 倍（王丹丹等，2022）。若寻租行为发生，地方政府宽松监管，则会收到上级政府的惩罚 F_G，$F_G \geqslant F_B$，F_O。

本书涉及的符号及其含义见表 4.1。

表 4.1　　　　　　　　　符号及其含义

符号	含义
$x(0 \leqslant x \leqslant 1)$	纯电动汽车制造商选择积极生产的概率
$y(0 \leqslant y \leqslant 1)$	第三方检测机构选择拒绝寻租的概率

符号	含义
$z(0 \leq z \leq 1)$	地方政府选择严格监管的概率
$\lambda(0 \leq \lambda \leq 3.13)$	纯电动汽车制造商积极生产时获得的单车积分
$Q(Q > 0)$	纯电动汽车制造商的生产数量
$P_e(P_e > 0)$	积分交易价格
$R(R > 0)$	纯电动汽车制造商初始收益
$C_i(C_i > 0)$	纯电动汽车制造商积极，投机生产成本（$i = H, L$）
ΔC	纯电动汽车制造商积极与投机生产成本之差
$P(P > 0)$	第三方检测机构的净利润，检测收益与成本之差
$A_O(A_O > 0)$	第三方检测机构拒绝寻租时，政府给予的奖励
$C_G(C_G > 0)$	地方政府严格监管的监管成本
$k(0 < k \leq 1)$	地方政府发现寻租行为的概率
$V(V > 0)$	中高/低质量汽车流入市场给政府带来环境效益/损失
$S(S > 0)$	寻租成本
$\Delta\lambda(0 < \Delta\lambda < 3.13)$	通过寻租行为而获取的单车积分增量
$C_F(C_F > 0)$	第三方检测机构意向寻租产生投机成本
$F_i(F_i > 0)$	纯电动汽车制造商和第三方检测机构单边违规惩罚（$i = B, O$）
$\delta(\delta > 0)$	双边违规的惩罚系数
$F_G(F_G > 0)$	地方政府宽松监管下寻租行为发生，上级政府的惩罚

4.3　模型构建与分析

4.3.1　模型构建

根据上述假设，博弈主体的支付矩阵如表4.2。

表 4. 2   三方博弈主体的支付矩阵

策略集		第三方检测机构	地方政府	
			严格监管（z）	宽松监管（1-z）
纯电动汽车制造商	积极生产（x）	拒绝寻租（y）	$R-C_H+\lambda QP_e$ $P+A_O$ $V-C_G-A_O$	$R-C_H+\lambda QP_e$ P V
		意向寻租（1-y）	$R-C_H+\lambda QP_e$ $P-C_F-F_O$ $V-C_G+F_O$	$R-C_H+\lambda QP_e$ $P-C_F$ V
	投机生产（1-x）	拒绝寻租（y）	$-C_L-F_B$ $P+A_O$ $-C_G+F_B-A_O$	$-C_L$ P 0
		意向寻租（1-y）	$R-C_L+\Delta\lambda QP_e-S-\kappa\delta F_B$ $P-C_F+S-\kappa\delta F_O$ $-V-C_G+\kappa\delta F_B+\kappa\delta F_O$	$R-C_L+\Delta\lambda QP_e-S$ $P-C_F+S$ $-V-F_G$

4.3.2 纯电动车制造商复制动态

根据支付矩阵，纯电动汽车制造商积极生产和投机生产的期望收益以及平均期望收益（U_{B1}，U_{B2}，$\overline{U}_B$）为：

$$\begin{cases} U_{B1}=(yz(R-C_H+\lambda QP_e)+y(1-z)(R-C_H+\lambda QP_e) \\ \quad +(1-y)z(R-C_H+\lambda QP_e)+(1-y)(1-z)(R-C_H+\lambda QP_e)) \\ U_{B2}=(yz(-C_L-F_B)+y(1-z)(-C_L)+(1-y)z(R-C_L+\Delta\lambda QP_e \\ \quad -S-\kappa\delta F_B)+(1-y)(1-z)(R-C_L+\Delta\lambda QP_e-S)) \\ \overline{U}_B=xU_{B1}+(1-x)U_{B2} \end{cases}$$

$$(4.1)$$

纯电动汽车制造商策略选择的复制动态方程 $F(x)$，对其求一阶偏导：

$$\begin{aligned} F(x) &= x(U_{B1}-\overline{U}_B) \\ &= x(1-x)(S-C_H+C_L+z\kappa\delta F_B+(\lambda-\Delta\lambda)QP_e) \end{aligned}$$

$$+ y(R - S + z(F_B - \kappa\delta F_B) + \Delta\lambda QP_e)) \tag{4.2}$$

$$\frac{dF(x)}{dx} = (1 - 2x)(S - C_H + C_L + z\kappa\delta F_B + (\lambda - \Delta\lambda)QP_e$$

$$+ y(R - S + z(F_B - \kappa\delta F_B) + \Delta\lambda QP_e)) \tag{4.3}$$

　　根据微分方程稳定性定理，纯电动汽车制造商策略稳定需满足：当且仅当 $F(x) = 0$，且 $dF(x)/dx < 0$。令 $F(x) = 0$，可得 $x^* = 0$，$x^* = 1$，$y^* = \dfrac{-(S - C_H + C_L + z\kappa\delta F_B + (\lambda - \Delta\lambda)QP_e)}{R - S + z(F_B - \kappa\delta F_B) + \Delta\lambda QP_e}$。若 $y = y^*$，无论 x 取何值，纯电动汽车制造商的博弈均为稳定状态。若 $y \neq y^*$，则分析如下情况：当 $\left(\begin{matrix} S - C_H + C_L + z\kappa\delta F_B + (\lambda - \Delta\lambda)QP_e \\ + y(R - S + z(F_B - \kappa\delta F_B) + \Delta\lambda QP_e) \end{matrix}\right) < 0$ 时，则 $F'(x)\big|_{x=0} < 0$，$F'(x)\big|_{x=1} > 0$，$x = 0$ 为演化稳定点；当 $\left(\begin{matrix} S - C_H + C_L + z\kappa\delta F_B + (\lambda - \Delta\lambda)QP_e \\ + y(R - S + z(F_B - \kappa\delta F_B) + \Delta\lambda QP_e) \end{matrix}\right) > 0$，则 $F'(x)\big|_{x=1} < 0$，$F'(x)\big|_{x=0} > 0$，$x = 1$ 为演化稳定点。纯电动汽车制造商的策略演化相位图见图4.3。可知，较低的积极生产成本，加以适当的奖惩和积分交易价格，会促使纯电动汽车制造商选择积极生产。

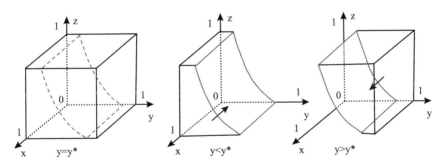

图4.3　纯电动汽车制造商行为策略演化相位

4.3.3　第三方检测机构复制动态

　　根据支付矩阵，第三方检测机构拒绝寻租和意向寻租的期望收益以及平均期望收益（U_{O1}，U_{O2}，$\overline{U}_O$）为：

$$
\begin{cases}
U_{01} = xz(P + A_0) + x(1-z)(P) + (1-x)z(P + A_0) + (1-x)(1-z)(P) \\
U_{02} = (xz(P - C_F - F_0) + x(1-z)(P - C_F) + (1-x)z(P - C_F + S - \kappa\delta F_0) \\
\qquad + (1-x)(1-z)(P - C_F + S)) \\
\overline{U}_0 = yU_{01} + (1-y)U_{02}
\end{cases}
$$

$$(4.4)$$

第三方检测机构策略选择的复制动态方程 $F(y)$ 并对其求一阶偏导：

$$
F(y) = y(U_{01} - \overline{U}_0) = y(1-y)(-S + C_F + z(A_0 + \kappa\delta F_0) \\
+ x(S + z(F_0 - \kappa\delta F_0)))
$$
$$(4.5)$$

$$
\frac{dF(y)}{dy} = (1-2y)(-S + C_F + z(A_0 + \kappa\delta F_0) + x(S + z(F_0 - \kappa\delta F_0)))
$$

$$(4.6)$$

根据微分方程稳定性定理，第三方检测机构策略稳定需满足：当且仅当 $F(y) = 0$ 且 $dF(y)/dy < 0$。令 $F(y) = 0$，可得 $y^* = 0$，$y^* = 1$，$z^* = \dfrac{S - C_F - xS}{A_0 + \kappa\delta F_0 + x(F_0 - \kappa\delta F_0)}$。若 $z = z^*$，无论 y 取何值，第三方检测机构的博弈均为稳定状态。若 $z \neq z^*$，需要分情况讨论：当 $(-S + C_F + z(A_0 + \kappa\delta F_0) + x(S + z(F_0 - \kappa\delta F_0))) < 0$ 时，$F'(y)|_{y=0} < 0$，$F'(y)|_{y=1} > 0$，$y = 0$ 为演化稳定点；当 $(-S + C_F + z(A_0 + \kappa\delta F_0) + x(S + z(F_0 - \kappa\delta F_0))) > 0$，则 $F'(x)|_{x=1} < 0$，$F'(x)|_{x=0} > 0$，$y = 1$ 为演化稳定点。第三方检测机构的策略演化相位图见图4.4。可知，当第三方检测机构获得的寻租成本收益 S 未超过其投机成本 C_F 时，再辅之适当的奖励机制，第三方检测机构会倾向于选择拒绝寻租。如图4.4所示。

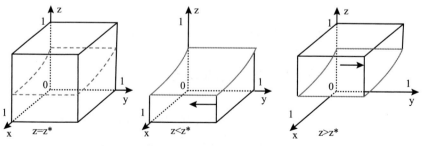

图4.4　第三方检测机构行为策略演化相位

4.3.4　地方政府复制动态

根据支付矩阵，地方政府严格监管和宽松监管的期望收益以及平均期望收益（U_{G1}，U_{G2}，$\overline{U}_G$）为：

$$
\begin{cases}
U_{G1} = (xy(V - C_G - A_O) + x(1 - y)(V - C_G + F_O) + (1 - x)y(-C_G \\
\qquad + F_B - A_O) + (1 - x)(1 - y)(-V - C_G + \kappa\delta F_O + \kappa\delta F_B)) \\
U_{G2} = xy(V) + x(1 - y)(V) + (1 - x)y(0) + (1 - x)(1 - y)(-V - F_G) \\
\overline{U}_G = zU_{G1} + (1 - z)U_{G2}
\end{cases}
$$

$$(4.7)$$

地方政府策略选择的复制动态方程 $F(z)$ 并对其求一阶偏导：

$$
\begin{aligned}
F(z) &= z(U_{G1} - \overline{U}_G) \\
&= z(1 - z)(-C_G + \kappa\delta F_B + F_G + \kappa\delta F_O + y(-A_O + F_B \\
&\quad - \kappa\delta F_B - F_G - \kappa\delta F_O) + x(-\kappa\delta F_B - F_G + F_O - \kappa\delta F_O \\
&\quad + y(-F_B + \kappa\delta F_B + F_G - F_O + \kappa\delta F_O)))
\end{aligned}
$$

$$(4.8)$$

$$
\begin{aligned}
\frac{dF(z)}{dz} &= (1 - 2z)(-C_G + \kappa\delta F_B + F_G + \kappa\delta F_O + y(-A_O + F_B \\
&\quad - \kappa\delta F_B - F_G - \kappa\delta F_O) + x(-\kappa\delta F_B - F_G + F_O - \kappa\delta F_O \\
&\quad + y(-F_B + \kappa\delta F_B + F_G - F_O + \kappa\delta F_O)))
\end{aligned}
$$

$$(4.9)$$

根据微分方程稳定性定理，对于地方政府的策略稳定需满足：当且仅当 $F(z) = 0$，且 $dF(z)/\partial z < 0$ 时。令 $F(z) = 0$，可得 $z^* = 0$，$z^* = 1$，

$$
x^* = \frac{-(-C_G + \kappa\delta F_B + F_G + \kappa\delta F_O + y(-A_O + F_B - \kappa\delta F_B - F_G - \kappa\delta F_O))}{-\kappa\delta F_B - F_G + F_O - \kappa\delta F_O + y(-F_B + \kappa\delta F_B + F_G - F_O + \kappa\delta F_O)}
$$

。

若 $x = x^*$，无论 z 取何值，地方政府的博弈均为稳定状态。若 $x \neq x^*$，

需要分情况讨论：当
$$
\begin{pmatrix}
-C_G + \kappa\delta F_B + F_G + \kappa\delta F_O + y(-A_O + F_B \\
- \kappa\delta F_B - F_G - \kappa\delta F_O) + x(-\kappa\delta F_B - F_G + F_O \\
- \kappa\delta F_O + y(-F_B + \kappa\delta F_B + F_G - F_O + \kappa\delta F_O))
\end{pmatrix} <
$$

0，则 $F'(z)\big|_{z=0} < 0$，$F'(z)\big|_{z=1} > 0$，$z = 0$ 为演化稳定点；当

$$
\begin{pmatrix}
-C_G + \kappa\delta F_B + F_G + \kappa\delta F_O + y(-A_O + F_B \\
- \kappa\delta F_B - F_G - \kappa\delta F_O) + x(-\kappa\delta F_B - F_G + F_O \\
- \kappa\delta F_O + y(-F_B + \kappa\delta F_B + F_G - F_O + \kappa\delta F_O))
\end{pmatrix} > 0
$$
，$F'(z)\big|_{z=1} < 0$，则

$F'(z)\big|_{z=0} > 0$，$z = 1$ 为演化稳定点。地方政府的策略演化相位图见

图4.5。图4.5表明地方政府在经济奖励过高时，会选择宽松监管政策，而在高惩罚情况下，地方政府更有可能采取严格监管策略。如图4.5所示。

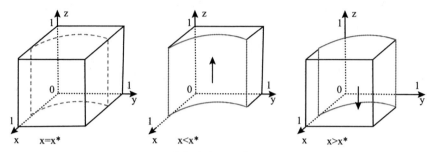

图4.5 地方政府行为策略演化相位

4.3.5 系统均衡点的稳定性分析

由纯电动汽车制造商、第三方检测机构以及地方政府策略选择的复制动态方程组合可得如下三维动力系统为：

$$
\begin{cases}
F(x) = x(1-x)(S - C_H + C_L + z\kappa\delta F_B + (\lambda - \Delta\lambda)QP_e \\
\qquad + y(R - S + z(F_B - \kappa\delta F_B) + \Delta\lambda QP_e)) \\
F(y) = y(1-y)(-S + C_F + z(A_O + \kappa\delta F_O) + x(S + z(F_O - \kappa\delta F_O))) \\
F(z) = z(1-z)(-C_G + \kappa\delta F_B + F_G + \kappa\delta F_O + y(-A_O + F_B \\
\qquad - \kappa\delta F_B - F_G - \kappa\delta F_O) + x(-\kappa\delta F_B - F_G + F_O - \kappa\delta F_O \\
\qquad + y(-F_B + \kappa\delta F_B + F_G - F_O + \kappa\delta F_O)))
\end{cases}
$$

$$(4.10)$$

当 $F(x) = 0$，$F(y) = 0$，$F(z) = 0$ 可得8个纯策略均衡点：$E_1(0, 0, 0)$，$E_2(1, 0, 0)$，$E_3(0, 1, 0)$，$E_4(0, 0, 1)$，$E_5(1, 1, 0)$，$E_6(1, 0, 1)$，$E_7(0, 1, 1)$，$E_8(1, 1, 1)$。分别对 $F(x)$、$F(y)$ 和 $F(z)$ 分别求偏导数，得该系统的雅可比矩阵为：

$$
J = \begin{bmatrix} j_{11} & j_{12} & j_{13} \\ j_{21} & j_{22} & j_{23} \\ j_{31} & j_{32} & j_{33} \end{bmatrix} = \begin{bmatrix} \dfrac{\partial F(x)}{\partial x} & \dfrac{\partial F(x)}{\partial y} & \dfrac{\partial F(x)}{\partial z} \\ \dfrac{\partial F(y)}{\partial x} & \dfrac{\partial F(y)}{\partial y} & \dfrac{\partial F(y)}{\partial z} \\ \dfrac{\partial F(z)}{\partial x} & \dfrac{\partial F(z)}{\partial y} & \dfrac{\partial F(z)}{\partial z} \end{bmatrix}
$$

$$(4.11)$$

其中，以均衡点 $E_2(0, 0, 0)$ 为例，其雅可比矩阵可缩写为：

$$J_1 = \begin{bmatrix} S - \Delta C + (\lambda - \Delta\lambda))QP_e & 0 & 0 \\ 0 & -S + C_F & 0 \\ 0 & 0 & -(C_G - \kappa\delta F_B - F_G - \kappa\delta F_O) \end{bmatrix}$$

(4.12)

雅可比矩阵对应的特征值分别为：$\omega 1 = S - \Delta C + (\lambda - \Delta\lambda))QP_e$，$\omega 2 = -S + C_F$，$\omega 3 = -(C_G - \kappa\delta F_B - F_G - \kappa\delta F_O)$。同样，可计算出其他 7 个纯策略均衡点对应的雅可比矩阵的特征值，如表 4.3 所示。根据李雅普诺夫（Lyapunov）第一法，可知当雅可比矩阵所有特征值均为负时，此均衡点为演化稳定点；当存在至少 1 个特征值为正时，此均衡点为不稳定点。

表 4.3 系统的均衡点和特征值

均衡点	特征值	ESS	条件
$E_1(0, 0, 0)$	$S - \Delta C + (\lambda - \Delta\lambda)QP_e$ $-(S - C_F) < 0$ $\kappa\delta F_B + F_G + \kappa\delta F_O - C_G$	鞍点	\
$E_2(1, 0, 0)$	$-(S - \Delta C + (\lambda - \Delta\lambda)QP_e)$ $CF > 0$ $-C_G + F_O$	不稳定点	\
$E_3(0, 1, 0)$	$R - \Delta C + \lambda QP_e > 0$ $S - C_F > 0$ $-A_O - C_G + F_B$	不稳定点	\
$E_4(0, 0, 1)$	$S - \Delta C + (\lambda - \Delta\lambda)QP_e + \kappa\delta F_B$ $-(S - C_F) + A_O + \kappa\delta F_O$ $C_G - \kappa\delta F_B - F_G - \kappa\delta F_O$	ESS	①
$E_5(1, 1, 0)$	$-(R - \Delta C + \lambda QP_e) < 0$ $-C_F < 0$ $2F_O - 2F_G - 2\kappa\delta F_O - A_O - C_G < 0$	ESS	\
$E_6(1, 0, 1)$	$-(S - \Delta C + (\lambda - \Delta\lambda)QP_e + \kappa\delta F_B) < 0$ $A_O + C_F + F_O > 0$ $C_G - F_O$	不稳定点	\

续表

均衡点	特征值	ESS	条件
$E_7(0, 1, 1)$	$R - \Delta C + \lambda QP_e + F_B > 0$ $S - C_F - A_O - \kappa\delta F_O$ $A_O + C_G - F_B$	不稳定点	\
$E_8(1, 1, 1)$	$-(R - \Delta C + F_B + \lambda QP_e) < 0$ $-A_O - C_F - F_O < 0$ $(2F_G + 2\kappa\delta F_O + A_O + C_G - 2F_O) > 0$	不稳定点	\

其中条件①：$S - \Delta C + (\lambda - \Delta\lambda)QP_e + \kappa\delta F_B < 0$，$-(S - C_F) + A_O + \kappa\delta F_O < 0$，$C_G - \kappa\delta F_B - F_G - \kappa\delta F_O < 0(C_H - C_L = \Delta C)$。

推论1：当 $S - C_H + C_L + (\lambda - \Delta\lambda)QP_e + \kappa\delta F_B < 0$，$-(S - C_F) + A_O + \kappa\delta F_O < 0$，复制动态系统存在两个稳定点 $E_4(0, 0, 1)$，$E_5(1, 1, 0)$。

证明：根据表4.3，满足条件①时，$E_4(0, 0, 1)$，$E_5(1, 1, 0)$ 为系统演化稳定点。

推论1表明：当地方政府的奖惩力度较小、纯电动汽车制造商在积极生产与投机行为所获得的积分差异不明显，或纯电动汽车的生产成本非常高、第三方检测机构的寻租收益也较高，在这种情况下，若地方政府的严格监管成本较低而受上级政府惩罚力度较大，系统最终稳定于（投机生产，意向寻租，严格监管）和（积极生产，拒绝寻租，宽松监管）。此时，政府监管缺乏效力，不能够有效约束纯电动汽车制造商和第三方机动车检测机构的行为，低质量纯电动汽车流入市场风险大，对消费者的生命财产安全产生严重的威胁。为避免稳定策略组合（投机生产，意向寻租，严格监管）的出现，监管部门必须设定足够大的罚款额或奖励额，发挥奖惩机制的效用。

4.4　数值仿真分析

4.4.1　仿真数据

根据双积分政策规定，BEV 单车积分 λ 最大值为 3.4 分，即 λ，$\Delta\lambda \in$

$[0, 3.4]$，取 $\lambda = 3.13$，$\Delta\lambda = 1.13$。积分交易价格 P_e 从开始实施后波动幅度较大，本书设 $P_e \in [0.2, 1.4]$。假设纯电动汽车生产数量为 8 万辆，设 $Q = 8$。参考文献 [239，240] 的研究，设定 $\kappa = 0.8$，$\delta = 2$。参照文献 [241]，设 $R = 160$，$C_H = 110$，$C_L = 20$，$C_G = 30$，$S = 80$，$F_B = 6$，$F_O = 20$，$C_F = 10$，$F_G = 50$，$A_O = 20$。为更好地分析策略演化与保证策略选择的均衡性，将三方策略选择的初始概率设置为（0.1，0.1，0.1）。

推论 1 中得系统演化稳定点为：$E_4(0, 0, 1)$，$E_5(1, 1, 0)$。按照上述数据（后文简称数组 1）进行仿真。为满足条件①，数组 2 中 $F_O = 5$，其余同数组 1。为验证演化稳定性分析的有效性，使系统从不同初始策略组合出发，随时间演化。由图 4.6（a）可知，此时系统仅存在一个演化稳定点 $E_5(1, 1, 0)$，即三方的策略组合（积极生产，拒绝寻租，宽松监管），与系统稳定点分析结果一致。图 4.6（b）表明，在满足条件①的情况下，系统存在两个演化稳定点 $E_4(0, 0, 1)$，$E_5(1, 1, 0)$。即三方的策略组合为（投机生产，意向寻租，严格监管）和（积极生产，拒绝寻租，宽松监管）。由此可见，仿真分析与演化稳定性分析一致且具有有效性，对纯电动汽车质量监管具有现实指导意义。

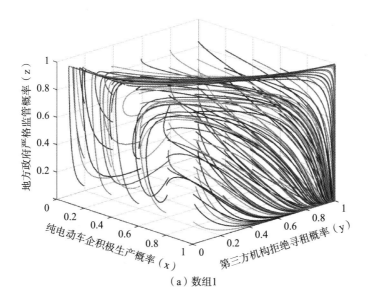

（a）数组1

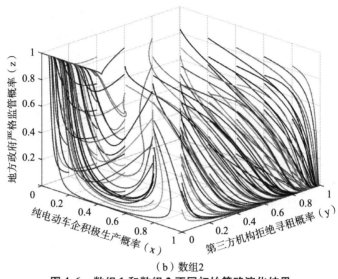

（b）数组2

图4.6　数组1和数组2不同初始策略演化结果

4.4.2　成本性因素对系统演化的影响

图4.7展示了纯电动汽车制造商积极生产成本 C_H 对演化结果的影响。其中图4.7（a）可知，积极生产成本阈值在［100，110］之间时，纯电动汽车制造商和第三方检测机构"合谋"失败。图4.7（b）表明，随着积极生产成本的增大，纯电动汽车制造商积极生产概率演化至稳定状态的速率减缓，最终导致其生产策略从积极生产转变为投机生产。积极生产成本的增高使得纯电动汽车制造商无利可图，迫使其采取寻租，与第三方检测机构"合谋"。为避免"合谋"的产生，政府会选择严格监管策略（见图4.7（b）、（c）、（d））。较高的积极生产成本使得纯电动汽车制造商生产积极性降低，而第三方检测机构为了获得寻租成本会诱使纯电动汽车制造商选择投机生产策略（见图4.7（b）和（c））。

较高的积极生产成本容易导致纯电动汽车制造商与第三方检测机构间"合谋"发生。纯电动汽车制造商应当提升自身研发水平，降低生产成本。政府可通过研发补贴等手段促进制造商提升研发能力，降低制造商生产成本，以期减弱制造商对积极生产成本的敏感性。

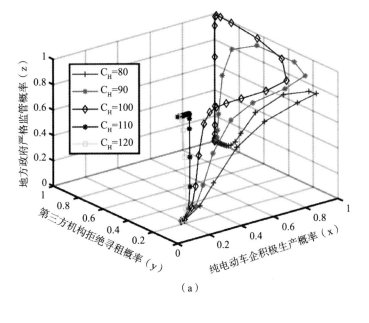

（a）

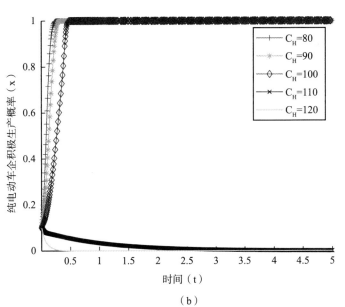

（b）

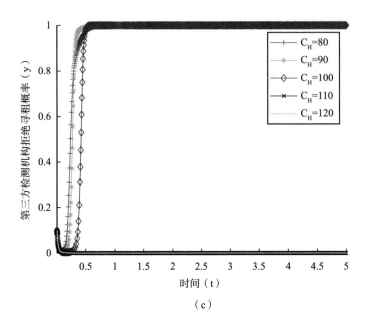

（c）

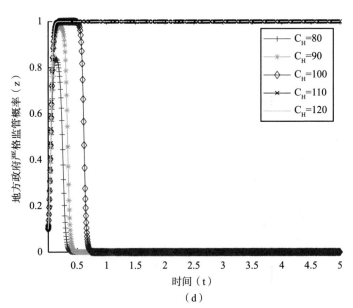

（d）

图 4.7　积极生产成本 C_H 对系统演化的影响

4.4.3　寻租行为对系统演化的影响

4.4.3.1　寻租成本

图 4.8 展示了纯电动汽车制造商向第三方检测机构寻租所付出的成本 S 对系统演化结果的影响。当 S = 35 和 S = 50 时，第三方检测机构向拒绝寻租演化，纯电动汽车制造商向积极生产演化（见图 4.8（a））。这是因为当寻租成本较低时，第三检测机构不愿意寻租，认为风险大于收益。寻租成本越小，第三方检测机构向拒绝寻租的演化速率越快，同时地方政府和纯电动汽车制造商分别向宽松监管和积极生产的演化速率也加快（见图 4.8（a）、（b）、（c））。相反，当 S = 80 和 S = 95 时，由于寻租成本较高，纯电动汽车制造商的寻租意愿降低，寻租成本越大，其向积极生产的演化速率越快，地方政府和第三方检测机构分别向宽松监管和拒绝寻租的演化速率也加快。只有当 S = 65 时，系统演化至策略组合（投机生产，意向寻租，严格监管），说明纯电动汽车制造商和第三方检测机构"合谋"成功。当寻租成本"不高不低"时，正符合两方的心理预期，"合谋"形成。

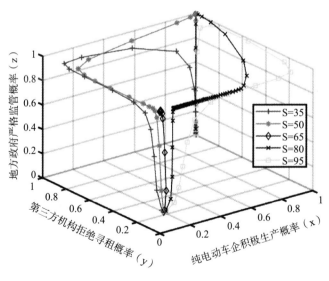

（a）

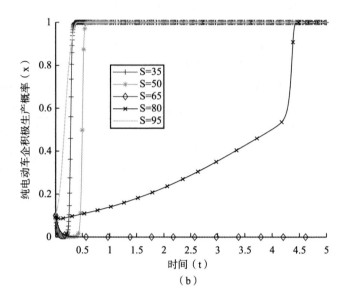

（b）

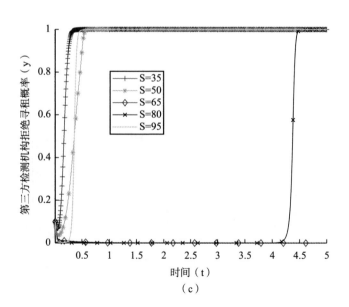

（c）

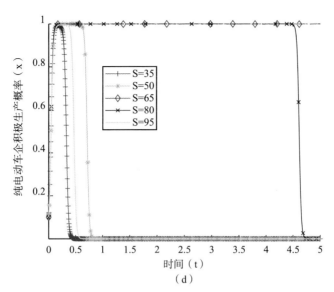

图 4.8　寻租成本 S 对系统演化的影响

4.4.3.2　单车积分增量

图 4.9 展示了单车积分增量 $\Delta\lambda$ 对系统演化结果的影响。当单车积分增量越大时，纯电动汽车制造商积极生产演化速度越慢，最后演化至投机生产（见图 4.9（b））。当单车积分增量阈值在 [2.63，3.13] 之间时，纯电动汽车制造商和第三方检测机构"合谋"成功（见图 4.9（a）），系统最终演化至（投机生产，意向寻租，严格监管）。单车积分增加可以使纯电动汽车制造商通过造假获得更高收益，故企业愿意铤而走险，为了"高收益"而冒"高风险"。

4.4.4　政策性因素对系统演化的影响

4.4.4.1　双边违规惩罚系数

图 4.10 展示了双边违规系数 δ 对系统演化结果的影响。图 4.10（a）可见，双边违规系数阈值 [2，2.5] 之间时，系统演化结果发生了变化。由于双边违规系数的增大，纯电动汽车制造商和第三方检测机构认为合谋风险过大，所以最终选择积极生产和拒绝寻租。随着双边违规系数的增大，纯电动汽车制造商朝积极生产演化的速度变快（见

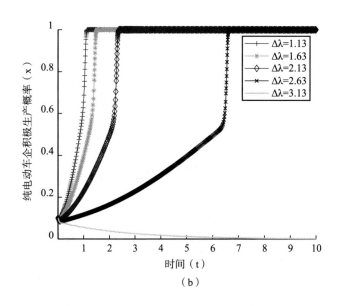

（a）

（b）

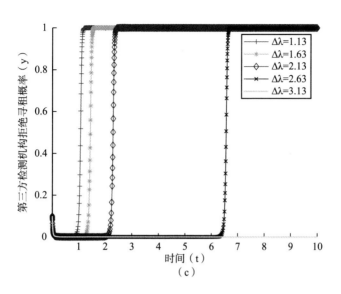

（c）

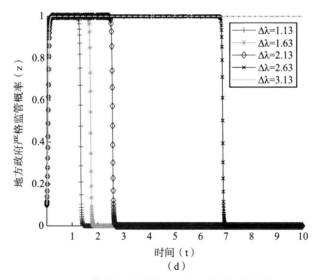

（d）

图 4.9　单车积分增量 Δλ 对系统演化的影响

图 4.10（b））。图 4.10（c）可见，前期，第三方检测机构倾向于意向寻租，双边违规系数越大，其向拒绝寻租的方向演化的速度越快。于地方政府而言，双边违规系数无论如何设置，其总是先向严格监管演化，

当系数较低，则稳定于严格监管，当系数较高，则逐渐由严格监管演化至宽松监管。这表明政府可以通过设定更高的处罚来有效遏制纯电动汽车检测过程中寻租行为的发生。

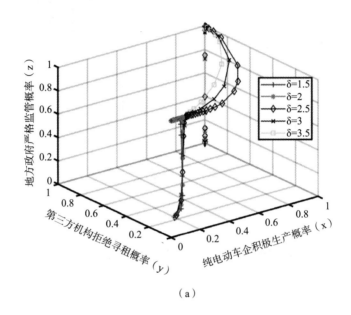

（a）

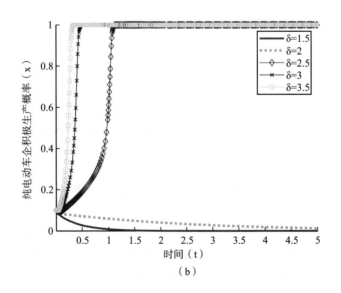

（b）

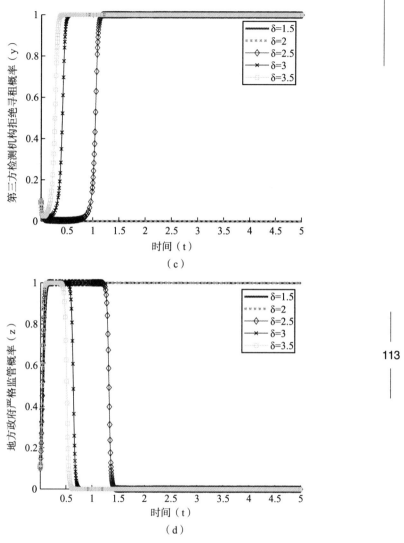

（c）

（d）

图 4.10　双边违规惩罚系数 δ 对系统演化的影响

4.4.4.2　政府奖励

图 4.11 表示政府对第三方检测机构奖励 A_0 对系统演化结果的影响。从图 4.11（a）和图 4.11（c）以看出，随着奖励升高，第三方检测机构拒绝寻租演化速度加快。当奖励额为零时，系统演化会出现一定的波动。前期，第三方检测机构因为没有奖励，其意向寻租意愿极高。由于地方政府的严格监管，纯电动汽车制造商只能积极生产，无法向第

三方检测机构寻租。中期，地方政府有向宽松监管演化的趋势，纯电动汽车制造商意图投机生产，但政府严格监管概率又突然上升，制造商投机生产的萌芽被掐灭（见图4.11（b）和图4.11（d）），最终"合谋"失败。虽然无奖励能够使系统演化至理性状态，但适当的给予第三方检测机构奖励，能够更好地保证纯电动汽车制造商选择积极生产策略的稳健性。

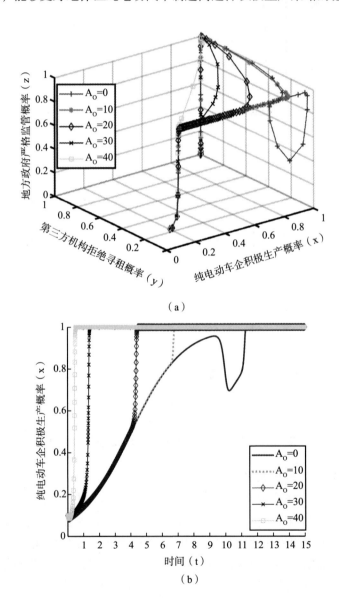

（a）

（b）

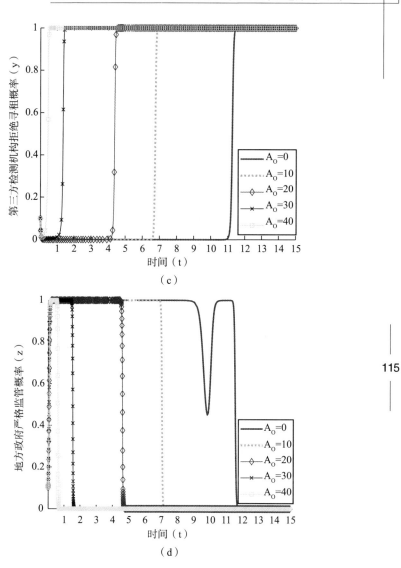

图 4.11　政府奖励 A_O 对系统演化的影响

4.4.4.3　积分交易价格

图 4.12 表示 NEV 积分交易价格 P_e 对系统演化结果的影响。从图 4.12（a）和图 4.12（c）可以看出，随着积分交易价格升高，第三方检测机构和纯电动汽车制造商"合谋"失败，地方政府由严格监管策略演变到宽松监管。积分交易价格的上涨加剧了汽车市场竞争，使

纯电动汽车制造商有足够资金进行积极研发，从而促进了优胜劣汰市场环境的形成（见图4.12（b））。第三方检测机构为了更高的获益，在演化初始阶段拒绝寻租的概率先降后升。由于纯电动汽车制造商此时选择积极生产策略提升了汽车质量，最终第三方检测机构演变成拒绝寻租（见图4.12（c））。

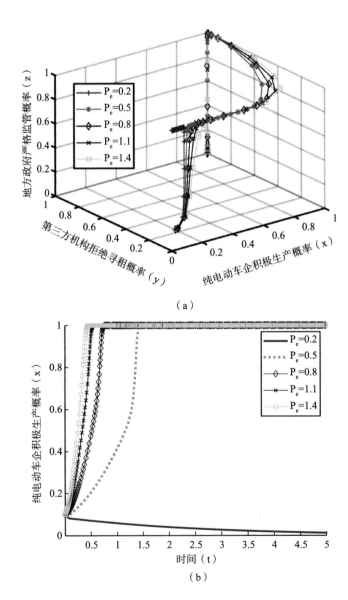

（a）

（b）

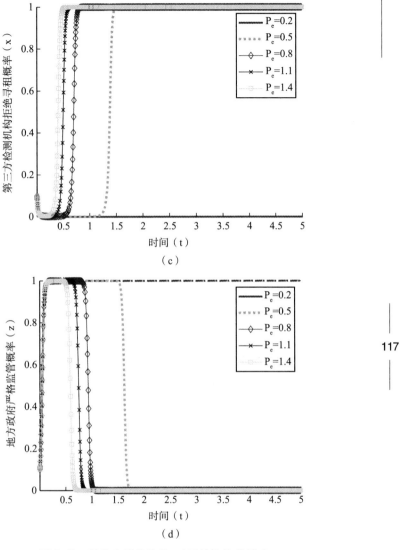

（c）

（d）

图 4.12　积分交易价格 P_e 对系统演化的影响

4.4.4.4　政府监督能力系数

图 4.13 表示政府监管能力系数 k 对系统演化结果的影响。图 4.13（a）表明随着政府监管能力系数增大，三方策略由（0，0，1），经过（1，1，1）最终演变成（1，1，0）。政府的低监管能力不足以对纯电动汽车制造商的消极行为产生警示，无法促使纯电动汽车制造商积极生产

（见图4.13（b））。监管能力的增强约束了企业间的寻租行为，市场运作机制良好，政府逐步退出干预（见图4.13（d））。此时第三方检测机构即使会产生寻租行为，但高昂的惩罚和强大的政府监管能力会促使其选择拒绝寻租（见图4.13（c））。高监管能力能够促使系统朝理性方向演化，地方政府应当努力提升自身监管能力，通过多途径如：①增加抽查频次，②增加抽查比例，③在增加媒体曝光率，④开展群众监督等多形式监督方式。

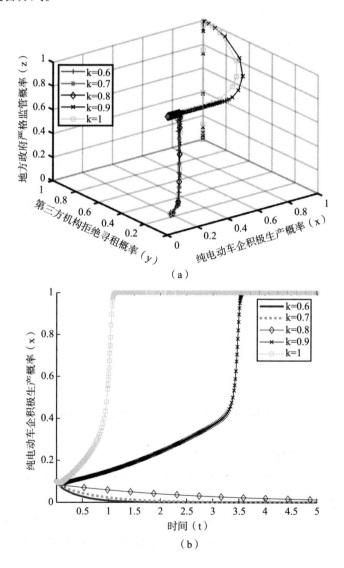

（a）

（b）

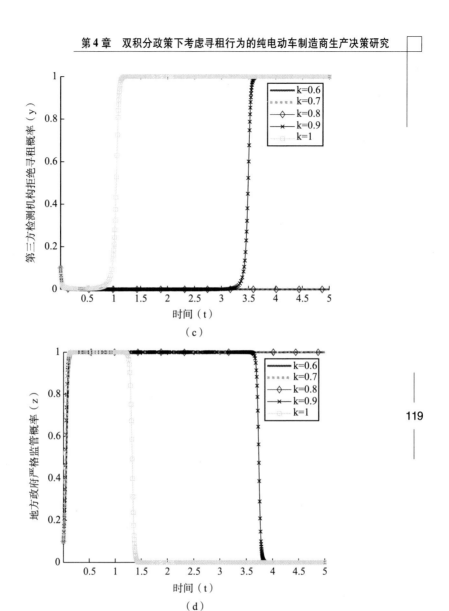

图 4.13 政府监管能力 k 对系统演化的影响

4.5 结论与政策建议

发展新能源汽车作为我国战略目标，尤其需要关注其质量安全问题。纯电动汽车制造商与第三方检测机构若存在寻租行为，合谋伪造机动车检测报告，则会对消费者生命财产安全带来严重影响。因此，本书考虑构建包括纯电动汽车制造商与第三方检测机构和地方政府在内的三方演化博弈模型，并分析了各方策略选择及系统均衡的稳定性。通过仿真分析验证了模型的有效性，并根据各因素对系统演化结果的影响得出以下结论：

（1）纯电动汽车制造商积极生产成本太高容易导致合谋行为的发生，在积极生产成本降低之后，系统朝理想状态（积极生产，拒绝寻租，宽松监管）演化。

（2）寻租成本在特定值时，即纯电动汽车制造商和第三方检测机构的预期一致时，寻租行为发生。

（3）单车积分增加可以使纯电动汽车制造商通过造假获得更高的收益，从而企业愿意铤而走险，为了"高收益"而冒"高风险"。

（4）政府的高惩罚，高监管能力，能够有效抑制寻租行为的发生，而低强度和中等强度则不能形成有效的约束。

（5）低奖励和低积分交易价格容易造成系统波动，适当的奖励和积分交易价格能够促进纯电动汽车制造商在政府宽松监管下积极生产。

本书建议：

（1）政府应促进纯电动汽车制造商通过技术研发和生产工艺优化来降低生产成本。通过设立专项资金或税收优惠，激励企业在电池技术、电动驱动系统等领域进行创新，以减少高制造成本带来的合谋风险。

（2）政府应建立动态调整机制，以实时监测并调整寻租成本。当制造商和第三方检测机构的预期一致时，通过增加随机抽查和审计频率，保持寻租成本的有效水平，减少通过造假获取不当收益的动机。

（3）政府需建立一套全面的监管体系，包括高惩罚措施和强大的监管执行力。设立专门的监管机构负责对制造商和第三方检测机构的行为进行严格审查，实施高额罚款和刑事责任追究，同时引入独立审计机制，确保政策实施的严谨性和有效性。

（4）政府应制定动态奖励和积分交易政策，定期调整奖励金额和积分价格，以优化生产激励和市场稳定性。同时，持续推动积分交易平台透明化，确保交易的公平性，从而维护市场秩序。

第5章 供需两侧低碳政策下汽车制造商间价格博弈非线性演化分析

5.1 研究背景

现阶段，新能源汽车产业技术逐渐成熟，充换电站等基础设施正在完善，市场认可度也在提高，但仍面临市场占有率低的问题。短期内，燃油车仍主导道路交通领域，因此必须从供需两端共同探索新的政策机制，以促进新能源汽车产业的持续扩散。与双积分政策约束、激励作用相关的燃油车减排、新能源汽车扩散以及消费者低碳偏好等问题，直接影响汽车制造商的运作效率。刘等（Liu et al.，2023）研究了补贴退坡和双积分政策对汽车制造商汽车定价、节能水平和减碳等方面的影响。关于双积分政策对新能源汽车扩散的影响。赵丹等（2024）考虑了双积分政策下 NEV 积分比例要求、标准车型系数及奖惩制度对新能源汽车市场扩散的影响。上述研究为研究供给侧政策在汽车制造商生产和定价问题提供了理论基础。然而，上述研究忽略了低碳政策和需求侧消费者行为对汽车制造商碳排放的影响。

征收碳税，有助于车企调整运营模式以减少碳排放，从而显著影响汽车制造商生产和定价决策。尹辉勇等（2024）对比分析了碳交易政策实施前后供应链各成员的定价决策，探究碳交易市场价格、碳减排成本、动力电池成本系数对各主体定价决策和整车制造商的减排水平的影响。曾等（Zeng et al.，2024）认为碳配额有利于促进燃油车减排并对新能源汽车扩散有激励作用，同时当消费者更偏向燃油车时，碳税政策有利于减少碳排放和提高社会福利。上述文献针对补贴政策和双积分政策以及碳税和碳交易政策做出了丰富研究，但忽略了供给侧政策和需求侧低碳政策的结合。

相较于静态模型只能分析单个企业的供求均衡，动态模型更有利于模拟企业间博弈的演化过程。早期的模型，大多集中于建立博弈模型来研究经济问题，例如 Cournot 模型、Bertrand 模型和 Stackelberg 模型，直到引入了混沌理论（Rand，1978）。考虑到市面上车企生产的车型均有使用性能和基础功能的差别，其产品并非同质的，如大家逛超市时，也只会比较价格，价格竞争更贴近现实。因此，本书将以价格竞争为主的 Bertrand 博弈和非线性动力学系统结合，进一步讨论两个寡头车企基于价格的动态迭代演化过程。并将供需两侧低碳政策和消费者行为纳入模型当中，研究政策性因素和市场性因素对燃油车企转型升级的影响。

5.2　问题描述与假设

5.2.1　问题描述

本节从供需两侧角度出发，讨论消费者低碳偏好、碳普惠收益及碳税对汽车制造商研发、定价决策的影响，以汽车市场中车企 1 和车企 2 为研究对象，其中车企 1 只生产纯电动汽车，车企 2 只生产插电式混合动力车，即低油耗燃油车。在双积分政策、碳税政策和碳交易政策下，研究了两类车企在长期重复博弈过程中的生产、定价等问题，并分析了模型中各关键性因素对决策系统稳定性的影响。

5.2.2　基本假设

为了便于分析，给出以下假设：

假设 1：汽车制造商：新能源汽车和低油耗燃油车的销售价格分别为 p_1 和 $p_2(p_1 > p_2)$；生产数量分别为 q_1、q_2，且汽车供应链中产销平衡；利润分别为 π_1、π_2。新能源汽车和低油耗燃油车的基础生产成本为 $c_i(i=1,2)$，由于新能源汽车在续航、智能化、整车质量等关键技术仍在不断更新迭代，因此新能源汽车需要考虑长期存在的研发成本 f_1；低油耗燃油车在技术发展阶段需考虑电气化投资成本和新技术替代旧技术的长期过渡成本 f_2，同时政府向生产燃油车的车企征收一定的碳税 T，故车企 2 需付出每辆车 T 单位的碳税成本，又因消费者在购买燃油车时会无形承担车企强制转嫁的一定碳税比例 η，因此车企 2 实际承担的碳税成本为 $(1-\eta)T$。

假设 2：消费者：假设消费者只能从市场购买一种汽车，新能源汽车或者低油耗燃油车。根据《中国碳普惠发展与实践案例研究报告》，碳普惠作为生活消费端减碳的重要方式，能够通过公众自身的绿色减碳行为兑换碳币，并用于兑换商业优惠、公众服务等，从而获得额外收益。故本书假设购买新能源汽车的消费者可获得碳普惠带来的额外收益 s，设消费者低碳偏好为 τ，τs 表示消费者的低碳偏好越高则获得的碳普惠收益越高。此外，在汽车市场中，新能源汽车和低油耗燃油车具有相互替代性，存在竞争关系，因此用表示两类汽车的差异化程度，当 $d=0$ 时，则表示商品是互相独立的，$d=1$ 时，则表示商品为完全相同的商品，因此设 $0<d<1$，当 $d\to1$ 时，商品之间的差异化越小，可替代性越强；反之，差异化越大，可替代性越弱。a 表示汽车市场的市场容量，ηT 表示消费者承担的碳税转移成本。

假设 3：双积分政策（燃油车）：假设车企 2 生产的燃油车平均燃油消耗量积分（CAFC 积分）为正（即油耗达标，为低油耗燃油车），且生产车型为插电式混合动力车。根据《双积分政策》规定，若车企生产低油耗燃油车则可享受低油耗乘用车新能源汽车积分比例核算优惠，与此同时，车企每生产一辆插电式混合动力车可获得 1 个 NEV 正积分，故设车企 2 的积分收入为：$p_s(1-\xi\beta)q_2$，其中 p_s 为积分交易价格、ξ 为低油耗乘用车新能源汽车积分比例核算优惠率、β 为新能源汽车积分比例要求。按政策规定，2021～2023 年低油耗乘用车新能源汽车积分比例核算优惠率为 0.5、0.3、0.2；2023～2025 年新能源汽车积分比例要求为 18%、28%、38%，由此可知 $(1-\xi\beta)>0$。车企 1 仅生产新能源汽车，每辆新能源车根据其续航、电耗、能量密度等研发力度的高低所获得不同的新能源汽车正积分，即 NEV 正积分，本书为简化计算，将单车可获得的 NEV 正积分设为 λ_N，则车企 1 的积分收入为 $p_s\lambda_N q_1$。

表 5.1 给出了假设中提及的相关符号及其定义。

表 5.1　　　　　　　　　符号及定义

符号	含义	符号	含义
a	市场容量	$T(T>0)$	单车碳税额
$p_i(p_1>p_2>0)$	销售价格（i=1, 2）	$d(0<d<1)$	商品差异化程度
$q_i(q_i>0)$	生产数量（i=1, 2）	$p_s(p_s>0)$	积分交易价格
$c_i(c_1>c_2>0)$	基础生产成本（i=1, 2）	$\lambda_N(\lambda_N>0)$	单车 NEV 积分值
$f_1(f_1>0)$	车企 1 研发成本	$\beta(0<\beta<1)$	新能源汽车积分比例
$f_2(f_2>0)$	车企 2 转型成本	$\xi(0<\xi<1)$	低油耗乘用车核算优惠率
$\tau(0<\tau<1)$	消费者低碳偏好程度	$v_i(0<v_i<1)$	价格调整速度
$s(s>0)$	碳普惠收益	$\pi_i(\pi_i>0)$	车企利润（i=1, 2）
$\eta(0<\eta<1)$	消费者碳税转移比例		

5.3　模　型　构　建

5.3.1　消费者效用函数

市场竞争中包括车企和消费者，假设消费者效用函数是二次可微函数

$$U(q_1, q_2) = a(q_1+q_2) - \frac{1}{2}(q_1^2+q_2^2+2dq_1q_2) \qquad (5.1)$$

消费者的预算约束表示为 $(p_1-\tau s)q_1 + (p_2+\eta T)q_2 = M$，$M>0$ 代表消费者对商品需求量的预算。消费者消费的最优问题表示为 $\max U(q_1, q_2) - (p_1-\tau s)q_1 - (p_2+\eta T)q_2 + M$，求偏导后得车企给予市场的逆需求函数：

$$p_1 = a - q_1 - dq_2 + \tau s$$
$$p_2 = a - q_2 - dq_1 - \eta T \tag{5.2}$$

根据式（5.2），得市场直接需求函数：

$$q_1 = \frac{a(1-d) + (p_2 + \eta T)d - p_1 + \tau s}{1 - d^2}$$

$$q_2 = \frac{a(1-d) + (p_1 - \tau s)d - p_2 - \eta T}{1 - d^2} \tag{5.3}$$

假设 2 家车企的基础生产成本是二次函数 $c_i q_i^2$，$i = 1$，2，$c_i < a$。结合式（5.3），得到 2 家车企最终的成本函数：

$$c_1^* = c_1 q_1^2 + f_1 q_1 = \frac{\left[a(1-d) - p_1 + d(p_2 - \eta T) + \tau s \right]}{(1 - d^2)^2}$$

$$c_2^* = c_2 q_2^2 + (1 - \eta)T q_2 + f_2 q_2$$

$$= \frac{\left[a(1-d) - p_2 + d(p_1 - \tau s) - \eta T \right]}{\left[(a(1-d) - p_2 + d(p_1 - \tau s) - \eta T)c_2 + ((1-\eta)T + f_2)(1 - d^2) \right]}{(1 - d^2)^2} \tag{5.4}$$

基于以上内容，构建车企 1 和车企 2 的利润函数：

$$\pi_1 = p_1 q_1 - c_1^* + p_s \lambda_N q_1$$
$$\pi_2 = p_2 q_2 - c_2^* + p_s (1 - \beta\xi) q_2 \tag{5.5}$$

根据式（5.2）~式（5.4）可得车企 1 和车企 2 的利润函数：

$$\pi_1^* = \frac{\left[a(1-d) - p_1 + d(p_2 + \eta T) + \tau s \right]}{\left[(p_1 - f_1 + p_s \lambda_N)(1 - d^2) - (a(1-d) - p_1 + d(p_2 + \eta T) + \tau s)c_1 \right]}{(1 - d^2)^2}$$

$$\pi_2^* = \frac{\left[a(1-d) - p_2 + d(p_1 - \tau s) - \eta T \right]\left[(p_2 - f_2 + p_s(1 - \beta\xi) - (1-\eta)T)(1 - d^2) - (a(1-d) - p_2 + d(p_1 - \tau s) - \eta T)c_2 \right]}{(1 - d^2)^2} \tag{5.6}$$

5.3.2　非线性演化模型

由于车企 1 和车企 2 受到竞争市场中诸多因素的影响，无法完全了解对方的信息，也不可能完全预测市场的变化趋势，只能根据部分信息作出决策，这种决策方式称为有限理性。假设 2 家车企是有限理性的，将利润作为调整价格的决策依据，若车企在 t 时期的边际利润 $\partial\pi_i/\partial p_i = 0$，则在 t + 1 时期继续保持原来的价格；若 t 时期的边际利润 $\partial\pi_i/\partial p_i > 0(<0)$，则在 t + 1 时期提高价格，反之则降低价格。将车企 1 和车企 2 在时间 $t \in \{0, 1, \cdots\}$ 的价格设为 $p_i(t)$，车企在 t + 1 时期的价格动态演化过程为：

$$p_i(t+1) = p_i(t) + v_i p_i(t)\frac{\partial\pi_i}{\partial p_i} \qquad (5.7)$$

其中，$v_i > 0(i = 1, 2)$ 表示车企 1 和车企 2 价格的调整速度，v_i 的值越大，价格调整越频繁。

将式（5.6）代入式（5.7），得到两个汽车企业动态价格调整的非线性动力学方程为：

$$p_1(t+1) = p_1(t) + v_1 p_1(t)(\Phi_1 - \Lambda_1 p_1(t) + I_1 p_2(t))$$
$$p_2(t+1) = p_2(t) + v_2 p_2(t)(\Phi_2 - \Lambda_2 p_2(t) + I_2 p_1(t)) \qquad (5.8)$$

设 $\Phi_1 = \dfrac{(1-d^2)(a(1-d)+f_1+d\eta T-p_s\lambda_N+\tau s)}{(1-d^2)^2}$, $\Lambda_1 = \dfrac{2(1-d^2+c_1)}{(1-d^2)^2}$,

$I_1 = \dfrac{d(1-d^2+2c_1)}{(1-d^2)^2}$, $\Phi_2 = \dfrac{\begin{array}{c}(1-d^2)(a(1-d)+f_2-d\tau s-p_s(1-\beta\xi))\\+(1-\eta)T-\eta T)+2c_2(a(1-d)-d\tau s-\eta T)\end{array}}{(1-d^2)^2}$,

$\Lambda_2 = \dfrac{2(1-d^2+c_2)}{(1-d^2)^2}$, $I_2 = \dfrac{d(1-d^2+2c_2)}{(1-d^2)^2}$ 。

5.4 价格博弈模型均衡点分析

5.4.1 均衡点判定

考虑式（5.8）中 $p_i(t+1) = p_i(t) = p_i(i = 1, 2)$，可以得到两类车企不动点方程为：

$$p_1(\Phi_1 - \Lambda_1 p_1 + I_1 p_2) = 0$$
$$p_2(\Phi_2 - \Lambda_2 p_2 + I_2 p_1) = 0 \qquad (5.9)$$

求解式（5.9）并分析其定性行为，可以得到 4 个平衡点：

$$E_0 = (0, 0), \quad E_1 = \left(\frac{\Phi_1}{\Lambda_1}, 0\right), \quad E_2 = \left(0, \frac{\Phi_2}{\Lambda_2}\right), \quad E_3 = \left(\frac{\Phi_1\Lambda_2 + I_1\Phi_2}{\Lambda_1\Lambda_2 - I_1 I_2}, \right.$$

$$\left.\frac{\Phi_1 I_2 + \Lambda_1\Phi_2}{\Lambda_1\Lambda_2 - I_1 I_2}\right)。$$

可见，E_0，E_1，E_2 是边际平衡点，E_3 为唯一的 Nash 均衡点。

为了保证平衡点具有实际意义，$E_i(i = 0, 1, 2, 3)$ 必须是非负的。规定上述参数 $a > c_1 > c_2 > 0$，$0 < d < 1$，即 $0 < d^2 < 1$，$\Phi_{1,2} > 0$，$\Lambda_{1,2} > 0$，$I_{1,2} > 0$，$\Lambda_1\Lambda_2 - I_1 I_2 = \dfrac{(4 - d^2)(1 - d^2) + 2(2 - d^2)(c_1 + c_2) + 4c_1 c_2}{(1 - d^2)^3} > 0$，恒成立。当 $a(1 - d) + f_2 + d\eta T + \tau s > p_s\lambda_N$，$a(1 - d) + f_2 + (1 - \eta)T > d\tau s + p_s(1 - \beta\xi) + \eta T$，$a(1 - d) > d\tau s + \eta T$，$\Rightarrow \Phi_{1,2} > 0$，$\dfrac{\Phi_1}{\Lambda_1} > 0$，$\dfrac{\Phi_2}{\Lambda_2} > 0$，$\Phi_1\Lambda_2 + I_1\Phi_2 > 0$，$\Phi_1 I_2 + \Lambda_1\Phi_2 > 0$。

5.4.2　均衡点稳定性判定

二维系统不动点局部稳定性的判定，取决于式（5.8）雅可比矩阵的特征值，当特征值绝对值小于 1 时，平衡点渐进稳定。对式（5.8）p_1 和 p_2 求导可得：

$$J(p_1, p_2) = \begin{pmatrix} 1 + \nu_1(\Phi_1 - 2\Lambda_1 p_1 + I_1 p_2) & \nu_1 p_1 I_1 \\ \nu_2 p_2 I_2 & 1 + \nu_2(\Phi_2 - 2\Lambda_2 p_2 + I_2 p_1) \end{pmatrix}$$

$$(5.10)$$

将以上四个平衡点代入式（5.10）中进行稳定性分析，可得以下四个命题。

命题 1　车企 1 和车企 2 动态价格调整的离散时间非线性系统的平衡点 E_0 是不稳定点。

证明　将 $E_0 = (0, 0)$ 代入式（5.10）中可得平衡点 E_0 点的雅可比矩阵：

$$J(E_0) = \begin{pmatrix} 1 + \nu_1\Phi_1 & 0 \\ 0 & 1 + \nu_2\Phi_2 \end{pmatrix} \quad (5.11)$$

矩阵 $J(E_0)$ 的特征值是对角元素：$A_1 = 1 + \nu_1 \Phi_1$，$A_2 = 1 + \nu_2 \Phi_2$。$\nu_i > 0$，$\Phi_i > 0$，所以 $A_1 > 1$，$A_2 > 1$，即 $|A_i| > 1$，$i = 1, 2$。因此，平衡点 E_0 是不稳定点。

命题 1 表明，车企 1 和车企 2 均未进行定价决策，也不会对市场价格产生影响。此时，车企应加快制定价格，在市场竞争中抢占先机。

命题 2 当 $0 < \nu_1 \Phi_1 < 2$ 时，平衡点 E_1 是鞍点；当 $\nu_1 \Phi_1 > 2$ 时，平衡点 E_1 是不稳定点。

证明 将 $E_1 = \left(\dfrac{\Phi_1}{\Lambda_1}, 0 \right)$ 代入式（5.10）中可得平衡点 E_1 点的雅可比矩阵：

$$J(E_1) = \begin{pmatrix} 1 - \nu_1 \Phi_1 & \dfrac{\nu_1 I_1 \Phi_1}{\Lambda_1} \\ 0 & 1 + \nu_2 \dfrac{I_2 \Phi_1 + \Phi_2 \Lambda_1}{\Lambda_1} \end{pmatrix} \tag{5.12}$$

矩阵 $J(E_1)$ 的特征值是对角元素：$A_1 = 1 - \nu_1 \Phi_1$，$A_2 = 1 + \nu_2 \dfrac{I_2 \Phi_1 + \Phi_2 \Lambda_1}{\Lambda_1}$。$A_2 > 1$ 恒成立，$|A_2| > 1$。讨论 $|A_1|$ 与 1 的大小：当 $|A_1| < 1$ 和 $|A_1| > 1$ 时，有 $0 < \nu_1 \Phi_1 < 2$ 和 $\nu_1 \Phi_1 > 2$。结合稳定性判别条件，命题 2 得证。

命题 2 表明，车企 1 在价格博弈竞争中，抢先占领了市场，在其他条件保持不变的情况下，这种垄断行为并不持久，最终会被打破。同时，车企 2 会通过一定方式抢占市场份额。就比如 2023 年初新能源车企主导的降价潮，虽然短暂的抢占了市场，但随着燃油车降价大军的加入，这种局面被迅速打破，汽车价格市场陷入动荡。

命题 3 当 $0 < \nu_2 \Phi_2 < 2$ 时，平衡点 E_2 是鞍点；当 $\nu_2 \Phi_2 > 2$ 时，平衡点 E_2 是不稳定点。

证明 命题 3 和命题 2 情况类似，不做过多赘述。

命题 3 表明，在实际竞争中，车企 2 此时获得市场优先权，车企 1 被竞争市场暂时淘汰或者自动选择退出。但市场并不会达到长久的稳定，仍会再次陷入动荡。

命题 4 参数的取值满足下列集合时，Nash 均衡点局部渐进稳定。

$$
\begin{cases}
\dfrac{2(\Lambda_1\Lambda_2 - I_1 I_2)}{\Lambda_2(\Phi_1 I_2 + \Phi_2\Lambda_1)} < \nu_2 < \dfrac{2\Lambda_1}{\Phi_1 I_2 + \Phi_2\Lambda_1}, \\[3mm]
\nu_1 < \min\left\{ \dfrac{4(\Lambda_1\Lambda_2 - I_1 I_2) - 2\nu_2\Lambda_2(\Phi_1 I_2 + \Phi_2\Lambda_1)}{(\Phi_2 I_1 + \Phi_1\Lambda_2)(2\Lambda_1 - \nu_2(\Phi_1 I_2 + \Phi_2\Lambda_1))}, \right. \\[3mm]
\left. \dfrac{\nu_2\Lambda_2(\Phi_1 I_2 + \Phi_2\Lambda_1)}{(\Phi_2 I_1 + \Phi_1\Lambda_2)(\nu_2(\Phi_1 I_2 + \Phi_2\Lambda_1) - \Lambda_1)} \right\}
\end{cases}
$$

或

$$
\begin{cases}
\nu_2 > \dfrac{2\Lambda_1}{\Phi_1 I_2 + \Phi_2\Lambda_1} \\[3mm]
\dfrac{2\nu_2\Lambda_2(\Phi_1 I_2 + \Phi_2\Lambda_1) - 4(\Lambda_1\Lambda_2 - I_1 I_2)}{(\Phi_2 I_1 + \Phi_1\Lambda_2)(\nu_2(\Phi_1 I_2 + \Phi_2\Lambda_1) - 2\Lambda_1)} < \nu_1 \\[3mm]
< \dfrac{\nu_2\Lambda_2(\Phi_1 I_2 + \Phi_2\Lambda_1)}{(\Phi_2 I_1 + \Phi_1\Lambda_2)(\nu_2(\Phi_1 I_2 + \Phi_2\Lambda_1) - \Lambda_1)}
\end{cases}
$$

证明 将 Nash 均衡点 $E_3 = \left(\dfrac{\Phi_1\Lambda_2 + I_1\Phi_2}{\Lambda_1\Lambda_2 - I_1 I_2}, \dfrac{\Phi_1 I_2 + \Lambda_1\Phi_2}{\Lambda_1\Lambda_2 - I_1 I_2} \right)$ 代入式

(5.10) 中可得平衡点 E_3 的雅可比矩阵：

$$
J(E_3) = \begin{pmatrix} 1 - \nu_1 \dfrac{\Lambda_1 F_1}{\Lambda_1\Lambda_2 - I_1 I_2} & \dfrac{\nu_1 I_1 F_1}{\Lambda_1\Lambda_2 - I_1 I_2} \\[3mm] \dfrac{\nu_2 I_2 F_2}{\Lambda_1\Lambda_2 - I_1 I_2} & 1 - \nu_2 \dfrac{\Lambda_2 F_2}{\Lambda_1\Lambda_2 - I_1 I_2} \end{pmatrix} \tag{5.13}
$$

其中，$F_1 = \Phi_1\Lambda_2 + I_1\Phi_2$，$F_2 = \Phi_1 I_2 + \Lambda_1\Phi_2$。矩阵 $J(E_3)$ 的特征方程是：

$$
D(x) = x^2 - \mathrm{Tr}(J(E_3))x + \mathrm{Det}(J(E_3)) = 0 \tag{5.14}
$$

其中，$\mathrm{Tr}(J(E_3))$ 和 $\mathrm{Det}(J(E_3))$ 分别是矩阵 $J(E_3)$ 的迹和行列式，它们的具体表达是 $\mathrm{Tr}(J(E_3)) = 2 - \dfrac{\nu_1\Lambda_1 F_1 + \nu_2\Lambda_2 F_2}{\Lambda_1\Lambda_2 - I_1 I_2}$，$\mathrm{Det}(J(E_3)) = $

$1 - \dfrac{\nu_1\Lambda_1 F_1 + \nu_2\Lambda_2 F_2 - \nu_1\nu_2 F_1 F_2}{\Lambda_1\Lambda_2 - I_1 I_2}$。

式 (5.15) 是一元二次方程，根据韦达定理可以判定其有解的条件为

$\Delta = (\mathrm{Tr}(J(E_3)))^2 - 4\mathrm{Det}(J(E_3)) = \dfrac{(\nu_1\Lambda_1 F_1 - \nu_2\Lambda_2 F_2)^2 + 4\nu_1\nu_2 I_1 I_2 F_1 F_2}{(\Lambda_1\Lambda_2 - I_1 I_2)^2} > 0$，

因此式 (5.14) 的特征值为 2 个正实根。

根据 Jury 稳定判断，特征方程 $D(x) = 0$ 稳定的充分必要条件是①D

(1) >0；② $(-1)^2 D(-1) > 0$；③ $|\mathrm{Det}(J(E_3))| < 1$。Jury 条件如下：

$$\begin{cases} 1 - \mathrm{Tr}(J(E_3)) + \mathrm{Det}(J(E_3)) = \dfrac{\nu_1 \nu_2 F_1 F_2}{\Lambda_1 \Lambda_2 - I_1 I_2} > 0 \\[3mm] 1 + \mathrm{Tr}(J(E_3)) + \mathrm{Det}(J(E_3)) = 4 - \dfrac{2(\nu_1 \Lambda_1 F_1 + \nu_2 \Lambda_2 F_2) - \nu_1 \nu_2 F_1 F_2}{\Lambda_1 \Lambda_2 - I_1 I_2} > 0 \\[3mm] 1 - \mathrm{Det}(J(E_3)) = \dfrac{\nu_1 \Lambda_1 F_1 + \nu_2 \Lambda_2 F_2 - \nu_1 \nu_2 F_1 F_2}{\Lambda_1 \Lambda_2 - I_1 I_2} > 0 \end{cases}$$

$$(5.15)$$

由前文分析可知 $\Lambda_1 \Lambda_2 - I_1 I_2 > 0$ 恒成立，且式 (5.15) 第一个式子恒大与 0，满足稳定性条件，故将式 (5.15) 左右各乘 $\Lambda_1 \Lambda_2 - I_1 I_2$，则可以得到以下不等式，即：

$$\begin{cases} 4(\Lambda_1 \Lambda_2 - I_1 I_2) - 2(\nu_1 \Lambda_1 F_1 + \nu_2 \Lambda_2 F_2) + \nu_1 \nu_2 F_1 F_2 > 0 \\ \nu_1 \Lambda_1 F_1 + \nu_2 \Lambda_2 F_2 - \nu_1 \nu_2 F_1 F_2 > 0 \end{cases} \quad (5.16)$$

将式 (5.16) 中第一个 Jury 条件进行改写：

$$4(\Lambda_1 \Lambda_2 - I_1 I_2) - 2\nu_2 \Lambda_2 F_2 - 2\nu_1 \Lambda_1 F_1 + \nu_1 \nu_2 F_1 F_2 > 0 \quad (5.17)$$

为了进一步明确稳定域，采取分类讨论，式 (5.17) 前两项和后两项等价于：

$$4(\Lambda_1 \Lambda_2 - I_1 I_2) - 2\nu_2 \Lambda_2 F_2 = 0 \Leftrightarrow \nu_2 = \frac{2(\Lambda_1 \Lambda_2 - I_1 I_2)}{\Lambda_2 (\Phi_1 I_2 + \Lambda_1 \Phi_2)}$$

$$(5.18)$$

$$\nu_1 \nu_2 F_1 F_2 - 2\nu_1 \Lambda_1 F_1 = 0 \Leftrightarrow \nu_2 = \frac{2\Lambda_1}{\Phi_1 I_2 + \Lambda_1 \Phi_2} \quad (5.19)$$

用式 (5.18) 减式 (5.19) 可得到 $\dfrac{2(\Lambda_1 \Lambda_2 - I_1 I_2)}{\Lambda_2 (\Phi_1 I_2 + \Lambda_1 \Phi_2)} - \dfrac{2\Lambda_1}{\Phi_1 I_2 + \Lambda_1 \Phi_2} =$

$-\dfrac{2 I_1 I_2}{\Lambda_2 (\Phi_1 I_2 + \Lambda_1 \Phi_2)} < 0$，则说明 $\dfrac{2(\Lambda_1 \Lambda_2 - I_1 I_2)}{\Lambda_2 (\Phi_1 I_2 + \Lambda_1 \Phi_2)} < \dfrac{2\Lambda_1}{\Phi_1 I_2 + \Lambda_1 \Phi_2}$。

同理，通过式 (5.17) 可以得出 ν_1 的取值范围，分别对第一个和第二个式子进行改写，可得：

$$\nu_1 < \frac{4(\Lambda_1 \Lambda_2 - I_1 I_2) - 2\nu_2 \Lambda_2 (\Phi_1 I_2 + \Phi_2 \Lambda_1)}{(\Phi_2 I_1 + \Phi_1 \Lambda_2)(2\Lambda_1 - \nu_2 (\Phi_1 I_2 + \Phi_2 \Lambda_1))} \quad (5.20)$$

$$\nu_1 < \frac{\nu_2 \Lambda_2 (\Phi_1 I_2 + \Phi_2 \Lambda_1)}{(\Phi_2 I_1 + \Phi_1 \Lambda_2)(\nu_2 (\Phi_1 I_2 + \Phi_2 \Lambda_1) - \Lambda_1)} \quad (5.21)$$

将式 (5.18) ~式 (5.21) 进行整理，接下来可得出以下结论：

$$\begin{cases} \dfrac{2(\Lambda_1\Lambda_2 - I_1 I_2)}{\Lambda_2(\Phi_1 I_2 + \Phi_2\Lambda_1)} < \nu_2 < \dfrac{2\Lambda_1}{\Phi_1 I_2 + \Phi_2\Lambda_1}, \\[3mm] \nu_1 < \min\left\{ \dfrac{4(\Lambda_1\Lambda_2 - I_1 I_2) - 2\nu_2\Lambda_2(\Phi_1 I_2 + \Phi_2\Lambda_1)}{(\Phi_2 I_1 + \Phi_1\Lambda_2)(2\Lambda_1 - \nu_2(\Phi_1 I_2 + \Phi_2\Lambda_1))}, \right. \\[3mm] \left. \dfrac{\nu_2\Lambda_2(\Phi_1 I_2 + \Phi_2\Lambda_1)}{(\Phi_2 I_1 + \Phi_1\Lambda_2)(\nu_2(\Phi_1 I_2 + \Phi_2\Lambda_1) - \Lambda_1)} \right\} \end{cases}$$

或

$$\begin{cases} \nu_2 > \dfrac{2\Lambda_1}{\Phi_1 I_2 + \Phi_2\Lambda_1} \\[3mm] \dfrac{2\nu_2\Lambda_2(\Phi_1 I_2 + \Phi_2\Lambda_1) - 4(\Lambda_1\Lambda_2 - I_1 I_2)}{(\Phi_2 I_1 + \Phi_1\Lambda_2)(\nu_2(\Phi_1 I_2 + \Phi_2\Lambda_1) - 2\Lambda_1)} < \nu_1 \\[3mm] < \dfrac{\nu_2\Lambda_2(\Phi_1 I_2 + \Phi_2\Lambda_1)}{(\Phi_2 I_1 + \Phi_1\Lambda_2)(\nu_2(\Phi_1 I_2 + \Phi_2\Lambda_1) - \Lambda_1)} \end{cases}$$

命题4表明，车企1和车企2在有限理性的情况下，需要经过多次价格博弈后才会达到稳定状态。只有相关市场、政策、成本性参数变量取值稳定在上述范围，才能使得车企1和车企2的价格、利润、市场份额趋于稳定。

5.5 数值仿真分析

5.5.1 数据解析与处理

Nash均衡点的稳定性受到多个参数的影响，为进一步分析双积分政策、碳普惠、碳税政策以及消费者低碳偏好等因素变化对系统稳定性及其演化的影响。本章采用数值分析的方法对理论部分进一步探讨，即结合实际案例对理论模型进行参数赋值，可视化呈现其动态变化规律。

设置数值分析如下：

其一，政府与企业数据。在政策调研数据方面，根据双积分政策及中国汽车报预测数据，设定 $\beta \in [0.18, 0.38]$，$\xi \in [0.2, 0.5]$，$P_s \in [0.1, 0.3]$。在企业调研数据方面，本书新能源车企选取蔚来汽车作为案例进行分析。根据蔚来汽车官网①数据并结合《双积分处理办法》中纯电动车（$0.0034R + 0.2$，R 代表续驶里程）和插电混合动力车（PHEV）单车积分核算方法，设定 NEV 积分系数 $\lambda_N \in [2, 2.3]$，PHEV 积分系数为 1。根据 2023 年最新出台的《机动车强制报废标准》②，私家车行驶里程累计达到 60 万公里或者使用年限达到 15 年且检验不合格将强制报废，因此设定蔚来 ES6 的使用年限为 10~15 年，又根据建行生活 App 中规定消费者使用新能源汽车每公里减少 60g 碳排放（每月可获得碳积分上限为 6kg），并可将减少的碳排放用于兑换优惠券，设定新能源汽车购买者预计获得碳普惠收益为 $s \in [0.2, 0.5]$。

其二，参考文献数据③④，根据文献，设 $T = 0.12$，$d = 0.3$，$a = 2.23$，$\eta = 0.3$，$f_1 = 0.5$，$f_2 = 0.3$，$\tau = 0.2$，$c_1 = 1.02$，$c_2 = 0.824$。

5.5.2 Nash 均衡点稳定域分析

多个参数的变化均会导致 Nash 均衡稳定点受到影响，为了更好地了解某一参数变化对其影响，本书借助 MATLAB2021b 进行数值模拟，根据前文的数值参数设置，可以得到初始值 $(p_1, p_2) = [1.71, 1.55]$。图 5.1 给出了 Nash 均衡点 E_3 在参数平面（v_1，v_2）的稳定域。当 E_3 位于灰色区域时是渐进稳定的，当 E_3 逃离稳定域穿过分岔曲线到达白色区域，则系统进入混沌，Nash 均衡点 E_3 失去稳定性。图 5.2 中，为了可视化分析产品差异化程度 d 值不同时，Nash 均衡点 E_3 稳定域的变化，选取 $d = 0.2$，$d = 0.3$，$d = 0.4$ 来绘制稳定域边界曲线，其代表的稳定域曲线分别为黑色、红色和蓝色，可见，随着产品替代度 d 的增大，Nash 均衡点 E_3 的稳定域不断减少，并且减小的速度加快，这表示

① 资料来源：NIO 蔚来汽车官方网站，https：//www.nio.cn/.

② 机动车强制报废标准规定 ［EB/OL］. https：//www.mofcom.gov.cn/dl/file/20211203231250.pdf.

③ Brianzoni S, Gori L, Michetti E. Dynamics of a Bertrand duopoly with differentiated products and nonlinear costs：Analysis, comparisons and new evidences ［J］. Chaos, Solitons & Fractals, 2015, 79：191 - 203.

④ He H, Zhang C, Li S, et al. Dual-credit price variation and optimal electrification timing of traditional automakers：A dynamic programming approach ［J］. Journal of Cleaner Production, 2022, 353：131593.

差异化越小，整个市场的秩序越好，即燃油车在逐渐向新能源车靠拢的进程中，会更有利于市场环境尽可能维持长期的稳定，这一趋势也正符合我国目前规划的关于推动汽车市场旧能源持续向新能源转换的发展方针。图5.3描述了当 $d=0.2$，$d=0.4$ 时，价格随周期 t 的变化，图中蓝色代表车企1，红色代表车企2。当 $d=0.2$ 时，价格由周期波动逐渐稳定在一个点并处于静止状态，此时其速度为0；随着 d 的增大，当 $d=0.4$ 时，价格呈现规律周期性波动，此时系统处于稳定状态，更有利于汽车市场的健康发展。

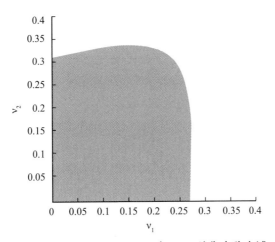

图 5.1　参数平面（v_1，v_2）内 Nash 均衡点稳定域

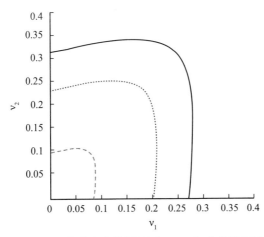

图 5.2　Nash 均衡点在参数平面（v_1，v_2）内的稳定域曲线

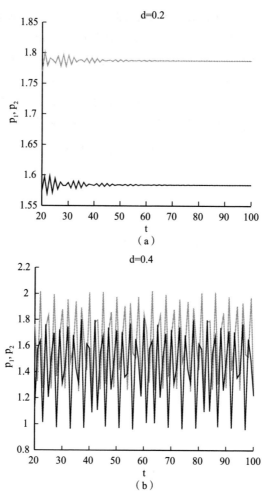

图5.3　不同产品差异度 d 下价格时间序列

5.5.3　价格调整速度对系统的影响

图5.4是有关 v_2 的价格分岔图和最大 Lyapunov 指数图，图中蓝色代表车企1，红色代表车企2。可见，价格调整幅度过大，会造成汽车价格市场的动荡，不利于汽车市场的平稳过渡。从图5.4（a）还可以看出，随着价格调整速度 v_2 的逐渐增大，车企2价格的波动很大，车企1虽然也有波动，但波动幅度相较车企2更加平稳。因此，车企2相较车企1的价格调整空间更小，对待价格调整频率应更为谨慎。正如，

2023 年由新能源车企掀起并快速席卷整个汽车行业的降价潮，虽然短暂地提升了消费者的购车热情，但由于汽车市场价格过于动荡，反而让消费者陷入了持币观望的状态，从而在销量上没有带来预期的增量。同时，相较发展时间长、市场价格相对透明的燃油车品类，新能源汽车品类拥有更多的价格调整空间和政策支持，面对价格战，可以保持相对较多的优势。

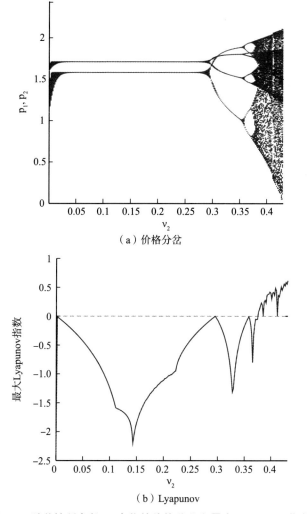

（a）价格分岔

（b）Lyapunov

图 5.4　随着控制参数 v_2 变化的价格分岔和最大 Lyapunov 指数

图 5.4（b）是关于价格调整速度 v_2 的最大 Lyapunov 指数图，可以用来判断系统的混沌程度。结合图 5.4（a），当系统处于稳定状态，即 $v_2 \in (0, 0.3775)$ 时，最大 Lyapunov 指数小于 0，此时对应图 5.4（a）中的第一个分岔点，即最大 Lyapunov 指数在坐标点（0.2916，−0.0254）处第一次接近于 0。当 $v_2 > 0.3775$ 时，最大 Lyapunov 指数穿过 0，成为正数，表明系统进入混沌状态。

5.5.4 供给侧低碳政策对汽车制造商定价决策的影响

（1）双积分政策对汽车制造商定价决策的影响。

在供给侧，本书主要考虑双积分政策和碳税政策对两类汽车制造商定价的影响。首先分析双积分政策的影响，积分交易价格 p_s 作为双积分政策中的重要调节因素，可以作为一项主要衡量指标来判断双积分政策实施效果，故本书以积分交易价格为例进行分析，图中深色代表车企 1，浅色代表车企 2。

根据图 5.5（a）可知，保持其他参数不变的情况下，随着积分交易价格的增加，车企 2 的价格经过短暂的下降后，最终保持稳定，而车企 1 的价格经过短暂的上升后，在 $p_s = 8.67$ 处第一次发生倍周期分岔，Nash 均衡点失去稳定性，系统进入二周期，随着积分交易价格 p_s 的增加，系统进入倍周期分岔，在 13.3445 处进入混沌。这说明积分交易价格的增长在前期有利于降低低油耗燃油车的价格，提升纯电动汽车价格。此时，汽车市场低油耗燃油车的价格普遍低于纯电动汽车，一方面可以对价格敏感的消费者产生一定的价格刺激；另一方面低油耗燃油车的发展可以缓解一部分低碳消费者的里程焦虑，故车企 2 价格降低可以有效推动低油耗燃油车的扩散。但随着积分交易价格的持续增加，最终对车企 2 影响减弱甚至停止，同时不利于车企 1 稳定价格，最终会造成纯电动汽车价格市场混乱。可见，积分交易价格不应过高，否则会阻碍汽车价格市场健康发展。图 5.5（b）是对应图 5.5（a）的最大 Lyapunov 指数图，用斑点虚实曲线来区分曲线对应图 5.5（a）中的车企 2，由于车企 2 未出现分岔和混沌，故其最大 Lyapunov 指数曲线一直小于 0 且处于稳定状态，用斑点虚实曲线来区分曲线对应 5.5（a）中的车企 1，其波动频率与其分岔图变化趋势一致。

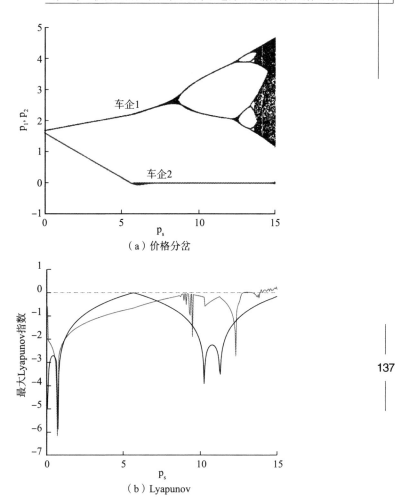

（a）价格分岔

（b）Lyapunov

图 5.5　随着积分交易价格 p_s 变化的价格分岔和最大 Lyapunov 指数

（2）碳税政策对汽车制造商定价决策的影响。

在供给侧，汽车制造商定价决策还受到碳税政策的影响，根据假设1政府只向低油耗燃油车企征收碳税，但因为车企1和车企2存在竞争定价问题，所以车企2因为碳税问题作出的定价调整会直接影响车企1的定价决策，图5.6中深色代表车企1，浅色代表车企2。从图5.6（a）可以看出，碳税越高说明政策对车企2的约束越大，由于政策的宏观调控作用，市场对车企2越排斥。此时，随着碳税的增加，车企2本应通过涨价来维持自身利润，但市场的丢失更不利于车企2的长远发展，故车企 2 选择降低汽车价格来吸引购买,从图 5.6(b)也可以看出在碳税较低时,小幅度降价策略有助于车企 2 利润增长,但随着碳税的逐渐升高,其利润迅速降低。相反,随着碳税的增长,此时车企 1 在市场上更具优势,车企 1 可以适当提高价格来提升自身利润。可见,碳税政策有利于促进汽车市场格局的变更,为将来纯电动汽车的发展提供良好基础。此外,由图 5.6 可知,若碳税增长过快,则会使车企 1 和车企 2 的汽车价格由有序演化到无序,纵使车企 1 利润有所增长,但不利于两者的健康发展。

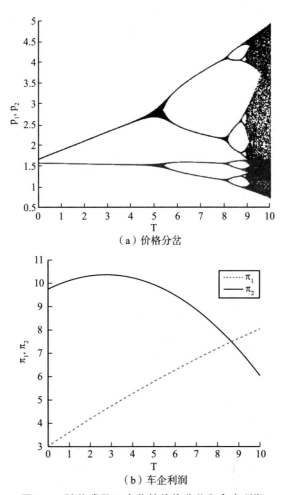

(a)价格分岔

(b)车企利润

图 5.6　随着碳税 T 变化的价格分岔和车企利润

（3）双积分政策与碳税政策的复合牵引对汽车制造商生产决策的影响。

最后，分析双积分政策和碳税政策对汽车制造商利润的协同影响。大多数使用混沌理论分析寡头垄断的学者只讨论了市场稳定性，但只有少数学者分析了企业利润。事实上，企业不仅要考虑市场的稳定性来选择策略，而且还要综合考虑企业的盈利能力，从而选择相对最优策略。因此，本书绘制了三维利润图来综合考虑积分价格 p_s 和碳税 T 对企业利润的影响，分析两者共同作用于企业利润时，应如何协调两者价格来保持企业利润最优，从而达到政策利好效果最大化。根据图 5.7，当碳税政策未实施，即 T = 0 时，车企 1 利润对积分交易价格不敏感，变动幅度较小，车企 2 受积分交易价格影响较大，涨幅明显。随着碳税的增加，车企 1 利润逐渐增高，车企 2 利润先小幅度增加后迅速降低。此外，当二者同时增加时，车企 1 利润有所增长，车企 2 利润下降明显甚至出现负值。综上可知，双积分政策有利于促进车企 2 的发展，碳税政策对于车企 2 的抑制作用明显，当两类政策的同时实施时，虽能有效抑制车企 2 的发展，但政策的激进实施会大幅降低车企 2 利润，甚至使得车企 2 收益呈现负增长，这可能引起企业转型过程资金链断裂形成破产现象。因此，政府不能太过急于实施两类政策，不利于新冠疫情冲击之后国内经济的稳步复苏以及汽车市场的平稳过渡。

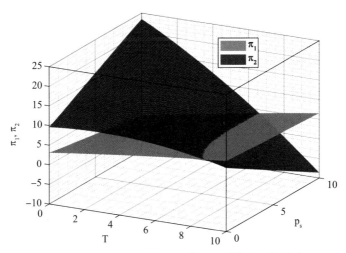

图 5.7　积分交易价格 p_s 和碳税 T 对车企利润影响

5.5.5 需求侧低碳政策和消费者偏好对汽车制造商生产与定价决策的影响

（1）碳普惠政策对汽车制造商定价决策的影响。

图 5.8 展示了不同产品差异度 d 下碳普惠收益 s 对均衡价格 p_1、p_2 演化特征的影响，图中深色代表车企 1，浅色代表车企 2。根据图 5.8 可知，当 d = 0.3 时，随着碳普惠收益 s 的增加，车企 1 和车企 2 的价格经过小范围的混沌快速由无序演化到有序，但随着碳普惠收益 s 的持续增加，其价格经历了周期状态后再次进入倍周期分岔；当 d = 0.35，d = 0.4，d = 0.45，系统的混沌范围逐渐增大，进入稳定需要的碳普惠收益 s 越来越高，但随着 d 的增加系统最终会趋于稳定，分岔逐渐消失。这说明，当车企 1 和车企 2 的产品差异度较低时，较低的碳普惠收益即可让价格市场趋于稳定，较高的碳普惠收益反而会导致价格市场再次进入震荡；当二者产品差异度增加时，碳普惠收益越高越有利于其价格市场的稳定。此外，从图 5.8 可以看出，随着碳普惠收益 s 的增加，新能源汽车的价格逐渐升高，低油耗燃油车价格逐渐降低，这说明碳普惠政策对新能源汽车市场是有利的，并可以抑制低油耗燃油车的价格，倒逼其加速向新能源汽车转换。

（a）

（b）

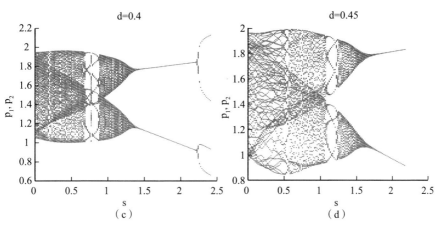

图 5.8　不同产品差异度 d 下碳普惠收益 s
对均衡价格 p_1、p_2 演化特征的影响

（2）消费者低碳偏好和碳普惠政策对汽车制造商生产决策的影响。

图 5.9 是消费者低碳偏好 τ 和碳普惠收益 s 对车企 1 和车企 2 生产决策影响的热力图。从图 5.9（a）可知，消费者低碳偏好 τ 和碳普惠收益 s 较低时，对车企 1 利润影响不显著，当一方较小而另一方增大时，均不会对车企 1 利润造成太大波动，而当两者同时增加时，车企 1 增幅明显，由此可知，车企 1 目前对低碳政策和消费者行为依赖度较高。根据图 5.9（b），对于车企 2 而言，随着消费者低碳偏好 τ 的减小，碳普惠收益 s 的增加，车企 2 利润随之增长并达到最大值。由此可知，消费者低碳偏好 τ 和碳普惠收益 s 的增长对车企 1 是有利的，但消费者低碳偏好 τ 的增加反而会抑制车企 2 的发展。这表明，现阶段，我国政府应注重需求侧碳普惠政策的发展，碳普惠通过消费者层面进行碳减排，不仅能有效提高企业利润，同时全方位助力绿色消费，能够有效推动汽车市场的平稳过渡。此外，消费者低碳偏好意识的提升是一个长期且缓慢的过程，政府可以潜移默化地培养消费者的低碳意识，从而缓慢地抑制低油耗燃油车的发展，平稳地促进新旧动能转换。

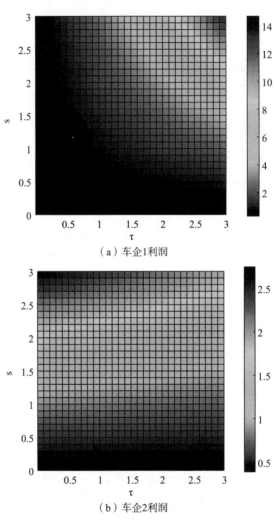

（a）车企1利润

（b）车企2利润

图 5.9　消费者低碳偏好 τ 和碳普惠收益 s
对车企 1 和车企 2 生产决策的影响

5.6　结论与政策建议

为了响应国家低碳政策，支持燃油车向新能源汽车转型，本书构建供给侧考虑双积分政策、碳税政策，需求侧考虑碳普惠政策和消费者低碳偏好等多重因素约束下的动态 Bertrand 双寡头模型。本书分析了动态价格均衡策略即 Bertrand – Nash 均衡点及其局部稳定性条件，结合实际应用，进一步研究供需两侧不同因素对决策主体的影响，结果表明：

（1）从系统稳定性来看，随着车企1和车企2产品差异化的减小即 d 趋近于1时，表示低油耗燃油车正在向纯电动汽车转换。此时，汽车市场的稳定性更好，且随着产品差异化的减小，价格呈现规律的周期变化，有利于促进汽车市场健康发展。此外，随着价格调整速度的增加，低油耗燃油车企相较新能源车企波动更大，更易失控。因此，在新旧能源更替阶段，低油耗燃油车对待价格调整应更为谨慎。

（2）从供给侧来看，双积分政策可以有效推动纯电动汽车和低油耗燃油车的扩散，但随着积分交易价格升高，其对低油耗燃油车影响失效，同时会造成纯电动汽车价格进入混沌，不利于价格市场稳定。碳税政策虽然可以提高新能源车企利润但不利于其价格稳定，同时对于低油耗燃油车企而言较低的碳税无法起到抑制作用，较高的碳税又会导致其价格快速下降。因此，针对目前的汽车市场，政府仅实施双积分政策是利于低油耗燃油车和纯电动汽车发展的，双积分政策和碳税政策的叠加太过于激进，反而不利于汽车市场平稳过渡。当纯电动汽车技术成熟后，再逐步实施碳税政策，从而进一步推动低油耗燃油车向纯电动汽车转型。

（3）从需求侧来看，不同产品差异度下的碳普惠收益对价格影响具有不确定性。当低油耗燃油车和新能源车替代性较小时，较低的碳普惠收益即可使系统达到稳定，且碳普惠收益并不是越高越好；随着产品差异度的增加，车企1和车企2对于碳普惠收益的依赖逐渐升高，且较高的碳普惠收益才可以使系统稳定。当进一步考虑消费者低碳偏好时，两者协同对于插电式混合动力车的扩散起到反向抑制作用，这并不利于现阶段汽车市场的发展，同时考虑到消费者低碳偏好的培养并非一蹴而就，且过程存在波动性。因此，在低油耗燃油车向新能源车转换进程初期，政府应侧重于发展碳普惠政策，鼓励低油耗燃油车和纯电动汽车的发展，随着新旧动能转换程度的进一步加深，再考虑对于碳普惠政策和消费者低碳偏好发展侧重的调整。

基于以上结论，提出以下政策建议：

（1）目前，我国正处在双积分政策发展培育阶段，该政策已经历三次修订，正在逐步完善。现阶段碳税政策尚未在我国推行，在《新能源汽车发展规划（2021－2035年）》中，相关部门也提出适时研究建立双积分政策与其他碳减排体系的衔接机制。因此，政府可以结合双积分政策推行情况和汽车市场实际，逐步实施碳税政策，加强对燃油车违规监管和惩治力度，最大限度推动新能源汽车行业发展。

（2）在消费端购置补贴取消后，可以考虑对消费者在使用环节的碳减排行为进行奖励，建立政企联合机制，例如政府可以给予推行落实碳普惠政策企业税收减免或税收返还以鼓励其参与碳减排行为，从而开辟更多使用端奖励通道，使消费者获得更多使用环节的优惠和便利，进一步增强消费者低碳产品使用偏好，促进新能源汽车扩散，形成良性循环，促进汽车产业绿色发展。

第6章 隐性补贴下双积分政策对汽车制造商生产与定价决策影响研究

6.1 研究背景

随着国家关于新能源汽车购置补贴政策于 2022 年 12 月 31 日完全退出，2023 年初的新能源乘用车市场销量呈现下降趋势，为缓解国补退出带来的消极影响，隐性补贴①的快速响应稳定了下降的局面。根据工信部数据显示，相较 2022 年 12 月的新能源汽车销售数据，2023 年 1 月国补退出后的新能源汽车销量由 81.4 万辆下降至 40.8 万辆，同比下降 6.3%，环比下降 49.9%。2024 年 2 月为提振新能源汽车销量，隐性补贴应运而生，相较 1 月的无补贴数据，2 月隐性补贴介入后的新能源汽车市场销量增速明显，由 40.8 万辆增至 52.5 万辆，同比增长 55.9%，环比增长 28.7%。可见，国补的退出造成了新能源汽车市场小规模的动荡，后期隐性补贴的接续稳定了市场销量。

与此同时，为了从内部激发车企转型升级的积极性，我国政府于 2017 年 9 月印发了《乘用车企业平均燃料消耗量与新能源汽车积分并行管理办法》，即双积分政策，该政策作为补贴政策的接续，是政府调控转为市场调控的关键。双积分政策的发布给传统车企带来了新的挑战，不仅规定传统车企降低平均燃油消耗量积分，还要求传统车企拥有一定的新能源汽车积分，在确保传统车企在节能降耗的同时注重新能源

---

① 本书隐性补贴定义为中央政府实施的消费者购车税减免补贴和地方政府实施的消费者购车补贴。

汽车的发展。因此，分析在隐性补贴和双积分政策背景下，不同政策的推进对传统车企转型升级的影响具有重要意义。具体地，在政策过渡阶段，隐性补贴和双积分政策的交替将如何影响新能源汽车、燃油汽车的研发与生产？以及传统车企的利润？这一系列问题值得深入探讨。

6.2　问题描述与模型假设

6.2.1　问题描述

本节考虑整个市场在不同地理位置上被划分为多个相同且独立的小市场，每个小市场仅包含一个汽车制造商和一个零售商。本节研究对象为特定市场上的二级汽车供应链，其中传统汽车制造商既生产燃油车（G）又生产新能源汽车（N）且燃油车年产量大于 3 万辆，同时构建包括政府、传统汽车制造商、零售商、消费者在内的四阶段 Stackelberg 动态博弈模型，见图 6.1。分别在无政府介入、补贴消费者、补贴消费者和双积分政策协同三种情境下建立 4 种汽车供应链决策模型。本章不考虑存货问题，即在建模中令供应链产销平衡。

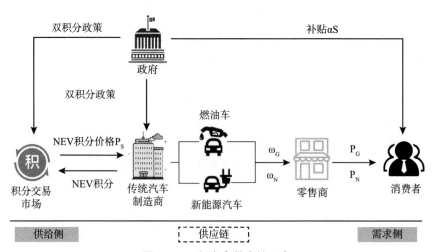

图 6.1　二级汽车供应链示意

　　博弈模型的决策阶段和博弈逻辑为：第一阶段，政府或者地方政府首先决定是否介入汽车市场并制定多类型的市场调控政策，其中包括补贴政策和双积分政策；第二阶段，为保证自身利益最大化，传统车企根据市场调控政策确定燃油车和新能源汽车的价格，决策变量是批发价 W_G，W_N；第三阶段，零售商向消费者售卖燃油车和新能源汽车，决策变量是零售价 P_G，P_N；第四阶段，消费者根据实际零售价格和对不同车型的偏好决定购买燃油车或者新能源汽车。各方的决策顺序如图6.2所示。

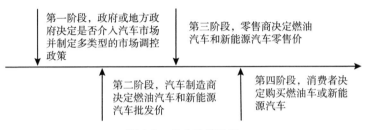

图 6.2　各方决策阶段

6.2.2　参数符号及模型假设

　　双积分政策通过对汽车企业平均燃油消耗量积分和新能源汽车积分进行核算，以新能源汽车积分比例来约束燃油车企进行节能减排和转型升级，以车型积分来引导燃油车企或新能源车企生产高质量的燃油车和新能源汽车，从而促进低油耗车型和新能源车型的多元化布局见表6.1。

表 6.1　　　　　　　　　　　　　参数符号及含义

符号	符号意义	符号	符号意义
D	初始市场规模	$T(T \leqslant 3.4)$	新能源汽车单车所获 NEV 积分
$\theta(0 < \theta < 1)$	燃油车占市场比例	$Y(Y > 0)$	燃油车单车所获 CAFC 积分
P_G，P_N	燃油车/新能源汽车售价	P_C	新能源汽车积分价格
ω_G，ω_N	燃油车/新能源汽车批发价	$\delta(0 < \delta < 1)$	标准车型积分核算乘性系数
C^i，C_0	总/初始生产成本（$i = G$、N）	$e(e > 0)$	标准车型积分核算加性系数

符号	符号意义	符号	符号意义
$\gamma_i(\gamma_i \geq 0)$	研发努力成本系数（$i=G$、N）	$R(R>0)$	新能源汽车续航里程
$l_i(l_i>0)$	消费者研发努力水平敏感系数（$i=G$、N）	$\xi(0<\xi<1)$	低油耗乘用车核算优惠率
$h_i(h_i \geq 0)$	研发努力水平（$i=G$、N）	$\beta(0<\beta<1)$	新能源汽车积分比例要求
$\lambda_i(\lambda_i>0)$	消费者对于燃油车/新能源汽车的价格敏感系数（$i=G$、N）	$k(k>0)$	汽车油耗研发努力水平敏感系数
$\alpha(0 \leq \alpha \leq 1)$	消费者隐性补贴感知系数	d，Y_0，Y_A	平均燃料消耗达标值/目标值/实际值
$S(S>0)$	新能源汽车单车隐性补贴	π_r，π_m	零售商/传统车企利润
Q_G	燃油车销量	Q_N	新能源汽车销量

结合相关政策实际，本章考虑如下假设：

假设 1：为了平衡积分市场的积分价格，2023 年 8 月工信部发布了最新关于修改《乘用车企业平均燃料消耗量与新能源积分并行管理办法》的决定（以下简称《新办法》）。该规定提高了单车积分获取的难度，将单车 NEV 积分由原来的 $0.012 \times R + 0.8$（单车积分获取上限为 5 分）修改为 $0.0034 \times R + 0.2$（单车积分获取上限为 2.3 分）。因此，假设车企每生产 1 辆新能源汽车可获得 NEV 积分为 $T = \delta R + e$，其中 R 为新能源汽车续航里程，δ 为标准车型积分核算乘性系数，e 为标准车型积分核算加性系数，且 $T \leq 2.3$，T 为新能源汽车单车所获 NEV 积分。

假设 2：双积分政策下，NEV 积分可在市场出售，CAFC 积分不可出售只可结转。为简化计算，本文仅考虑单周期，不考虑 CAFC 正积分跨年结转。按照《乘用车燃料消耗量评价方法及指标》规定，2021～2023 年的企业平均燃料消耗达标要求分别为 123%、120%、115%，令政策规定的平均燃料消耗量达标要求为 d。同时根据《双积分政策》对燃油车油耗积分核算的规定，本文假设传统汽车制造商每生产一辆燃油车可获 CAFC 积分为 $Y = Y_A - kh_G - dY_0$。其中 Y 为燃油车单车所获 CAFC 积分，Y_A 为平均燃料消耗实际值，Y_0 为平均燃料消耗目标值，k 为汽车油耗研发努力水平敏感系数，h_G 为燃油车研发努力水平，即随着燃油车研发水平提升，目标油耗与实际油耗之间的差距在不断缩小，

当 $Y > 0$ 表明 CAFC 积分为负，$Y < 0$ 表明 CAFC 积分为正。

假设3：《新办法》明确了 2024～2025 年新能源汽车积分比例要求，乘用车企业燃油车年度生产量或进口量达到 3 万辆以上的，新能源汽车积分比例要求分别为 28%、38%，2023 年依旧沿用旧版的 18%，不满 3 万辆的乘用车企业无要求。同时给予低油耗乘用车在 2021～2023 年的新能源汽车积分比例核算优惠，低油耗乘用车的年度生产量或进口量达到 3 万辆以上的按照其数量的 0.5 倍、0.3 倍、0.2 倍计算，文中令 $\xi(0 < \xi < 1)$，表示国家低油耗乘用车核算优惠率；新能源汽车积分比例要求为 β；新能源汽车和燃油车销量分别为 Q_N、Q_G；油耗消耗未达标和达标时的销量分别为 Q_N^{DF}/Q_N^{DS}、Q_G^{DF}/Q_G^{DS}，其中上标 DF 和 DS 分别表示油耗未达标、达标两种情况下的销量。则传统车企燃油车油耗未达标时获得的 NEV 负积分为 $TQ_N^{DF} - PQ_G^{DF}$，达标时获得的 NEV 负积分为 $TQ_N^{DS} - \beta\xi Q_G^{DS}$。

假设4：国补取消后，国家政府将购车税减免延长至 2027 年底。同时，各地政府为稳定新能源汽车销量，纷纷出台购车补贴政策。例如，北京市、广州市和杭州市等均出台地方补贴政策，补贴形式较为多样，有购车款补贴也有发放汽车消费券等形式。由此，本书将国补取消后的地补和购置税减免称为隐性补贴，由于购车补贴对象是消费者群体，故为需求侧补贴，令消费者获得的隐性补贴为 αS，$S(S > 0)$ 为消费者购置新能源汽车总的单位补贴；$\alpha(0 \leq \alpha \leq 1)$ 为消费者对隐性补贴的感知系数，随着隐性补贴的退出，消费者对补贴的感知系数会随之降低。

假设5：假设 C_0 是初始生产成本，γ_G、γ_N 分别为燃油车和新能源汽车的研发努力成本系数，h_G、h_N 分别为燃油车和新能源汽车的研发努力水平，则燃油车和新能源汽车的单车生产成本为 $C_i = C_0 + \gamma_i h_i^2/2$，$i = G$、$N$，即燃油车和新能源汽车的单车生产成本随着研发努力水平的提升指数增加。实际上，新能源汽车与（未达标）燃油车的加工制造成本相差不大，但新能源汽车的研发成本却大幅高于同一水平下的燃油车，即 $\gamma_N \geq \gamma_G$，造成二者最终售价相差悬殊。例如，吉利帝豪的纯电版售价是 13.58 万元，燃油版售价是 6.98 万元，即使是同一款车纯电版和燃油版售价也有 1 倍之差。

假设6：考虑消费者的购车需求与价格呈负相关和研发努力水平呈

正相关。燃油车和新能源汽车的基本需求函数分别为 $Q_G = \theta D - \lambda_G P_G + l_G h_G$ 和 $Q_N = (1-\theta)D - \lambda_N P_N + l_N h_N$，其中 $D(D>0)$ 为初始市场规模，$\theta(0<\theta<1)$ 为燃油车占总市场的比例，$(1-\theta)$ 为新能源汽车占总市场的比例，$\lambda_i(\lambda_i>0)$ 分别为消费者对燃油车/新能源汽车的价格敏感系数，P_G、$P_N(P_i>0)$ 分别为燃油车和新能源汽车的销售价格，$l_i(l_i>0)$ 分别为燃油车/新能源汽车的研发努力敏感系数和研发努力水平，$i = G$、N。

为了方便阅读，后文用不同上标来区别决策情境，上标"B、M、DF、DS"分别表示基准模型、补贴消费者、补贴与双积分政策协同下油耗消耗量未达标和达标 4 种情境。

6.3 模型建立

6.3.1 基准模型

在基准模型（模型 B）下，传统汽车制造商和零售商的利润仅受价格、成本和需求量的影响。传统汽车制造商和零售商的利润函数分别为：

$$\pi_m^B = (\omega_G - C_G)Q_G^B + (\omega_N - C_N)Q_N^B \tag{6.1}$$

$$\pi_r^B = (P_G - \omega_G)Q_G^B + (P_N - \omega_N)Q_N^B \tag{6.2}$$

本书采用逆向归纳法对模型进行求解，首先求解汽车零售商的决策变量 P_G、P_N。由式（6.2）可知 π_r^B 的 Hessian 矩阵为：

$$H = \begin{bmatrix} \dfrac{\partial^2 \pi_r^B}{\partial P_G^2} & \dfrac{\partial^2 \pi_r^B}{\partial P_G \partial P_N} \\ \dfrac{\partial^2 \pi_r^B}{\partial P_N \partial P_G} & \dfrac{\partial^2 \pi_r^B}{\partial P_N^2} \end{bmatrix} = \begin{bmatrix} -2\lambda_G & 0 \\ 0 & -2\lambda_N \end{bmatrix}$$

$|H| = 4\lambda_G \lambda_N > 0$，因此 π_r^B 是关于 P_G、P_N 的严格凹函数，存在最优解。分别求解 π_r^B 关于 P_N、P_G 的一阶导数并令其等于零，即 $\partial \pi_r^{B*}/\partial P_G = 0$，$\partial \pi_r^{B*}/\partial P_N = 0$，可得：

$$P_G^{B*} = \frac{\theta D + \lambda_G \omega_G + l_G h_G}{2\lambda_G} \tag{6.3}$$

$$P_N^{B*} = \frac{(1-\theta)D + \lambda_N \omega_N + l_N h_N}{2\lambda_N} \tag{6.4}$$

将式（6.3）、式（6.4）代入式（6.1），根据式（6.1）的一阶条件 $\partial \pi_m^B / \partial \omega_G = 0$、$\partial \pi_m^B / \partial \omega_N = 0$ 求得 ω_G^{B*} 和 ω_N^{B*}，再将其代入式（6.3）、式（6.4）、求 Q_G^B 和 Q_N^B，可得无政府介入情景下燃油车和新能源汽车的最优批发价格、零售价格、及市场需求量分别为：

$$\omega_G^{B*} = \frac{\theta D + \lambda_G C_G + l_G h_G}{2\lambda_G} \tag{6.5}$$

$$\omega_N^{B*} = \frac{(1-\theta)D + \lambda_N C_N + l_N h_N}{2\lambda_N} \tag{6.6}$$

$$p_G^{B*} = \frac{3(\theta D + l_G h_G) + \lambda_G C_G}{4\lambda_G} \tag{6.7}$$

$$p_N^{B*} = \frac{3((1-\theta)D + l_N h_N) + \lambda_N C_N}{4\lambda_N} \tag{6.8}$$

$$Q_G^{B*} = \frac{\theta D + l_G h_G - \lambda_G C_G}{4} \tag{6.9}$$

$$Q_N^{B*} = \frac{(1-\theta)D + l_N h_N - \lambda_N C_N}{4} \tag{6.10}$$

进一步可求得零售商和传统汽车制造商的最优利润分别为：

$$\pi_r^{B*} = \frac{\lambda_N(\theta D + l_G h_G - \lambda_G C_G)^2 + \lambda_G[(1-\theta)D + l_N h_N - \lambda_N C_N]^2}{16\lambda_G \lambda_N} \tag{6.11}$$

$$\pi_m^{B*} = \frac{\lambda_N(\theta D + l_G h_G - \lambda_G C_G)^2 + \lambda_G[(1-\theta)D + l_N h_N - \lambda_N C_N]^2}{8\lambda_G \lambda_N} \tag{6.12}$$

6.3.2　隐性补贴情景下的模型（模型 M）

当消费者获得隐性补贴时，新能源汽车的实际购买成本降低为 $P_N - \alpha S$，消费者对新能源汽车的需求扩大，为 $Q_N^M = (1-\theta)D + l_N h_N - \lambda_N(P_N - \alpha S)$。因此，隐性补贴情景下，传统汽车制造商和零售商的利润函数：

$$\pi_m^M = (\omega_G - C^G)Q_G^M + (\omega_N - C^N)Q_N^M \tag{6.13}$$

$$\pi_r^M = (P_G - \omega_G)Q_G^M + (P_N - \omega_N)Q_N^M \tag{6.14}$$

在无政府补贴和隐形补贴情况下，传统汽车制造商（π_m^B，π_m^M）和零售商（π_r^B，π_r^M）分别具有两种不同的最优定价决策，如表6.2所示。

表6.2　　　　　　　　　基准模型和隐性补贴两种情况下的最优解

最优决策	模型 B	最优决策	模型 M
P_G^{B*}	$\dfrac{3(\theta D + l_G h_G) + \lambda_G C_G}{4\lambda_G}$	P_G^{M*}	$\dfrac{3\theta D + 3l_G h_G + \lambda_G C_G}{4\lambda_G}$
ω_G^{B*}	$\dfrac{\theta D + l_G h_G + \lambda_G C_G}{2\lambda_G}$	ω_G^{M*}	$\dfrac{\theta D + l_G h_G + \lambda_G C_G}{2\lambda_G}$
Q_G^{B*}	$\dfrac{\theta D + l_G h_G - \lambda_G C_G}{4}$	Q_G^{M*}	$\dfrac{\theta D + l_G h_G - \lambda_G C_G}{4}$
P_N^{B*}	$\dfrac{3((1-\theta)D + l_N h_N) + \lambda_N C_N}{4\lambda_N}$	P_N^{M*}	$\dfrac{3(1-\theta)D + 3l_N h_N + \lambda_N(3\alpha S + C_N)}{4\lambda_N}$
ω_N^{B*}	$\dfrac{(1-\theta)D + l_N h_N + \lambda_N C_N}{2\lambda_N}$	ω_N^{M*}	$\dfrac{(1-\theta)D + l_N h_N + \lambda_N(\alpha S + C_N)}{2\lambda_N}$
Q_N^{B*}	$\dfrac{(1-\theta)D + l_N h_N - \lambda_N C_N}{4}$	Q_N^{M*}	$\dfrac{(1-\theta)D + l_N h_N + \lambda_N(\alpha S - C_N)}{4}$
π_r^{B*}	$\dfrac{\lambda_N(\theta D + l_G h_G - \lambda_G C_G)^2 + \lambda_G[(1-\theta)D + l_N h_N - \lambda_N C_N]^2}{16\lambda_G\lambda_N}$	π_r^{M*}	$\dfrac{\lambda_N(\theta D + l_G h_G - \lambda_G C_G)^2 + \lambda_G[(1-\theta)D + l_N h_N + \lambda_N(\alpha S - C_N)]^2}{16\lambda_G\lambda_N}$
π_m^{B*}	$\dfrac{\lambda_N(\theta D + l_G h_G - \lambda_G C_G)^2 + \lambda_G[(1-\theta)D + l_N h_N - \lambda_N C_N]^2}{8\lambda_G\lambda_N}$	π_m^{M*}	$\dfrac{\lambda_N(\theta D + l_G h_G - \lambda_G C_G)^2 + \lambda_G[(1-\theta)D + l_N h_N + \lambda_N(\alpha S - C_N)]^2}{8\lambda_G\lambda_N}$

6.3.3　隐性补贴和双积分政策并行实施时的模型

当两类政策协同作用时，传统车企和零售商的利润不仅受销售价格、生产成本、补贴和需求量的影响，还受积分交易的影响。基油耗达标和未达标2种情况对汽车供应链生产和定价的影响，分别用 DS 和 DF 表示。此时，传统车企和零售商的利润函数分别为：

油耗消耗量未达标（模型 DF）：

$$\pi_m^{DF} = (\omega_G - C_G)Q_G^{DF} + (\omega_N - C_N)Q_N^{DF} + P_C(TQ_N^{DF} - \beta Q_G^{DF})$$
$$- P_C(Y_G - kh_G - dY_0)Q_G^{DF} \tag{6.15}$$

$$\pi_r^{DF} = (P_G - \omega_G)Q_G^{DF} + (P_N - \omega_N)Q_N^{DF} \tag{6.16}$$

油耗消耗量达标（模型 DS）：

$$\pi_m^{DS} = (\omega_G - C_G)Q_G^{DS} + (\omega_N - C_N)Q_N^{DS} + P_C(TQ_N^{DS} - \xi\beta Q_G^{DS})$$
$$\tag{6.17}$$

$$\pi_r^{DS} = (P_G - \omega_G)Q_G^{DS} + (P_N - \omega_N)Q_N^{DS} \tag{6.18}$$

式（6.15）中第三项为传统汽车制造商出售 NEV 积分获得的收益，第四项为抵消 CAFC 负积分而购买 NEV 积分的支出。式（6.17）中第三项为燃油车油耗消耗量达标情况下，传统汽车制造商获得积分核算优惠后，出售 NEV 积分得到的收益。

隐性补贴和双积分政策协同作用的情景下，燃油车油耗消耗量未达标和达标时传统汽车制造商（π_m^{DF}，π_m^{DS}）和零售商（π_r^{DF}，π_r^{DS}）分别具有两种不同的最优定价决策，见表6.3。

表 6.3　　隐性补贴和双积分政策协同作用下两种情况的最优解

最优决策	模型 DF	最优决策	模型 DS
P_G^{DF*}	$\dfrac{3\theta D + 3l_G h_G + \lambda_G(C_G + P_C\beta + P_C Y)}{4\lambda_G}$	P_G^{DS*}	$\dfrac{3\theta D + 3l_G h_G + \lambda_G(C_G + P_C\beta\xi)}{4\lambda_G}$
ω_G^{DF*}	$\dfrac{\theta D + l_G h_G + \lambda_G(C_G + P_C\beta + P_C Y)}{2\lambda_G}$	ω_G^{DS*}	$\dfrac{\theta D + l_G h_G + \lambda_G(C_G + P_C\beta\xi)}{2\lambda_G}$
Q_G^{DF*}	$\dfrac{\theta D + l_G h_G - \lambda_G(C_G + P_C\beta + P_C Y)}{4}$	Q_G^{DS*}	$\dfrac{\theta D + l_G h_G - \lambda_G(C_G + P_C\beta\xi)}{4}$
P_N^{DF*}	$\dfrac{\begin{array}{c}3(1-\theta)D + 3l_N h_N + \\ \lambda_N(3\alpha S + C_N - P_C T)\end{array}}{4\lambda_N}$	P_N^{DS*}	$\dfrac{\begin{array}{c}3(1-\theta)D + 3l_N h_N + \\ \lambda_N(3\alpha S + C_N - P_C T)\end{array}}{4\lambda_N}$
ω_N^{DF*}	$\dfrac{(1-\theta)D + l_N h_N + \lambda_N(\alpha S + C_N - P_C T)}{2\lambda_N}$	ω_N^{DS*}	$\dfrac{(1-\theta)D + l_N h_N + \lambda_N(\alpha S + C_N - P_C T)}{2\lambda_N}$

最优决策	模型 DF	最优决策	模型 DS
Q_N^{DF*}	$\dfrac{(1-\theta)D + l_N h_N + \lambda_N(\alpha S - C_N + P_C T)}{4}$	Q_N^{DS*}	$\dfrac{(1-\theta)D + l_N h_N + \lambda_N(\alpha S - C_N + P_C T)}{4}$
π_r^{DF*}	$\dfrac{\lambda_N[(\theta D + l_G h_G - \lambda_G(C_G + P_C\beta + P_C Y))]^2 + \lambda_G[(1-\theta)D + l_N h_N + \lambda_N(\alpha S - C_N + P_C T)]^2}{16\lambda_G\lambda_N}$	π_r^{DS*}	$\dfrac{\lambda_N[(\theta D + l_G h_G - \lambda_G(C_G + P_C\beta\xi)]^2 + \lambda_G[(1-\theta)D + l_N h_N + \lambda_N(\alpha S - C_N + P_C T)]^2}{16\lambda_G\lambda_N}$
π_m^{DF*}	$\dfrac{\lambda_N[(\theta D + l_G h_G - \lambda_G(C_G + P_C\beta + P_C Y))]^2 + \lambda_G[(1-\theta)D + l_N h_N + \lambda_N(\alpha S - C_N + P_C T)]^2}{8\lambda_G\lambda_N}$	π_m^{DS*}	$\dfrac{\lambda_N[(\theta D + l_G h_G - \lambda_G(C_G + P_C\beta\xi)]^2 + \lambda_G[(1-\theta)D + l_N h_N + \lambda_N(\alpha S - C_N + P_C T)]^2}{8\lambda_G\lambda_N}$

注：$Y = Y_A - kh - dY_0$，$T = \delta R + e$。

6.4　模型对比及分析

命题 1　当补贴消费者时，存在 $\Delta\alpha S^{(1)}$、$\Delta\alpha S^{(2)}$、$\Delta\alpha S^{(3)}$，消费者并非得到完全的补贴，消费者实际获利为 $\Delta\alpha S^{(1)}$，零售商和传统汽车制造商变相获利 $\Delta\alpha S^{(2)}$、$\Delta\alpha S^{(3)}$。

证明　令 $\Delta\alpha S^{(1)} = \alpha S - (P_N^{M*} - P_N^{B*})$，可得 $\Delta\alpha S^{(1)} = \alpha S - \dfrac{3\alpha S}{4} = \dfrac{\alpha S}{4}$。$\alpha S$ 为消费者购买新能源汽车的一次性补贴，$P_N^{M*} - P_N^{B*}$ 为政府补贴消费者后高出的零售价，即消费者实际获利为 $\dfrac{\alpha S}{4}$。由此则可知供应链获利为 $\alpha S - \Delta\alpha S^{(1)} = \alpha S - \dfrac{\alpha S}{4} = \dfrac{3\alpha S}{4}$，计算易得批发价上涨 $\dfrac{\alpha S}{2}$，即传统汽车制造商获利为 $\Delta\alpha S^{(3)} = \dfrac{\alpha S}{2}$。零售商获利为 $\Delta\alpha S^{(2)}$，令 $\Delta\alpha S^{(2)} = \dfrac{3\alpha S}{4} - (\omega_N^{M*} - \omega_N^{B*})$，可得 $\Delta\alpha S^{(2)} = \dfrac{3\alpha S}{4} - \dfrac{\alpha S}{2} = \dfrac{\alpha S}{4}$。因此，零售商和传统汽车制造商获得的补贴分别为 $\dfrac{\alpha S}{4}$ 和 $\dfrac{\alpha S}{2}$。

命题1通过静态分析可得，当补贴消费者时，新能源汽车的批发价和零售价均有所提高。可见，隐性补贴并非完全作用于降低消费者购车成本，其中一部分转移到供应链的供给端，传统汽车制造商和零售商通过提高售价，变相地获取了大部分补贴。由于汽车制造商在博弈中处于领导地位，因此获得补贴远高于零售商，但也表明若补贴取消，汽车制造商所受影响亦高于零售商。

命题2　（1）$P_N^{DF*} < P_N^{M*}$，$\omega_N^{DF*} < \omega_N^{M*}$，$Q_N^{DF*} > Q_N^{M*}$ 且 $\dfrac{\partial P_N^{DF*}}{\partial R} < 0$，$\dfrac{\partial \omega_N^{DF*}}{\partial R} < 0$。（2）$P_G^{DF*} > P_G^{M*}$，$\omega_G^{DF*} > \omega_G^{M*}$，$Q_G^{DF*} < Q_G^{M*}$ 且 $\dfrac{\partial P_G^{DF*}}{\partial Y} > 0$，$\dfrac{\partial \omega_G^{DF*}}{\partial Y} > 0$。

由命题2可得，与模型M相比，模型DF中双积分政策的执行可以在消费者获得隐性补贴的同时进一步降低消费者购买新能源汽车的成本，扩大新能源汽车市场份额，且新能源汽车最优批发价和零售价随续航能力的提升将进一步降低，可见双积分政策可以弥补在补贴消费者情景下供应链变相攫取的消费者利益，这是因为积分价格起到了"指挥棒"的作用。同时，随着双积分政策的执行，燃油车面临CAFC负积分压力，企业大多选择将此压力通过提高售价的方式转移给消费者，因此相较无双积分政策约束时，燃油车的最优批发价和零售价都有所提高，市场需求也会随之缩水，且燃油车的最优批发价和零售价随CAFC负积分量的增加进一步提升。综上可知，双积分政策会促使传统汽车制造商向生产低油耗燃油车和高续航能力水平新能源汽车转变，对两类汽车市场占比变革至关重要。

命题3　隐性补贴和双积分政策协同作用下，存在阈值 P_C^1 和 P_C^2，当 $P_C < P_C^2$ 时，$P_N^{DF*} > P_N^{B*}$、$\omega_N^{DF*} > \omega_N^{B*}$；当 $P_C > P_C^1$ 时，$P_N^{DF*} < P_N^{B*}$、$\omega_N^{DF*} < \omega_N^{B*}$。

证明　在无政府介入和两种政策协同作用下新能源汽车的最优价格差为 $\Delta P_N = P_N^{DF*} - P_N^{B*}$，$\Delta \omega_N = \omega_N^{DF*} - \omega_N^{B*}$，可得 $\Delta P_N = \dfrac{3\alpha S - P_C(\delta R + e)}{4}$、$\Delta \omega_N = \dfrac{\alpha S - P_C(\delta R + e)}{4}$。令 $\Delta P_N = \Delta \omega_N = 0$，可得 $P_C^1 = \dfrac{3\alpha S}{\delta R + e}$、$P_C^2 =$

155

$$\frac{\alpha S}{\delta R + e}。$$

由命题 1 可知，隐性补贴会导致消费者的购车成本增加，并未真正惠及消费端。由命题 2 可知，随着双积分政策的介入，无论积分价格高低，均可以降低新能源汽车的批发价和零售价。命题 3 表明，当积分价格 $P_C > P_C^1$ 时，模型 DF 下的新能源汽车的批发价和零售价会进一步降低，甚至低于模型 B 的价格。可见，当积分价格高于某一阈值时，可以使消费者买到更优惠且高质量的新能源汽车。但事实表明积分价格并非越高越好，应保持在合理区间。高积分价格前期会促使车企极完成电动化转型，然而后期会诱导部分车企仅生产低续航、低价格的新能源汽车来获取 NEV 正积分，即车企通过降低新能源汽车单车积分，提高新能源汽车生产数量来野蛮获得 NEV 正积分总量。这样不仅导致积分交易价格持续走低，还会使得燃油车企降低转型升级的积极性，违背双积分政策初衷，难以推动传统汽车制造商和新能源车企的技术进步。

命题 4 在模型 DF 中，存在阈值 $\overline{Y}_A$，当 $0 < Y_A < \overline{Y}_A$ 时，传统汽车制造商及零售商的利润随燃油车平均燃料消耗量实际值的增加而增加；当 $Y_A > \overline{Y}_A$ 时，传统汽车制造商及零售商的利润随燃油车平均燃料消耗量实际值的增加而降低。

证明 由一阶导 $\dfrac{\partial \pi_r^{DF*}}{\partial Y_G} = \dfrac{\lambda_G P_C^2 (Y_A - kh_G - dY_0 + \beta) - P_C(\theta D - l_G h_G + \lambda_G C_G)}{8}$、$\dfrac{\partial \pi_m^{DF*}}{\partial Y_G} =$ $\dfrac{\lambda_G P_C^2 (Y_A - kh_G - dY_0 + \beta)}{4} - \dfrac{P_C(\theta D - l_G h_G + \lambda_G C_G)}{4}$，进而求得二阶导 $\dfrac{\partial^2 \pi_r^{DF*}}{\partial Y_A^2} > 0$、$\dfrac{\partial^2 \pi_m^{DF*}}{\partial Y_A^2} > 0$，故 π_r^{DF*}、π_m^{DF*} 为凹函数，因为 $Y_A - kh_G - dY_0$ 为未达标时的单车 CAFC 负积分，$\beta \in (0, 1)$，则 $(Y_A - kh_G - dY_0 + \beta) > 0$，又 $\lambda_G > 0$ 且 θD 远大于 $l_G h_G$，则 $(\theta D - l_G h_G + \lambda_G C_G) > 0$。根据实际情况，单车 CAFC 负积分和积分比例 β 为较小的正值，远小于市场规模 θD，可得 $0 < (Y_A - kh_G - dY_0 + \beta) \ll (\theta D - l_G h_G + \lambda_G C_G)$，故 $\dfrac{\partial \pi_r^{DF*}}{\partial Y_A} <$ 0、$\dfrac{\partial \pi_m^{DF*}}{\partial Y_A} < 0$。令 $\dfrac{\partial \pi_r^{DF*}}{\partial Y_A} = \dfrac{\partial \pi_m^{DF*}}{\partial Y_A} = 0$，则 $\overline{Y}_A = \dfrac{\theta D - l_G h_G + \lambda_G C_G}{\lambda_G P_S} + kh_G +$

156

$dY_0 - \beta$。可得，当 $0 < Y_A < \overline{Y}_A$ 时，传统汽车制造商及零售商的利润关于 Y_A 递增，当 $Y_A > \overline{Y}_A$ 时，传统汽车制造商及零售商的利润均关于 Y_A 递减。

命题 4 表明，在隐性补贴和双积分政策协同作用下，供应链利润随燃油消耗实际值的增加呈先增加后减少的趋势，当燃油消耗实际值 $Y_A = \overline{Y}_A$ 时，传统汽车制造商和零售商的利润均最大。若燃油消耗实际值过低，则意味着企业需投入大量研发成本，若燃油消耗实际值过高，则会产生较多 CAFC 负积分，增加企业购买 NEV 正积分压力。随着国家燃油消耗达标值逐渐收紧，第五阶段的乘用车燃料消耗量标准已达 4L/100 千米，若燃油消耗实际值保持不变或过高，必然会给企业带来大量 CAFC 负积分压力，因此降低燃油消耗实际值是传统汽车制造商研发的重中之重。油电混合技术作为降低燃油消耗实际值的首选，已列入众多传统汽车制造商的发展规划。目前在国内，已有大量车企发展混动车型，如吉利雷神、奇瑞鲲鹏、长安蓝鲸等。

6.5　数值仿真分析

6.5.1　数据解析与处理

2023 年 1 月 5 日，广汽集团发布了 2022 年的产销快报，数据显示 2022 年广汽集团累计销量达 243.38 万辆，其中燃油车销量 212.43 万辆、新能源汽车销量 30.95 万辆[①]。据此，令特定市场的初始规模 D = 240 万辆，燃油车的市场占比 $\theta = 70\%$。广汽集团新能源汽车品牌广汽埃安显示，旗下热销款 AIONY PLUS 的续航里程（工况法）分别为 70 智领版、70 智驾版 510 千米，80 科技版 610 千米，售价均在 15 万 ~ 20 万元之间，根据广州市新能源汽车发展工作领导小组指定的本市补贴方案[②]，消

---

① 广汽集团官网，https：//www.gac.com.cn/cn/news/detail？baseid = 18523。
② 广州市鼓励支持个人领域新能源汽车推广应用工作指引，https：//gz.gov.cn/zwfw/zxfw/jtfw/content/post8900861.htm-l。

费者购买售价 15 万~20 万元新能源汽车可获得每辆车 8000 元补贴，据此令 $S = 0.8$ 万元。参考《双积分政策》中 2023 年对 NEV 积分比例要求，令 $\beta = 18\%$。根据国家市场监督管理总局和国家标准化管理委员会 2019 年 12 月 31 日联合发布的《乘用车燃料消耗量评价方法及指标》的计算标准，以广汽集团旗下畅销车型广汽传祺 GA8 和 GA6 为例，计算可知该车型的平均实际油耗值和达标值分别为 7.23 升/100 千米和 5.97 升/100 千米，则 $Y_A = 6.5$ 升/100 千米。又根据双积分政策中平均燃料消耗量达标要求和低油耗乘用车核算优惠率，可知 $d = 115\%$，$Y_0 = 4.8$ 升/100 千米，$\xi = 0.2$。中汽协 2022 年 3 月发布的 2022 年新能源汽车积分预测价格区间为 1000~1400 元/分，因此设定积分交易价格 $P_C \in [0.1, 0.14]$。根据假设 1 取值，令新能源汽车积分核算系数 $\delta = 0.0056$、$e = 0.4$。

设定 $\lambda_G = 2.4$，$\lambda_N = 1.2$，$C_G = 5$ 万元/辆，$C_N = 7$ 万元/辆，$\gamma_G = 1$，$\gamma_N = 2$，$k = 0.05$，$l_G = 2$，$h_G = 2$，$l_N = 1$，$h_N = 2$。

6.5.2 市场性因素和政策性因素对汽车制造商生产与定价决策的影响

为探究国补取消后，隐性补贴下的新能源汽车市场是否有望通过自身扩张抵消国补和地补全面取消带来的冲击的影响，选取消费者对隐性补贴感知系数 α 和消费者对新能源汽车研发努力水平感知系数 l_N 两个参数来反映各因素的推进程度。由图 6.3（a）可知，当 $\alpha = 0$ 时，即隐性补贴完全取消，$l_N = 1$ 时，新能源汽车销量小于 $l_N = 1$，$\alpha = 1$ 时的销量，但随着 l_N 的增加，其最终销量高于 $l_N = 1$，$\alpha = 1$ 时的销量。由图 3.3（b）可知，油耗消耗量达标（DS）情景下的传统汽车制造商利润最高，隐性补贴（M）情景次之。且随着 α 和 l_N 的减少，油耗消耗量未达标（DF）情景下的利润最终会低于基准模型（B）情景，但随着 l_N 的增长，α 减少对 DF 情景下利润的不利影响会变小。这表明，消费者对研发努力水平的感知系数可以有效抵消隐性补贴退坡带给传统汽车制造商的消极影响。同时，还可以看出，减排对于传统汽车制造商具有长久利好影响，若传统汽车制造商不减排，则会导致其利润遭受打击。

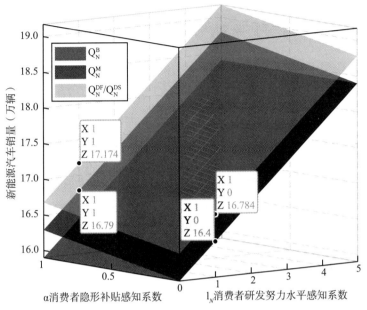

（a）α和l_N对新能源汽车销量的交叉影响

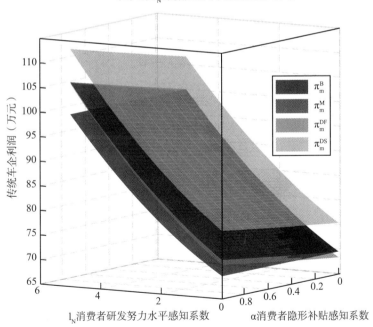

（b）α和l_N对传统车企利润的交叉影响

图 6.3　α 和 l_N 对新能源汽车销量和传统车企利润交叉影响

6.5.3 双积分政策对汽车制造商生产与定价决策的影响

为进一步探讨双积分政策对燃油车销量的影响，选取积分价格 P_C 和积分比例 β 作为政策变量做仿真分析。结果如图6.4。由图6.4（a）可知：油耗未达标（DF）情景下，P_C 和 β 同时增加时，燃油车销量快速下降；当 P_C 趋近于 0 时，β 与燃油车销量之间不存在线性关系，此时 β 对燃油车销量的影响失效。由图6.4（b）可知：油耗达标（DS）情景下，P_C 和 β 同时增加时会对燃油车销量产生负向影响，当单一变量为 0，另一变量变动时，均不会对其销量产生影响。结果表明，在 DF 情景下，P_C 单一因素的变化可影响燃油车的市场占比，在 DS 情景下，单一因素无法促进汽车市场份额由燃油车向新能源汽车转变。此外，对比图6.4（a）、图6.4（b）可以看出：当 P_C 和 β 均到达区间最大值时，两种情况下的燃油车销量虽都会下降，但达标时最低销量高于未达标时最低销量。由此可见，在双积分政策约束下，节能降耗是传统汽车制造商稳定其市场占有率的重要举措之一；同时，积分价格和积分比例共同作为关键因素影响市场格局，两者作用均不可忽视。

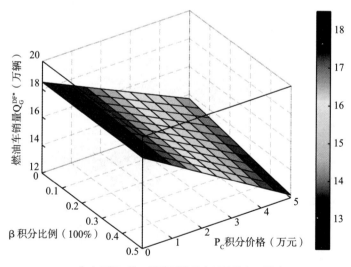

（a）β 和 P_C 对 DF 情境下燃油车销量的交叉影响

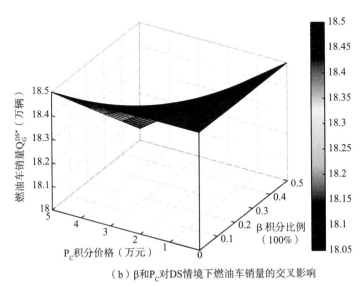

（b）β和P_c对DS情境下燃油车销量的交叉影响

图 6.4　政策因素下 DF 和 DS 情景下燃油车销量的变化

　　为探究传统车企在双积分政策下油耗达标、未达标情境下利润差值变化，特选取积分价格 P_c 和单车 CAFC 负积分作为政策变量进行仿真分析，如图 6.5 所示。由图 6.5 可知，当积分价格 P_c 和单车 CAFC 负积分同时增大或减少时，均会导致 $\pi_m^{DS*} - \pi_m^{DF*}$ 差值缩小，这是因为，当单车 CAFC 负积分和 P_c 为 0 时，油耗消耗量达标（DS）和油耗消耗量未达标（DF）情景下的 CAFC 负积分无差别，即均为达标状态且并无积分价格加持，导致 DS 情景下利润并无优势。随着单车 CAFC 负积分和 P_c 的升高，即单车 CAFC 负积分到达区间 [1.5，3.5]，积分价格区间到达 [1.5，3.0] 时，两者差值达到最值，DS 情景下传统汽车制造商利润不受 CAFC 负积分影响，且研发成本可控，同时 P_c 带来另一收入来源，故 DS 情景下传统汽车制造商总利润升高；DF 情景下传统汽车制造商利润受 CAFC 负积分影响需额外支出购买 NEV 正积分成本，故总利润降低，因此两者因素导致其差值增大。最后，随着单车 CAFC 负积分和 P_c 到达区间最大值，其差值减少，原因在于 DF 情景下的燃油车 CAFC 负积分过高则代表其对研发的投入过低甚至可能为零，但 DS 情景下车企为保证燃油消耗量达标，需加大研发投入，尤其到了研发后期，技术的点滴进步通常伴随着成本的指数增加，故导致 DS 情景下利润降低，造成两者差值减少。以上表明，在本书数值仿真背景下，

将 P_C 控制在 1500 千元至 3000 千元之间最有利于鼓励车企向达标情况下转化,反之会导致双积分政策的激励作用失效;同时,CAFC 正积分不可一味追求高数值,应控制在合理范围,否则会导致研发成本过高。可见,将 P_C 稳定在一定区间是当前政策制定者面临的难题,未来探索如何稳定积分价格区间是迫切解决的问题。

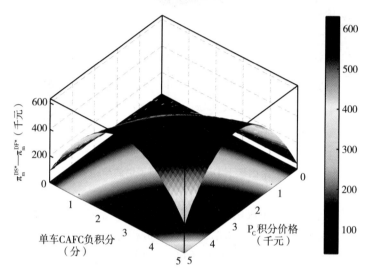

图 6.5　政策因素下传统汽车制造商利润差值 $\pi_m^{DS*} - \pi_m^{DF*}$ 的变化

6.5.4　需求侧补贴和双积分政策对汽车制造商的协同影响

为反映双积分政策对隐性补贴的逐步替代作用,选取消费者对隐性补贴感知系数 α 和积分价格 P_C 的变化来反映政策过渡阶段两类政策协同对车企最优定价及销量的影响。从图 6.6(a)可以看出,随着 α 的减少和 P_C 的增加,油耗消耗量未达标(DF)和油耗消耗量达标(DS)情景下的新能源汽车价格将达到最小值,其价格最终可低于无政府介入时的价格,而隐性补贴(M)情景下的新能源汽车价格不受积分价格的影响,故呈上升趋势,此处验证命题 1。这表明双积分政策的介入可以有效抵消给予消费端补贴带来的售价升高的消极影响。由图 6.6(b)可以看出:α 与 P_C 同时增加时,DF、DS 和 M 情景下的新能源汽车销量均有所增长且涨幅明显;在 α 减小为 0,P_C 为区间最大值时,此时政策处于隐性补贴完全退出,双积分政策全面推行的阶段,DF 和 DS 情景下的新能源汽车销量稳步增长。可见，双积分政策的实施对新能源汽车市场扩散起着重要作用，有利于传统汽车制造商打开新能源汽车市场，适应新的市场格局。综上所述，双积分政策有利于降低新能源汽车价格，扩大其市场占有率，对新能源汽车扩散起积极的促进作用，即市场调节能够作为接续政府调节的手段促进新能源汽车的推广和发展。

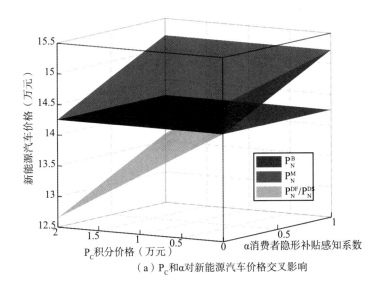

（a）P_C 和 α 对新能源汽车价格交叉影响

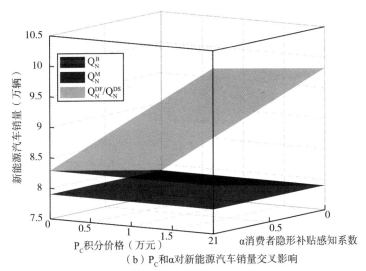

（b）P_C 和 α 对新能源汽车销量交叉影响

图 6.6　政策因素下新能源汽车价格和销量的变化

选取积分价格 P_C 和消费者隐性补贴感知系数 α 来反映政策过渡阶段车企利润变化，如图 6.7 所示。由图 6.7 所示可知，随着 α 和 P_C 的变化，4 种情境下的传统汽车制造商利润均有不同变化。当 $P_C = 0$，随着 α 的增加，可以看出隐性补贴（M）情景下的传统汽车制造商利润最高，油耗消耗量达标（DS）和油耗消耗量未达标（DF）情景次之，基准模型（B）情景最低。而随着 α 的减少和 P_C 的增加，DS 情景下的传统汽车制造商优势开始显现，其利润开始增长并达到最大值；DF 情景下的传统汽车制造商劣势逐渐出现，其利润开始下降甚至低于 B 情景下的利润。以上表明，DF 情景下传统汽车制造商利润上涨对补贴的依赖性很强；同时，当隐性补贴结束后，随着双积分政策的深入，传统汽车制造商实行减排策略更有利于实现收益最大化。根据图 6.6、图 6.7，隐性补贴结束后，传统汽车制造商可以从减排和大力发展新能源汽车来抵御双积分政策给利润带来的负面影响。

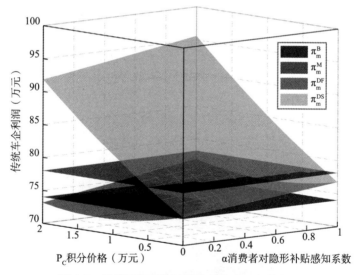

图 6.7 政策因素下传统汽车制造商利润的变化

6.6 结论与政策建议

本节在隐性补贴和双积分政策并行的现实背景下，针对由传统车企和零售商组成的汽车供应链，建立了包括地方政府、传统汽车制造商、汽车零售商和需求侧消费者在内的动态博弈模型，考虑了政策异质性对汽车供应链价格、销量和利润的影响。研究发现：

（1）与需求侧隐形补贴相比，供给侧双积分政策更有利于促进新能源汽车的可持续发展，并抑制燃油车的扩张。虽然双积分政策实施早期可能会因为抑制燃油车的生产而短暂缩小市场，但从长远来看，对于新能源汽车的市场渗透率更有利。

（2）油耗未达标（DF）情景下的传统汽车制造商利润对补贴的依赖性较高，提升新能源汽车研发努力水平可以降低甚至抵消这种依赖，从而有利于促进高性能新能源汽车的发展，实现新旧动能的平稳转换。

（3）双积分政策的介入可以降低新能源汽车的价格，提升新能源汽车销量，此时油耗达标（DS）情景下的传统汽车制造商利润对积分价格的依赖性较大，较高的积分价格有利于保持传统汽车制造商向新能源转型的积极性。

（4）DF 情景下，积分价格单一因素即可抑制燃油车扩散，DS 情景下，积分价格或者积分比例单一因素对燃油车销量的抑制作用失效，当两者同时增加时，燃油车销量呈下降趋势。

（5）双积分政策对传统汽车制造商利润和转型积极性的影响具有不确定性，积分价格过高或过低均不利于传统汽车制造商转型升级，将会降低双积分政策的约束力，妨碍乘用车市场格局向理想化状态转变。

基于上述分析，在传统能源向新能源转型的关键阶段，为保持汽车行业高质量稳定发展，提出如下建议：

（1）传统汽车制造商角度，政策过渡阶段传统车企应注重研发水平提升和新旧动能转型时机。首先，高能耗燃油车缺乏持久竞争力，在需求侧补贴未完全退出阶段，应依靠自身强大工业技术和市场渠道提早布局，加快提升新能源汽车研发努力水平，生产高质量新能源汽车抢占市场，加快实现传统能源向新能源转型目标；其次，随着双积分政策的深入推行，提升燃油车的研发努力水平势在必行，油耗达标的车企具有更高的抗风险能力。

（2）消费需求角度，需求市场购买力的增长同时依赖于市场性和政策性因素。市场性因素也是推动汽车行业转型的关键因素，需求端的消费者感知不仅可抵消补贴退坡的消极影响，同时还可加快新能源汽车的发展进程。此外，消费者选购新能源汽车具有较大的政策敏感性，政策的变动对消费者的购买行为也有很大影响。因此，一方面车企应加大新能源汽车的宣传力度，同时建立与消费者低碳共赢渠道，建立利益共同体，通过节能减排促进低碳发展；另一方面政府应加强建立消费者在使用环节的碳减排行为的奖励机制，从外部拉动消费者购买力，促进汽车市场低碳良性发展。

（3）政策调整角度，汽车市场新旧动能转型应注重供需两侧政策的多样性和协同性。汽车市场的低碳发展离不开政策的支持和约束，随着汽车市场的发展，单一的双积分政策可促进新能源汽车的发展，但对于新旧动能的彻底转换推动较慢。因此，相关部门应适时研究建立双积分政策与其他碳减排体系的衔接机制。同时，随着隐性补贴的退出，支持政策要加快由购车前向购车后的使用环节转移，以应对购置补贴完全退坡后情形，给予消费者使用环节的优惠，如电费优惠、停车优惠等，从而促进新能源汽车市场的持续扩散。

第7章 新旧版双积分政策下电动汽车制造商研发与定价决策比较研究

7.1 研究背景

交通行业碳减排最基础的保障是大规模普及新能源汽车（卢奇秀，2020）。为推动国内新能源汽车产业高质量稳步发展和传统燃油汽车产业的节能降耗转型，2017年9月五部委印发了《乘用车企业平均燃料消耗量与新能源汽车积分并行管理办法》（以下简称旧版双积分政策）。旧版双积分政策下，乘用车企业生产新能源汽车获得NEV正积分；生产传统能源汽车产生CAFC正负积分，并且当传统能源汽车生产量超过三万辆及以上时，产生NEV负积分。为保证积分非负，车企需要购买NEV正积分。目前，NEV正积分成为一种可以交易的、新的商业资源，给乘用车企业提供额外收入来源，有利于增强乘用车企业研发创新收益的长期预期，诱导车企增强研发投入强度。然而，旧版双积分政策执行中出现了机制不够灵活、市场供需调节能力不足和积分交易价格波动较大等问题。为解决上述问题，助力实现"双碳"目标，促进节能与新能源汽车产业高质量发展，2023年7月五部委印发了《关于修改〈乘用车企业平均燃料消耗量与新能源汽车积分并行管理办法〉的决定》（以下简称新版双积分政策）。新版双积分政策调整了积分计算方法和分值上限，提高了积分获取的难度，并且说明工信部等可根据实际情况对《新能源乘用车车型积分计算方法》作出调整并重新公布，这意味着积分计算方法将不断变化。

7.2 新旧版双积分政策中 BEV
单车积分计算方法

7.2.1 旧版双积分政策中电动汽车单车积分计算方法

本书考虑乘用车企业仅生产纯电动汽车，获得 NEV 正积分。旧版双积分政策 BEV 单车积分由标准车型积分和车型电能消耗实际值决定。纯电动汽车续驶里程 H（工况法/千米）决定标准车型积分的大小，标准车型积分为 $0.012 \times H + 0.8$，上限 5 分，H < 100 时，标准车型积分为零。续驶里程既定时，纯电动汽车的车型电能消耗实际值 Y_{AC}（kW·h/100 千米）决定单车积分。若 Y_{AC} 满足条件一，不满足条件二，则单车积分按照标准车型积分的 1 倍计算；若 Y_{AC} 满足条件二，则单车积分按照标准车型积分的 1.2 倍计算；若 Y_{AC} 条件一、条件二都不满足，则单车积分按照标准车型积分的 0.5 倍计算，且此车型所得的 NEV 正积分仅限当前企业使用，不可出售。其中 m 为纯电动汽车整备质量（kg）。

条件一：m ≤ 1000 时，$Y_{AC} \leq 0.014 \times m + 0.5$；1000 < m ≤ 1600 时，$Y_{AC} \leq 0.012 \times m + 2.5$；m > 1600 时，$Y_{AC} \leq 0.005 \times m + 13.7$；

条件二：m ≤ 1000 时，$Y_{AC} \leq 0.0098 \times m + 0.35$；1000 < m ≤ 1600 时，$Y_{AC} \leq 0.084 \times m + 1.75$；m > 1600 时，$Y_{AC} \leq 0.0035 \times m + 9.59$。

7.2.2 新版双积分政策中电动汽车单车积分计算方法

新版双积分政策 BEV 单车积分计算方法为标准车型积分×续驶里程调整系数×能量密度调整系数×电耗调整系数。这意味着，新版双积分政策将续驶里程、电池质量能量密度、车型电能消耗等多重指标与单车积分关联，压实行业技术进步内生动力，引导纯电动汽车产业高质量发展。

新版双积分政策对单车积分计算方法进行了修改：①标准车型积分修改为 $0.0034 \times H + 0.2$，上限 2.3 分；②新增续驶里程调整系数、能量密度调整系数；③修改车型电能消耗目标值计算公式（见式（7.3）和式（7.4）），上调电耗调整系数上限值。

新旧版双积分政策 BEV 单车积分计算方法比较如表 7.1 所示。

表 7.1　　　新旧版双积分政策 BEV 单车积分计算方法对比

	旧版双积分政策	新版双积分政策
标准车型积分	$0.012 \times H + 0.8$（上限 5 分）	$0.0034 \times H + 0.2$（上限 2.3 分）
续驶里程调整系数 h	—	0，0.7，0.8，0.9，1
能量密度调整系数 ED	—	0，0.7，0.8，1
电耗调整系数 EC	0.5，1，1.2	0.5，[1 : 1.5]
单车积分计算方法	$(0.012 \times H + 0.8) \times \{0.5 \times 1 \times 1.2\}$	$(0.0034 \times H + 0.2) \times h \times ED \times EC$
单车积分上限	6	3.45

新版双积分政策对于调整系数的计算如下：

（1）续驶里程调整系数（h）。

不同区间的续驶里程对应不同的续驶里程调整系数，H 达到 300 千米，续驶里程调整系数达到最大值 1。

$$h = \begin{cases} 0 & H < 100 \\ 0.7 & 100 \leqslant H < 150 \\ 0.8 & 150 \leqslant H < 200 \\ 0.9 & 200 \leqslant H < 300 \\ 1 & H \geqslant 300 \end{cases} \tag{7.1}$$

（2）能量密度调整系数（ED）。

动力电池系统的质量能量密度 d 决定能量密度调整系数的大小，d 达到 125Wh/kg，能量密度调整系数达到最大值 1。

$$ED = \begin{cases} 0 & d < 90 \\ 0.8 & 90 \leqslant d < 105 \\ 0.9 & 105 \leqslant d < 125 \\ 1 & d \geqslant 125 \end{cases} \tag{7.2}$$

（3）电耗调整系数（EC）。

电耗调整系数的计算分为两个步骤。第一，根据乘用车整备质量 m 计算出该车型的车型电能消耗目标值 Y_{OBJ}。

169

$$Y_{OBJ} = \begin{cases} 0.0112 \times m + 0.4 & m \leqslant 1000 \\ 0.0078 \times m + 3.8 & 1000 < m \leqslant 1600 \\ 0.0048 \times m + 8.6 & m > 1600 \end{cases} \quad (7.3)$$

第二，判断车型电能消耗目标值 Y_{OBJ} 和车型电能消耗实际值 Y_{AC}（计算过程不作为本书的研究范畴）的大小。当车型电能消耗实际值 Y_{AC} 小于车型电能消耗目标值 Y_{OBJ} 时，EC 等于 Y_{OBJ} 和 Y_{AC} 的比值且最大值不超过 1.5；反之，EC 为 0.5，且该车型所得的积分仅限当前企业使用，不可出售。

$$EC = \begin{cases} Y_{OBJ}/Y_{AC} \leqslant 1.5 & Y_{AC} < Y_{OBJ} \\ 0.5 & Y_{AC} > Y_{OBJ} \end{cases} \quad (7.4)$$

7.3 问题描述与假设

7.3.1 问题描述

双积分政策规定，生产一辆纯电动汽车可以获得 NEV 正积分，NEV 正积分可以售出。新版双积分政策中，单车积分大小由纯电动汽车的续驶里程 H、动力电池的质量能量密度 d 和车型电能消耗实际值 Y_{AC} 决定。三项因素均与动力电池有着直接关系，故本书设置动力电池供应商为供应链主导者。本书考虑在新版双积分政策背景下，由上游动力电池供应商和下游纯电动汽车制造商组成的纯电动汽车供应链，动力电池供应商将电池技术水平为 R 的动力电池以 P_b 的价格卖给纯电动汽车制造商，制造商通过直销模式将新能源汽车以 P_n 的价格售卖给消费者（见图 7.1）。例如，宁德时代给特斯拉（上海）有限公司供应动力电池，特斯拉通过直销模式将纯电动汽车售卖给消费者。为了缓解能源和环境压力，政府实施了一系列政策措施，通过施行双积分政策希望乘用车企业提升乘用车节能水平，通过补贴动力电池供应商的研发成本以期提高电池技术水平。对于动力电池供应商、纯电动汽车制造商和消费者来说，生产性能优化的电池、制造和购买更节能的纯电动汽车，三种行为都能产生一定积极的环境影响。

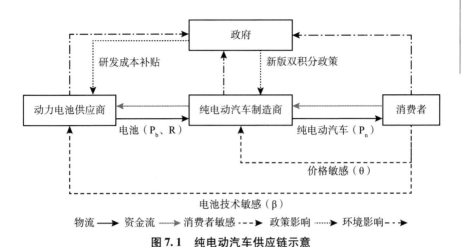

图 7.1　纯电动汽车供应链示意

7.3.2　假设条件

（1）研究一个动力电池供应商与一个纯电动汽车制造商组成的一条供应链，假设两者进行配套生产，即电池生产量＝电池售出量＝电池购入量＝纯电动汽车生产量＝纯电动汽车售出量。例如，宁德时代将在 2022 年 1 月至 2025 年 12 月期间向特斯拉（上海）有限公司供应动力电池产品，最终供货情况特斯拉通过订单方式确定。

（2）考虑电池技术水平是由电池的循环寿命、质量能量密度、安全可靠性等性能进行换算后求得（性能之间的换算过程不作为研究范畴），设研发成本为 $\frac{1}{2}\alpha R^2$，α 为研发电池技术的努力成本系数。

（3）根据国家信息中心问卷调查，下游用户购买新能源汽车考虑的因素占比最高的分别是续驶里程和安全性，分别为 38.5% 和 30.2%，与续驶里程、安全性等下游需求紧密相关的就是电池技术水平。因此，假设消费者购买纯电动汽车考虑购车价格和电池技术水平，则纯电动汽车的需求函数为 $Q = N - \theta P_n + \beta R$，$N$ 为纯电动汽车市场潜在的最大容量，θ 为消费者价格敏感系数，β 为消费者电池技术敏感系数。

（4）受核心零部件短缺的影响，纯电动汽车延迟交付的情况大量存在。动力电池作为纯电动汽车的动力来源，常常供不应求，很多纯电动汽车制造商甚至有想法独立做电池，但术业有专攻，与动力电池供应商合作是更为明智之选。实际上，动力电池供应商承担了高昂的研发成本，纯电动汽车制造商却享有电池技术水平提高带来的收益，致使动力电池供应商研发积极性不高。为更好地合作，汽车制造商愿意承担一部分的研发成本。如2018年宝马与宁德时代签署了1.17亿美元协议，共同承担开发新一代电池技术的创新成本（Yu et al.，2021）。故本书假设纯电动汽车制造商愿意为动力电池供应商分担 λ 比例的研发成本。

（5）为了鼓励新能源汽车产业的发展，中央政府和地方各级政府均给予不同程度的研发补贴。虽然至2022年底，中央补贴已完全退坡，但地方政府仍存在隐性补贴。每个省市对于动力电池供应商的补贴政策不同，如安徽省合肥市对动力电池生产企业新开发的性能优化的动力电池产品，经审核认定，给予实际研发费用的30%补助。假设政府按照一定的比例直接补贴动力电池供应商的研发成本。

涉及的相关符号及其说明汇总如表7.2所示。

表7.2   符号及其定义

符号	含义
$C_b(C_b>0)$	动力电池单位生产成本（元）
$P_b(P_b>0)$	电池批发价格（元，决策变量）
$R(R>0)$	电池技术水平（决策变量）
$1/\mu(\mu>1)$	电池批发价格占纯电动汽车生产成本的比例
$\mu P_b(\mu P_b>0)$	纯电动汽车单位生产成本（元）
$P_n(P_n>0)$	纯电动汽车价格（元，决策变量）
$H(H>0)$	续驶里程（工况法/千米）
$Y_{AC}(Y_{AC}>0)$	车型电能消耗实际值（kW·h/100千米）
$Y_{OBJ}(Y_{OBJ}>0)$	车型电能消耗目标值（kW·h/100千米）
$h(0.7 \leqslant h \leqslant 1)$	续驶里程调整系数
$ED(0.8 \leqslant ED \leqslant 1)$	能量密度调整系数
$EC(0.5 \leqslant EC \leqslant 1.5)$	电耗调整系数
$m(m>0)$	纯电动汽车整备质量（kg）
$d(d>0)$	质量能量密度（Wh/kg）
$a(a>0)$	标准车型积分乘性系数
$b(b>0)$	标准车型积分加性系数

续表

符号	含义
$P_e(P_e > 0)$	积分交易价格（元）
$\alpha(\alpha > 0)$	研发电池技术的努力成本系数
$Q(Q > 0)$	纯电动汽车需求（辆）
$N(N > 0)$	纯电动汽车市场潜在的最大容量（辆）
$\theta(\theta > 0)$	消费者纯电动汽车价格敏感
$\beta(\beta > 0)$	消费者电池技术敏感
$\lambda(\lambda > 0)$	纯电动汽车制造商分担的电池研发成本比例系数
$\eta(\eta > 0)$	政府补贴动力电池供应商的研发成本比例系数
$1 - \lambda - \eta(\lambda + \eta < 1)$	动力电池供应商承担的电池研发成本比例系数
$U(U > 0)$	纯电动汽车需求每增加一单位给政府带来收益
$\pi_G(\pi_G > 0)$	政府收益（元）
$\pi_b(\pi_b > 0)$	动力电池供应商利润（元）
$\pi_n(\pi_n > 0)$	纯电动汽车制造商利润（元）

7.4　模型构建与分析

7.4.1　模型构建

政府收益包含两个部分：刺激动力电池供应商的研发给予的研发成本补贴 $\eta\frac{1}{2}\alpha R^2$，纯电动汽车作为低碳产品，需求增加给政府带来收益 UQ，政府收益为：

$$\pi_G = UQ - \eta\frac{1}{2}\alpha R^2 \tag{7.5}$$

动力电池供应商利润包含四个部分：由动力电池的销售收入 $(P_b - C_b)Q$、研发成本 $\frac{1}{2}\alpha R^2$、纯电动汽车制造商分担的研发成本 $\lambda\frac{1}{2}\alpha R^2$ 和政府给予的研发成本补贴 $\eta\frac{1}{2}\alpha R^2$，为：

$$\pi_b(R,\ P_b) = (P_b - C_b)Q - (1 - \lambda - \eta)\frac{1}{2}\alpha R^2 \qquad (7.6)$$

纯电动汽车制造商利润包括三个部分：纯电动汽车的销售收入 $(P_n - \mu P_b)Q$、积分收益 $[(a \cdot H + b) \cdot h \cdot ED \cdot EC]P_e Q$ 和分担动力电池供应商的研发成本 $\lambda \frac{1}{2}\alpha R^2$，为：

$$\pi_n(P_n) = (P_n - \mu P_b)Q + [(a \cdot H + b) \cdot h \cdot ED \cdot EC]P_e Q - \lambda\frac{1}{2}\alpha R^2$$
$$(7.7)$$

该纯电动汽车二级供应链的博弈顺序如图 7.2 所示：

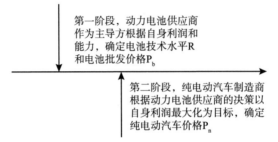

图 7.2 纯电动汽车供应链决策顺序

运用逆序归纳法求解该博弈模型，求解 π_n 关于 P_n 的二阶导数 $\frac{\partial^2 \pi_n}{\partial P_n^2} = -2\theta < 0$，可见是 π_n 是关于 P_n 的严格凹函数，P_n 的最优解存在。

利用最优化的一阶条件令 $\frac{\partial \pi_n}{\partial P_n} = 0$，解得 $P_n^* = \dfrac{N + \beta R + \theta\mu P_b - \theta \cdot (a \cdot H + b) \cdot h \cdot ED \cdot EC \cdot P_e}{2\theta}$。

动力电池供应商已知 P_n^*，要决定动力电池的电池最优技术水平和批发价格。将 P_n^* 代入 π_b 中得到 Hessian 矩阵 H_1 为：

$$H_1 = \begin{vmatrix} \dfrac{\partial^2 \pi_b}{\partial P_b^2} & \dfrac{\partial^2 \pi_b}{\partial P_b \partial R} \\[2mm] \dfrac{\partial^2 \pi_b}{\partial R \partial P_b} & \dfrac{\partial^2 \pi_b}{\partial R^2} \end{vmatrix} = \begin{vmatrix} -\theta\mu & \dfrac{\beta}{2} \\[2mm] \dfrac{\beta}{2} & -(1 - \lambda - \eta)\alpha \end{vmatrix}$$

为确保纯电动汽车供应链中的决策利润最大化，假设约束条件 $0 <$

$\beta < 2\sqrt{\theta\mu\alpha(1-\lambda-\eta)}$。由于 $\dfrac{\partial^2\pi_b}{\partial P_b^2} = -\theta\mu < 0$，又 $|H_1| = \theta\mu(1-\lambda-\eta)\alpha - \dfrac{\beta^2}{4} > 0$，可得知 π_b 的 Hessian 矩阵 $H_2(P_b, R)$ 是关于 P_b 和 R 的负定矩阵，故 P_b^* 和 R^* 为该决策问题的唯一最优解。利用最优化条件一阶导 $\dfrac{\partial\pi_b}{\partial P_b} = 0$，$\dfrac{\partial\pi_b}{\partial R} = 0$，联立方程组并进行求解可得：

$$\begin{cases} P_b^* = \dfrac{2(1-\lambda-\eta)\alpha[N+\theta\mu C_b+\theta\cdot(a\cdot H+b)\cdot h\cdot ED\cdot EC\cdot P_e]-\beta^2 C_b}{4\theta\mu(1-\lambda-\eta)\alpha-\beta^2} \\[3mm] R^* = \dfrac{\beta[N-\theta\mu C_b+\theta\cdot(a\cdot H+b)\cdot h\cdot ED\cdot EC\cdot P_e]}{4\theta\mu(1-\lambda-\eta)\alpha-\beta^2} \end{cases}$$

$$(7.8)$$

已知 P_b^*，R^* 可得：

$$P_n^* = \dfrac{3\mu(1-\lambda-\eta)\alpha N - [\theta\mu(1-\lambda-\eta)\alpha-\beta^2]}{4\theta\mu(1-\lambda-\eta)\alpha-\beta^2} \cdot [(a\cdot H+b)\cdot h\cdot ED\cdot EC\cdot P_e - \mu C_b]$$

$$(7.9)$$

$$\pi_b^* = \dfrac{(1-\lambda-\eta)\cdot\alpha\cdot[N+\theta\cdot(a\cdot H+b)\cdot h\cdot ED\cdot EC\cdot P_e - \theta\mu C_b]^2}{2[4\theta\mu(1-\lambda-\eta)\alpha-\beta^2]}$$

$$(7.10)$$

$$\pi_n^* = \dfrac{\alpha\cdot[2\theta\mu^2(1-\lambda-\eta)^2\alpha-\lambda\beta^2]\cdot[N+\theta\cdot(a\cdot H+b)\cdot h\cdot ED\cdot EC\cdot P_e - \theta\mu C_b]^2}{2[4\theta\mu(1-\lambda-\eta)\alpha-\beta^2]^2}$$

$$(7.11)$$

$$\pi_G^* = \dfrac{\alpha(\mu C_b-(a\cdot H+b)\cdot h\cdot ED\cdot EC\cdot P_e - N)[\eta\beta^2(N+\theta\cdot(a\cdot H+b)\cdot h\cdot ED\cdot EC\cdot P_e - \theta\mu C_b) + 2U\theta\mu(1-\lambda-\eta)(\beta^2-4\theta\mu(1-\lambda-\eta)\alpha)]}{2[4\theta\mu(1-\lambda-\eta)\alpha-\beta^2]^2}$$

$$(7.12)$$

7.4.2 模型分析

命题 1 $\dfrac{\partial P_b^*}{\partial P_e} > 0$，$\dfrac{\partial R^*}{\partial P_e} > 0$。

命题 1 表明，动力电池供应商的电池批发价格、电池技术水平随积分交易价格的增加而提高。高积分收益能够提高纯电动汽车制造商的生产意愿，积分收益受积分交易价格、单车积分大小和产量的影响。随着积分交易价格的增长，纯电动汽车产量提高，动力电池供应商的销量相应提高，为了其自身利润最大化，动力电池供应商提高动力电池的批发价格。其次，电池技术水平很大程度上影响单车积分大小，所以动力电池供应商愿意提高电池技术水平以增大其产品竞争力。

命题 2 当 $\beta < \beta_1$ 时，$\dfrac{\partial P_n^*}{\partial P_e} < 0$；反之，$\dfrac{\partial P_n^*}{\partial P_e} > 0$。其中：$\beta_1 = \sqrt{\theta\mu(1-\lambda-\eta)\alpha}$。

命题 2 表明，纯电动汽车价格关于积分交易价格的相关性取决于消费者电池技术敏感度。当消费者电池技术敏感小于一定值时，纯电动汽车价格随着积分交易价格的增加而降低，当消费者电池技术敏感大于一定值时，纯电动汽车价格随着积分交易价格的增加而升高。当消费者电池技术敏感较小时，消费者是价格主导型，纯电动汽车制造商通过降价来刺激新能源汽车需求，扩大新能源汽车生产，获得更多的 NEV 积分，通过出售 NEV 积分和提高新能源汽车需求获得的利润大于降低价格造成的损失。当消费者电池技术敏感较大时，消费者是电池技术主导型，动力电池供应商为提高电池技术水平，付出更多的研发成本，提高电池批发价格，即使成本上升，消费者对纯电动汽车价格也有一定的承受度，纯电动汽车制造商提高汽车价格，以提高每辆汽车的利润空间。小结：积分交易价格升高，动力电池供应商会提升电池技术水平，提高批发价格；纯电动汽车制造商是否提价受消费者类型影响。

命题 3 动力电池供应商的利润函数 π_b^* 是关于积分交易价格 P_e 的凹函数。

证明：

因 $\dfrac{\partial^2 \pi_b^*}{\partial P_e^2} = \dfrac{[(1-\lambda-\eta)\alpha] \cdot \theta^2 [(a \cdot H + b) \cdot h \cdot ED \cdot EC]^2}{2[4\theta\mu(1-\lambda-\eta)\alpha - \beta^2]} > 0$，可

见，动力电池供应商的利润函数呈凹性。令 $\dfrac{\partial \pi_b^*}{\partial P_e} = 0$，可得 $P_e' =$

$\dfrac{(\theta\mu C_b - N)}{\theta \cdot (a \cdot H + b) \cdot h \cdot ED \cdot EC}$，当 $0 < P_e < P_e'$，$\dfrac{\partial \pi_b^*}{\partial P_e} < 0$；当 $P_e \geqslant P_e'$ 时，

$\dfrac{\partial \pi_b^*}{\partial P_e} > 0$。

命题 3 表明，当积分交易价格低于这一阈值时，动力电池供应商的利润与积分交易价格负相关。积分交易价格较低时，传统能源车企以较低的成本购入 NEV 正积分达到考核标准，乘用车企业转型升级受阻，纯电动汽车制造商的生产积极性也受到打击。影响动力电池业务收入的因素，主要是动力电池的销量和销售单价，在纯电动汽车市场不景气的情况下，动力电池销量下降，而过度提高销售单价的行为也不可取，最终动力电池供应商的利润下降。随着积分交易价格的增加，动力电池供应商的利润依旧无法增加，可见，积分交易价格过低时，积分交易价格对利润增长无作用。当积分交易价格突破这一阈值时，积分交易价格越高，动力电池供应商利润越高。但需要注意的是，积分交易价格不宜过高，过高的积分交易价格可能会影响市场健康运行。因此，政府需要设置合理的积分交易价格。

命题 4　当消费者电池技术敏感 $\beta < \beta_2$ 时，纯电动汽车制造商的利润函数 π_n^* 是关于积分交易价格 P_e 凹函数。当消费者电池技术敏感 $\beta > \beta_2$ 时，纯电动汽车制造商的利润函数 π_n^* 是关于积分交易价格 P_e 凸函数。

证明：

$$\frac{\partial^2 \pi_n^*}{\partial P_e^2} = \frac{[2\theta\mu^2(1-\lambda-\eta)^2\alpha - \lambda\beta^2] \cdot \theta^2\alpha[(a \cdot H + b) \cdot h \cdot ED \cdot EC]^2}{2[4\theta\mu(1-\lambda-\eta)\alpha - \beta^2]^2},$$

当 $\beta > \beta_2 = \sqrt{\dfrac{2\theta\mu^2(1-\lambda-\eta)^2\alpha}{\lambda}}$，$\dfrac{\partial^2 \pi_n^*}{\partial P_e^2} < 0$；反之，$\dfrac{\partial^2 \pi_n^*}{\partial P_e^2} > 0$。令 $\dfrac{\partial \pi_n^*}{\partial P_e} = 0$，可得 $P_e' = \dfrac{(\theta\mu C_b - N)}{\theta \cdot (a \cdot H + b) \cdot h \cdot ED \cdot EC}$。$\beta > \beta_2$ 时，$0 < P_e < P_e'$，$\dfrac{\partial \pi_n^*}{\partial P_e} > 0$；$P_e \geqslant P_e'$时，$\dfrac{\partial \pi_n^*}{\partial P_e} < 0$。反之，$0 < P_e < P_e'$，$\dfrac{\partial \pi_n^*}{\partial P_e} < 0$；当 $P_e \geqslant P_e'$ 时，$\dfrac{\partial \pi_n^*}{\partial P_e} > 0$。

命题 4 说明，消费者电池技术敏感程度决定了纯电动汽车制造商利润函数关于积分交易价格变化的趋势。当消费者电池技术敏感小于一定阈值时，消费者购车意愿由价格主导，纯电动汽车制造商利润函数关于积分交易价格变化呈凹性。随着积分交易价格的增加但低于阈值，电池

177

技术水平和批发价格增加,纯电动汽车制造商通过降价吸引价格敏感型消费者,而最终收益不能弥补高研发成本,导致纯电动汽车制造商的利润下降。当积分交易价格高于其阈值时,销售收益和积分收益能够弥补甚至超过其研发成本,纯电动汽车制造商利润增加。可得,当消费者是价格敏感型时,通过提高积分交易价格是可以促进纯电动汽车市场扩散。

当消费者电池技术敏感较大时,消费者购车意愿由电池技术水平主导,纯电动汽车制造商利润函数关于积分交易价格变化呈凸性。积分交易价格较低时,市场上的电池技术水平不高,随着积分交易价格的增长,电池技术水平的提高促进了电池技术敏感型消费者的购买意愿,纯电动汽车销量提升,纯电动汽车制造商的利润增长。积分交易价格高于其阈值时,电池技术已达较高水平,足够满足消费者的需求,已经投入研发成本提高的电池技术水平不能促进销量,导致纯电动汽车制造商的利润出现下降的趋势。可得,当电池技术敏感型消费者出现后,积分交易价格却不是越高越好,越高的积分交易价格导致纯电动汽车制造商利润降低。小结:积分交易价格的高低影响动力电池供应商利润的单调性。消费者类型影响纯电动汽车制造商利润关于积分交易价格的凹凸性。

7.5 数值仿真分析

根据《宁德时代与特斯拉签订供货框架协议公告》,宁德时代将在2022 年 1 月至 2025 年 12 月期间向特斯拉(上海)有限公司供应动力电池产品。拥有高品质动力电池技术的动力电池供应商宁德时代为主导者,纯电动汽车制造商特斯拉为跟随者。选取特斯拉旗下 Model 3(后轮驱动版)(以下简称 Model 3)为例,根据工信部发布的《〈新能源汽车推广应用推荐车型目录〉(2021 年第 12 批)车型主要参数》中新发布车型的第146 条所得 Model 3 的相关数据为:m = 1761 千克,d = 126Wh/千克,H = 556 千米,Y_{AC} = 12.5Wh/100 千米。搜狐汽车产销库的数据[①]显示

---

① 搜狐汽车的产销库,https://db.auto.sohu.com/model_6188/carsales。

的 2023 上半年 Model 3 销量约 8 万辆，据此令 N = 8 万辆。由宁德时代 2021 年年报[①]粗略计算得动力电池平均成本为 0.6 元/Wh 左右，Model 3 的电池容量为 60kWh，故 C_b = 3.6 万元/组。根据新版双积分政策中规定的纯电动汽车单车积分计算方法，a = 0.0034，b = 0.2，结合 Model 3 参数得调整系数 h = 1，ED = 1，EC = 1.364。令 α = 0.4，β = 0.7，θ = 0.8，λ = 0.1，η = 0.1，μ = 2.75，U = 0.65。需要注意的是，仿真的重点是探究参数对决策主体的影响，得出的值均非现实中确切的数值。

7.5.1　新版双积分政策对汽车供应链系统的影响

为了探究新版双积分政策带来的影响，选取积分交易价格 P_e 和消费者电池技术敏感 β 两个参数进行仿真分析。当 P_e = 0，表明无双积分政策，当 P_e > 0，表明双积分政策已经实施。随着 β 逐渐变大，表明消费者越来越在意电池技术水平。图 7.3 ~ 图 7.6 反映了新版双积分政策下，P_e 和 β 变化对电池技术水平 R、电池批发价格 P_b、纯电动汽车价格 P_n、动力电池供应商利润 π_b、纯电动汽车制造商利润 π_n 和政府收益 π_G 的影响。

图 7.3 可以看出，积分交易价格 P_e 和消费者电池技术敏感 β 对电池技术水平 R 和电池批发价格 P_b 具有协同放大效应，并且 β 对 R 和 P_b 的影响更有力。可见，在新版双积分政策下，消费者对电池技术进步的迫切需求始终是新能源汽车产业加大研发投入、加快技术进步的不竭动力。如果政府想让动力电池供应商提高电池技术水平的话，相比靠积分交易价格而言，将更多地精力放在提高消费者电池技术敏感度上效果更佳。同样地，积分交易价格的提高无法很好地促进电池批发价格提高，动力电池供应商亦需要采取增强电池品质、增加产能、提高终端技术支持和服务支持等措施提高消费者电池技术敏感度，才能提高电池批发价格。

---

　① 宁德时代 2021 年年度报告，https：//vip. stock. finance. sina. com. cn/corp/view/vCB _ AllBulletinDetail. php？ stockid = 300750&id = 8039190。

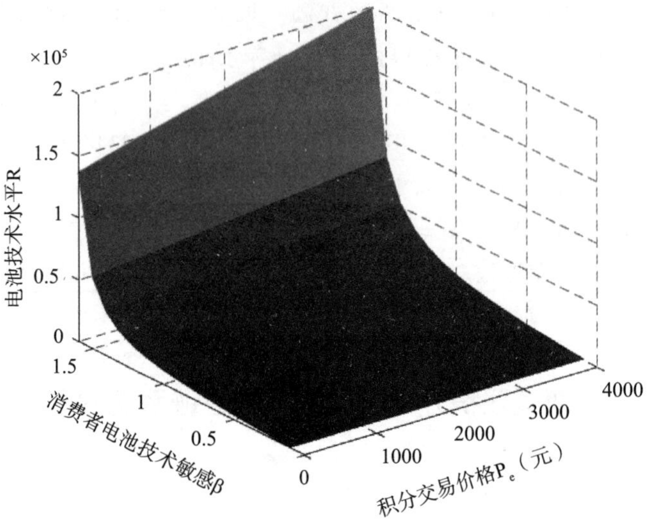

（a）β和P_e对R的影响

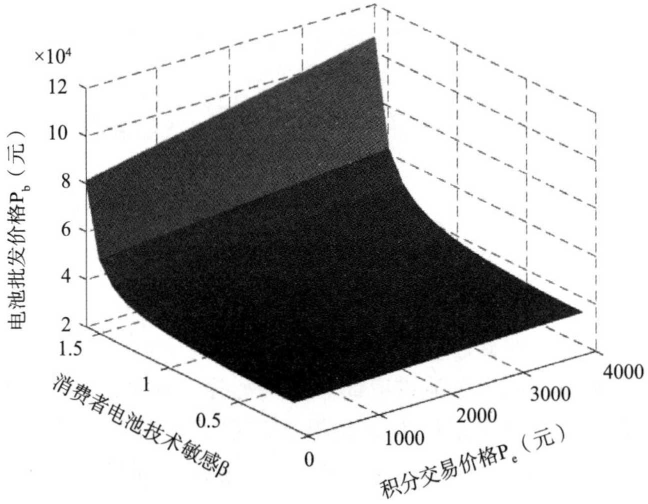

（b）β和P_e对P_b的影响

**图7.3 积分交易价格 P_e 和消费者电池技术敏感 β
对电池技术水平 R 和电池批发价格 P_b 的影响**

图 7.4 可以看出，当积分交易价格 P_e =0，纯电动汽车价格 P_n 随消费者电池技术敏感 β 增加而减小，这是因为政府无相关政策时，汽车制造商电池技术止步不前，消费者电池技术敏感程度增强时，制造商无法

满足市场需求，只能通过降价来吸引消费者，故此时 P_n 降低。当 $P_e >$ 0，β 的大小决定了 P_n 与 P_e 的相关性。β 大于阈值时，P_n 与 P_e 正相关；β 小于阈值时，P_n 与 P_e 负相关。此处验证了命题2。由图7.2可见，对于政府而言，如果希望汽车价格降低，当市场上消费者对于电池技术敏感程度高时，政府应当采取措施降低积分交易价格，以期降低汽车价格。市场上消费者对于电池技术敏感程度低时，政府应当采取措施提高积分交易价格，降低汽车价格。对于整个汽车行业而言，如果希望汽车价格升高，当消费者电池敏感度高时，应当控制汽车生产量，减少积分市场积分量，促进积分交易价格的提高，以期提高汽车价格。消费者电池技术敏感低时，应当增加生产量，降低积分交易价格，提高汽车价格。

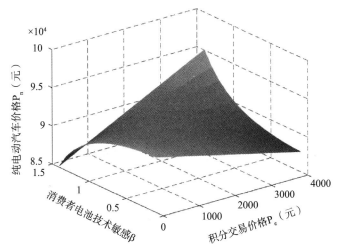

图7.4 积分交易价格 P_e 和消费者电池技术
敏感 β 对纯电动汽车价格 P_n 的影响

图7.5（a）可以看出，动力电池供应商利润 π_b 是关于积分交易价格 P_e 的凹函数，验证了命题3。也就是说，P_e 较低时，即使 P_e 升高，也不能促进 π_b 的增加。对于动力电池供应商来说，积分交易价格过低对自身利润非常不利。图7.5（b）可以看出，消费者电池技术敏感 β 小于某值时，纯电动汽车制造商利润 π_n 是关于 P_e 的凹函数；但当 β 增加到某值时，π_n 关于 P_e 变为凸函数，验证了命题4。

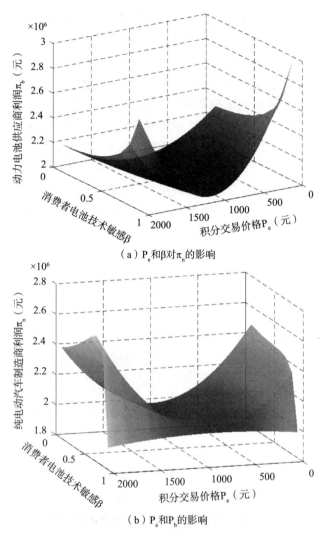

（a）P_e 和 β 对 π_n 的影响

（b）P_e 和 P_b 的影响

图 7.5　积分交易价格 P_e 和消费者电池技术敏感 β
对供应商利润 π_b 和制造商利润 π_n 的影响

图 7.6 可以看出，当积分交易价格 $P_e = 0$，随着消费者电池技术敏感 β 增加，政府收益 π_G 降低。这是因为政府若未能及时出台如双积分政策此类的有效政策，无法激励制造商生产高质量水平汽车，导致生产纯电动汽车给政府带来的收益减少，故政府收益下降。当 $P_e > 0$，β 较小时，P_e 对于 π_G 影响微弱；β 大于某值时，π_G 是关于 P_e 的凸函数，

P_e 在中间值时 π_G 最大。图 7.6 可以看出，在消费者对于电池技术要求越高的背景下，存在合理的积分交易价格区间，可以实现政府收益最大化。

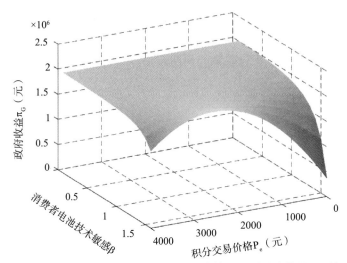

图 7.6　积分交易价格 P_e 和消费者电池技术敏感 β 对政府收益 π_G 的影响

7.5.2　新旧版双积分政策对汽车供应链系统影响的对比分析

新版双积分政策自 2023 年 8 月起实施，政策的实施效果如何，至今还没有相关的理论研究给出答案，后文从新旧双积分政策对比分析的视角，进行仿真实验，以揭示新版双积分政策对政府和车企行为的支配规律。

7.5.2.1　新旧版双积分政策中电耗调整系数对汽车供应链系统的影响对比

为了比较新旧版双积分政策对供应链的影响，本书选取电耗调整系数 EC 的最值做仿真分析：红线 EC = 1.5 代表新版双积分政策中电耗调整系数的最大值，蓝虚线 EC = 1.2 代表旧版双积分政策中电耗调整系数的最大值，黑点线 EC = 0.5 代表新旧版双积分政策中电耗调整系数的最小值。图 7.7 ~ 图 7.10 反映了新旧版双积分政策下，积分交易价格 P_e 变化对电池技术水平 R、电池批发价格 P_b、纯电动汽车价格 P_n、纯电动汽车制造商利润 π_n 和政府收益 π_G 的影响。

图 7.7 可以看出，随着积分交易价格 P_e 增加，电池技术水平 R 和

电池批发价格 P_b 呈线性增加趋势，且电耗调整系数 EC 上限值越高，R 和 P_b 增长的趋势越明显。这说明，与旧版双积分政策相比，新版双积分政策中积分交易价格对电池技术水平和电池批发价格的刺激更大。这与政府希望电池技术水平提高这一政策修订的初衷契合，纯电动汽车制造商给汽车配备高技术水平的电池的同时，消费者也能够购买到更佳的产品，达到了新版双积分政策的预期效果。

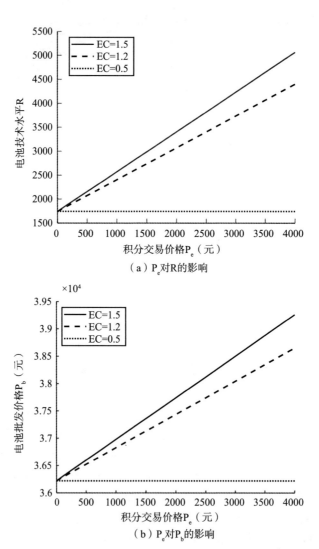

（a）P_e对R的影响

（b）P_e对P_b的影响

图 7.7　积分交易价格 P_e 对电池技术水平 R 和批发价格 P_b 的影响

由命题2、图7.3可知消费者电池技术敏感 β 影响纯电动汽车价格 P_n 与积分交易价格 P_e 的相关性，分别选取 β = 0.7 和 β = 1.1，进行仿真模拟。图7.8可以看出，较旧版双积分政策，新版双积分政策下汽车价格变化的更快，这说明积分交易价格对汽车价格的影响更为明显，新版双积分政策使得积分交易价格更为重要，更凸显了市场调控的作用。

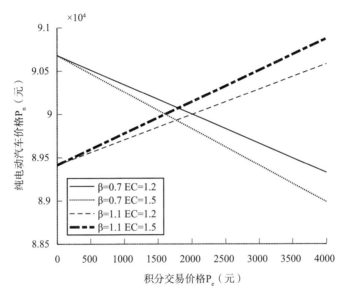

图7.8　积分交易价格 P_e 对纯电动汽车价格 P_n 的影响

图7.9可以看出，首先，电耗调整系数 EC = 0.5 时即纯电动汽车不符合政策规定的电耗，此时产生的 NEV 正积分无法出售，没有积分收益，故随着积分交易价格 P_e 增加，纯电动汽车制造商利润 π_n 稳定不变。其次，对于较旧版双积分政策规定的 EC 最大值1.2而言，新版双积分政策下的 EC 最大值1.5使得 π_n 拐点左移，可以更早的进入利润增长期，这说明，新版双积分政策下，若企业能努力朝着降低电耗的方向努力，获得更高的电耗调整系数，则更有利于其获得利益。再次，当积分交易价格较小时，EC = 0.5 时（代表生产不合规汽车）的利润高于其他，这是因为积分交易价格过低时，生产合规的汽车需要付出更多的研发成本，故利润会降低并低于不合规时生产。随着 P_e 增长，除 EC =

0.5 外，π_n 开始增长，并且新版双积分政策较旧版双积分政策更早超过不合规时利润，开始持续增长。最后，电耗调整系数和积分交易价格实现了对纯电动汽车制造商利润的协同放大作用。

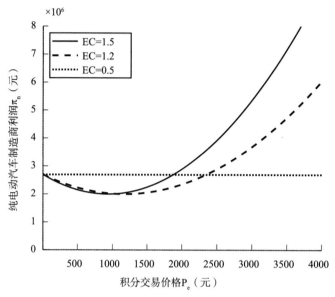

图 7.9　积分交易价格 P_e 对纯电动汽车制造商利润 π_n 的影响

图 7.9 可见，新版双积分政策有利于纯电动汽车制造商利润的增长。尽管生产不合规汽车可能在积分交易价格较低时利润高于生产合规汽车，但在新版双积分政策中所提积分池的概念就是杜绝积分价格过低过高的情况，因此条件很难满足，所以这并不是长久之计，生产低电耗的纯电动汽车是政策使然，也必将是企业所趋。

图 7.10 可见，政府收益 π_G 是关于积分交易价格 P_e 的凸函数，与旧版双积分政策相比，π_G 整体左移。在 P_e 较小时，新版双积分政策下 π_G 高于旧版双积分政策，但 P_e 达到某值后，却下降的也更快，从某种程度上说，新版双积分政策并不完全有利于政府收益，还与积分交易价格的高低密切相关。

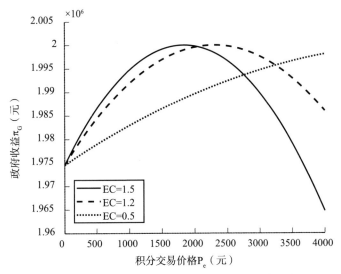

图7.10　积分交易价格 P_e 对政府收益 π_G 的影响

　　小结：根据图7.7~图7.10，可知相较于旧版双积分政策，新版双积分政策有利于电池技术水平的提升、纯电动汽车制造商利润的提升、提高了积分交易价格的影响度，可见新版双积分政策实施效果好。但是，在政府收益方面，新版双积分政策并不完全有利于其收益，还与积分交易价格的高低密切相关。

7.5.2.2　积分交易价格和续驶里程对纯电动汽车制造商利润的影响

　　为探究新旧版双积分政策对纯电动汽车制造商利润 π_n 带来何种变化，选取积分交易价格 P_e 和续驶里程 H 进行仿真分析。

　　图7.11中可以看出，图7.11（a）和图7.11（b）分别在续驶里程 H 为350千米和618千米处出现现象1呈弯折式。在未发生弯折之前，可以看出积分交易价格 P_e 和 H 对纯电动汽车制造商利润 π_n 具有较好的协同放大效果；弯折之后，无协同放大效果。原因是在新旧版双积分政策中，H 大于一定值时，标准车型积分不随 H 的增长而变化，这就意味着续驶里程一旦达到了某值，将不再对单车积分大小产生影响。

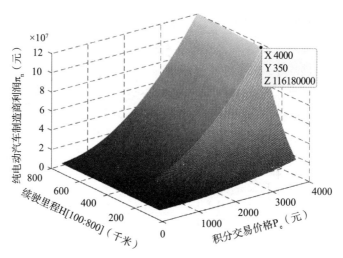

（a）旧版双积分政策下P_e和H对π_n的影响

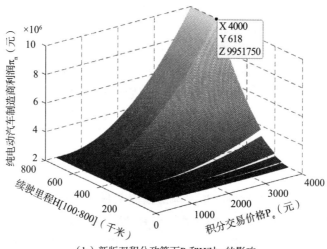

（b）新版双积分政策下P_e和H对π_n的影响

图 7.11 积分交易价格 P_e 和续驶里程 H 对
纯电动汽车制造商利润 π_n 的影响

旧版双积分政策中，续驶里程 H 决定标准车型积分。新版双积分政策中，H 除影响标准车型积分外，还会影响续驶里程调整系数 h 的大小，最终影响单车积分。续驶里程调整系数的出现引发了现象 2 呈断裂式，仅出现在图 7.11（b）中。

结合现象 1 和现象 2，与旧版双积分政策相比，无疑的是在新版双积分政策中，续驶里程需要更大，才能达到上限值。但续驶里程调整系数 h 却是 300 千米就可以达到最值 1（见式 7.1），这给了纯电动汽车制造商更多的选择。若制造商生产的车型续驶里程较高，例如特斯拉的 Model S，无法靠提高续驶里程提高单车积分，则可以从能耗调整系数 EC 着手。由于高续驶里程往往配备着高能量密度的电池（能量密度越高，电池重量也越大），电池重量影响车型整备质量 m，想通过 EC 增加单车积分，可以通过降低 m，从而降低车型电能消耗目标值和车型电能消耗实际值。矛盾的地方在于续驶里程越高的车型往往整备质量越大，车型电能消耗目标值和实际值越大。因此，需要动力电池供应商和纯电动汽车制造商共同努力，在不改变车型本身续驶和质量的前提之下，做到车型轻量化：车身轻量化、底盘轻量化、三电系统（动力电池、电机、电控系统）轻量化等。若制造商生产续驶里程数较低的车型，例如上汽通用五菱的宏光 MINIEV，则可以通过提高少量的续驶里程，通过续驶里程调整系数跨段，获得更多的单车积分，而并非盲目去提高续驶里程。在新版双积分政策要求层面上，车企不必一味追求高续驶和高电池能量密度，也可以花更多的时间和精力来打磨产品质量，提升车辆的安全性。

189

7.6　结论与政策建议

本研究考虑消费者电池技术敏感和积分交易价格等因素，构建动力电池供应商和纯电动汽车制造商的一次动态博弈模型，将新版双积分政策单车积分计算方法中的续驶里程调整系数，能量密度调整系数和电耗调整系数等纳入模型，得到供应链成员的最优研发和定价决策。最后，通过数值仿真分析新版双积分政策，新旧版双积分政策更迭对纯电动汽车供应链系统的影响。

首先，在新版双积分政策下，消费者对电池技术进步的迫切需求始终是新能源汽车产业加大研发投入、加快技术进步的不竭动力。与旧版双积分政策对比，（1）新版双积分政策中积分交易价格对电池技术水平和电池批发价格的刺激更大，说明新版双积分政策可以有效地提高电池技术水平。（2）新版双积分政策使得纯电动汽车制造商利润拐点左移，可以更早的进入利润增长期。（3）新版双积分政策并不完全有利于政府收益，其收益还与积分交易价格的高低密切相关。

其次，对于政府而言，（1）若是想继续提高电池技术水平，政府应该把更多的精力放在促进消费者电池技术敏感上，单独靠积分交易价格效果不佳。（2）若想降低纯电动汽车价格，刺激消费，则在市场上消费者对于电池技术敏感程度高时，政府应当采取措施降低积分交易价格，以期降低价格；在市场上消费者对于电池技术敏感程度低时，政府应当采取措施提高积分交易价格，降低价格。（3）在消费者对于电池技术要求越高的背景下，政府应当将积分交易价格控制在合理区间，可实现收益最大。

再次，对于整个汽车行业而言，（1）纯电动汽车价格的提升，需要从以下两点入手。其一，在消费者电池敏感度高时，企业应当控制汽车生产量，减少积分市场积分量，促进积分交易价格的提高，以期提高汽车价格；其二，在消费者电池敏感低时，应当增加生产量，降低积分交易价格，提高汽车价格。（2）从纯电动汽车制造商最优决策来说，生产不同续驶里程的汽车制造商可以采取不同的策略来达到最优化生产。中低续驶里程的制造商可以通过提升续驶里程获得更多积分，而高续驶里程的制造商在高研发投入下难以得到同等续驶里程增量回报则此时应注意电能消耗等问题，以此提升电耗调整系数，提高单车积分大小。

最后，对于动力电池供应商而言，为提升电池技术水平和电池批发价格，除了自身研发投入外，还能采取的措施为：积极地践行绿色低碳理念，推进节能减碳措施，做好节能榜样，以期可以带动其他企业积极减排，提升消费者绿色环保观念以提升电池技术敏感程度。

第8章　双积分政策下汽车企业
合作创新演化博弈分析

8.1　研究背景

当前，发展新能源汽车已上升为我国国家战略需求，原因有三：一是能源消费结构急需改变。我国石油消费量破6亿吨，且进口依赖度高达70%，推动新能源汽车的发展有利于我国能源消费结构从石油消费为主向电力消费为主转变，以此解决能源紧张问题（王志刚等，2020）。二是环境问题亟须改善。雾霾是中国最严重的环境问题之一，而雾霾的主要来源就是汽车尾气，推动新能源汽车的发展有助于减少汽车尾气的排放，以此缓解空气污染问题，实现低碳环保经济。三是走向汽车强国的必经之路。我国汽车行业发展起步较晚，传统汽车技术储备较发达国家存在一定差距，短时间内难以赶超，而新能源汽车发展都在起步阶段，市场竞争格局尚未确定，知识产权壁垒也尚未形成，是我国汽车行业实现"弯道超车"的关键突破口。

为推动国内新能源汽车产业高质量稳步发展和传统燃油汽车产业的节能降耗转型，2017年9月五部委印发了《乘用车企业平均燃料消耗量与新能源汽车积分并行管理办法》（以下简称双积分政策），以市场机制逐步代替财政补贴，有效解决企业"骗补"现象频发的问题。然而，中国汽车工业协会数据显示，2019年全年汽车销量为2576.9万辆，同比下降8.2%。其中，新能源汽车销量为120.6万辆，同比下降4.0%，十年来首现负增长①。三大政策导致了新能源汽车市场的巨变：

---

① 中国汽车工业协会. 2019年汽车工业经济运行情况［EB/OL］.［2020 – 01 – 13］. http：//www. caam. org. cn/chn/4/cate_39/con_5228367. html.

一是排放标准的切换；二是财政补贴大幅度退坡；三是新版双积分政策。由此可见，在双积分政策的实际应用中，通过积分管理和交易形成的市场机制难以保证市场的良好发展，政府如何通过宏观调控与监督，如何完善积分考核标准，成为当前亟待解决的问题。

与此同时，国外大型车企开始利用自身优势碾压国内中小车企。例如，特斯拉以续航里程高、自动驾驶技术领先等优势，推出符合国内消费者审美和需求的小型 SUV，抢先一步占领国内新能源汽车市场。在电芯前瞻研发方面，宝马、丰田等行业巨头在相关领域的技术遥遥领先，对国内中小车企的发展造成极大威胁。除此之外，为了应对利润下降的行业局面，戴姆勒与宝马集团共同投资 10 亿欧元，联手成立 5 家出行合资公司，合资 11 亿欧元，致力于小型等级车型的开发。面对欧美车企的咄咄逼人，如果中国车企不打造自己的合作创新平台，未来新能源汽车产业的天平将继续倾向于欧美车企。

8.2   问题描述与假设

本节考虑现行市场包含一个纯电动汽车制造商种群和一个燃油汽车制造商种群，种群规模相同。假设整个市场在不同地理位置上被划分为多个相同且独立的小市场，每个小市场仅包含一家纯电动汽车制造商和一家燃油汽车制造商。任选一个小市场（即一个代表市场）构建双种群演化博弈模型，在积分市场出清的前提下，考虑政府不实施奖惩机制和实施奖惩机制两种情景对博弈主体演化稳定策略的影响，并提出如下假设：

假设 1：在汽车制造商合作创新博弈过程中，合作主体为纯电动汽车制造商和燃油汽车制造商。纯电动汽车制造商和燃油汽车制造商都存在两种合作策略（即积极合作，消极合作）。其中纯电动汽车制造商积极合作的含义是指纯电动汽车制造商愿意向燃油汽车制造商提供相关新能源技术支持，推进燃油汽车制造商响应国家政策，实施企业转型；消极合作是指纯电动汽车制造商与燃油汽车制造商的合作仅仅是为了获取政府补贴或优惠，而不愿意向燃油汽车制造商提供技术支持。燃油汽车制造商积极合作的含义是指燃油汽车制造商愿意给纯电动汽车制造商提供研发资金、设备等资源支持，促进纯电动汽车制造商新能源电池的技术进步；消极合作是指燃油汽车制造商并不愿提供资金合作支持，仅将资金用于本企业燃油发动机的研发。x 为纯电动汽车制造商积极合作的概率，y 为燃油汽车制造商积极合作的概率，且 x，y $\in$ [0，1]。在汽车制造商的合作创新中，政府不仅是一个重要的推动者，也是一个不可或缺的监管者，政府存在 ｛实施奖惩机制，不实施奖惩机制｝ 两种策略。

假设 2：假设纯电动汽车制造商的生产数量为 Q_N，燃油汽车制造商的生产数量为 Q_G，且汽车供应链中产销平衡。纯电动汽车制造商或燃油汽车制造商消极合作时的初始收益分别为 R_N 和 R_G，当纯电动汽车制造商和燃油汽车制造商均采取积极合作策略时会因研发效率的提高，开发出性价比更高的产品从而获得合作超额收益 L（L > 0），该收益在两个汽车制造商间分配，利益分配系数为 α（0 < α < 1），即纯电动汽车制造商的合作超额收益为 αL，燃油汽车制造商的合作超额收益为 （1 - α）L。C 表示纯电动汽车制造商和燃油汽车制造商积极合作需要付出的成本，成本分摊系数为 π（0 < π < 1），即纯电动汽车制造商分摊的成本为 πC，燃油汽车制造商分摊的成本为 （1 - π）C。

假设 3：积分交易价格 P_λ 由国内汽车市场 NEV 正积分和 CAFC 负积分的供需情况决定。为了鼓励新能源汽车制造商加大研发力度，提高产品续航里程，且不违背积分市场客观规律，保持供求平衡状态，2020 年 6 月工信部发布了关于修改《乘用车企业平均燃料消耗量与新能源积分并行管理办法》的决定（以下简称《新办法》），该规定将纯电动车的标准车型积分计算方法由原来的 $0.012 \times R + 0.8$ 修改为 $0.0056 \times R + 0.4$。假设乘性系数为 a，加性系数为 b，R 为纯电动车的续航里程（工况法），单位为千米，即纯电动车的标准车型积分计算公式为 $a \cdot R + b$。

假设 4：假设燃油汽车制造商的平均燃料消耗积分为负（即排放超标），单位燃油汽车的 CAFC 积分系数为 λ_G（$\lambda_G > 0$），单位 NEV 积分系数为 λ_N。且新办法中强制纳入新能源积分比例考核，即对燃油汽车制造商年度生产或进口量不足三万辆的企业，不设定新能源积分比例要求；达到三万辆以上的，从 2019 年开始设定新能源汽车积分比例要求。2019 ~ 2023 年度的新能源积分比例要求分别为 10%、12%、14%、16%、18%。令新能源汽车比例要求为 β，因此燃油汽车制造商的新能源汽车积分比例要求，即 NEV 负积分为 $-\beta Q_G$，CAFC 负积分为 $-\lambda_G Q_G$，纯电动汽车制造商产生的 NEV 正积分为 $\lambda_N Q_N$。

假设 5：假设纯电动汽车制造商和燃油汽车制造商均采用积极合作的策略时，纯电动汽车制造商合作研发提高了电池的续航里程 ΔR，从而获得更多的积分收益；而燃油汽车制造商借助合作研发的技术发展了油电混合的低耗汽车，根据《新办法》的规定，2021～2023 年度，低油耗乘用车的生产量或进口量按照其数量的 0.5 倍、0.3 倍、0.2 倍计算，用 k 表示下降倍数（0 < k < 1）。

假设 6：假设纯电动汽车制造商和燃油汽车制造商在积极合作创新过程中因知识溢价而产生的价值为 $K_i (i = N，G)$，由博弈他方主体获得；同时，汽车制造商均采取积极合作策略时由于核心技术的交流或共享会产生一定风险成本，即另一方可能存在抄袭、模仿、盗取部分重要技术成果为其带来损失，这在一定程度上成为双方积极合作的重大阻碍，假设汽车制造商的技术储备量分别为 ρ_N、ρ_G，技术共享度为 θ_N、θ_G，合作创新的风险系数为 χ_N、χ_G。

假设 7：在政府的监管与引导下，为了激发纯电动汽车制造商和燃油汽车制造商主体间的合作创新意识，会制定奖励和惩罚机制。假设政府实施奖惩机制时，若双方都采取积极合作策略时，政府给予创新奖励 S，而选择消极合作策略的主体会受到政府的惩罚，需要支付的惩罚为 F。

表 8.1 给出了假设中提及的相关符号及其定义。

表 8.1 符号及定义

符号	含义	符号	含义
$Q_i (Q_i > 0)$	生产数量（i = N，G）	$R_i (R_i > 0)$	消极合作的初始收益（i = N，G）
$L (L > 0)$	积极合作获得的超额收益	$\alpha (0 < \alpha < 1)$	收益分配系数
$C (C > 0)$	积极合作付出的成本	$\pi (0 < \pi < 1)$	成本分摊系数
$P_\lambda (P_\lambda > 0)$	积分交易价格	$R (R > 0)$	纯电动车续航里程
$a (a > 0)$	标准车型积分计算乘性系数	$b (b > 0)$	标准车型积分计算加性系数
$\lambda_N (\lambda_N > 0)$	NEV 积分系数	$\lambda_G (\lambda_G > 0)$	CAFC 积分系数
$\beta (\beta > 0)$	新能源汽车积分比例要求	$k (0 < k < 1)$	低油耗乘用车下降倍数
$K_i (K_i > 0)$	积极合作产生的知识溢价	$\rho_i (\rho_i > 0)$	技术储备量（i = N，G）

符号	含义	符号	含义
$\theta_i(\theta_i>0)$	技术共享度（$i=N,G$）	$\chi_i(\chi_i>0)$	合作创新风险系数（$i=N,G$）
$S(S>0)$	积极合作给予的奖励	$F(F>0)$	消极合作支付的罚金

8.3 政府不监管时合作创新演化博弈模型

（1）模型构建。

基于以上假设，可以得到政府不实施奖惩机制时纯电动汽车制造商和燃油汽车制造商博弈的支付矩阵，详见表 8.2。

表 8.2　政府不实施奖惩机制时博弈双方合作创新支付矩阵

		燃油汽车制造商	
		积极合作（y）	消极合作（1-y）
纯电动汽车制造商	积极合作（x）	$R_N+\alpha L-\pi C+K_G-\rho_N\theta_N\chi_N+$ $P_\lambda\cdot Q_N\cdot[a\cdot(R+\Delta R)+b]$ $R_G+(1-\alpha)L-(1-\pi)C+K_N-$ $\rho_G\theta_G\chi_G-k\cdot P_\lambda\cdot Q_G\cdot(\lambda_G+\beta)$	$R_N-\pi C+P_\lambda\cdot Q_N\cdot(a\cdot R+b)$ $R_G-P_\lambda\cdot Q_G\cdot(\lambda_G+\beta)+K_N$
	消极合作（1-x）	$R_N+P_\lambda\cdot Q_N\cdot(a\cdot R+b)+K_G$ $R_G-(1-\pi)C-P_\lambda\cdot Q_G\cdot(\lambda_G+\beta)$	$R_N+P_\lambda\cdot Q_N\cdot(a\cdot R+b)$ $R_G-P_\lambda\cdot Q_G\cdot(\lambda_G+\beta)$

（2）模型分析。

根据演化博弈的相关理论和期望收益的计算方法，令 E_1、E_2 分别表示纯电动汽车制造商和燃油汽车制造商的平均期望收益，根据表 8.2 可得：

纯电动汽车制造商选择积极合作策略的期望收益为：

$$E_{11}=R_N-\pi C+P_\lambda\cdot Q_N\cdot(a\cdot R+b)$$
$$+y(\alpha L+P_\lambda\cdot Q_N\cdot a\cdot\Delta R+K_G-\rho_N\theta_N\chi_N) \tag{8.1}$$

纯电动汽车制造商选择消极合作策略的期望收益为：

$$E_{12}=R_N+P_\lambda\cdot Q_N\cdot(a\cdot R+b)+y\cdot K_G \tag{8.2}$$

故纯电动汽车制造商的平均期望收益为:

$$E_1 = xE_{11} + (1-x)E_{12} \tag{8.3}$$

根据 Malthusian 动态方程,可以得到纯电动汽车制造商选择积极合作策略的复制动态方程为:

$$F(x) = \frac{dx}{dt} = x(1-x)\left[y \cdot \alpha L - \pi c + y \cdot P_\lambda \cdot Q_N \cdot a \cdot \Delta R - y \cdot \rho_N \theta_N \chi_N\right]$$

$$\tag{8.4}$$

燃油汽车制造商选择积极合作策略的期望收益为:

$$E_{21} = R_G - (1-\pi) - P_\lambda \cdot Q_G \cdot (\lambda_G + \beta) + x\big[(1-\alpha)L$$
$$+ (1-k) \cdot P_\lambda \cdot Q_G \cdot (\lambda_G + \beta) + K_N - \rho_G \theta_G \chi_G\big] \tag{8.5}$$

燃油汽车制造商选择消极合作策略的期望收益为:

$$E_{22} = R_G - P_\lambda \cdot Q_G \cdot (\lambda_G + \beta) + x \cdot K_N \tag{8.6}$$

所以,燃油汽车制造商的平均期望收益为:

$$E_1 = yE_{21} + (1-y)E_{22} \tag{8.7}$$

同理可得,燃油汽车制造商选择积极合作策略的复制动态方程为:

$$F(y) = \frac{dy}{dt} = y(1-y)\big[x(1-\alpha)L - (1-\pi)C$$
$$+ xP_\lambda Q_G(1-k)(\lambda_G + \beta) - x\rho_G \theta_G \chi_G\big] \tag{8.8}$$

根据 $F(x)$ 和 $F(y)$ 两个复制动态方程,可以得到纯电动汽车制造商和燃油汽车制造商的演化动态,形成一个二维动力系统 D_1:

$$\begin{cases} F(x) = \dfrac{dx}{dt} = x(1-x)\big[y\alpha L - \pi c + yP_\lambda Q_N a\Delta R - y\rho_N \theta_N \chi_N\big] \\[2mm] F(y) = \dfrac{dy}{dt} = y(1-y)\big[x(1-\alpha)L - (1-\pi)C \\[1mm] \qquad\qquad\qquad + xP_\lambda Q_G(1-k)(\lambda_G + \beta) - x\rho_G \theta_G \chi_G\big] \end{cases} \tag{8.9}$$

令 $F(x) = 0$ 和 $F(y) = 0$,可以得到系统 D_1 的 5 个局部均衡点,分别为 $O(0, 0)$,$P_1(0, 1)$,$P_2(1, 0)$,$P_3(1, 1)$,$P_4(x^*, y^*)$。$x^* = \dfrac{(1-\pi)C}{(1-\alpha)L + (1-k)P_\lambda Q_G(\lambda_G + \beta) - \rho_G \theta_G \chi_G}$,$y^* = \dfrac{\pi C}{\alpha L + P_\lambda \cdot Q_N \cdot a \cdot \Delta R - \rho_N \theta_N \chi_N}$。

根据 Friedman 方法,对二维连续动力系统的雅克比矩阵进行稳定性分析可得系统演化稳定策略(ESS)。由系统 D_1 的二维微分动力方程组计算可得雅克比矩阵 J_1 为:

$$J_1 = \begin{bmatrix} (1-2x)\begin{bmatrix} y\alpha L - \pi C + \\ yP_\lambda Q_N a\Delta R - y\rho_N\theta_N\chi_N \end{bmatrix} & x(1-x)\begin{bmatrix} \alpha L + P_\lambda Q_N a\Delta R - \rho_N\theta_N\chi_N \end{bmatrix} \\ y(1-y)\begin{bmatrix} (1-\alpha)L + P_\lambda Q_G(1- \\ k)(\lambda_G+\beta) - \rho_G\theta_G\chi_G \end{bmatrix} & (1-2y)\begin{bmatrix} x(1-\alpha)L - (1-\pi)C + \\ xP_\lambda Q_G(1-k)(\lambda_G+\beta) - x\rho_G\theta_G\chi_G \end{bmatrix} \end{bmatrix}$$

$$(8.10)$$

微分方程组 D_1 平衡点的稳定性，可由矩阵 J_1 的行列式 $\mathrm{Det}J_1$ 和迹 $\mathrm{Tr}J_1$ 的符号决定。当满足 $\mathrm{Det}J_1 > 0$ 且 $\mathrm{Tr}J_1 < 0$ 时，复制动态方程的均衡点就是演化稳定策略（ESS）。故可得 D_1 稳定性结果如表 8.3 所示。

表 8.3　　　政府不监管时汽车制造商间合作
创新演化博弈系统稳定性分析

(a) $\begin{cases} \alpha L + P_\lambda \cdot Q_N \cdot a \cdot \Delta R > \pi C + \rho_N\theta_N\chi_N \text{ 且} \\ (1-\alpha)L + (1-k)P_\lambda \cdot Q_G \cdot (\lambda_G+\beta) \\ > (1-\pi)C + \rho_G\theta_G\chi_G \end{cases}$				(b) $\begin{cases} \alpha L + P_\lambda \cdot Q_N \cdot a \cdot \Delta R < \pi C + \rho_N\theta_N\chi_N \text{ 且} \\ (1-\alpha)L + (1-k)P_\lambda \cdot Q_G \cdot (\lambda_G+\beta) \\ < (1-\pi)C + \rho_G\theta_G\chi_G \end{cases}$			
平衡点	$\mathrm{Det}J_1$	$\mathrm{Tr}J_1$	稳定性	平衡点	$\mathrm{Det}J_1$	$\mathrm{Tr}J_1$	稳定性
$O(0, 0)$	+	−	ESS	$O(0, 0)$	+	−	ESS
$P_1(0, 1)$	+	+	不稳定	$P_1(0, 1)$	−	N	鞍点
$P_2(1, 0)$	+	+	不稳定	$P_2(1, 0)$	−	N	鞍点
$P_3(1, 1)$	+	−	ESS	$P_3(1, 1)$	+	+	不稳定
$P_4(x^*, y^*)$	−	0	中心点	$P_4(x^*, y^*)$	−	0	中心点

注："＋"表示大于0，"－"表示小于0，"N"表示不确定。

由表 8.3 可以看出，情况（b）由于合作收益小于合作成本，汽车制造商最终均会选择"消极合作"策略。因此，为了促进汽车制造商间的合作意愿，要确保合作收益大于合作成本，本节仅讨论情况（a）。情况（a）中 O 点和 P_3 点是稳定点，它们分别对应（消极合作，消极合作）、（积极合作，积极合作）两种帕累托最优结果，P_1 和 P_2 是博弈的不稳定点，P_4 为中心点。当初始状态处于两个不稳定点和中心点所组成的折线右上方（$P_1P_4P_2P_3$ 区域）时，系统将向 $P_3(1, 1)$ 收敛，即纯电动汽车制造商和燃油汽车制造商均向"积极合作"的策略演进；

当初始状态处于折线左下方（$OP_1P_4P_2$ 区域）时，系统将向 $O(0,0)$ 收敛，即纯电动汽车制造商和燃油汽车制造商均向"消极合作"的策略演进，两者的演化相位如图 8.1 所示。

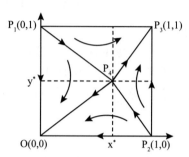

图 8.1 政府不实施奖惩机制时纯电动汽车制造商和燃油汽车制造商的演化相位

由图 8.1 可知，（消极合作，消极合作）和（积极合作，积极合作）是博弈的两种稳定状态。纯电动汽车制造商和燃油汽车制造商的合作创新行为向哪种稳定状态发展取决于 $OP_1P_4P_2$ 区域面积 S_1 与 $P_1P_4P_2P_3$ 区域面积 S_2 的大小比较，S_1 越大，双方实施（消极合作，消极合作）策略组合的概率越高，S_2 越大，双方实施（积极合作，积极合作）策略组合的概率越高。由图 8.1 易知，$OP_1P_4P_2$ 区域面积 S_1 公式为：

$$S_1 = \frac{1}{2}\left[\frac{(1-\pi)C}{(1-\alpha)L + (1-k)P_\lambda Q_G(\lambda_G + \beta) - \rho_G\theta_G\chi_G} + \frac{\pi C}{\alpha L + P_\lambda Q_N a\Delta R - \rho_N\theta_N\chi_N}\right] \tag{8.11}$$

下面分别对影响 $OP_1P_4P_2$ 区域面积 S_1 变化的主要因素进行分析：

①合作收益分配系数 α。

对式（8.11）求关于合作收益分配系数 α 的偏导可得：

$$\frac{\partial S_1}{\partial \alpha} = \left[\frac{(1-\pi)CL}{((1-\alpha)L + (1-k)P_\lambda \cdot Q_G \cdot (\lambda_G + \beta))^2} - \frac{\pi CL}{(\alpha L + P_\lambda \cdot Q_N \cdot a \cdot \Delta R)^2}\right] \tag{8.12}$$

由式（8.12）可知 α 对 S_1 的影响是非单调的，且根据式

（8.12）易知 $\dfrac{\partial^2 S_1}{\partial^2 \alpha} > 0$，说明存在最小值，令 $\dfrac{\partial^2 S_1}{\partial^2 \alpha} = 0$，即

$$\dfrac{1-\pi}{((1-\alpha)L + (1-k)P_\lambda \cdot Q_G \cdot (\lambda_G + \beta))^2} = \dfrac{\pi}{(\alpha L + P_\lambda \cdot Q_N \cdot a \cdot \Delta R)^2}$$ 时，

S_1 取最小值，此时汽车制造商间合作创新向 $P_3(1,1)$ 即（积极合作，积极合作）演化的可能性最大。因此，纯电动汽车制造商和燃油汽车制造商应确立一个最优的合作收益分配系数，促进双方向"积极合作"方向演化。

②合作成本分摊系数 π。

对式（8.11）求关于合作成本分摊系数 π 的偏导可得：

$$\dfrac{\partial S_1}{\partial \pi} = \dfrac{1}{2}\left[\dfrac{C}{\alpha L + P_\lambda \cdot Q_N \cdot a \cdot \Delta R} - \dfrac{C}{(1-\alpha)L + (1-k)P_\lambda \cdot Q_G \cdot (\lambda_G + \beta)}\right]$$

$$(8.13)$$

由式（8.13）可知 π 对 S_1 的影响是非单调的，如果 $\alpha L + P_\lambda \cdot Q_N \cdot a \cdot \Delta R > (1-\alpha)L + (1-k)P_\lambda \cdot Q_G \cdot (\lambda_G + \beta)$，即纯电动汽车制造商收益更高时，$\dfrac{\partial S_1}{\partial \pi} < 0$，$S_1$ 是 π 的单调减函数，纯电动汽车制造商合作成本分摊系数越大，S_1 面积越小，双方向（积极合作，积极合作）演化的可能性越大；如果燃油汽车制造商收益更高时，$\dfrac{\partial S_1}{\partial \pi} > 0$，$S_1$ 是 π 的单调增函数，燃油汽车制造商合作成本分摊系数越大，S_1 面积越小，双方向（积极合作，积极合作）演化的可能性越大。易知，合作成本分摊系数与汽车制造商的收益正相关。

③积分交易价格 P_λ。

对式（8.11）求关于积分交易价格 P_λ 的偏导可得：

$$\dfrac{\partial S_1}{\partial P_\lambda} = \left[-\dfrac{(1-\pi)C(1-k)P_\lambda Q_G}{((1-\alpha)L + (1-k)P_\lambda Q_G(\lambda_G + \beta))^2} - \dfrac{\pi C Q_N a \Delta R}{(\alpha L + P_\lambda Q_N a \Delta R)^2}\right] < 0$$

$$(8.14)$$

由式（8.14）可知 S_1 是 P_λ 的单调减函数，即市场上积分交易价格 P_λ 上升时，S_1 将会减少，S_2 会随之增加，双方向（积极合作，积极合作）演化的概率增加；当市场上积分交易价格 P_λ 降低时，S_1 增加而 S_2 减少，双方向（消极合作，消极合作）演化的概率增加。因此，对于积分市场的价格管控是至关重要的，适度提高积分交易价格有助于汽车

制造商间合作创新向"积极合作"方向演化。

④乘性系数 a。

对式（8.11）求关于乘性系数 a 的偏导可得：

$$\frac{\partial S_1}{\partial a} = \frac{1}{2} \cdot \frac{-\pi C \cdot P_\lambda \cdot Q_N \cdot \Delta R}{(\alpha L + P_\lambda \cdot Q_N \cdot a \cdot \Delta R - \rho_N \theta_N \chi_N)^2} < 0 \qquad (8.15)$$

由式（8.15）可知 S_1 是 a 的单调减函数，即纯电动车标准车型的计算乘性系数增加时，S_1 会随之减小，双方向（积极合作，积极合作）演化的概率增加；当纯电动车标准车型的计算乘性系数减小时，S_2 会随之增加，双方向（消极合作，消极合作）演化的概率增加。因此，汽车制造商间进行合作创新时，适度提高纯电动车标准车型的计算乘性系数，有助于促进纯电动汽车制造商加大技术研发力度，以获取更高利润。

⑤新能源汽车积分比例 β。

对式（8.11）求关于新能源汽车积分比例 β 的偏导可得：

$$\frac{\partial S_1}{\partial \beta} = \frac{1}{2} \cdot \frac{-(1-\pi)C \cdot (1-k) \cdot P_\lambda \cdot Q_G}{[(1-\alpha)L + (1-k)P_\lambda \cdot Q_G \cdot (\lambda_G + \beta) - \rho_G \theta_G \chi_G]^2} < 0$$

$$(8.16)$$

由式（8.16）可知 S_1 是 β 的单调减函数，即新能源汽车积分比例 β 增加时，S_1 会随之减小，双方向（积极合作，积极合作）演化的概率增加；当新能源汽车比例积分 β 减小时，S_2 会随之增加，双方向（消极合作，消极合作）演化的概率增加。因此，政府合理制定新能源积分比例，适度提高比例要求，有助于促进纯电动汽车制造商与燃油汽车制造商的积极合作，加快新能源汽车行业的转型。

8.4 政府实施监管时合作创新演化博弈模型

（1）模型构建。

基于以上假设，可以得到政府实施奖惩机制时纯电动汽车制造商和燃油汽车制造商时的博弈支付矩阵，详见表8.4。

表8.4　政府实施奖惩机制时博弈双方合作创新支付矩阵

指标		燃油汽车制造商	
		积极合作（y）	消极合作（1－y）
纯电动汽车制造商	积极合作（x）	$R_N + \alpha L - \pi C + K_G - \rho_N \theta_N \chi_N +$ $P_\lambda \cdot Q_N \cdot [a \cdot (R + \Delta R) + b] + S$ $R_G + (1-\alpha)L - (1-\pi)C + K_N -$ $\rho_G \theta_G \chi_G - k \cdot P_\lambda \cdot Q_G \cdot (\lambda_G + \beta) + S$	$R_N - \pi C + P_\lambda \cdot Q_N \cdot (a \cdot R + b)$ $R_G - P_\lambda \cdot Q_G \cdot (\lambda_G + \beta) + K_N - F$
	消极合作（1－x）	$R_N + P_\lambda \cdot Q_N \cdot (a \cdot R + b) + K_G - F$ $R_G - (1-\pi)C - P_\lambda \cdot Q_G \cdot (\lambda_G + \beta)$	$R_N + P_\lambda \cdot Q_N \cdot (a \cdot R + b) - F$ $R_G - P_\lambda \cdot Q_G \cdot (\lambda_G + \beta) - F$

（2）模型分析。

同理可得政府实施奖惩机制时纯电动汽车制造商和燃油汽车制造商的演化动态，形成一个二维动力系统 D_2：

$$
\begin{cases}
F(x) = \dfrac{dx}{dt} = x(1-x)\big[y(\alpha L + S) - \pi c + y \cdot P_\lambda \cdot Q_N \cdot a \cdot \Delta R \\
\qquad\qquad - y \cdot \rho_N \theta_N \chi_N + F \big] \\
F(y) = \dfrac{dy}{dt} = y(1-y)\big[x((1-\alpha)L + S) - (1-\pi)C \\
\qquad\qquad + (1-k) \cdot x \cdot P_\lambda \cdot Q_G \cdot (\lambda_G + \beta) - x \cdot \rho_G \theta_G \chi_G + F \big]
\end{cases}
$$

$$(8.17)$$

计算可得系统 D_2 的5个局部均衡点分别为 $O'(0, 0)$，$P_1'(0, 1)$，$P_2'(1, 0)$，$P_3'(1, 1)$，$P_4'(x^{**}, y^{**})$，$x^{**} = \dfrac{(1-\pi)C - F}{(1-\alpha)L + (1-k)P_\lambda \cdot Q_G \cdot (\lambda_G + \beta) - \rho_G \theta_G \chi_G + S}$，

$y^{**} = \dfrac{\pi C - F}{\alpha L + P_\lambda \cdot Q_N \cdot a \cdot \Delta R - \rho_N \theta_N \chi_N + S}$。

根据均衡点及局部稳定性分析可得表8.5。

表8.5　政府实施奖惩机制时汽车制造商间合作创新演化博弈系统稳定性分析

(a) $\begin{cases} \alpha L + S + P_\lambda \cdot Q_N \cdot a \cdot \Delta R + F > \pi C + \\ \rho_N \theta_N \chi_N \text{ 且}(1-\alpha)L + S + (1-k)P_\lambda \cdot \\ Q_G \cdot (\lambda_G + \beta) + F > (1-\pi)C + \rho_G \theta_G \chi_G \end{cases}$	(b) $\begin{cases} \alpha L + S + P_\lambda \cdot Q_N \cdot a \cdot \Delta R + F < \pi C + \\ \rho_N \theta_N \chi_N \text{ 且}(1-\alpha)L + S + (1-k)P_\lambda \cdot \\ Q_G \cdot (\lambda_G + \beta) + F < (1-\pi)C + \rho_G \theta_G \chi_G \end{cases}$

续表

平衡点	DetJ₂	TrJ₂	稳定性	平衡点	DetJ₂	TrJ₂	稳定性
$O'(0,0)$	+	−	ESS	$O'(0,0)$	+	−	ESS
$P_1'(0,1)$	+	+	不稳定	$P_1'(0,1)$	−	N	鞍点
$P_2'(1,0)$	+	+	不稳定	$P_2'(1,0)$	−	N	鞍点
$P_3'(1,1)$	+		ESS	$P_3'(1,1)$	+	+	不稳定
$P_4'(x^{**},y^{**})$	−	0	中心点	$P_4'(x^{**},y^{**})$	−	0	中心点

注:"+"表示大于0,"−"表示小于0,"N"表示不确定。

同理表8.3情况,仅讨论情况(a),根据表8.5的稳定性分析可得政府实施奖惩机制时纯电动汽车制造商和燃油汽车制造商的演化相位,详见图8.2。

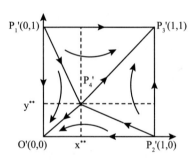

图8.2　政府实施奖惩机制时纯电动汽车制造商和燃油汽车制造商的演化相位

对比图8.1和图8.2可知,P_4'和P_4的主要差异是由于政府实施的奖惩机制导致S_2'增加而S_1'减小,双方向"积极合作"演化的概率变大。因此,本书根据奖励S和惩罚F对$O'P_1'P_4'P_2'$区域面积S_1'的影响,分析政府实施奖惩机制时纯电动汽车制造商和燃油汽车制造商合作创新演化博弈的变化情况。

(1)当$(1-\pi)C>F$且$\pi C>F$时,即$0<x^{**}<x^*$且$0<y^{**}<y^*$时,S_1'面积变小,说明政府实施奖惩机制时,奖励S和惩罚F促进系统向$P_3'(1,1)$收敛,且S和F越大,收敛于(积极合作,积极合作)的可能性越大。因此,政府实施奖惩机制有助于促进纯电动汽车制造商和

燃油汽车制造商合作创新，推动新能源汽车行业的发展，助力燃油汽车制造商的转型。

（2）当（1－π）C < F 且 πC < F 时，即 x^{**} < 0 且 y^{**} < 0 时，由于政府的干预，纯电动汽车制造商和燃油汽车制造商消极合作的惩罚大于其合作成本，使得纯电动汽车制造商和燃油汽车制造商均会选择积极合作的策略，双方后期通过合作创新获取额外收益。

因此，在纯电动汽车制造商和燃油汽车制造商的合作创新活动中，政府可以适当提高惩罚金额 F，并给予适当的奖励 S，将有助于合作创新主体向（积极合作，积极合作）演化，从而提高汽车制造商间合作概率，推动汽车行业整体发展。

8.5　数值仿真分析

8.5.1　数据解析与处理

比亚迪与丰田汽车在 2020 年 4 月 2 日达成协议，双方各出资 50%成立比亚迪丰田电动车科技有限公司，主要业务包括电动车及车辆使用平台、零部件的设计研发等。根据乘用车市场信息联席会统计数据显示，比亚迪纯电动车近两个季度（2020 年 9～12 月、2021 年 1～3 月）的销量分别为 4.8 万辆和 3.3 万辆。丰田油电混合车型（本书选取与纯电动车价格相近且销量较高的雷凌双擎为例）近两个季度（2020 年 9～12 月、2021 年 1～3 月）的销量分别为 6.2 万辆和 4.7 万辆[①]。据此令 Q_N = 4，Q_G = 5.5。《新办法》中显示企业通过积分管理平台开展积分转让或交易，其价格受市场供需情况影响具有一定波动性。新能源汽车专委会会长李金勇在第二届新能源汽车商业化大会上表示，随着 NEV 积分获取难度增加，2021 年 NEV 积分将延续供不应求局面[②]。根据工信

---

① 乘用车市场信息联席会. 2021 年 3 月新能源汽车行业月报［EB/OL］. http：//www. cpcaauto. com/newslist. asp? types = bgzl&id = 6313.

② 第一电动网. 第二届新能源汽车商业化大会［C］. https：//www. d1ev. com/kol/1 - 34687.

部发布的积分管理年度报告[1]及中国汽车报预测数据[2]，令 $P_\lambda \in (0.1,$ 0.3)。比亚迪官方网站显示[3]，旗下销量热款秦 PLUS EV 和元 PRO EV 的续航里程（工况法）分别为 400 千米和 401 千米，因此设定 R = 400。汽车制造商在合作创新时应考虑消费者不同驾驶场景，盲目堆放电池不仅增加了车辆自重、自耗其续航里程，还会提高成本，这无形中也成为了消费者购买纯电动车的阻碍，因为市内通勤并不需要长续航里程的纯电动车。市面上其他价格相近的纯电动车续航里程为 300 千米，比亚迪在电池技术方面已处于领先地位，实现技术突破的难度较大，综合考虑成本因素和假设 3《新办法》中 NEV 积分计算公式可知，较为合理的续航里程在 450 千米左右，故令 $\Delta R = 50$。参考假设 3 取值，令纯电动车标准车型计算乘性系数 a = 0.0056，加性系数 b = 0.4。参考假设 4 和假设 5 取值，令 $\lambda_G \in [1, 1.5]$，$\beta \in [0.1, 0.18]$，$k \in [0.2, 0.5]$。

根据李稚等（2021）的研究，比亚迪纯电动车价格范围为 4.39 万元（比亚迪 F3）~23 万元（宋 PRO 新能源），纯电动车成本在 4 万 ~21 万元之间，结合现实情况，由于目前新能源汽车行业处于稳步发展阶段，研发成本较高但收益却不高，燃油车已具备稳定的供应链管理系统，收益稳定，利润空间更大。因此，推测纯电动车利润大约 1 万 ~2 万元/辆，燃油车利润大约 1 万 ~6 万元/辆，为了简便计算，设定 $R_N = 7$，$R_G = 11$。根据焦建玲等（2017）和彭正银等（2021）的研究，设定 L = 7，C = 4，$F \in [0.1, 0.5]$，$S \in [0.1, 0.5]$。从现实意义考虑汽车制造商间的合作创新，较为公平的分配系数更有利于促进双方积极合作的意愿，因此，令收益分配系数 $\alpha = 0.5$，成本分摊系数 $\pi = 0.5$。根据孙典等（2007）的研究，设定 $\rho_N = 0.3$，$\rho_G = 0.7$，$\theta_N = 0.65$，$\theta_G = 0.2$，$\chi_N = 0.5$，$\chi_G = 0.3$。

① 工业和信息化部装备工业发展中心. 乘用车企业平均燃料消耗量与新能源汽车积分并行管理实施情况年度报告（2021）[EB/OL].［2021 – 05 – 27］. http：//www. miit-eidc. cn/art/2021/5/27/art_68_5821. html.

② 中国汽车报. 中汽数据预判积分交易 2021 年主流价格每分 2600 ~2900 元［EB/OL］.［2021 – 08 – 24］. http：//www. cnautonews. com/yaowen/2021/08/24/detail_2 – 0210824346287. html.

③ 比亚迪官方网站，https：//www. bydauto. com. cn.

8.5.2　收益与成本比例对系统演化的影响

（1）收益分配系数 α。

在政府不实施奖惩机制且其他参数不变的情况下，取收益分配系数 α 的步长为0.05，图8.3展示了收益分配系数对纯电动汽车制造商和燃油汽车制造商策略选择的影响。可以看出，收益分配系数 α 的阈值在［0.45，0.5］之间时，汽车制造商由消极合作意愿转变为积极合作意愿，且收益分配系数略偏向纯电动汽车制造商时，双方向积极合作方向演化的速度最快。当收益分配系数略偏向燃油汽车制造商时，燃油汽车制造商初始会向积极方向演化，但由于纯电动汽车制造商的不配合，最终也转为消极合作。这是由于在双方的创新合作中，纯电动汽车制造商需要花费更高的成本而初始收益较低，燃油汽车制造商已拥有成熟的供应链，技术改良后可以获取更高的利润，因此在收益分配时，略微偏向纯电动汽车制造商可以促进双方更好的向积极合作方向演化。

205

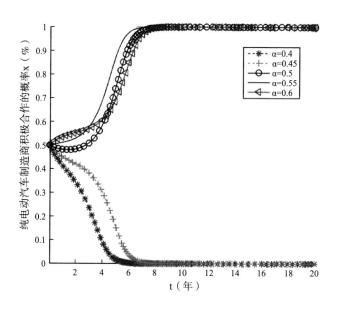

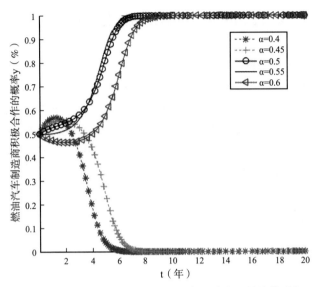

图8.3　收益分配系数 α 变化时汽车制造商系统演化路径

（2）成本分摊系数 π。

在政府不实施奖惩机制且其他参数不变的情况下，取成本分摊系数 π 的步长为0.05，图8.4展示了成本分摊系数对纯电动汽车制造商和燃油汽车制造商策略选择的影响。可以看出，成本分摊系数 π 的阈值在 [0.55，0.6] 之间时，汽车制造商由积极合作意愿转变为消极合作意愿，且成本分摊系数略偏向燃油汽车制造商时，双方向积极合作方向演化的速度最快。这是由于在双方的创新合作中，纯电动汽车制造商处于关键技术研发期，需要大量的资金支持，与燃油汽车制造商的积极合作可以保障稳定的研发资金链，而燃油汽车制造商想在新的技术领域实现突破比较困难，可通过承担更多的开发成本实现技术上的"搭便车"，以达成双方共赢。当成本分摊略偏向纯电动汽车制造商时，燃油汽车制造商初始会向积极合作方向演化，但后期可能由于纯电动汽车制造商的资金断裂，被迫中止合作创新行为。因此，在成本分摊时，略微偏向燃油汽车制造商可以促进双方更好地向积极合作方向演化。

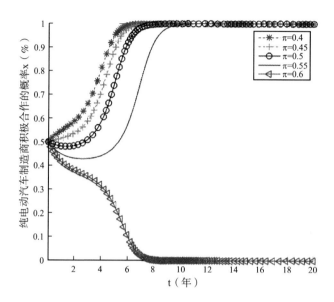

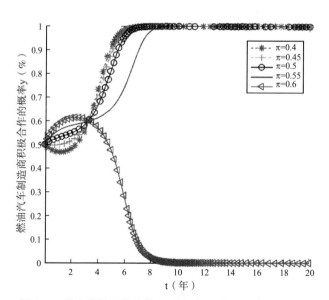

图 8.4　成本分摊系数变化 π 时汽车制造商系统演化路径

8.5.3 双积分政策对系统演化的影响

（1）新能源积分比例 β。

政府不实施奖惩机制且其他参数不变的情况下，取新能源积分比例
β 的步长为 0.02，图 8.5 展示了新能源积分比例对纯电动汽车制造商和
燃油汽车制造商策略选择的影响。可以看出，对于纯电动汽车制造商和
燃油汽车制造商而言，新能源积分比例的提高均有利于促进其更快地向
"积极合作"方向演化，且新能源积分比例越高，演化速度越快。不同
的是，纯电动汽车制造商对新能源积分比例的敏感度低于燃油汽车制造
商，存在时间的滞后性，即燃油汽车制造商由于积分比例要求寻求合作
创新时，纯电动汽车制造商未察觉市场的潜力，尚未萌发合作意愿，随
着时间的推移逐渐开始响应市场需求，积极与燃油汽车制造商合作，而
时间的滞后性与新能源积分比例有关，新能源积分比例要求越高，纯电
动汽车制造商对市场的反应灵敏度越高。因此，在健康市场的前提下，
政府应适度提高新能源积分比例要求，有利于促进纯电动汽车制造商和
燃油汽车制造商高效及时的合作，以防欧美车企借机侵占国内市场，造
成国内汽车制造商的损失。

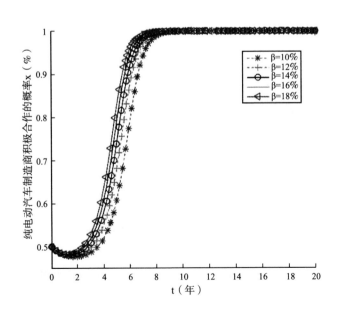

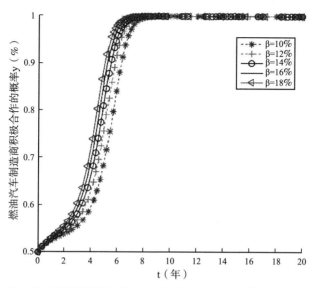

图 8.5　新能源积分比例 β 变化时汽车制造商系统演化路径

（2）标准车型乘性系数 a。

在政府不实施奖惩机制且其他参数不变的情况下，按照《新办法》发展趋势对标准车型乘性系数 a 赋值，图 8.6 展示了标准车型乘性系数对纯电动汽车制造商和燃油汽车制造商策略选择的影响。同时，标准车型乘性系数的变化会对积分交易价格产生影响，取积分交易价格 P_λ 的步长为 0.1，当 a = 0.012 时，对比图 8.6 与图 8.7 易知，适度提高标准车型乘性系数有助于创新主体向积极合作方向演化，过高的标准车型乘性系数会导致积分市场供远大于求，积分价格下跌，燃油汽车制造商可以花费较小的代价购买积分，不需要响应政策积极转型；过低的标准车型乘性系数则会导致纯电动汽车制造商不能从积分交易中获取足够的额外收益来弥补研发成本的空缺，对企业的可持续发展造成极大威胁。因此，政府在制定政策时，应充分考虑各因素间的联动性，宏观调控标准车型乘性系数，确保燃油汽车制造商的积极转型和新能源汽车行业的健康发展。

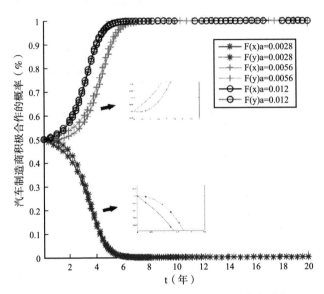

图 8.6　标准车型乘性系数 a 变化时系统演化路径

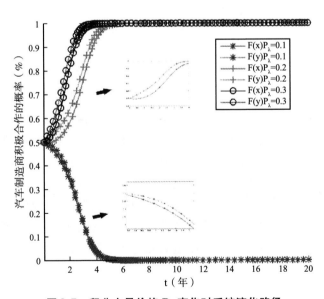

图 8.7　积分交易价格 P_λ 变化时系统演化路径

8.5.4　合作创新风险系数对系统演化的影响

在政府不实施奖惩机制且其他参数不变的情况下，取合作创新风险系数 χ 的步长为 0.1，图 8.8 展示了合作创新风险系数对纯电动汽车制造商和燃油汽车制造商策略选择的影响。可以看出，合作创新风险系数 χ_N 的阈值在 $[0.4, 0.5]$ 之间时，纯电动汽车制造商由积极合作意愿转变为消极合作意愿；合作创新风险系数 χ_G 的阈值在 $[0.5, 0.6]$ 之间时，燃油汽车制造商由积极合作意愿转变为消极合作意愿。此外，随着合作创新风险系数的降低，汽车制造商之间合作创新的演化速度变快。可见，纯电动汽车制造商由于处在自主创新的起步阶段，会更加忌惮风险因素对企业带来的潜在威胁，在进行合作创新决策时会提前对可能存在的风险因素进行预测和评估，从而降低或避免合作失败给企业带来的损失。

8.5.5　政府奖惩机制对系统演化的影响

当市场机制下的积分交易价格较低时，为了确保汽车行业的健康发展，需要政府实施奖惩机制进行宏观调控，假设罚金和奖励存在低（0.1）、中（0.3）、高（0.5）三种状态，政府实施奖惩机制且 $P_\lambda = 0.1$ 时，罚金 F 和奖励 S 对纯电动汽车制造商和燃油汽车制造商策略选择的影响如图 8.9 所示。可以看出，在低罚金和低奖励的组合下，纯电动汽车制造商和燃油汽车制造商最终都向消极合作方向演化，而提高罚金或奖励的水平可以有效促进汽车制造商之间的积极合作。对比奖励和惩罚变化的三种状态可知，罚金的变化幅度对系统演化的影响程度更强，特别的，当罚金从低水平（0.1）提高到中水平（0.3）时，可以有效促进汽车制造商向积极合作方向的演化速度。因此，在当前补贴退坡的现实背景下，政府实施奖惩机制时，可以适度提高对汽车制造商惩罚力度，促进创新主体间的积极合作。

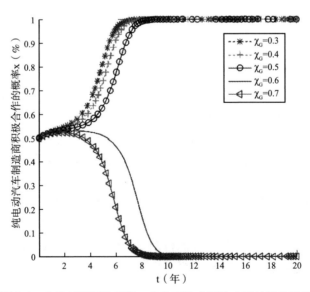

图 8.8　合作创新风险系数 χ 变化时汽车制造商系统演化路径

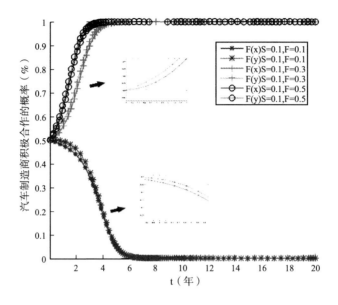

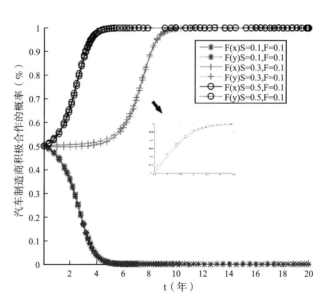

图 8.9　罚金 F 变化和奖励 S 变化对系统演化的影响

8.6 结论与政策建议

为了响应国家鼓励纯电动车提高续航里程、传统燃油车向油电混动转型，本节构建了纯电动汽车制造商和燃油汽车制造商合作创新演化博弈模型，并将双积分政策的具体积分考核标准纳入模型中，考虑了政府不实施奖惩机制和政府实施奖惩机制时博弈主体行为的演化过程，结合实际应用，进一步研究各因素对创新主体决策的影响，结果表明：

（1）政府不实施奖惩机制时，纯电动汽车制造商和燃油汽车制造商的收益成本分配比例存在一定阈值，当收益分配比例略偏向于纯电动汽车制造商时，更有利于创新主体向积极合作的方向演化；当成本分摊比例略偏向于燃油汽车制造商时，更有利于向积极合作的方向演化。此外，合作创新过程中带来的风险也会影响汽车制造商间的决策，合作创新的风险越高，系统向消极合作方向演化的可能性越大。

（2）政府不实施奖惩机制而依靠双积分政策单一牵引积分市场时，新能源积分比例与标准车型计算系数的设定对创新主体的决策具有重要影响。新能源积分比例的提高有利于提高纯电动汽车制造商的市场灵敏度，促进纯电动汽车制造商与燃油汽车制造商间及时有效的合作，合理的标准车型计算系数有助于维持稳定的积分价格，保持国内汽车市场的创新活力。

（3）当单一的市场机制不足以调节积分市场，可以搭配政府的奖惩机制实现复合牵引，促进创新主体间的积极合作。当积分价格较低时，奖励和罚金存在一定的阈值，低水平的奖惩机制无法凸显作用，适当提高奖励水平或惩罚水平可以促进汽车制造商均向积极合作的方向演化，且惩罚力度的提高能更有效提升系统的演化速度。

基于以上结论，提出以下政策建议：

（1）新能源汽车行业在国家政策的支持下，呈现起步晚、发展迅速的特点，目前消费市场处于逐步培育和完善的过程，消费者对新能源汽车的需求具有政策敏感性和较大波动性。同时，由于厂商主体多样化，欧美车企与国内车企势力不断角逐，在风险资本的驱动下，市场开始展现分化趋势，加之政府补贴的退坡和疫情对国内市场的冲击，给新能源汽车行业带来极大不确定性，核心技术和新产品的研发成为未来占领市场的关键因素。因此，政府应该鼓励国内车企通过合作创新在技术研发上有所突破，在市场牵引的基础上建立完善的监管机制，以奖励代替补贴，以惩罚规制不良合作行为，打造充满创新活力的市场环境，引导多元的市场竞争格局，推动国内车企向可持续性方向健康发展。

（2）相关部门在制定"新双积分政策"时，应充分考虑各因素间的联动性，在不违背市场客观规律的情况下，加入新的技术考核指标，提高现有技术考核的门槛，降低新能源乘用车单车积分及积分上限，改善新能源汽车"伪节能"现象。在维持积分市场供求平衡的前提下，鼓励纯电动车企加大技术研发，提高产品续航里程。同时，通过适度提高新能源积分比例要求，刺激 NEV 正积分的有效需求，使新能源汽车行业与传统汽车行业互利共赢，促进汽车市场和谐发展。

（3）混合动力是新能源汽车发展过程中的重要过渡环节，我国混合动力汽车发展日趋成熟，主流产品可实现 20% 节油率（徐建中和孙颖，2020）。按照工信部最新调整的双积分政策，由于现有的充电设施不够完善，未来政策导向会更加倾向混动汽车的补贴，特别是油电混合动力汽车，汽车企业能够按照节油率的高低，获得不同程度的补贴，从而降低消费者的购买成本。除此之外，2020 年新能源汽车充电桩被纳入"新基建"的七大领域，应加快完善充电设置建设、运营和服务体系，为新能源汽车行业的发展保驾护航。

中篇：汽车产业电动化转型

第9章 双积分政策下燃油车企转型演化博弈分析

9.1 研究背景

近年来，能源危机和环境问题的严重性是世界各国共同关注的问题，探索能够代替石油的能源至关重要，寻求新能源已然成为全球经济可持续发展的主流。随着汽车工业的快速发展，发展新能源汽车已成为所有汽车企业的共识，作为减少交通排污的有效技术，新能源汽车企业近年来发展迅速：一方面，能源危机、环境污染和国家战略安全成为社会发展中的突出问题；另一方面，能源、电子、控制、互联网等新技术与汽车制造深度融合。因此，在能源战略转型阶段大力推动新能源汽车产业发展，是中国必须面对的问题。

2017年6月，国家发展和改革委员会发布了《工业和信息化部关于完善汽车投资项目管理的意见》，指出要大力推进和完善新能源汽车发展，引导现有传统燃油车企加快转型发展新能源汽车，增强新能源汽车产业发展内生动力。同年9月，工信部提出《乘用车企业平均燃料消耗量与新能源汽车积分并行管理方法》，并于次年4月正式实施双积分政策，政策初衷旨在提高汽车能效降低油耗，实现技术突破与产业培育。在"碳达峰、碳中和"背景下，许多国家都拟定从燃油汽车向新能源汽车转型时间节点，宣布禁止销售燃油汽车计划。2019年10月，自然资源保护协会提出《中国石油消费总量达峰与控制方案研究》，报告提出预计2050年中国新能源汽车渗透率会超过70%。

　　然而，突发的新冠疫情对社会经济造成了巨大损失，也给整个汽车产业带来了巨大挑战（唐金环等，2023），新冠疫情的流行对可持续能源系统的转型产生了不确定性，政府为进一步推动新能源汽车产业发展推出一系列相关政策①。迫于新冠疫情冲击、国际关系紧张，汽车产业发展受到莫大阻碍，部分中小型企业甚至面临倒闭风险。例如，2022年4月讴歌宣布终止国内生产，北京宝沃于2022年11月宣布破产。同时在双碳背景下，燃油车企转型成为当今时事的一大热点，改善当前车企面临的痛点，深入分析研究新能源车企、燃油车企、政府三方主体间具体影响势在必行。为达到推动企业市场稳步发展、企业有序转型；避免企业因外部环境、内部资金等问题导致转型失败，最终企业倒闭现象；积极引导政府与企业、企业与企业合作创新的研究目标，研究燃油车企转型演化过程以求发现问题是非常有必要的。

9.2　问题描述与假设

9.2.1　问题描述

　　双积分政策的实施体现了我国新能源汽车的战略布局由鼓励前进转向创新激励，这将给汽车行业的发展带来极大冲击。燃油汽车向新能源汽车转型已是大势所趋，政府为推行这一举措，助力新能源车企与燃油车企进行合作，促使新能源车企在燃油车企参与转型中提供技术支撑，同时政府通过奖励政策对双方企业提供相关资金支持。本节在双积分政策基础上建立新能源车企、燃油车企以及政府的三方演化博弈模型，分析三方在不同策略组合下的收益情况。文章构建的燃油汽车转型三方演化博弈主体之间相互关系如图9.1所示。

---

　　① Liu BC, Song CY, Wang QS, Zhang XM, Chen JL. Research on regional differences of China's new energy vehicles promotion policies: A perspective of sales volume forecasting. Energy 2022, 248: 123541.

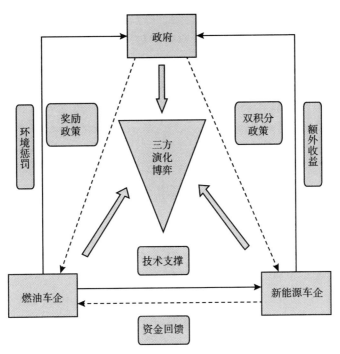

图9.1 博弈主体之间相互关系

9.2.2 模型假设

假设1：燃油车企在转型过程中会同时生产燃油汽车和新能源汽车，此时市场存在三种企业：放弃转型燃油车企（FV^{fv}）、努力转型燃油车企（FV^{nev}）、新能源车企（NEV）。假设转型中燃油车企生产比例为 β 的 FV，则生产 NEV 比例为 $(1-\beta)$。汽车制造商生产燃油汽车平均燃料消耗积分为 λ_G，单位新能源汽车积分为 λ_N，假设积分比例要求为 ξ，积分交易价格为 P_λ。

假设2：演化博弈模型有三方主体参与：新能源车企（NEV）、燃油车企（FV）、政府（G）。新能源汽车企业的策略集为｛积极协助，消极协助｝，其中新能源车企积极协助的含义是指愿意向燃油车企提供相关新能源技术支持，助力燃油车企向新能源车企转型，新能源车企会以 x 概率选择积极协助，以 $(1-x)$ 概率选择消极协助；燃油汽车企业的策略集为｛努力转型，放弃转型｝，燃油车企努力转型则表示愿意为新能源车企提供资金回馈，使其帮助自己转型为新能源车企，燃油车企选择努力转型概率为 y，选择放弃转型概率为（1 − y）；在燃油车企转型过程中，政府会发挥一定的推动作用，政府会选择"严格参与"或"放松参与"策略，政府在严格参与过程中监督双方企业并对其实施相关的奖惩措施；政府会以 z 概率选择严格参与，选择放松参与概率为（1 − z）。x，y，z∈[0，1]。

假设3：假设政府的原始收益为 R_G。当新能源车企选择积极协助，燃油车企选择努力转型，且在政府严格参与之下会获得额外收益 R，收益分摊系数为 γ_i（i = N，F，G），其中 $\gamma_G + \gamma_N + \gamma_F = 1$。

假设4：新能源汽车企业在积极协助过程中会为燃油车企提供技术支持，这使得新能源车企消耗 C_N 的技术成本。新能源车企对燃油车企提供协助时会签订合约，如果有一方违约则需要向另一方支付违约金，假设新能源车企违约时支付违约惩罚 F_N。

假设5：新能源车企为燃油车企提供技术支持，燃油车企会进行一定的资金回馈 V。对于 NEV 企业而言，收益大于成本才会选择协助，即 $V > C_N$。如果燃油车企选择努力转型则会消耗资源成本 C_F；放弃转型企业变化速度减慢，燃油汽车向新能源汽车转型是未来大势所趋，因此会产生时间成本 T。燃油汽车的运作会对环境产生危害，政府会对其进行环境惩罚 P；但在转型过程中并不意味着不制造燃油汽车，只是逐渐减少燃油汽车的生产，完全转型时则为零，这里设转型过程的环境惩罚为 rP，r 为惩罚系数（0 < r < 1）。同理假设4，燃油汽车违约时会支付违约惩罚 F_F，文章旨在推动燃油车企转型，因此假设 $F_F > F_N$（吴君民等，2021）。

假设6：政府激励企业前进，对积极协助的新能源车企、努力转型的燃油车企提供奖励基金（Xie Y et al.，2021），假设对新能源车企和燃油车企提供额度 g 的奖励，奖励分配系数为 α_i（i = N，F），且 $\alpha_N + \alpha_F = 1$；政府在提供奖励的同时会花费人力资源成本 C_G 进行监督以防企业骗取奖励。

通过假设构建本节分析框架，如图9.2所示。

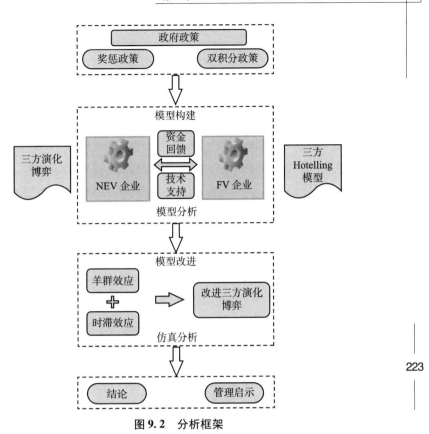

图 9.2 分析框架

上述假设符号及其相关意义，见表 9.1：

表 9.1　　　　　　　　　　　符号及定义

符号	意义	符号	意义
$x(0 \leqslant x \leqslant 1)$	NEV 协助的概率	$\gamma_i(0 < \gamma_i < 1)$	收益分摊系数（$i = N$，F，G）
$y(0 \leqslant y \leqslant 1)$	FV 转型的概率	$C_N(C_N > 0)$	NEV 合作的技术成本
$z(0 \leqslant z \leqslant 1)$	政府参与的概率	$C_F(C_F > 0)$	FV 转型的资源成本
$\beta(0 < \beta < 1)$	转型燃油车企生产 FV 比例	$C_G(C_G > 0)$	政府监管的人力资源成本
$V(V > 0)$	资金回馈	$F_N(F_N > 0)$	NEV 车企违约惩罚
$R_G(R_G > 0)$	政府原始收益	$F_F(F_F > 0)$	FV 车企违约惩罚

符号	意义	符号	意义
$R(R>0)$	合作转型的额外收益	$\alpha_i(0<\alpha_i<1)$	奖励分配系数（$i=N, F$）
$T(T>0)$	时间成本	$P(P>0)$	环境惩罚
$g(g>0)$	政府奖励	$r(r>0)$	环境惩罚系数
$\lambda_N(\lambda_N>0)$	NEV 积分系数	$\lambda_G(\lambda_G>0)$	CAFC 积分系数
$\xi(\xi>0)$	积分比例要求	$P_\lambda(P_\lambda>0)$	积分交易价格
U_F^{fv}、U_F^{nev}、U_{NEV}	转型燃油车企、不转型燃油车企、新能源车企的效用	C_F^{fv}、C_F^{nev}、C_{NEV}	燃油车企生产 FV、燃油车企生产 NEV、新能源车企生产 NEV 的成本
P_F^{fv}、P_F^{nev}、P_{NEV}	燃油车企生产 FV、燃油车企生产 NEV、新能源车企生产 NEV 的售价	π_F^{fv}、π_F^{nev}、π_{NEV}	放弃转型燃油车企、努力转型燃油车企、新能源车企的利润

9.3　三方 Hotelling 模型

转型过程中的燃油车企同时生产 NEV 和 FV，用传统 Hotelling 模型难以描述市场竞争关系。本节参考彭等（Peng et al.，2020）的研究，将 Hotelling 模型扩展到三方，研究三种企业竞争行为，如图 9.3 所示。

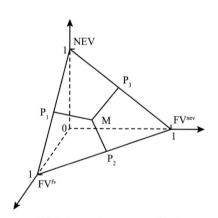

图 9.3　三方 Hotelling 模型

与传统模型不同，三方 Hotelling 模型的竞争主体位于等边三角形的三个顶点，其中 M 为消费者位置，MP_1，MP_2，MP_3 分别与三边垂直。现如今汽车制造商划分为三类：生产 FV、生产 FV 和 NEV、生产 NEV，传统模型明显不足以描述现状，三方 Hotelling 模型可以更好地反映现实市场竞争关系。

假设 Δ 为汽车市场，$\Delta = \{(x_1, x_2, x_3) \mid x_1 + x_2 + x_3 = 1, x_i > 0, i = 1, 2, 3\}$，燃油车企、转型中的燃油车企以及新能源车企分别位于其三个顶点：$FV^{fv}(1, 0, 0)$，$FV^{nev}(0, 1, 0)$，$NEV(0, 0, 1)$。若消费者位于 $M(x_1, x_2, x_3) \in \Delta$，消费到达三类汽车制造商的距离分别为 $(1-x_1)$，$(1-x_2)$，$(1-x_3)$。令汽车市场总需求量为 1，s 为单位损失效益，则消费者购买产品的净效用函数分别为：

$$U_F^{fv} = P_F^{fv} + s(1 - x_1)$$
$$U_F^{nev} = P_F^{nev} + s(1 - x_2)$$
$$U_{NEV} = P_{NEV} + s(1 - x_3) \tag{9.1}$$

令 $U_F^{fv} = U_F^{nev} = U_{NEV}$，结合 $x_1 + x_2 + x_3 = 1$，可以得出消费者购买产品的无差别位置 $M^*(x_1^*, x_2^*, x_3^*)$，同时汽车市场总需求为 1，便可计算出三类企业需求量：

$$x_1^* = \frac{s - P_F^{fv} + 2P_F^{nev} - P_{NEV}}{3s}$$

$$x_2^* = \frac{s + 2P_F^{fv} - P_F^{nev} - P_{NEV}}{3s}$$

$$x_3^* = \frac{s - P_F^{fv} - P_F^{nev} + 2P_{NEV}}{3s} \tag{9.2}$$

此时三类汽车制造商收益函数：

$$\pi_F^{fv} = (P_F^{fv} - C_F^{fv})x_1^* - P_\lambda(\xi + \lambda_F)x_1^*$$
$$\pi_F^{nev} = \beta(P_F^{fv} - C_F^{fv})x_2^* + (1 - \beta)(P_F^{nev} - C_F^{nev})x_2^*$$
$$+ P_\lambda\lambda_N(1 - \beta)x_2^* - P_\lambda(\xi + \lambda_F)\beta x_2^*$$
$$\pi_{NEV} = (P_{NEV} - C_{NEV})x_3^* + P_\lambda\lambda_N x_3^* \tag{9.3}$$

根据纳什均衡求解得出：

$$\pi_F^{fv*} = \frac{(1-\beta)^2(20s + C_F^{fv} + 7C_F^{nev} - 8C_{NEV} + \xi P_\lambda + P_\lambda\lambda_F + P_\lambda\lambda_N)^2}{3s(8-\beta)^2}$$

$$\pi_F^{nev*} = \frac{(1-\beta)\left[(5\beta - 20)s + (\beta - 7)C_F^{fv} + (\beta - 1)C_F^{nev} + (8 - 2\beta)C_{NEV} + (\beta - 7)(\xi P_\lambda + P_\lambda\lambda_F + P_\lambda\lambda_N)\right]^2}{3s(8-\beta)^2}$$

$$\pi_{NEV}^* = \frac{2\left[(8-11\beta)s + (4-\beta)C_F^{fv} + 4(1-\beta)C_F^{nev} + \\ (5\beta-8)C_{NEV} + (4-\beta)(\xi P_\lambda + P_\lambda\lambda_F + P_\lambda\lambda_N)\right]^2}{3s(8-\beta)^2} \qquad (9.4)$$

9.4　演化博弈模型与分析

9.4.1　演化博弈模型构建

基于上述假设，可得出新能源车企、燃油车企以及政府三方演化博弈收益矩阵，如表9.2所示：

表9.2　三方演化博弈收益矩阵

策略选择			政府（G）	
			严格参与（z）	放松参与（1−z）
新能源车企（NEV）	积极协助（x）	燃油车企（FV）	努力转型（y） $\pi_{NEV}^* + R\gamma_N + V - C_N + g\alpha_N$ $\pi_F^{nev*} + R\gamma_F + g\alpha_F - C_F - rP - V$ $R_G + rP + R\gamma_G - g - C_G$	$\pi_{NEV}^* + V - C_N$ $\pi_F^{nev*} - V - C_F - rP$ $R_G + rP$
			放弃转型（1−y） $\pi_{NEV}^* + V - C_N + F_F + g\alpha_N$ $\pi_F^{fv*} - T - P - V - F_F$ $R_G - g\alpha_N - C_G + P$	$\pi_{NEV}^* + V - C_N + F_F$ $\pi_F^{fv*} - T - P - V - F_F$ $R_G + P$
	消极协助（1−x）	燃油车企（FV）	努力转型（y） $\pi_{NEV}^* - F_N$ $\pi_F^{nev*} + F_N + g\alpha_F - C_F - rP$ $R_G - g\alpha_F - C_G + rP$	$\pi_{NEV}^* - F_N$ $\pi_F^{nev*} + F_N - C_F - rP$ $R_G + rP$
			放弃转型（1−y） π_{NEV}^* $\pi_F^{fv*} - T - P$ $R_G - C_G + P$	π_{NEV}^* $\pi_F^{fv*} - T - P$ $R_G + P$

9.4.2　新能源汽车企业策略稳定性分析

新能源车企选择积极协助策略时期望收益：

$$E_{x1} = V - C_N + (1-y)F_F + \pi_{NEV}^* + gz\alpha_N + Ryz\gamma_N \qquad (9.5)$$

选择消极协助时期望收益：

$$E_{x2} = \pi_{NEV}^* - yF_N \tag{9.6}$$

新能源车企积极协助复制动态方程：

$$F(x) = x(1-x)(V - C_N + (1-y)F_F + yF_N + gz\alpha_N + Ryz\gamma_N) \tag{9.7}$$

求解新能源汽车企业复制动态方程 $F(x)$ 关于 x 的一阶偏导：

$$F'(x)_x = \frac{\partial[F(x)]}{\partial x} = (1-2x)(V - C_N + (1-y)F_F + yF_N + gz\alpha_N + Ryz\gamma_N) \tag{9.8}$$

根据微分方程稳定性定理，当 $F(x) = 0$ 且 $F'(x)_x < 0$ 时，NEV 策略处于稳定状态。不同于现有研究分析，此章节中同时分析 y，z 对 x 策略变化的影响，令 $G(y, z) = V - C_N + (1-y)F_F + yF_N + gz\alpha_N + Ryz\gamma_N$，求解关于 y 的偏导可得 $G'(y, z)_y = \frac{\partial[G(y, z)]}{\partial y} = F_N - F_F + Rz\gamma_N > 0$，则 $G(y, z)$ 是关于 y 的增函数；求解对 z 的偏导可以得出 $G'(y, z)_z = \frac{\partial[G(y, z)]}{\partial z} = g\alpha_N + Ry\gamma_N > 0$，则 $G(y, z)$ 是关于 z 的增函数。

当 $G(y, z) = 0$ 时，可分别计算出：$y_0 = \frac{C_N - V - F_F - gz\alpha_N}{F_N + Rz\gamma_N - F_F}$，$z_0 = \frac{C_N - V - yF_N - (1-y)F_F}{g\alpha_N + Ry\gamma_N}$。于是令 $y_0 = z_0$，便可得出 y，z 对新能源车企策略影响的临界值：

$$y_0 = z_0 = \frac{F_F - F_N - g\alpha_N - \sqrt{(F_F - F_N - g\alpha_N)^2 + 4\gamma_N R(C_N - V - F_F)}}{2R\gamma_N} \tag{9.9}$$

此时，NEV 车企的策略选择存在以下三种情况：① $(y, z) = \{(y > y_0, z > z_0)\}$，则 $F(X)|_{x=1} = 0$，$F'(X)_x|_{x=1} < 0$，$x = 1$ 为演化稳定策略（ESS），NEV 车企选择积极合作策略；② $(y', z') = \{y = y_0, z = z_0\}$，$F(x) \equiv 0$，$F'(x)_x \equiv 0$，由于偏导恒为 0，则 x 无论取何值都不能确定稳定策略；③ $(\bar{y}, \bar{z}) = \{(y > y_0, z < z_0), (y < y_0, z < z_0), (y < y_0, z > z_0)\}$，$F(x)|_{x=0} = 0$，$F'(x)_x|_{x=0} < 0$，此时 NEV 车企选择消极合作策略。具体如图 9.4 所示：

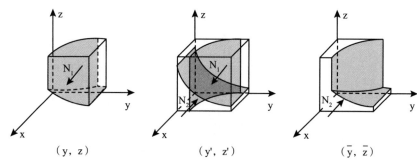

图 9.4　新能源车企复制动态相位

根据图 9.4 中的相位图得知新能源车企积极协助的概率为 N_1 的体积 V_{N1}，则选择消极协助的概率为 N_2 的体积 V_{N2}，可计算出体积：

$$V_{N1} = \int_0^1 dx \int_{y_0}^1 dy \int_{z_0}^1 dz$$

$$= \left(1 - \frac{F_F - F_N - g\alpha_N}{\dfrac{-\sqrt{(F_F - F_N - g\alpha_N)^2 + 4\gamma_N R(C_N - V - F_F)}}{2R\gamma_N}} \right)^2$$

$$V_{N2} = 1 - V_{N1} = 1 - \left(1 - \frac{F_F - F_N - g\alpha_N}{\dfrac{-\sqrt{(F_F - F_N - g\alpha_N)^2 + 4\gamma_N R(C_N - V - F_F)}}{2R\gamma_N}} \right)^2$$

$$(9.10)$$

推论 1：（1）新能源车企通过向燃油车企提供技术支持以获得一定的资金回馈 V，V 的增大没能起到积极的推动作用，却阻碍了企业之间合作转型；新能源车企选择积极协助的概率与新能源车企的资金回馈 V 呈负相关关系。

（2）NEV 车企选择积极合作意愿会受到其他博弈主体策略的影响，NEV 车企积极合作的概率与 FV 车企努力转型以及政府严格参与概率成正比关系。

证明：（1）对 NEV 车企选择积极协助概率 V_{N1} 求解关于 V 的一阶偏导

$$\frac{\partial V_{N1}}{\partial V} = - \frac{2\left(1 - \dfrac{F_F - F_N - g\alpha_N - \sqrt{(F_F - F_N - g\alpha_N)^2 + 4\gamma_N R(C_N - V - F_F)}}{2R\gamma_N} \right)}{\sqrt{(F_F - F_N - g\alpha_N)^2 + 4\gamma_N R(C_N - V - F_F)}} <$$

0，通过判断一阶偏导数为负数，证得呈负相关关系。

（2）据新能源汽车策略稳定性分析可知，在区间 $(\bar{y}, \bar{z})$，$x = 0$ 为演化稳定策略；随着 y，z 变化到区间 (y, z) 时，$x = 1$ 为演化稳定策略。随着 y，z 的增长，新能源汽车由 $x = 0$（消极合作）转为 $x = 1$（积极合作）。

推论 1 表明：新能源车企资金回馈的增大反而会降低新能源车企协助的积极性。燃油车企会根据新能源车企提供的技术给予一定的资金回馈，新能源车企资金回馈的增大表示自身技术成本也在提高，意味着需要向燃油车企提供更多的核心技术，考虑不同品牌企业之间在市场上呈现的是竞争关系，过多核心技术的泄露会降低自身的市场竞争力，对新能源市场利润产生威胁，致使新能源企业协助的积极性降低。

9.4.3　燃油汽车企业策略稳定性分析

同理，计算出燃油车企努力转型的复制动态方程：

$$F(y) = y(y-1)(\pi_F^{fv*} - \pi_F^{nev*} + rP - P - T + C_F - xF_F \\ - F_N + xF_N - gz\alpha_F - Rxz\gamma_F) \tag{9.11}$$

求解燃油车企复制动态方程 $F(y)$ 关于 y 的一阶偏导：

$$F'(y)_y = \frac{\partial[F(Y)]}{\partial y} = (2y-1)(\pi_F^{fv*} - \pi_F^{nev*} + Pr - P - T + C_F - xF_F \\ - F_N + xF_N - gz\alpha_F - Rxz\gamma_F) \tag{9.12}$$

根据微分方程稳定性定理，当 $F(y) = 0$ 且 $F'(y)_y < 0$ 时，FV 车企策略处于稳定状态。相较于现有分析角度，同时从 x，z 的角度分析对 y 策略的影响更贴合实际，令 $G(x, z) = \pi_F^{fv*} - \pi_F^{nev*} + Pr - P - T + C_F - xF_F - F_N + xF_N - gz\alpha_F - Rzx\gamma_F$，通过求解对 x 的偏导可以得出 $G'(x, z)_x = \frac{\partial[G(x, z)]}{\partial x} = F_N - F_F - R\gamma_F < 0$，则 $G(x)$ 是关于 x 的减函数；计算关于 z 偏导数 $G'(x, z)_z = \frac{\partial[G(x, z)]}{\partial z} = -g\alpha_F - Rz\gamma_F < 0$，可知 $G(x)$ 是关于 z 的减函数。

令 $G(x, z) = 0$，便可计算出 $x_0 = \dfrac{\pi_F^{nev*} - \pi_F^{fv*} + P - Pr + C_F + F_N + gz\alpha_F - T}{F_N - F_F + Rz\gamma_F}$，

$z_0 = \dfrac{\pi_F^{fv*} - \pi_F^{nev*} + Pr - P - T + C_F - xF_F - F_N + xF_N}{g\alpha_N + Rx\gamma_F}$。当 $x_0 = z_0$ 时，可得出

x，z 对燃油车企策略选择的临界值：

$$E_{x1} = V - C_N + (1-y)F_F + \pi_{NEV}^* + gz\alpha_N + Ryz\gamma_N \qquad (9.13)$$

FV 车企策略选择为：① $(x,z) = \{x > x_0, z > z_0\}$，得出 $F(y)|_{y=1} = 0$，$F'(y)_y|_{y=1} < 0$，选择努力转型策略；② $(x', z') = \{x = x_0, z = z_0\}$，则 $F(y) \equiv 0$，$F'(y)_y \equiv 0$，此时 y 不管取何值，燃油车企不能确定稳定策略；③ $(\bar{x}, \bar{z}) = \{(x > x_0, z < z_0), (x < x_0, z < z_0), (x < x_0, z > z_0)\}$，可知 $F(y)|_{y=0} = 0$，$F'(y)_y|_{y=0} < 0$，$y = 1$ 为演化稳定策略（ESS）。如图 9.5 所示：

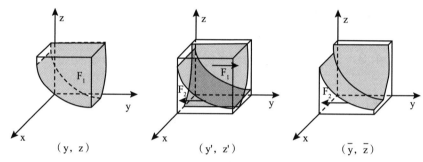

$$(y, z) \qquad\qquad (y', z') \qquad\qquad (\bar{y}, \bar{z})$$

图 9.5　燃油车企复制动态相位

通过图 9.5 中的相位图可看出 F_1 的体积 V_{F1} 代表燃油车企努力转型的概率，而放弃转型的概率为 F_2 的体积 V_{F2}，可计算出：

$$V_{F1} = \int_0^1 dy \int_{z_0}^1 dz \int_{x_0}^1 dx$$

$$= \left(1 - \frac{F_N - g\alpha_F - F_F + \sqrt{\begin{array}{c}(F_F - F_N + g\alpha_F)^2 + 4R\gamma_F((r-1)P \\ -T + C_F - F_N + \pi_F^{fv*} - \pi_F^{nev*})\end{array}}}{2R\gamma_F}\right)^2$$

$$V_{F2} = 1 - V_{F1}$$

$$= 1 - \left(1 - \frac{F_N - g\alpha_F - F_F + \sqrt{\begin{array}{c}(F_F - F_N + g\alpha_F)^2 + 4R\gamma_F((r-1)P \\ -T + C_F - F_N + \pi_F^{fv*} - \pi_F^{nev*})\end{array}}}{2R\gamma_F}\right)^2$$

$$(9.14)$$

推论2：（1）基于双积分政策引导下，积分交易价格与积分比例要求的增长会推动燃油车企努力转型；但二者的增长对企业转型的影响呈现出边际递增效应。

（2）燃油车企努力转型概率与环境惩罚呈正相关关系，随着环境惩罚的增大，努力转型概率也会增大；环境惩罚额度存在上限，当 P 增大到上限时，燃油车企努力转型概率达到最大。

证明：（1）分别对努力转型概率 V_{F1} 求解关于积分交易价格 P_λ、积分比例系数 ξ 的一阶、二阶偏导数：$\dfrac{\partial(V_{F1})}{\partial(P_\lambda)}>0$，$\dfrac{\partial(V_{F1})}{\partial(\xi)}>0$；$\dfrac{\partial^2(V_{F1})}{\partial(P_\lambda)^2}>0$，$\dfrac{\partial^2(V_{F1})}{\partial(\xi)^2}>0$。

（2）对求解关于环境惩罚 P 的偏导数可得：$\dfrac{\partial(V_{F1})}{\partial(P)}>0$，$V_{F1}$ 是 P 的单调增函数；鉴于上述假设 5 中 $F_F>F_N$，可以看出 $F_N-g\alpha_F-F_F<0$，进而计算出 $(r-1)P-T+C_F-F_N+\pi_F^{fv*}-\pi_F^{nev*}\geqslant 0$，所得环境惩罚上限：$P\leqslant\dfrac{C_F-F_N+\pi_F^{fv*}-\pi_F^{nev*}-T}{(1-r)}$。

推论 2 表明：双积分政策的颁布，有效推动新能源汽车迅速发展。政府可调控积分获取难度，确保积分交易价格平稳上升的同时，也能进一步刺激企业加快科技创新；积分比例要求的提高，刺激企业双方深入合作。温室效应导致全球气温不断升高，生态环境一直是政府关注的焦点，刺激温室效应的碳排放主要来源于燃油汽车，政府迫切需要持续加大环境惩罚力度，环境惩罚力度的提高迫使燃油车企投入转型；企业资金有限，意味着可支付惩罚费用存在上限，惩罚额度提至最高，燃油车企转型积极性也会增至最大，企业鉴于高额惩罚费用加入转型，若一味的增加惩罚额度（超过上限），并不能有效调动企业积极性。

9.4.4　政府策略稳定性分析

同理，刻画出政府严格参与的复制动态方程：

$$F(z)=z(1-z)\left[g(x-1)y\alpha_F+x(Ry\gamma_G+g(y-1)\alpha_N-gy)-C_G\right]$$

$$\tag{9.15}$$

求解政府复制动态方程 $F(z)$ 关于 z 的一阶偏导：

$$F'(z)_z = \frac{\partial[F(z)]}{\partial z}$$

$$= (1-2z)[g(x-1)y\alpha_F + x(g(y-1)\alpha_N + Ry\gamma_G - gy) - C_G]$$

(9.16)

根据微分方程稳定性定理，当 $F(Z)=0$ 且 $F'(Z)_z<0$ 时，政府策略处于稳定状态。与已有文献考虑不同，同时分析 x, y 双方对 z 策略选择的影响情况，令 $G(x, y) = g(x-1)y\alpha_F + x(g(y-1)\alpha_N + Ry\gamma_G - gy) - C_G$，对 x 求偏导可得 $G'(x, y)_x = \frac{\partial[G(x, y)]}{\partial x} = g(y-1)\alpha_F + y(g\alpha_N + R\gamma_G - g) < 0$；求解对 y 的偏导可知 $G'(x, y)_y = \frac{\partial[G(x, y)]}{\partial y} = g(x-1)\alpha_F + x(g\alpha_N + R\gamma_G - g) < 0$，则 $G(x, y)$ 是关于 x, y 的减函数。

根据 $G(x, y)=0$，同时可以计算出 $x_0 = \frac{C_G + yg\alpha_N}{g[(y-1)\alpha_F - y + y\alpha_N] + yR\gamma_G}$，$y_0 = \frac{C_G + xg\alpha_N}{g[(x-1)\alpha_F - x + x\alpha_N] + xR\gamma_G}$。在 $x_0 = y_0$ 时，x, y 对政府策略影响临界值为：

$$x_0 = y_0 = \frac{g + \sqrt{g^2 + 4C_G R\gamma_G}}{2R\gamma_G}$$

(9.17)

当前政府策略选择有如下三种：①在 $(x, y) = \{x < x_0, y < y_0\}$，可知 $F(z)|_{z=1} = 0$，$F'(z)_z|_{z=1} < 0$，政府选择严格参与策略；②$(x', y') = \{x = x_0, z = y_0\}$，$F(z) \equiv 0$，$F'(z)_z \equiv 0$，对于任意取值，政府均不能确定稳定策略；③$(\bar{x}, \bar{y}) = \{(x > x_0, y < y_0), (x > x_0, y > y_0), (x < x_0, y > y_0)\}$，则 $F(z)|_{z=0} = 0$，$F'(z)_z|_{z=0} < 0$，此时政府的演化稳定策略（ESS）为 $z=0$。如图 9.6 所示：

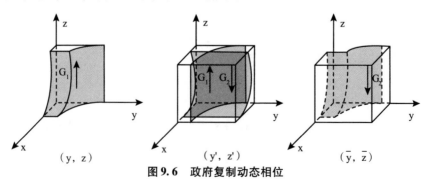

图9.6　政府复制动态相位

由图9.6中的相位图可看出 G_1 的体积 V_{G1} 表示政府严格参与概率，则 G_2 的体积 V_{G2} 表示放松参与概率，可计算出：

$$V_{G1} = \int_0^1 dz \int_0^{x_0} dx \int_0^{y_0} dy = \left(\frac{g + \sqrt{g^2 + 4C_G R\gamma_G}}{2R\gamma_G} \right)^2$$

$$V_{G2} = 1 - V_{G1} = 1 - \left(\frac{g + \sqrt{g^2 + 4C_G R\gamma_G}}{2R\gamma_G} \right)^2 \qquad (9.18)$$

推论3：（1）政府严格参与的概率与政府奖励成正比。政府奖励额度存在阈值，仅当奖励额度达到阈值，才能有效推动新能源汽车积极合作、燃油车企努力转型；同时奖励存在上限，达到上限使得政府严格参与概率达到最大。

（2）政府自身监督成本的增大并没有起到阻碍作用，反而能够增大政府严格参与意愿；相反政府额外收益的增加会刺激政府朝向放松参与演化。

证明：（1）求 V_{G1} 关于 g 的一阶导数可得 $\dfrac{\partial V_{G1}}{\partial g} = \dfrac{(g + \sqrt{g^2 + 4C_G R\gamma_G})^2}{2(R\gamma_G)^2 \sqrt{g^2 + 4C_G R\gamma_G}} >$

0，由此可证得二者成正比关系。令 $\pi_F^{nev*} + R\gamma_F + g\alpha_F - C_F - rP - V = \pi_F^{fv*} - T - P$，得 $g_1 = \dfrac{\pi_F^{fv*} - \pi_F^{nev*} + C_F + V + (r-1)P - T - R\gamma_F}{\alpha_F}$；令 $\pi_{NEV}^* +$

$R\gamma_N + V - C_N + g\alpha_N = \pi_{NEV}^*$，则 $g_2 = \dfrac{C_N - V - R\gamma_N}{\alpha_N}$。由 $g_1 > g_2$，得奖励阈

值：$g = \dfrac{\pi_F^{fv*} - \pi_F^{nev*} + C_F + V + (r-1)P - T - R\gamma_F}{\alpha_F}$；同时 $\dfrac{g + \sqrt{g^2 + 4C_G R\gamma_G}}{2R\gamma_G} \leqslant$

1，可计算出 $g \leqslant R\gamma_G - C_G$，只有政府奖励 g 的额度在

$\left[\dfrac{\pi_F^{fv*} - \pi_F^{nev*} + C_F + V + (r-1)P - T - R\gamma_F}{\alpha_F}, R\gamma_G - C_G \right]$ 之间，政府会产

生严格参与意愿。

（2）通过对政府严格参与概率 V_{G1} 求解关于监督成本以及政府额外收益的一阶偏导数可知：$\dfrac{\partial(V_{G1})}{\partial(C_G)} > 0$，$\dfrac{\partial(V_{G1})}{\partial(R\gamma_G)} < 0$，$V_{G1}$ 与 C_G 呈正向关关系，与 $R\gamma_G$ 呈负相关关系。

推论3表明：政府增加监督成本以提高监督力度，监督力度的加大会降低企业骗取奖励的概率，促进企业之间密切协助联系，两类汽车企

业参与意愿的提高刺激政府严格参与积极性；燃油车企转型需要资金，若过多收益流向政府则会加大企业在转型中面临的困难，迫使企业选择放弃转型，企业的放弃带动政府慢慢降低其参与程度。同时，政府奖励额度需要达到上述范围，才能刺激新能源汽车积极协助、燃油车企转型，但是过高奖励（超过上限）并不能够增大政府严格参与意愿，反而会加大政府财政负担，需要严格控制奖励额度。

9.5 改进演化博弈分析

9.5.1 羊群效应

通过 $F(x)$、$F(y)$、$F(z)$ 三个复制动态方程，联立可得新能源汽车、燃油汽车和政府三维演化动态系统：

$$\begin{cases} F(x) = x(1-x)\left[V - C_N + (1-y)F_F + yF_N + gz\alpha_N + Ry\gamma_N\right] \\ F(y) = y(y-1)\left[\pi_F^{fv*} - \pi_F^{nev*} + rP - P - T + C_F - xF_F - F_N \right. \\ \left. \qquad + xF_N - gz\alpha_F - Rx\gamma_F\right] \\ F(z) = z(1-z)\left[g((x-1)y\alpha_F - xy + x(y-1)\alpha_N) - C_G\right] \end{cases}$$

$$(9.19)$$

传统演化博弈分析各主体策略及演化路径不可或缺，但缺乏考虑同一群体内策略之间的相互激励效应，即羊群效应。汽车市场内部以及各地方政府之间的羊群效应普遍存在，如：红旗 E‑QM5 车型搭载比亚迪研发的磷酸铁锂刀片电池，以及自 2017 年开始地方政府间不断发酵和持续升级的“抢人大战”等。通过考虑羊群效应以此来改进演化博弈，进一步确保模型对现实的指导作用。若选择积极合作的 NEV 企业数量为 Q_1，选择消极协助的 NEV 企业数量为 Q_2，可得

$$x = \frac{Q_1}{Q_1 + Q_2} \qquad (9.20)$$

主体策略演化过程中，选择积极协助的 NEV 企业数量变化率 Q'_1 与选择积极协助的企业数量及期望收益成正比（Nie et al.，2022），

即 $Q_1' = \alpha_1 Q_1 E_{x1}$，其中 $\alpha_1 (\alpha_1 > 0)$ 为策略影响因子。对 x 进行求导可得：

$$
\begin{aligned}
x' &= \frac{Q_1'(Q_1 + Q_2) - Q_1(Q_1' + Q_2')}{(Q_1 + Q_2)^2} \\
&= \frac{Q_1}{Q_1 + Q_2} \left(\frac{\alpha_1 Q_1 E_{x1}}{Q_1} - \frac{\alpha_1 Q_1 E_{x1} + \alpha_2 Q_2 E_{x2}}{Q_1 + Q_2} \right) \\
&= x(\alpha_1 E_{x1} - \alpha_1 x E_{x1} - \alpha_1 (1 - x) E_{x1}) \\
&= \alpha_1 x(1 - x) \left(E_{x1} - \frac{\alpha_2}{\alpha_1} E_{x2} \right)
\end{aligned}
\tag{9.21}
$$

同理可得：

$$
y' = \beta_1 y(1 - y) \left(E_{y1} - \frac{\beta_2}{\beta_1} E_{y2} \right)
$$

$$
z' = \gamma_1 z(1 - z) \left(E_{z1} - \frac{\gamma_2}{\gamma_1} E_{z2} \right)
\tag{9.22}
$$

令 $\omega_1 = \dfrac{\alpha_2}{\alpha_1}$，$\omega_2 = \dfrac{\beta_2}{\beta_1}$，$\omega_3 = \dfrac{\gamma_2}{\gamma_1}$，$\omega_i (i = 1, 2, 3)$ 为主体内部策略激励系数，可以得到改进演化博弈的复制动态方程。

$$
\begin{cases}
F(x) = \alpha_1 x(1 - x) \big[V - C_N + (1 - y) F_F + \omega_1 y F_N + gz\alpha_N + \\
\qquad Ryz\gamma_N + (1 - \omega_1) \pi_{NEV}^* \big] \\
F(y) = \beta_1 y(y - 1) \big[\omega_2 \pi_F^{fv*} - \pi_F^{nev*} + (r - \omega_2) P + (1 - \omega_2) x V - \omega_2 T + \\
\qquad C_F - \omega_2 x F_F - F_N + x F_N - gz\alpha_F - Rxz\gamma_F \big] \\
F(z) = \gamma_1 z(1 - z) \big[g((x - 1) y\alpha_F - xy + (y - 1) x\alpha_N) - C_G + \\
\qquad Rxy\gamma_G + (1 - \omega_3)(P + R_G - (1 - r) Py) \big]
\end{cases}
\tag{9.23}
$$

通过令 $F(x) = 0$、$F(y) = 0$、$F(z) = 0$ 可得到局部稳定均衡点：O_1 $(0, 0, 0)$、$O_2(1, 0, 0)$、$O_3(1, 1, 0)$、$O_4(1, 1, 1)$、$O_5(0, 1, 0)$、$O_6(0, 1, 1)$、$O_7(0, 0, 1)$、$O_8(1, 0, 1)$。同时，通过三个复制动态方程，得出改进演化博弈的 Jacobian 矩阵 J：

$$
J = \begin{bmatrix}
\partial F(x)/\partial x & \partial F(x)/\partial y & \partial F(x)/\partial z \\
\partial F(y)/\partial x & \partial F(y)/\partial y & \partial F(y)/\partial z \\
\partial F(z)/\partial x & \partial F(z)/\partial y & \partial F(z)/\partial z
\end{bmatrix}
$$

$$
= \begin{bmatrix}
\begin{aligned} &\alpha_1(1-2x)[V-C_N+(1-y)F_F \\ &+\omega_1 yF_N+gz\alpha_N+Ryz\gamma_N \\ &+(1-\omega_1)\pi_{NEV}^*] \end{aligned} & \begin{aligned} &\alpha_1 x(1-x)(\omega_1 F_N-F_F \\ &+Rz\gamma_N) \end{aligned} & \alpha_1 x(1-x)[g\alpha_N+Ry\gamma_N] \\[3ex]
\begin{aligned} &\beta_1 y(y-1)(F_N-\omega_2 F_F \\ &-Rz\gamma_F+(1-\omega_2)V) \end{aligned} & \begin{aligned} &\beta_1(2y-1)[\omega_2\pi_F^{fv*}-\pi_F^{nev*} \\ &+(r-\omega_2)P+(1-\omega_2)xV \\ &-\omega_2 T+C_F-\omega_2 xF_F-F_N \\ &+xF_N-gz\alpha_F-Rxz\gamma_F] \end{aligned} & \beta_1 y(1-y)(g\alpha_F+Rx\lambda_F) \\[3ex]
\begin{aligned} &\gamma_1 z(1-z)[gy\alpha_F-gy \\ &+g(y-1)\alpha_N+Ry\gamma_G] \end{aligned} & \begin{aligned} &\gamma_1 z(1-z)[g(x-1)\alpha_F \\ &+x(g\alpha_N+R\gamma_G-g) \\ &-(1-\omega_3)(1-r)P] \end{aligned} & \begin{aligned} &\gamma_1(1-2z)[g((x-1)y\alpha_F \\ &-xy+(y-1)x\alpha_N)-C_G \\ &+Rxy\gamma_G+(1-\omega_3) \\ &(P+R_G-(1-r)Py)] \end{aligned}
\end{bmatrix}
$$

$$(9.24)$$

将前文得到的 8 个均衡点带入雅克比矩阵中便可得出各均衡点的相关特征值，依据李雅普诺夫稳定性分析方法，对均衡点进行稳定性判断。若特征值均具有负实部，则此均衡点为演化稳定点；否则，若至少有一个正实部，则为不稳定点。如表 9.3 所示。

表9.3 均衡点稳定性分析

均衡点	特征值（λ_1，λ_2，λ_3）	符号	稳定性及条件
$O_1(0, 0, 0)$	$\alpha_1[V-C_N+F_F+(1-\omega_1)\pi_{NEV}^*]$ $\beta_1[P(\omega_2-r)-C_F+F_N+\omega_2 T$ $+\pi_F^{nev*}-\omega_2\pi_F^{fv*}]$ $-\gamma_1[C_G+(1-\omega_3)(R_G-P)]$	$(+,$ $\times,$ $-)$	不稳定点
$O_2(1, 0, 0)$	$-\alpha_1[V-C_N+F_F+(1-\omega_1)\pi_{NEV}^*]$ $\beta_1[P(\omega_2-r)-C_F+\omega_2 T+\omega_2 F_F$ $+V(\omega_2-1)+\pi_F^{nev*}-\omega_2\pi_F^{fv*}]$ $\gamma_1[(1-\omega_3)(P-R_G)-C_G-g\alpha_N]$	$(-,$ $\times,$ $-)$	$P(\omega_2-r)+\omega_2(F_F+T)+\pi_F^{nev*}$ $<\omega_2\pi_F^{fv*}+V(1-\omega_2)+C_F$
$O_3(0, 1, 0)$	$\alpha_1[V-C_N+\omega_1 F_N+(1-\omega_1)\pi_{NEV}^*]$ $-\beta_1[P(\omega_2-r)-C_F+F_N+\omega_2 T$ $+\pi_F^{nev*}-\omega_2\pi_F^{fv*}]$ $\gamma_1[(1-\omega_3)(rP-R_G)-C_G-g\alpha_F]$	$(+,$ $\times,$ $-)$	不稳定点

均衡点	特征值（λ_1，λ_2，λ_3）	符号	稳定性及条件
$O_4(0,$ $0,1)$	$\alpha_1[V - C_N + F_F + g\alpha_N + (1-\omega_1)\pi^*_{NEV}]$ $\beta_1[P(\omega_2 - r) - C_F + g\alpha_F + F_N$ $+ \omega_2 T + \pi^{nev*}_F - \omega_2\pi^{fv*}_F]$ $\gamma_1[C_G + (1-\omega_3)(R_G - P)]$	$(+,$ $\times,$ $+)$	不稳定点
$O_5(1,$ $1,0)$	$-\alpha_1[V - C_N + \omega_1 F_N + (1-\omega_1)\pi^*_{NEV}]$ $-\beta_1[P(\omega_2 - r) - C_F + \omega_2 F_F + \omega_2 T$ $+ V(\omega_2 - 1) + \pi^{nev*}_F - \omega_2\pi^{fv*}_F]$ $-\gamma_1[(\omega_3 - 1)(rP - R_G) + C_G + g - R\gamma_G]$	$(-,$ $\times,$ $\times)$	$(\omega_3 - 1)(rP - R_G) > R\gamma_G - C_G - g,$ $P(\omega_2 - r) + \omega_2(F_F + T) + \pi^{nev*}_F$ $> \omega_2\pi^{fv*}_F + V(1 - \omega_2) + C_F$
$O_6(1,$ $0,1)$	$-\alpha_1[V - C_N + F_F + g\alpha_N + (1-\omega_1)\pi^*_{NEV}]$ $\beta_1[P(\omega_2 - r) - C_F + g\alpha_F + R\gamma_F$ $+ \omega_2(F_F + T + V) - V + \pi^{nev*}_F - \omega_2\pi^{fv*}_F]$ $-\gamma_1[(1 - \omega_3)(rP - R_G) - C_G - g\alpha_N]$	$(-,$ $\times,$ $+)$	不稳定点
$O_7(0,$ $1,1)$	$\alpha_1[V - C_N + \omega_1 F_N + R\gamma_N + g\alpha_N$ $+ (1-\omega_1)\pi^*_{NEV}]$ $-\beta_1[P(\omega_2 - r) - C_F + g\alpha_F + F_N$ $+ \omega_2 T + \pi^{nev*}_F - \omega_2\pi^{fv*}_F]$ $\gamma_1[(\omega_3 - 1)(rP - R_G) + C_G + g\alpha_F]$	$(+,$ $\times,$ $-)$	不稳定点
$O_8(1,$ $1,1)$	$-\alpha_1[V - C_N + \omega_1 F_N + R\gamma_N + g\alpha_N$ $+ (1-\omega_1)\pi^*_{NEV}]$ $-\beta_1[P(\omega_2 - r) - C_F + g\alpha_F + R\gamma_F$ $+ \omega_2(F_F + T + V) - V + \pi^{nev*}_F - \omega_2\pi^{fv*}_F]$ $\gamma_1[(\omega_3 - 1)(rP - R_G) + C_G + g - R\gamma_G]$	$(-,$ $\times,$ $\times)$	$(\omega_3 - 1)(rP - R_G) < R\gamma_G - C_G - g,$ $P(\omega_2 - r) + \omega_2(F_F + T) + \pi^{nev*}_F$ $> \omega_2\pi^{fv*}_F + V(1 - \omega_2) + C_F$

注："+"表示正数，"-"表示负数，"×"表示不确定。

推论 4：增大惩罚系数会推动稳定点从 O_8 向 O_2 演化。惩罚系数的增大并没有刺激企业转型积极性，反而会降低燃油车企努力转型速率，进而可能导致企业放弃转型。

证明：当 $P(\omega_2 - r) + \omega_2(F_F + T) + \pi^{nev*}_F < \omega_2\pi^{fv*}_F + V(1 - \omega_2) + C_F$ 成立时，演化稳定点为 $O_2(1, 0, 0)$，即（积极协助，放弃转型，放松参与）；反之，当 $P(\omega_2 - r) + \omega_2(F_F + T) + \pi^{nev*}_F > \omega_2\pi^{fv*}_F + V(1 - \omega_2) +$

C_F 成立时，此时演化稳定点从 O_2 转变为 $O_8(1, 1, 1)$，即（积极协助，努力转型，严格参与）。

推论 4 表明：燃油车企希望通过"搭便车"实现企业转型，其过程依然需要耗费大量资金，对于正处于转型过程中的燃油车企，资金是否充足是其首要思考条件。若企业初期资金准备不够充足，高额的环境惩罚额会致使企业资金流出更快，进而迫使燃油车企中途选择放弃转型；适当降低正处于转型中燃油车企的惩罚系数，这对于转型中的企业是一种福利，可以刺激更多未转型的企业积极参与其中。

9.5.2 时滞效应

中国是汽车产业大国，自然保护协会预测 2050 年中国新能源汽车渗透率达到 70%，从现实角度出发燃油车企转型是一个充满未知而漫长的过程。同时对于各博弈主体而言，策略选择更是一个复杂且长久的过程，其当前的决策行为不仅取决于当前的收益状况，同时依赖于过去的决策情形。体现在演化过程中会存在时间延迟效应，即时滞效应，时间延迟会对博弈主体演化行为产生影响。假设博弈主体存在概率 p_0 未曾遇到延迟，以概率 p_1 遇到延迟 t_1，概率 p_2 遇到延迟 t_2，$p_0 + p_1 + p_2 = 1 (0 \leqslant p_i \leqslant 1, i = 0, 1, 2)$。

基于考虑时滞效应，复制动态方程进一步转变为：

$$
\begin{cases}
F(x) = \alpha_1 x(t)[1 - x(t)][V - C_N + (1 - Y)F_F + Y\omega_1 F_N + Z\alpha_N g \\
\qquad + YZ\gamma_N R + (1 - \omega_1)\pi_{NEV}^*] \\
F(y) = \beta_1 y(t)[y(t) - 1][\omega_2 \pi_F^{fv*} - \pi_F^{nev*} + (r - \omega_2)P + X(1 - \omega_2)V \\
\qquad - \omega_2 T + C_F - X\omega_2 F_F - F_N + XF_N - Z\alpha_F g - XZ\gamma_F R] \\
F(z) = \gamma_1 z(t)[1 - z(t)][g(Y(X - 1)\alpha_F - XY + X(Y - 1)\alpha_N) - C_G \\
\qquad + XY\gamma_G R + (1 - \omega_3)(P + R_G - Y(1 - r)P)]
\end{cases}
$$

$$(9.25)$$

式（9.25）中，

$$X = p_0 x(t) + p_1 x(t - t_1) + p_2 x(t - t_2)$$
$$Y = p_0 y(t) + p_1 y(t - t_1) + p_2 y(t - t_2)$$
$$Z = p_0 z(t) + p_1 z(t - t_1) + p_2 z(t - t_2) \qquad (9.26)$$

9.6　数值仿真分析

9.6.1　数据解析与处理

随着新能源的浪潮推进，燃油车企转型是必然的趋势。根据车主之家数据统计（2023 年 4 月）车型销量排行榜[①]，前三名均为比亚迪产品，位居第四的为日产轩逸，在此之前比亚迪和日产汽车合作生产纯电动汽车，比亚迪提供电池和其他相关技术，而日产汽车提供生产和销售渠道。因此，新能源汽车以位居榜首的比亚迪秦 PLUS 为代表，其官方指导价为 9.98 万 ~ 17.98 万元；日产轩逸燃油版指导价为 9.98 万 ~ 14.08 万元，新能源版指导价为 13.89 万 ~ 17.49 万元。考虑整车成本占比销售价的 65% ~ 85%，比亚迪秦 PLUS 购车优惠为 2.6 万元，则假设 $C_{NEV} \in [5, 13]$；日产轩逸燃油版优惠 4.00 万元，新能源版优惠 2.20 万元，假设 $C_F^{fv} \in [4, 9]$，$C_F^{nev} \in [7, 13]$。2022 年期间，政府对于 NEV 购置补贴为：插电式混合动力乘用车补贴 0.68 万元；纯电乘用车，续航里程 $R \in [300, 400)$ 补贴 1.3 万元，$R \in [400, +\infty)$ 补贴 1.8 万元；虽在 2023 年已全面取消 NEV 购置补贴，但地方政府仍存在隐性补贴，以奖励的形式刺激生产销售新能源汽车，鉴于上述补贴额度以此假设奖励 $g \in [0.5, 2.5]$。同时在参考吴君民等（2021）研究基础上，假设 $\gamma_N = 0.3$、$\gamma_F = 0.2$、$\alpha_N = 0.4$、$\alpha_F = 0.6$、$F_N = 2$、$F_F = 3$、$C_F = 4$、$C_N = 3$、$C_G = 2$。

工信部于 2020 年颁布乘用车企业平均燃料消耗量与新能源汽车积分并行管理方法，确定 2023 年积分比例要求为 18%，则假设 $\xi = 0.18$。NEV 车型包括纯电动车（BEV）、插电混动（PHEV，含 REV）、燃料电池电动车（FCEV），不同类型的 NEV 单车积分核算方法不同，其中 BEV 最高 5.1 分、PHEV 最高 1.6 分、FCEV 最高 6.0 分，因此假设

---

①　车主之家 . 车型销量排行榜［EB/OL］. https：//xl. 1688 - 8. com/style - 202304 - 202304 - 1. html.

$\lambda_N \in [1.6, 6.0]$；超低油耗传统车型最高 1.0 分、其他传统车型最高 1.2 分，则假设 $\lambda_F \in [0, 1.2]$。NEV 积分在经历 2021 年的供不应求之后，至 2022 年形成供大于求的局面，导致积分交易价格大幅下跌，因此参考华夏时报网①稳定积分交易价格，假设 $P_\lambda \in [0.1, 0.4]$。从现实意义出发，考虑公平的系数更有利于促进燃油车企积极转型，令 r = 0.7，$\beta = 0.5$。在满足特征值条件的基础上，同时简便计算，假设 R = 10，V = 8，T = 3，$R_G = 7$。参考蔡猷花等（2022）的研究：设定 P = 3；参考唐金环等（2023）的研究，设定 s = 1.8。

博弈主体均有两种策略选择，在参考王等（Wang et al.，2023）的研究，考虑策略平衡条件取其中值，则选取博弈三方初始数值为（0.5，0.5，0.5）。参考聂等（Nie et al.，2022）的研究，选取 $\omega_i \in [0.8, 1.2]$(i = 1，2，3)。为确保时间节点能够使系统仿真达到演化稳定状态，设置 Time = 40（Month）；国务院发布的文件《保障中小企业款项支付条例》指出需在 30 日内完成款项支付，根据文件设置延迟时间 $t_i \in [0.1, 1]$(i = 1，2)，进一步基于现实考虑取 $p_0 = 0.5$，$p_1 = p_2 = 0.25$。

240

9.6.2 企业敏感性影响分析

为检验数据可行性，文章通过 Matlab R2022b 采用上述数据进行数值仿真，判断 NEV 车企、FV 车企以及政府的演化策略随时间是否能够演化到稳定状态。通过相应参数调整，验证演化稳定点分析准确性。图 9.7 展示了在 50 种不同初始策略下演化情况，所得演化结果与演化稳定点一致。

9.6.2.1 燃油车企资源成本的演化影响

图 9.8 展示了燃油车企资源成本对演化结果的影响。其中图 9.8 （a）可知，燃油车企资源成本 C_F 的阈值在 [5，6] 之间；图 9.8 （c）表明随 C_F 的增大致使燃油车企从努力转型转变为放弃转型，且资源成本对燃油车行为呈现先递增后递减的影响。

---

① 华夏时报网. 调节供需关系、稳定积分市场价格，"双积分"考核将引入积分池制度 [EB/OL]. https：//baijiahao. baidu. com/s?id = 1764312839836102442&wfr = spider&for = pc.

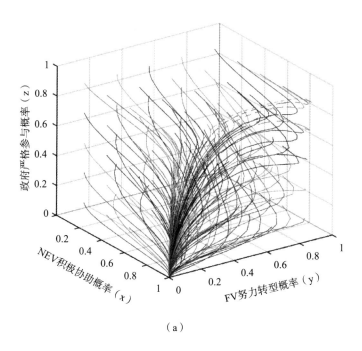

（a）

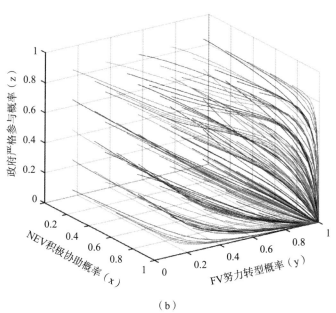

（b）

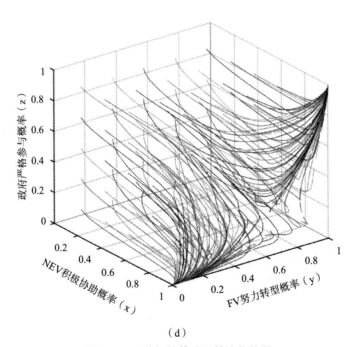

（c）

（d）

图 9.7　50 种初始策略下的演化结果

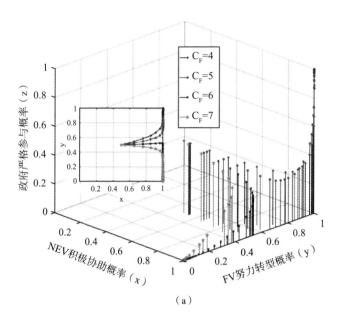

（a）

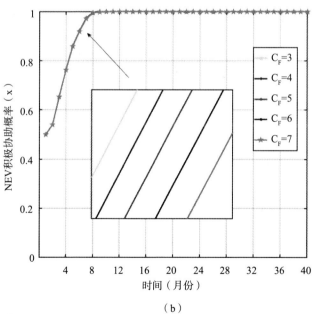

（b）

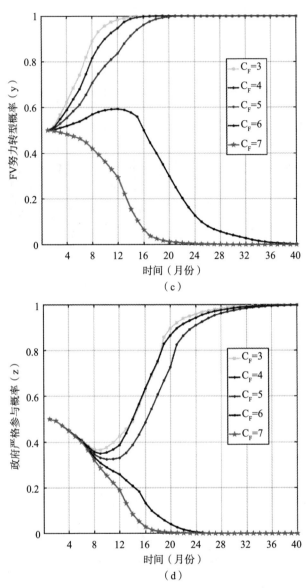

图9.8 燃油车企资源成本的影响

燃油车企在转型过程中，正处于关键技术研发时期，燃油车企自身想要实现技术突破是非常困难，因此需要与新能源车企合作通过"搭便车"实现自身技术突破，在此基础上需要大量资金，成本的增加会进一步加大其资金负担；在燃油车企资源成本过大时，企业更多地是进行转型尝试，尝试过程中考虑高成本可能引起燃油车企资金链断裂，致使其朝放弃转型演化。企业通过初步估计确定基于低资源成本可转型成功，企业对成本的关注度也会越来越高；但过高的资源成本，致使企业自身难以承受，企业放弃转型的同时也会降低对成本的关注度。主体间的合作均是以自身收益为前提，新能源车企提供技术支持的同时会获得资金回馈，因此新能源汽车意愿不单单受到资源成本的影响（见图 9.8（b））。政府初衷更希望企业间可以形成自主创新合作关系，招商引资等带来的收益引导政府转向严格参与；资源成本的增大导致燃油车企放弃转型，政府意愿也会因合作失败逐步降低（见图 9.8（d））。

宁等（Ning et al.，2024）研究技术费用对企业数字化转型的影响，并提出技术研发费用能够有效推动产业前行。本节深入探讨资源成本对燃油车企转型的影响，所得结果恰恰相反。

9.6.2.2　燃油车企时间成本的演化影响

图 9.9 体现了时间成本对整体演化的影响。可以看出，时间成本 T 的影响阈值在 $[1,2]$，使得燃油车企从放弃转型变成努力转型，政府从放松参与转向严格参与。图 9.9（c）展现出时间成本对燃油汽车制造商策略选择的影响程度为单调递减情形。

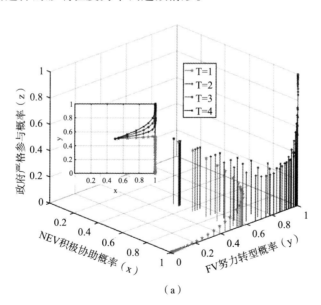

（a）

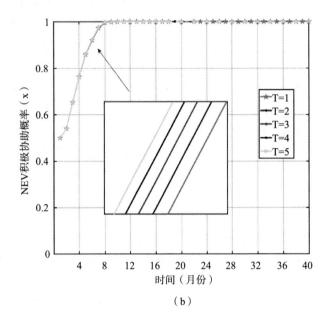

（b）

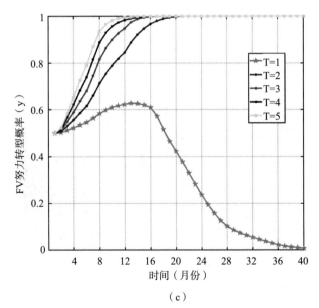

（c）

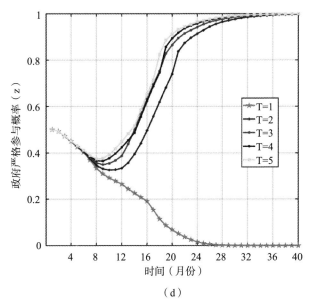

（d）

图9.9 燃油车企时间成本的影响

时间成本的大小代表企业当前科技水平，燃油车企时间成本越小表明其科技水平越高。高科技水平燃油车企足以独立完成转型，但现实中消费者对燃油车认可度更高，销售燃油汽车依然有益可循（见图9.9（a））。时间成本的提高会增加燃油车企对未来可能情况的焦虑，未来不可测的新冠疫情、地震等自然灾害均可能造成预期结果的时间延迟，时滞效应对于企业经济是一大考验。为避免"夜长梦多"，燃油车企会积极与新能源车企合作以求平稳转型（见图9.9（c））。新能源车企提供的核心技术相较于高水平燃油车企，在低水平燃油车企中发挥的作用更大（见图9.9（b））。对于技术水平极低的中小型燃油车企而言，资金是其首要考虑的因素，因此核心技术对其的吸引力变弱（见图9.9（c））。政府于演化初期因企业技术水平低下导致参与意愿降低，然而企业努力转型意愿强烈，政府作为市场宏观调控者需要严格参与其中〔见图9.9（d），当T为2至5时政府严格参与的意愿先降低后增加〕。政府通过颁布相关政策能够有效调整市场经济的走向。例如，疫情开放时政府颁布燃油车购置税减半政策刺激市场经济复苏。

9.6.2.3 违约惩罚的演化影响

取双方违约金惩罚演化步长为1，且在只改变参数 F_N、F_F 的基础上分析对演化稳定的影响，图9.10表示是违约惩罚对演化的影响。图9.10（b）表明，演化初期违约惩罚越小，新能源车企积极协助的概率越大，后期相反；图9.10（c）表明违约惩罚存在影响阈值［（1，0），（2，1）］；图9.10（d）表明，随着违约惩罚的增大，政府严格参与的概率到达稳定状态的速率下降。

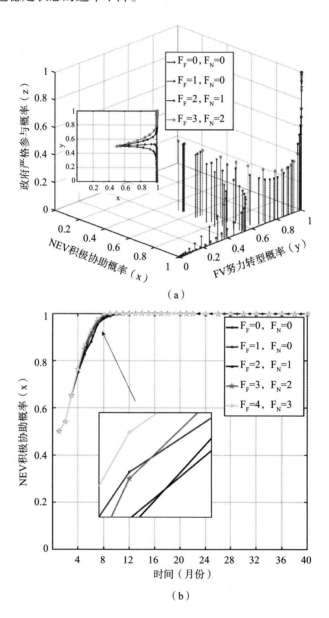

（a）

（b）

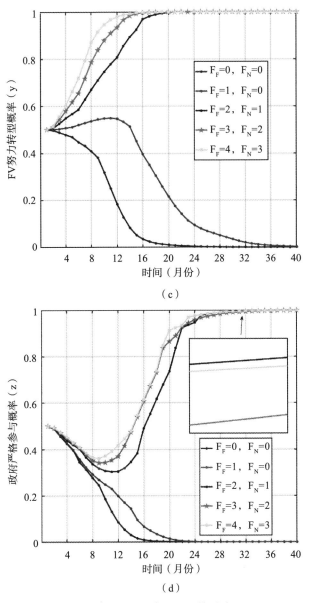

图 9.10　企业违约惩罚的影响

　　燃油车企为响应国家政策纷纷加入转型行列。由于转型需要大量资金，更多燃油车企只是抱着试一试的态度。由图 9.10（c）可以看出，违约惩罚会加大企业额外成本，一些中小型燃油车企自身的人力、物力不足以支撑其转型，逐渐退出转型。燃油车企转型需要实现技术突破，违约惩罚的加大会促使燃油车企和新能源车企紧密合作，企业间科技交流能够推动燃油车企转型。由图9.10（b）可以看出，高违约惩罚会增大燃油车企负担，导致新能源车企得到延迟资金回馈的概率增大，在初步合作情况下，将引起新能源车企不适。随着双方主体更深入合作，高违约惩罚对新能源车企有更好的推动作用。由图9.10（d）可以看出，违约惩罚较低时，燃油车企消极转型将引起政府放松参与。违约惩罚的增大使得企业间合作关系更加紧密。政府引导企业自主合作的意愿实现便选择放慢"脚步"。

在蔡猷花等（2022）研究基础上，本节进一步考虑双方罚金的共同作用。先前的研究仅指出罚金的增大具有推动作用，但忽视了违约惩罚对系统演化结果的具体支配规律。

9.6.2.4　燃油车企 FV 生产比例的演化影响

在只改变燃油车企生产燃油汽车比例的前提下取 β 步长为0.2，图9.11为燃油车企生产燃油汽车比例对系统演化的影响。由图9.11（a）可知，燃油车企生产燃油汽车比例 β 的阈值为 [0.1，0.3]，即燃油车企从放弃转型转向努力转型；由图9.11（b）可知，燃油汽车生产比例对新能源车企存在细微影响；由图9.11（c）可知，随着 β 的增大，燃油汽车生产比例对燃油车企转型影响呈现边际递减效应。到达一定范围时（$\beta > 0.7$）对燃油车企转型推动效果不明显；图9.11（d）展现燃油汽车生产比例对政府决策的影响。

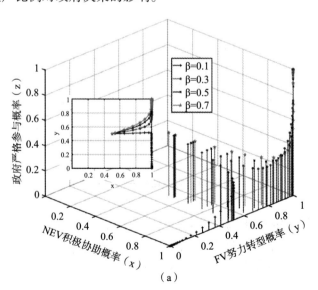

（a）

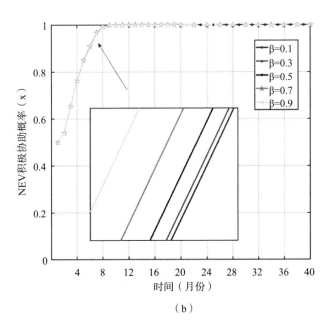

（b）

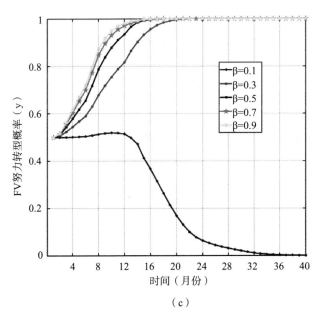

（c）

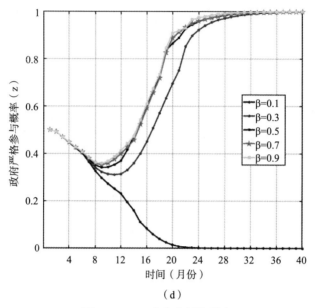

（d）

图9.11　FV生产比例的影响

252

　　燃油汽车生产比例高低反映燃油车企内部新能源汽车生产覆盖率。现实中燃油汽车的大额优惠对新能源汽车市场产生巨大的冲击，新造新能源车企普遍亏损，例如蔚来、小鹏、理想等。由图9.11（c）可以看出，当燃油汽车生产比例较低时（β=0.1），燃油车企是即将成为新能源车企的新造车企业，故慢慢朝放弃转型演化。政府政策逼迫企业转型，燃油汽车生产比例的提高意味着燃油车企转型压力增大。羊群效应刺激燃油汽车生产比例高的燃油车企进行模仿学习，通过策略模仿能够很好地降低燃油车企转型成本，吸引更多燃油车企积极转型。由图9.11（b）可以看出，与燃油车企合作与否并不会给新能源车企带来损失，故燃油汽车生产比例的提高对新能源车企积极协助存在细微推动作用。由图9.11（d）可以看出，燃油车企消极转型将引起政府放松参与（β=0.1）。当燃油车企和新能源车企合作时（β∈［0.3，0.9］），政府意愿达成将朝着放松参与演化，但随着时间演化出现"卡脖子"技术限制企业时，政府则需要积极参与为企业输送资源，确保汽车市场稳步转型。

9.6.3　政府政策影响分析

9.6.3.1　奖惩政策的演化影响

奖惩政策包含政府奖励和政府惩罚，本节同时采用惩罚调整系数和惩罚额度来描述惩罚政策。文章设置 9 个场景研究不同程度的奖惩对系统演化的影响（见图 9.12）。由图 9.12（a）和（b）可以看出，政府奖励 g 存在阈值［2.5，4.5］，即政府从严格参与转向放松参与。由图 9.12（c）可以看出，在低奖励和高惩罚场景下［g = 2.5，（r，P）=（1.00，9）］，系统演化至稳定状态的速率最快。图 9.12（d）展现了奖惩政策对燃油车企转型的影响。

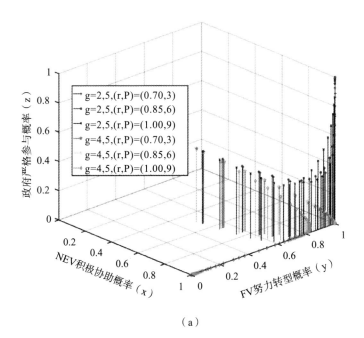

（a）

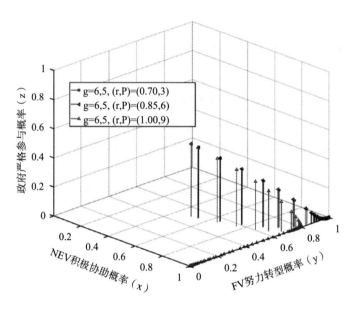

（b）

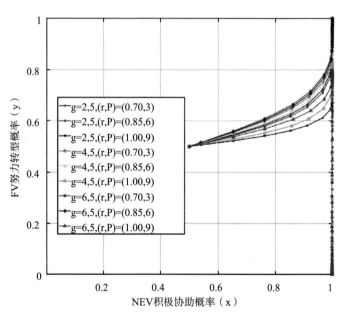

（c）

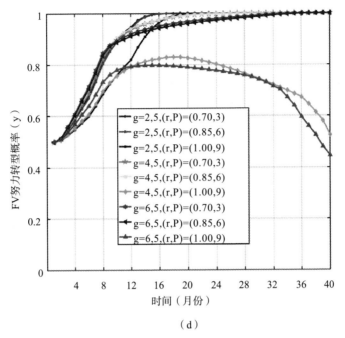

（d）

图 9.12　奖惩政策的影响

　　政府惩罚虽会增加企业成本，但奖励政策在一定程度上能够缓解惩罚所带来的负面影响。因此，当政府奖励 g = 0.5 时，燃油车企和新能源车企将选择合作策略，政府将选择积极参与策略，如图 9.12（a）和（c）所示。随着奖励的提高，政府财政负担加大，致使其放松参与，如图 9.12（a）和（b）所示。受迫于汽车产业发展趋势，个体的策略模仿效应致使中小型燃油车企选择转型，高补贴状态下燃油车企虽有转型意愿，策略模仿带来的竞争压力和高额惩罚使得燃油车企最终放弃转型［见图 9.12（d），g = 4.5，（r，P）=（1.00，9）和 g = 6.5，（r，P）=（1.00，9）］。

　　王和李（Wang & Li，2023）研究了奖励政策和惩罚政策对系统演化的影响。在前人研究的基础上，本节进一步检查了奖励政策和惩罚政策的联合影响，所得结果大不相同。本节得出了高奖励并不能有效推动燃油车企转型的创新性结论。

9.6.3.2 双积分政策的演化影响

依据国家政策规定 2021～2025 年积分比例要求 ξ 依次为 0.14、0.16、0.18、0.28、0.38，图 9.13 分别展示了积分比例要求 ξ 和积分交易价格 $P_λ$ 对系统演化及企业收益的影响。对比图 9.13（a）、（b）、（c）可知，虽然二者的增大均会推动燃油车企转型，但企业转型对积分交易价格的敏感性明显大于积分比例要求。国务院发布《新能源汽车产业发展规划（2021～2035 年）》，建立企业为主体、市场为导向的技术创新体系，旨在引导企业自主合作创新，图 9.12（d）描绘了在新能源车企选择积极协助、政府选择放松参与的策略组合下，ξ 和 $P_λ$ 对燃油车企选择不同策略所得收益的协同影响。ξ 和 $P_λ$ 对燃油车企行为的影响呈边际递增效应，如图 9.13（c）所示。ξ 和 $P_λ$ 的增加能够有效提高燃油车企收益，如图 9.13（d）所示。图 9.13（d）中两个颜色的临界线代表燃油车企选择努力转型和选择放弃转型所得收益相同，可以看出 ξ 和 $P_λ$ 交互影响着燃油车企的收益。因此，双积分政策的修订应充分考虑各因素间的联动性。

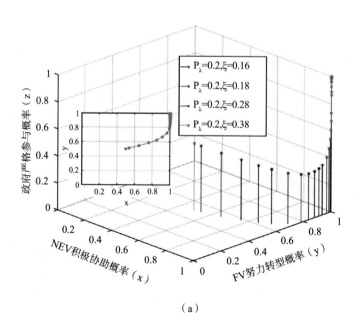

（a）

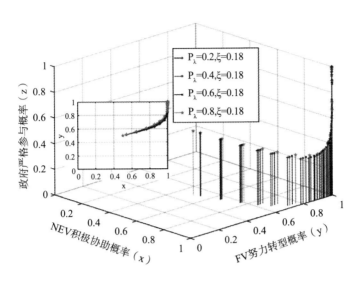

（b）

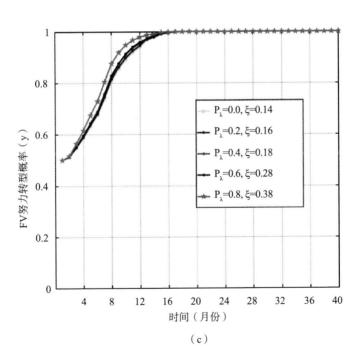

（c）

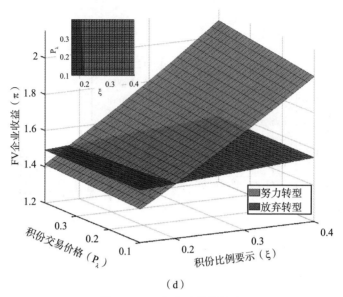

（d）

图 9.13　双积分政策的影响

　　积分比例要求和积分交易价格的提高进一步加深燃油车企对资金的依赖程度。考虑到积分交易价格具有市场属性，其对燃油车企影响程度更大。燃油车企的新能源汽车生产覆盖率逐步加大导致燃油车企从双积分政策"受害者"转变为"受益者"。积分收益的提高会吸引更多燃油车企转型。对于中小型燃油车企而言，过高的积分比例要求和积分交易价格会导致他们面临破产问题。因此，政府不应一味地提高积分比例要求和积分交易价格，确保燃油汽车平稳过渡。

　　不同于仅分析积分比例要求对新能源汽车发展影响，文章基于前人深入研究积分比例要交和积分交易价格的交互作用，比较分析二者之间影响力大小关系，为政府政策修改提供更有效地指导。

9.7　结论与政策建议

　　为积极响应国家政策，助力传统燃油车向新能源汽车转型，此节构建了新能源车企、燃油车企以及政府的三方演化博弈模型，同时将双积分政策纳入模型之中，分析各相关因素对燃油车企转型的影响，结果表明：

（1）新能源车企资金回馈的增加反而会降低新能源车企积极协助的概率。资金回馈的提高，意味着新能源车企需要向燃油车企提供更多的核心技术，致使新能源车企的核心竞争力下降。因此，企业需要加强与研究所、高校以及政府的联系，以实现核心技术突破。

（2）政府严格参与意愿与政府监督成本呈正相关，与额外收益却呈负相关。政府监督力度的加强会进一步迫使企业合作转型，企业意愿增强会提高政府严格参与积极性。政府希望燃油车企努力转型，相较于燃油车企，政府对资金需求不大。将额外收益流向燃油车企会极大满足其资金需求，燃油车企积极转型进而带动政府严格参与。

（3）资金时滞导致高违约惩罚在初期对新能源车企积极合作推动效果较弱，后期呈现相反情况。高惩罚额度增加新能源车企资金回馈时滞概率，合作初期将引起新能源车企的不适，自身协助意愿降低；后期随着更深入合作，双方主体更快实现技术突破。企业需要根据不同情况动态调整违约惩罚降低资金时滞出现的概率，合理的违约惩罚会更好地推动新能源企业积极协助转型。

（4）燃油车企的新能源汽车生产比例较高反而刺激其放弃转型。燃油汽车大额优惠以及新能源汽车补贴全面退坡导致消费者偏好更倾向于燃油汽车，外加新能源汽车的高成本低利润，新造新能源车企收益普遍负增长。政府部门需要加大宣传提高消费者对新能源汽车认可度，制定相关政策引导消费者购买新能源汽车。各相关行业需要密切合作以降低新能源汽车制造成本。

（5）羊群效应使得高奖励情形下相同策略内部竞争增大致使企业放弃转型。高奖励吸引更多企业加入转型，羊群效应进一步加大企业间的竞争强度，同时政府负担增加引起政府部门的高度反感。高惩罚会提高企业成本，可能引起企业内部资金链断裂问题。奖惩政策的合理制定是非常有必要的。在政府宏观调控市场竞争情况的同时能有效提供奖励前提下，适度提高惩罚可刺激三方之间的联系更加紧密。

（6）羊群效应和时滞效应共同增加了燃油车企对收益的依赖，使其对积分交易价格的敏感程度优于积分比例要求。两类效应直接影响燃油车企收益，导致其更关注具有市场属性的积分交易价格。政府需要针对市场具体情况适度提高积分比例要求和积分交易价格，在有效促进疫情之后国内经济复苏的同时确保整个汽车市场稳步转型。

第10章　政府规制如何实现氢燃料电池汽车终端无污染

10.1　研究背景

近些年随着能源需求加剧，煤炭、石油和天然气的使用量不断增加，这加快了全球变暖步伐（Lahrichi et al.，2024）。随着气候恶化日益严峻，人类的节能、低碳环保意识不断提升（Zhou et al.，2023）。由燃油汽车向新能源汽车过渡，利用可再生能源或其他能源转换技术，减少石油消耗量。氢能是一种清洁、高效的可再生能源，特点是零排放，只产生水蒸气。氢能在能源储运、电力生产和工业生产方面被广泛应用，被誉为21世纪最具发展潜力的清洁能源。氢能通过燃料电池作用于汽车上，称为氢燃料电池汽车。2023年，中国氢燃料电池汽车产量和销量分别达到5600辆和5800辆，同比增长率分别为54.44%和72.26%①（见图10.1），中国氢气产量达到了4575万吨，一跃成为世界上最大的氢气生产国②（见图10.2）。

氢能被认为是实现终端绿色低碳转型的重要载体。2021年7月，美国能源部投入了5250万美元进行氢能攻关，旨在推进下一代清洁能源技术。同年8月，美国能源部退出"能源地球计划"，旨在增加氢能

---

① 中商情报网.2023年中国氢燃料电池汽车产量及销量分析［EB/OL］.［2024 – 02 – 20］. https：//m. askci. com/news/chanye/20240220/0902392708390959228337 05. shtml.

② 中商情报网.2023年中国氢能产量及需求分布预测分析［EB/OL］.［2023 – 08 – 10］. https：//www. askci. com/news/chanye/20230810/08413126916280903825733 2. shtml.

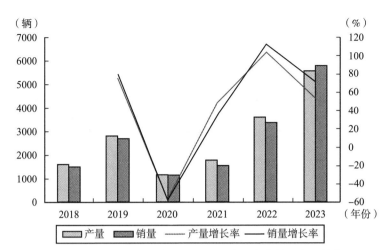

图 10.1　2018～2023 年中国氢燃料电池汽车的生产和销售

资料来源：中国汽车工业协会。

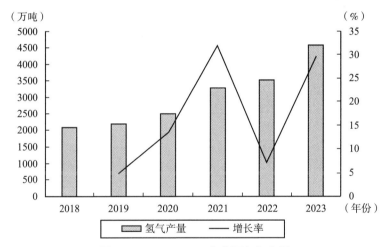

图 10.2　2018～2023 年中国氢气产量

资料来源：中国氢能联盟。

需求并降低成本①。2007 年，欧盟提出《欧洲战略能源技术计划》，将燃料电池和氢能作为重点发展技术目标，宣称发展氢能是实现脱碳的必

———————————

① 氢启未来网. 美国的"能源地球"计划和新基础设施计划 [EB/OL]. [2021 - 08 - 24]. https：//baijiahao. baidu. com/s? id = 1708954897249234037&wfr = spider&for = pc.

由选择①。2023 年，日本修订了《氢能源基本战略》，明确了制氢成本降低路线及目标，旨在 2030 年降至 30 日元/标方，未来达到 20 日元/标方②。

为助力实现碳达峰、碳中和的目标，促进氢能产业高质量发展。2022 年，中国出台了《氢能产业发展中长期规划（2021 – 2035 年）》，明确了氢能是未来国家能源体系的重要组成部分③。根据氢的来源和制备方式分为 3 类：灰氢（化石能源制氢）；蓝氢（化石能源制氢）；绿氢（可再生能源制氢或电解水）。目前，我国氢气的制备方式还是以化石能源为主，绿氢的制备成本偏高，技术存在瓶颈。2022 年，发展改革委和商务部发布《鼓励外商投资产业目录》（2022 年版），鼓励企业投资氢燃料绿色制备技术（化学副产品制氢、生物制氢、来自可再生能源的电解水制氢等)④。绿氢的制备过程中仅产生能量和水蒸气，真正实现了全过程零排放，是未来氢气的主要来源⑤。

10.2　问题描述与假设

262

10.2.1　问题描述

本研究涉及 3 个参与者：政府、车企、制氢企业。策略集由 {SR，LR}、{PH，NH} 和 {GH，NG}。SR 表示政府采取严格监管策略，LR 表示政府采取宽松监管策略。PH 表示车企采取生产 HFCVs 策略，NH 表示车企采取不生产 HFCVs。GH 表示制氢企业采取研发绿氢策略，

① 国家能源局. 国际风能技术路线图解析 [EB/OL]. [2012 – 09 – 18]. https：//www. nea. go-v. cn/2012 –09/18/c_131856669. htm.

② 国际氢能网. 氢能基本战略 [EB/OL]. [2023 – 06 – 13]. https：//h2. in-en. com/html/h2 – 2425948. shtml.

③ 国家发展改革委. 氢能产业发展中长期规划 [EB/OL]. （2021 –2035）[2022 –03 – 23]. https：//www. ndrc. gov. cn/xxgk/zcfb/ghwb/202203/P020220323314396580505. pdf.

④ 国家发展改革委. 鼓励外商投资产业目录 [EB/OL]. [2022 – 10 – 26]. https：//zfxxgk. ndrc. gov. cn/web/iteminfo. jsp？ id =19009.

⑤ Squadrito G，Maggio G，Nicita A. The green hydrogen revolution [J]. Renewable Energy，2023，216：119041.

NG 表示制氢企业采取不研发绿氢策略（如蓝氢或者灰氢）。利益相关者的博弈关系如图 10.3 所示。

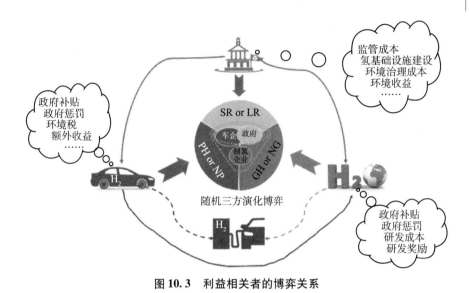

图 10.3　利益相关者的博弈关系

（1）政府和车企之间的关系。

政府倡导车企生产更具有清洁的 HFCVs。政府采取严格监管和宽松监管两种策略。在宽松监管下，政府会损失部分环境收益。在积极监管下，政府将会提供研发补贴，鼓励车企积极生产 HFCVs。为扩大 HF-CVs 市场需求，降低消费者购买焦虑，政府投资建设储运装备、加氢站等基础设施。同时，政府也会监督车企生产研发行为。一些车企为了骗取财政补贴，会生产安全参数不达标、技术水平低的汽车。政府对于消极生产的车企进行严厉处罚。早在 2019 年，现代汽车获得广州市政府支持，进行氢燃料电池的研发、生产和销售，并精准享受各类优惠政策。

（2）车企和制氢企业之间的关系。

车企将承担部分绿氢的研发成本，鼓励制氢企业研发技术创新，这将从整个供应链上实现减排降污。此时，车企在环境治理上不会有成本支出。2021 年 7 月，爱德曼氢能源装备有限公司和吉利新能源达成战略合作，探索"氢燃料电池系统＋整车"新模式。

（3）政府和制氢企业之间的关系。

绿氢从源头解决了环境污染的问题，政府对于采取研发绿氢策略的制氢企业始终给予财政补贴。同时，政府监督制氢企业研发行为，对于消极研发的制氢企业进行严厉处罚。2022年6月，河南省濮阳市政府和北京海德利森科技有限公司达成氢能项目战略合作，加快氢能产业布局，建设了氢能产业研究院，围绕制氢、储运等关键技术开展科技攻关。

10.2.2 参数假设

（1）政府的收益取决于它选择 SR 还是 LR 策略。在严格监管下，政府给采取 PH 策略的车企补贴 $\alpha_1 S$。并始终对制氢企业进行财政补贴 $\alpha_2 S$，α_1 和 α_2 分别为车企和制氢企业补贴系数，假定 $\alpha_1 + \alpha_2 = 1$。为约束车企和制氢企业产生骗补行为，设定初始罚金 P_1。当车企和制氢企业无法达成合作时，生产运作过程中会产生碳排放，污染环境，此时罚金为 P_2（$P_2 > P_1$），车企和制氢企业的惩罚系数分别表示为 β 和 μ。政府积极监管的成本为 C_1。同时为更进一步推进氢燃料电池汽车发展，政府将进行储运环节、加氢站等基础设施建设，基础设施建设成本为 C_4。

（2）车企的收益取决于它选择 PH 还是 NH 策略。C_2 表示为车企生产 HFCV 成本。当政府选择 SR 策略时，车企选择 PH 策略会产生额外收益 ΔR。车企为鼓励制氢企业研发绿氢，会承担部分研发成本 γC_3，γ 为研发成本分担系数。

（3）制氢企业的收益取决于它选择 GH 还是 NG 策略。制氢企业采取研发绿氢策略的研发成本为 C_3，政府此时会获得环境收益为 W。反之会使得政府产生环境治理成本 C_5，会使得车企产生环境税 T。

（4）假设 x 为政府选择宽松监管策略的概率，$1-x$ 为政府选择严格监管策略的概率。假设 y 为车企选择不生产 HFCV 策略的概率，$1-y$ 为车企选择生产 HFCV 策略的概率。假设 z 为制氢企业选择不研发绿氢策略的概率，$1-z$ 为制氢企业选择研发绿氢策略的概率。

相关参数说明见表 10.1。

表 10.1　　　　　　　　　　　相关参数及定义

符号	定义
政府	
C_1	政府监督成本
C_4	政府氢能基础设施建设成本
S	政府补贴
P_1	政府对骗补行为的罚款
P_2	政府碳排放惩罚
C_5	政府环境治理成本
W	政府环境收益
车企	
ΔR	车企额外收益
C_2	车企生产成本
T	车企环境税
β	车企惩罚系数
α_1	车企生产氢燃料电池汽车补贴系数
γ	车企对制氢企业研发成本奖励系数
制氢企业	
C_3	制氢企业研发成本
μ	制氢企业惩罚系数
α_2	制氢企业补贴系数
x	政府选择宽松监管策略的概率
y	车企选择不生产氢燃料电池汽车策略的概率
z	制氢企业选择不研发绿氢策略的概率

10.3　演化博弈模型构建与求解

10.3.1　模型构建

基于上述提出的基本假设，本章建立三个博弈主体收益矩阵，如

表 10.2 所示。

表 10.2 三方博弈的支付矩阵

策略	政府	车企	制氢企业
(SR, PH, GH)	$-C_1-C_4-S+\beta P_1$ $+\mu P_1+W$	$\Delta R-C_2+\alpha_1 S$ $-\beta P_1-\gamma C_3$	$-(1-\gamma)C_3$ $+\alpha_2 S-\mu P_1$
(SR, PH, NG)	$-C_1-C_4-\alpha_1 S+\beta P_1$ $+\mu P_2-C_5$	$\Delta R-C_2+\alpha_1 S$ $-\beta P_1-T$	$-\mu P_2$
(SR, NP, GH)	$-C_1-C_4-\alpha_2 S+\beta P_2$ $+\mu P_1-C_5$	$-\beta P_2-T-\gamma C_3$	$-(1-\gamma)C_3$ $+\alpha_2 S-\mu P_1$
(SR, NP, NG)	$-C_1-C_4+\beta P_2+\mu P_2-C_5$	$-\beta P_2-T$	$-\mu P_2$
(LR, PH, GH)	$W-\alpha_2 S$	$-C_2-\gamma C_3$	$-(1-\gamma)C_3+\alpha_2 S$
(LR, PH, NG)	$-C_5$	$-C_2-T$	0
(LR, NP, GH)	$-C_5-\alpha_2 S$	$-T-\gamma C_3$	$-(1-\gamma)C_3+\alpha_2 S$
(LR, NP, NG)	$-C_5$	$-T$	0

10.3.2 复制动态方程

假设 E_{11}、E_{12}、E_1 为政府宽松监管策略的期望收益、积极监管策略的期望收益、以及平均期望收益。

$$E_{11} = yz(W-\alpha_2 S) + y(1-z)(-C_5) + (1-y)z(-C_5-\alpha_2 S)$$
$$+ (1-y)(1-z)(-C_5) \tag{10.1}$$

$$E_{12} = yz(-C_1-C_4-S+\beta P_1+\mu P_1+W)$$
$$+ y(1-z)(-C_1-C_4-\alpha_1 S+\beta P_1+\mu P_2-C_5)$$
$$+ (1-y)z(-C_1-C_4-\alpha_2 S+\beta P_2+\mu P_1-C_5)$$
$$+ (1-y)(1-z)(-C_1-C_4+\beta P_2+\mu P_2-C_5) \tag{10.2}$$

$$E_1 = xE_{11} + (1-x)E_{12} \tag{10.3}$$

因此，政府的复制动态方程如下：

$$\frac{dx}{dt} = x(1-x)(C_1+C_4+y[\beta(P_2-P_1)+\alpha_1 S-\zeta T]$$
$$+ z\mu(P_2-P_1) - (\mu+\beta)P_2) \tag{10.4}$$

假设 E_{21}、E_{22}、E_2 为车企不生产 HFCVs 策略的期望收益、生产

HFCVs 策略的期望收益以及平均期望收益。

$$E_{21} = xz(\Delta R - C_2 + \alpha_1 S - \beta P_1 - \gamma C_3) + x(1 - z)(\Delta R - C_2 + \alpha_1 S - \beta P_1 - T)$$
$$+ (1 - x)z(-C_2 - \gamma C_3) + (1 - x)(1 - z)(-C_2 - T) \qquad (10.5)$$

$$E_{22} = xz(-\beta P_2 - T - \gamma C_3) + x(1 - z)(-\beta P_2 - T)$$
$$+ (1 - x)z(-T - \gamma C_3) + (1 - x)(1 - z)(-T) \qquad (10.6)$$

$$E_2 = yE_{21} + (1 - y)E_{22} \qquad (10.7)$$

因此，车企的复制动态方程如下：

$$\frac{dy}{dt} = y(1 - y)(zT - 2(1 - x)zC_2 + x(\Delta R + \alpha_1 S + \beta(P_2 - P_1) - C_2)) \qquad (10.8)$$

假设 E_{31}、E_{32}、E_3 为制氢企业不研发绿氢策略的期望收益、研发绿氢策略的期望收益以及平均期望收益。

$$E_{31} = xy(-(1 - \gamma)C_3 + \alpha_2 S - \mu P_1) + x(1 - y)(-(1 - \gamma)C_3 + \alpha_2 S - \mu P_1)$$
$$+ (1 - x)y(-(1 - \gamma)C_3 + \alpha_2 S) + (1 - x)(1 - y)(-(1 - \gamma)C_3$$
$$+ \alpha_2 S) \qquad (10.9)$$

$$E_{32} = xy(-\mu P_2) + x(1 - y)(-\mu P_2) + (1 - x)y \times 0$$
$$+ (1 - x)(1 - y) \times 0 \qquad (10.10)$$

$$E_3 = zE_{31} + (1 - z)E_{32} \qquad (10.11)$$

因此，制氢企业的复制动态方程如下：

$$\frac{dz}{dt} = z(1 - z)(\alpha_2 S - (1 - \gamma)C_3 + x\mu(P_2 - P_1)) \qquad (10.12)$$

根据式（10.4）、式（10.8）、式（10.12）得到复制动态方程组。

$$\begin{cases} \dfrac{dx}{dt} = x(1 - x)\{C_1 + C_4 + y(\beta(P_2 - P_1) + \alpha_1 S) + z\mu(P_2 - P_1) \\ \qquad - (\mu + \beta)P_2\} \\ \dfrac{dy}{dt} = y(1 - y)\{-zT + 2(1 - x)zC_2 - x(\Delta R + \alpha_1 S + \beta(P_2 - P_1) - C_2)\} \\ \dfrac{dz}{dt} = z(1 - z)\{-\alpha_2 S + (1 - \gamma)C_3 - x\mu(P_2 - P_1)\} \end{cases}$$

$$(10.13)$$

由于 x，y，z ∈ [0，1]，因此 1 - x、1 - y 和 1 - z 是非负的，对演化均衡结果不会产生影响。因此，我们简化式（10.13）的复制动态方程组如下：

267

$$
\begin{cases}
\dfrac{dx}{dt} = x\{C_1 + C_4 + y(\beta(P_2 - P_1) + \alpha_1 S) + z\mu(P_2 - P_1) - (\mu + \beta)P_2\} \\[2mm]
\dfrac{dy}{dt} = y\{-zT + 2(1 - x)zC_2 - x(\Delta R + \alpha_1 S + \beta(P_2 - P_1) - C_2)\} \\[2mm]
\dfrac{dz}{dt} = z\{-\alpha_2 S + (1 - \gamma)C_3 - x\mu(P_2 - P_1)\}
\end{cases}
$$

$$(10.14)$$

10.4 随机演化博弈模型构建及分析

10.4.1 随机演化博弈模型

考虑到参与者博弈受外部随机环境的影响，博弈主体的战略决策具有复杂性和不确定性。一方面，博弈主体可能选取不同策略来实现利益最大化，特别是政府的补贴和惩罚行为、监督策略可能受社会舆论、社会利益等外部因素有所变动。另一方面，车企生产运作具有高度不稳定性，不仅受到突发事件、产业竞争等外部环境因素影响，还可能因车企内部人力、物力、财力导致策略行为改变。因此，本章将高斯白噪声作为随机扰动项引入到政府、车企、和制氢企业的复制动态方程中。具有随机干扰的复制动态方程如下：

$$
\begin{cases}
dx(t) = \{C_1 + C_4 + y(\beta(P_2 - P_1) + \alpha_1 S) + z\mu(P_2 - P_1) \\
\qquad - (\mu + \beta)P_2\}x(t)dt + \sigma x(t)d\omega(t) \\[2mm]
dy(t) = \{-zT + 2(1 - x)zC_2 - x(\Delta R + \alpha_1 S + \beta(P_2 - P_1) - C_2)\}y(t)dt \\
\qquad + \sigma y(t)d\omega(t) \\[2mm]
dz(t) = \{-\alpha_2 S + (1 - \gamma)C_3 - x\mu(P_2 - P_1)\}z(t)dt + \sigma z(t)d\omega(t)
\end{cases}
$$

$$(10.15)$$

其中，σ 表示随机干扰强度。$\omega(t)$ 是一维标准布朗运动，它会呈现不规则性的运动，能够很好地反映随机干扰对博弈主体演化策略的影响。$d\omega(t)$ 表示高斯白噪声，当 $t > 0$ 和 $h > 0$ 时，其增量 $\Delta\omega(t) = \omega(t + h) - \omega(t)$ 服从正态分布 $N(0, \sqrt{h})$。

式（10.15）表示具有随机干扰项的一维 Itô随机微分方程。因此，利用随机微分方程理论求解。

10.4.2　均衡解的存在性分析

考虑到式（10.15），假设初始时刻 t = 0，即三方博弈的初始时刻。此时 x(0) = 0、y(0) = 0 和 z(0) = 0，可以得到式（10.16）如下：

$$
\begin{cases}
\{C_1 + C_4 + y(\beta(P_2 - P_1) + \alpha_1 S) + z\mu(P_2 - P_1) - (\mu + \beta)P_2\} \cdot 0 \\
+ \sigma x(t)d\omega(t) = 0 \\
\{-zT + 2(1 - x)zC_2 - x(\Delta R + \alpha_1 S + \beta(P_2 - P_1) - C_2)\} \cdot 0 \\
+ \sigma y(t)d\omega(t) = 0 \\
\{-\alpha_2 S + (1 - \gamma)C_3 - x\mu(P_2 - P_1)\} \cdot 0 + \sigma z(t)d\omega(t) = 0
\end{cases}
$$

$$(10.16)$$

由式（10.16）可知 $d\omega(t)|_{t=0} = \omega'(t)dt|_{t=0} = 0$，方程至少存在零解，这表示在没有内外部环境干扰下，系统将永远稳定在该状态。因此，零解是方程的均衡解。

然而考虑到氢能及氢燃料电池汽车生产，博弈主体必然受到内外部环境干扰，从而对系统稳定性产生影响。因此，考虑随机干扰对博弈主体策略行为影响意义重大。基于随机微分方程的稳定性准则，分析零解的稳定性。

10.4.3　系统稳定性分析

引理　给定一个随机微分方程如下：

$$dx(t) = f(t, x(t))dt + g(t, x(t))d\omega(t), \quad x(t_0) = x_0$$

$$(10.17)$$

其中，$x(t) = x(t, x_0)$ 是方程的解，$x(t)$，$f(t, x(t))$ 和 $g(t, x(t))$ 是标量。

假设存在连续正函数 $V(t, x)$ 和正常数 c_1，c_2，使得：

$$c_1|x|^p \leq V(t, x) \leq c_2|x|^p, \quad t \geq 0 \qquad (10.18)$$

①若存在正常数 λ，使得 $LV(t, x) \leq -\lambda V(t, x)$，$t \geq 0$，则式（10.17）的零解 p 阶矩指数稳定，且成立 $E|x(t, x_0)|^p < \left(\dfrac{c_2}{c_1}\right)|x_0|^p e^{-\lambda t}$，

$t \geqslant 0$。

②若存在正常数 λ，使得 $LV(t, x) \geqslant -\lambda V(t, x)$，$t \geqslant 0$，则式 (10.17) 的零解 p 阶矩指数不稳定，且成立 $E|x(t, x_0)|^p \geqslant \left(\dfrac{c_2}{c_1}\right)|x_0|^p e^{-\lambda t}$，

$t \geqslant 0$。

其中，

$$LV(t, x) = V_t(t, x) + V_x(t, x)f(t, x) + \frac{1}{2}g^2(t, x)V_{xx}(t, x)$$

$$(10.19)$$

以上是关于式（10.15）的稳定性判别依据。

证明 假设 $V(t, x) = x(x \in [0, 1])$，$V(t, y) = y(y \in [0, 1])$，$V(t, z) = z(z \in [0, 1])$，$c1 = c2 = 1$，$p = 1$，$\lambda = 1$，则：

$$\begin{cases} LV(t, x) = \{C_1 + C_4 + y(\beta(P_2 - P_1) + \alpha_1 S) + z\mu(P_2 - P_1) \\ \qquad - (\mu + \beta)P_2\}x \\ LV(t, y) = \{-zT + 2(1-x)zC_2 - x(\Delta R + \alpha_1 S + \beta(P_2 - P_1) - C_2)\}y \\ LV(t, z) = \{-\alpha_2 S + (1-\gamma)C_3 - x\mu(P_2 - P_1)\}z \end{cases}$$

$$(10.20)$$

若上述三式零解矩指数稳定，需要满足：

$$\begin{cases} LV(t, x) = \{C_1 + C_4 + y(\beta(P_2 - P_1) + \alpha_1 S) + z\mu(P_2 - P_1) \\ \qquad - (\mu + \beta)P_2\}x \leqslant -x \\ LV(t, y) = \{-zT + 2(1-x)zC_2 - x(\Delta R + \alpha_1 S + \beta(P_2 - P_1) - C_2)\}y \\ \qquad \leqslant -y \\ LV(t, z) = \{-\alpha_2 S + (1-\gamma)C_3 - x\mu(P_2 - P_1)\}z \leqslant -z \end{cases}$$

$$(10.21)$$

即：

$$\begin{cases} y \leqslant \dfrac{-C_1 - C_4 - z\mu(P_2 - P_1) + (\mu + \beta)P_2 - 1}{\beta(P_2 - P_1) + \alpha_1 S} \\ z \leqslant \dfrac{x(\Delta R + \alpha_1 S + \beta(P_2 - P_1) - C_2) - 1}{2(1-x)C_2 - T} \quad \text{当} \ 2(1-x)C_2 - T > 0 \\ x \geqslant \dfrac{(1-\gamma)C_3 - \alpha_2 S + 1}{\mu(P_2 - P_1)} \end{cases}$$

$$(10.22)$$

270

或：

$$\begin{cases} y \leqslant \dfrac{-C_1 - C_4 - z\mu(P_2 - P_1) + (\mu + \beta)P_2 - 1}{\beta(P_2 - P_1) + \alpha_1 S} \\[4mm] z \geqslant \dfrac{x(\Delta R + \alpha_1 S + \beta(P_2 - P_1) - C_2) - 1}{2(1 - x)C_2 - T} \quad \text{当 } 2(1 - x)C_2 - T < 0 \\[4mm] x \geqslant \dfrac{(1 - \gamma)C_3 - \alpha_2 S + 1}{\mu(P_2 - P_1)} \end{cases}$$

$$(10.23)$$

10.5　数值仿真分析

10.5.1　随机微分方程的泰勒展开

由于非线性 Itô 随机微分方程无法直接求解。因此，本章用随机泰勒公式展开求解政府近似值、车企近似值和制氢企业近似值。

假设 $h = (T - t0)/N$，$t_n = t_0 + nh$，获得随机泰勒展开式如下：

$$X(t_{n+1}) = X(t_n) + I_0 f(X(t_n)) + I_1 g(X(t_n)) + I_{11} L^1 g(X(t_n))$$
$$+ I_{00} L^0 f(X(t_n)) + R \tag{10.24}$$

其中，$L_0 = f(x)\dfrac{\partial}{\partial x} + \dfrac{1}{2}g^2(x)\dfrac{\partial^2}{\partial x^2}$，$L^1 = g(x)\dfrac{\partial}{\partial x}$，$I_0 = h$，$I_1 = \Delta\omega_n$，

$I_{00} = \dfrac{1}{2}h^2$，$I_{11} = \dfrac{1}{2}[(\Delta\omega_n)^2 - h]$，$R$ 是泰勒展开的余数，表示原式和展开式之间的差值。

根据上述式子我们得到：

$$x(t_{n+1}) = x(t_n) + hf(x(t_n)) + \Delta\omega_n g(x(t_n))$$
$$+ \frac{1}{2}[(\Delta\omega_n)^2 - h]g(x(t_n))g'(x(t_n))$$
$$+ \frac{1}{2}h^2[f(x(t_n))f'(x(t_n)) + \frac{1}{2}g^2(x(t_n))f''(x(t_n))] + R$$

$$(10.25)$$

目前我们常见的 Itô 随机微分方程的数值方法包括 Milstein 方法和

Euler 方法，本章采用 Euler 方法进行数值模拟。因此，可以写出式（10.15）的展开式。

$$
\begin{cases}
\begin{aligned}
x(t_{n+1}) &= x(t_n) + h\{C_1 + C_4 + y(\beta(P_2 - P_1) + \alpha_1 S) + z\mu(P_2 - P_1) \\
&\quad - (\mu + \beta)P_2\}x(t_n) + \frac{h^2}{2}\{C_1 + C_4 + y(\beta(P_2 - P_1) + \alpha_1 S) \\
&\quad + z\mu(P_2 - P_1) - (\mu + \beta)P_2\}^2 x(t_n) + \Delta\omega_n \sigma x(t_n) \\
&\quad + \frac{1}{2}[(\Delta\omega_n)^2 - h]\sigma^2 x(t_n) + R_1 \\
y(t_{n+1}) &= y(t_n) + h\{-zT + 2(1 - x)zC_2 - x(\Delta R + \alpha_1 S + \beta(P_2 - P_1) \\
&\quad - C_2)\}y(t_n) + \frac{h^2}{2}\{-zT + 2(1 - x)zC_2 - x(\Delta R + \alpha_1 S \\
&\quad + \beta(P_2 - P_1) - C_2)\}^2 y(t_n) + \frac{1}{2}[(\Delta\omega_n)^2 - h]\sigma^2 y(t_n) \\
&\quad + \Delta\omega_n \sigma y(t_n) + R_2 \\
z(t_{n+1}) &= z(t_n) + h\{-\alpha_2 S + (1 - \gamma)C_3 - x\mu(P_2 - P_1)\}z(t_n) + \Delta\omega_n \sigma z(t_n) \\
&\quad + \frac{h^2}{2}\{-\alpha_2 S + (1 - \gamma)C_3 - x\mu(P_2 - P_1)\}^2 z(t_n) \\
&\quad + \frac{1}{2}[(\Delta\omega_n)^2 - h]\sigma^2 z(t_n) + R_3
\end{aligned}
\end{cases}
$$

$$(10.26)$$

10.5.2　数据解析与处理

深蓝 SL03 氢电版是中国首款量产的氢燃料电池汽车。根据汽车之家发布的信息显示，深蓝 SL03 氢电版官方指导价格为 69.99 万。考虑到车辆成本占销售价格的 40% ~ 60%，综合政府补贴，设定汽车的生产成本 $C_2 = 2.5$。企业相关数据不具体公开，额外收益部分难以直接获取，令 $\Delta R = 4$。根据绿氢制取路径及成本分析[1]，令 $C_3 = 5.5$。根据重庆对氢燃料汽车生产企业每款车型一次性奖励 200 万元[2]和宁夏对绿氢

---

[1]　润土投资. 绿氢制取路径及成本分析 [EB/OL]. [2023 - 03 - 01]. https://zhuanlan.zhihu.com/p/610424049.

[2]　重庆市九龙坡区人民政府. 重庆市九龙坡区支持氢能产业发展政策措施 [EB/OL]. [2024 - 03 - 15]. http://cqjlp.gov.cn/bmjz/qzfbm_97119/qjjxxw_97715/zwgk_97124/fdzdgknr_97126/lzyj/zcwj/202403/t20240315_13041131.html.

生产其企业提供一次性不超过 300 万补助①，并参考张和丁（Zhang & Ding，2023）的相关研究，令 S = 7.2，P_1 = 6.4，P_2 = 3.6，C_1 = 3，C_4 = 2.5，T = 3。考虑研究公平性和一般性，参与者的初始概率设定为（0.5，0.5，0.5）。相关参数初始值均为 0.5，并设定随机干扰强度 σ = 2，模拟步长 h = 1/128。考虑到 2021～2035 年氢能产业中长期发展规划，时间单位被设定为星期。

10.5.3　随机扰动项对参与者策略演化的影响

为探究随机扰动项对参与者策略演化的影响。进行四种情况的模拟 σ = 0，σ = 2，σ = 4，σ = 6。图 10.4 表明，相较于制氢企业，政府和车企策略选择演化到平衡状态所需时间较长。这是因为制氢企业对于外界信息感知处于劣势地位。随着随机干扰强度的增强，参与者们不断适应这种环境，并产生相匹配的应对策略和防御机制。同时，为更好适应这种环境变化，参与者之间会由竞争机制转变成协同发展，以求共同应对环境压力。因此，更强的随机干扰强度更有利于系统演化之稳定状态。相较于确定性环境下博弈主体演化曲线的光滑性，随机环境下受社会媒体和网络舆论等外界因素影响，全部参与者的策略选择成波动性。

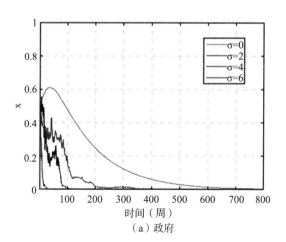

（a）政府

①　宁夏宁东能源化工基地. 宁东基地促进氢能产业高质量发展的若干措施［EB/OL］.［2024 - 02 - 27］. http：//ningdong. nx. gov. cn/xwdt_277/nddt/202402/t20240227_4470276. html.

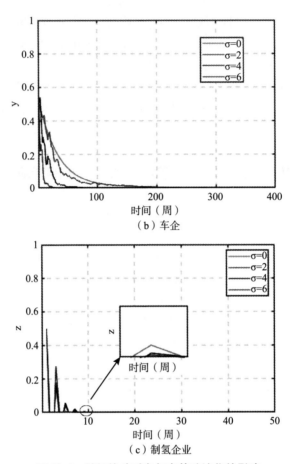

（b）车企

（c）制氢企业

图10.4　随机扰动对参与者策略演化的影响

10.5.4　初始概率对参与者策略演化的影响

在既定参数下，设定参与者初始概率以 0.2 步长变动。图 10.5
（a）、图 10.6（a）和图 10.7（a）表示各参与者初始概率变动对自身
的影响。首先，三个参与者均出现不同程度的波动，其中政府的波动性
更强，特别是在某一时间节点，宽松监管的概率超过90%。其次，各
参与者演化至稳定所需的收敛时间随着各参与者初始概率的降低而缩
短。最后，各方初始概率变动仅会使得系统的演化过程中产生不同幅度
波动，并不会改变各参与者最终的演化结果。

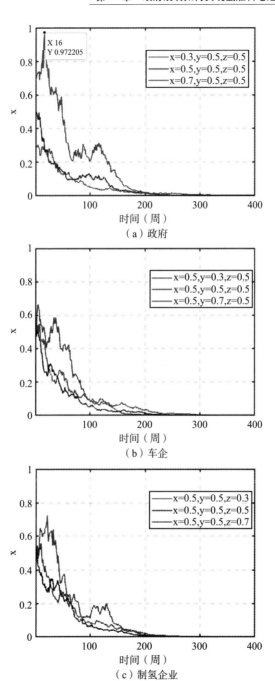

（a）政府

（b）车企

（c）制氢企业

图 10.5　各方初始概率对政府策略演化的影响

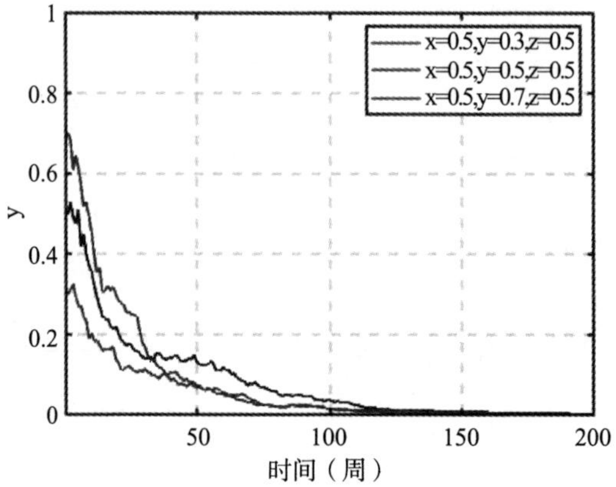

（a）车企

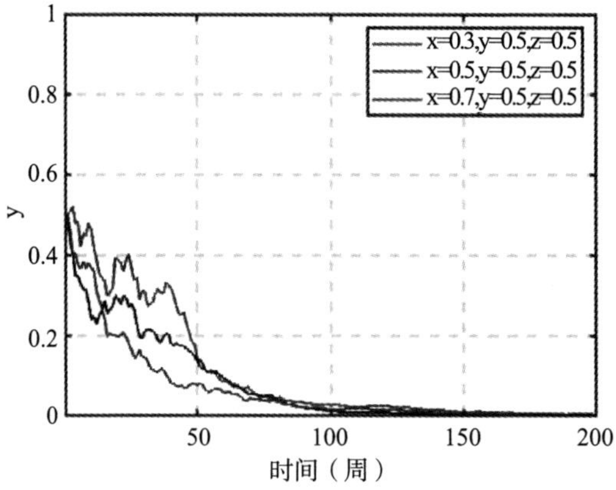

（b）政府

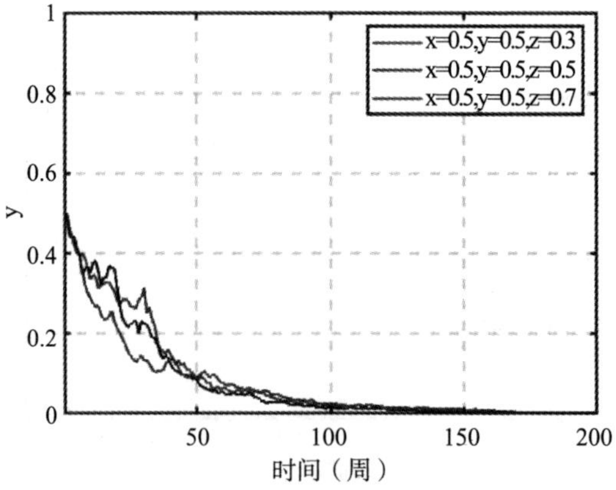

（c）制氢企业

图 10.6　各方初始概率对车企策略演化的影响

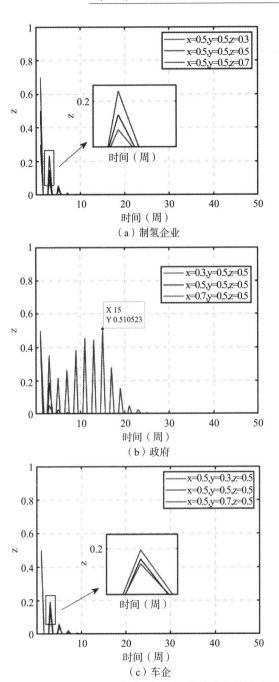

（a）制氢企业

（b）政府

（c）车企

图 10.7　各方初始概率对制氢企业策略演化的影响

如图 10.6（b）和图 10.7（b）所示，政府初始概率的变动对车企和制氢企业均存在较大影响。这表明政府仍是引导氢燃料电池汽车发展主力军。结合图 10.6（c）和图 10.7（c）所示，车企或制氢企业的初始概率变动对对方策略波动影响微弱。氢燃料电池汽车是新兴产业，且研发和生产成本较高，当前从市场端去推动产业发展是不可行的。

对比图 10.5、图 10.6 和图 10.7，政府和车企都对自身初始概率变动存在大幅波动。不同的是，制氢企业却对政府的初始概率变动更敏感。政府加强严格监管更有利于提升制氢企业演化至稳定的速度，且制氢企业的灰氢或蓝氢研发概率在某个节点达 51%（见图 10.7（b））。更有趣的是，政府加强严格监管反而延缓车企演化至稳定的速度，阻碍车企积极生产的步伐（见图 10.6（b））。车企是较为成熟的企业体系，已经适应市场发展规律，政府过度干预可能会使得企业生产偏离既定方向。然而制氢企业作为萌发性产业还未形成更好的规章制度去进行约束，因此需要政府严格监管。

10.5.5 补贴和补贴系数对参与者策略演化的影响

研究考虑低补贴（S = 5）、中等补贴（S = 6.2）和高补贴（S = 7.4）三种情况对参与者策略演化的影响。如图 10.8（a）所示，较低的补贴反而不利于政府演化到稳定状态，补贴的升高可能更有利于政府实施监管。这表示了政府对发展氢燃料电池汽车的决心，以及对氢能市场发展前景的认可度。随着政府补贴不断增加，车企演化至生产 HFCVs 策略的收敛时间缩短，但各条件下浮动差距不明显（见图 10.8（b））。然而有趣的是，高补贴却使得制氢企业发生大幅波动，出现极多数叛逃者，使得制氢企业演化到 ESS 的收敛时间延长（见图 10.8（c））。面对高补贴的诱惑，萌芽型的制氢企业缺乏严格市场监管与自我约束力，从而产生强烈波动。

综合图 10.8，我们考虑在中等补贴情况下补贴系数变动对参与者策略选择的影响。图 10.9（a）表明，升高车企补贴系数虽然会引起政府的大幅波动，但却缩短了政府演化稳定点的收敛时间。这表明政府对

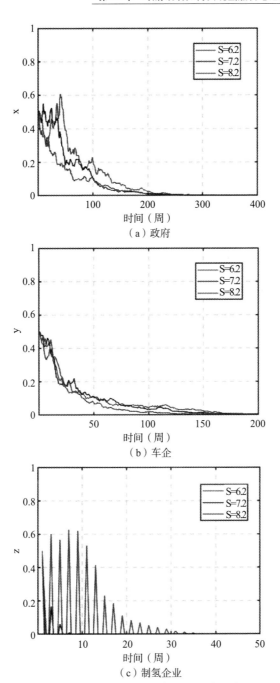

图 10.8 补贴对参与者策略演化的影响

于补贴分配偏向于具有更强自我约束力的车企。与图 10.8（b）相符，补贴系数变动对车企演化影响微弱。随着车企补贴系数升高，车企选择生产 HFCVs 策略的演化速度加快（见图 10.9（b））。制氢企业补贴系数升高并不利于制氢企业研发绿氢（见图 10.9（c））。财政补贴增加会使得制氢企业自身研发投入减少，甚至为规避研发带来的高风险选择保守研发。综合而言，车企所占补贴比例越高对市场发展越有利（见图 10.9）。

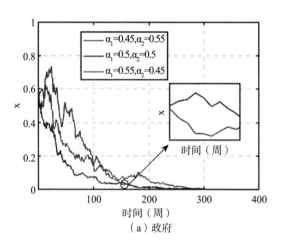

（a）政府

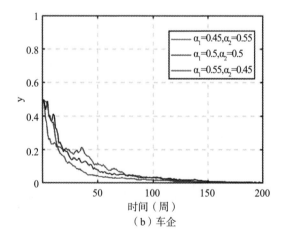

（b）车企

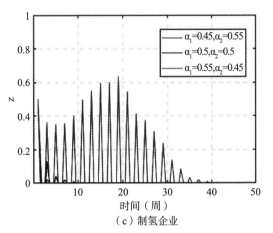

（c）制氢企业

图 10.9　补贴系数对参与者策略演化的影响

10.5.6　惩罚系数对参与者策略演化的影响

考虑弱惩罚（$\beta = 0.1$ 和 $\mu = 0.1$）、中等惩罚（$\beta = 0.5$ 和 $\mu = 0.5$）和强惩罚（$\beta = 0.9$ 和 $\mu = 0.9$）三种情况对参与者策略选择的影响。如图 10.10（a）和图 10.11（a）所示，在弱惩罚机制下，政府一直波动，无法达到稳定状态。目前，在缺乏市场约束力和政策规制不明确的情况下，弱惩罚机制会使得政府面临极大的财政损失和投资风险。因此加大惩罚系数设定，政府才能够逐渐趋于稳定。

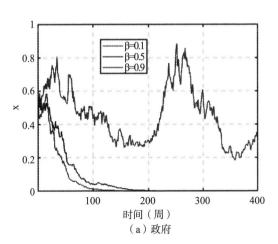

（a）政府

281

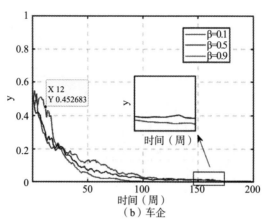

（b）车企

图 10.10　车企惩罚系数对参与者策略演化的影响

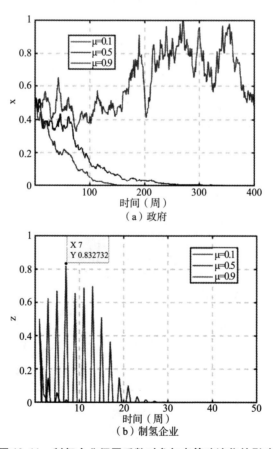

（a）政府

（b）制氢企业

图 10.11　制氢企业惩罚系数对参与者策略演化的影响

如图 10.10（b）所示，当 t = 12 时，车企在弱惩罚机制下比在强惩罚机制下的波动性更强。惩罚减弱导致车企轻易规避违约产生的风险，此时政府若一味地通过采取减弱惩罚来激励车企生产氢燃料电池汽车，在某些节点可能会适得其反。因此，强惩罚机制可能更有利于车企积极生产。

强惩罚机制虽然极大加快了政府选择积极监管策略的收敛速度，但过大的政策性压制使得制氢企业产生严重的叛逃想法，演化过程出现大幅波动（见图 10.11）。绿氢研发和生产都会需要大量成本，增大对制氢企业的惩罚更会加重其生产研发的成本负担，使得制氢企业叛逃概率一度超过 80%（见图 10.11（b））。

10.5.7 研发成本奖励系数对参与者策略演化的影响

我们设定研发成本奖励系数步长为 0.1，探究其对参与者策略演化的影响。随着研发成本奖励系数增加，车企演化到生产 HFCVs 策略速率下降（见图 10.12（a））。与此同时，研发成本奖励系数的升高会引起制氢企业叛逃，特别是当 t = 9 时，制氢企业选择消极研发策略的概率高达 95%（见图 10.12（b））。这是由于车企对制氢企业对于绿氢的研发缺乏投入明确的监督体系，面对高额的研发奖励，制氢企业无法抵制诱惑产生消极行为。结合图 10.12（a）和（b），较低的研发成本奖励系数更有利于车企和制氢企业投身氢燃料电池汽车市场。这既保证车企对制氢企业研发的支持，又不会增加车企自身的经济压力。

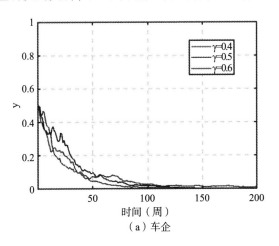

（a）车企

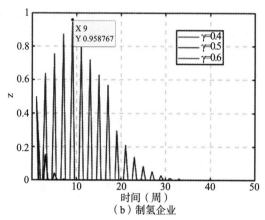

（b）制氢企业

图 10.12　研发成本奖励系数对参与者策略演化的影响

10.5.8　政府其他参数对自身策略演化的影响

　　我们探究政府的监督成本和氢能基础设施建设成本对政府策略演化的影响，参数步长均为 2。如图 10.13 所示，无论减少哪项成本付出均会加快政府演化至稳定速率，且两项成本支出增加均会引起政府大幅波动，也会使得政府无法达到稳定状态。对比图 10.13（a）和（b），降低监督成本更有利于提升政府演化至积极监管策略的速度。氢能基础设施建设是政府对外界展现的对氢能发展的支持。监督成本是政府产生的内在组织成本。因此，考虑氢燃料电池汽车的长远发展，政府在缩减成本支出时，可以优先考虑内在成本。

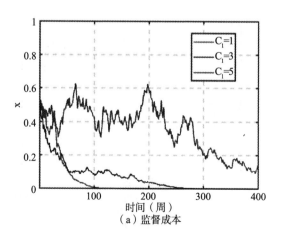

（a）监督成本

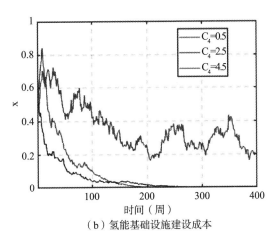

（b）氢能基础设施建设成本

图 10.13 政府其他参数对自身策略演化的影响

10.5.9 车企其他参数对自身策略演化的影响

我们探究车企的额外收益和环境税对车企策略演化的影响，参数步长均为 2。图 10.14（a）表明，随着额外收益增加，车企演化至生产 HF-CVs 策略的收敛时间越短。对比图 10.14（a）和（b），车企的策略波动受额外收益的影响更显著，环境税对车企影响微弱。减少成本对于车企而言是一个非常复杂的项目，涉及零件的生产、消耗和减排技术创新等方面。因此，对比收益和成本两方面，车企的行为策略受收益影响更显著。

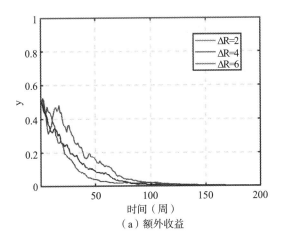

（a）额外收益

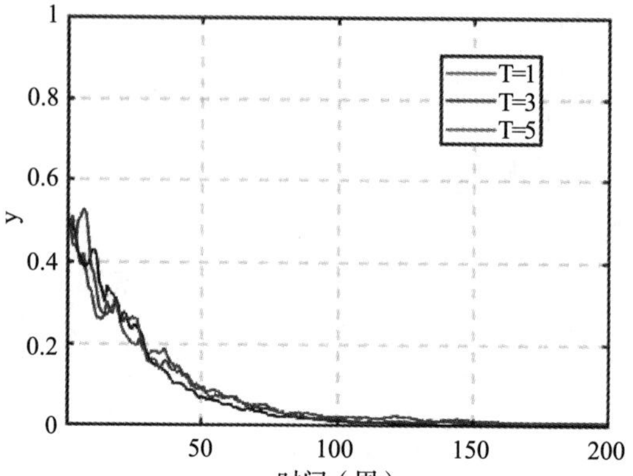

（b）环境税

图 10.14　车企其他参数对自身策略演化的影响

10.6　结论与政策建议

286

　　氢燃料电池汽车是汽车实现"零排放"的核心。绿氢的研发更是从源头解决了汽车污染的问题。本章构建政府、车企和制氢企业间演化博弈模型，探讨三者依存关系，并结合实际应用，进一步研究各因素对博弈主体行为策略的影响。将随机扰动项引入确定性环境下的演化博弈模型，在一定程度上打破了理想化博弈主体的仿真模拟，结果表明：

　　（1）随意扰动项作为一种不确定因子，对博弈演化不一定会产生阻碍。相比传统演化博弈，随机演化博弈缩短了参与者收敛至稳定点的时间。

　　（2）初始概率仅影响收敛速度和收敛时间，不改变最终均衡结果。在演化进程中，车企和制氢企业都与政府存在较强的交互作用，其中政府与制氢企业的交互作用更强。车企与制氢企业两者对彼此影响微弱。

　　（3）补贴角度分析，高补贴对政府实施积极监管策略和车企实施生产氢燃料电池汽车策略更有利。然而，高补贴却阻碍制氢企业的研发积极性。中等补贴情况下，车企补贴系数越高越有利于参与者最终策略演化至｛严格监管，生产 HFCVs，绿氢｝。

　　惩罚角度分析，对车企和制氢企业实施弱惩罚机制均无法使得政府达到一个稳定状态。制氢企业对惩罚机制的强弱比车企更为敏感。

（4）当车企对制氢企业的研发成本奖励系数较低时，更有利于双方进行生产和研发。其次，政府在缩减成本时，应首先考虑监督成本，其次考虑氢能基础设施建设成本。对于车企而言，政府增加排放税也无法影响车企对额外收益的偏爱。

为进一步促进氢燃料电池汽车发展，实现完全"零排放"目标，结合上述结论提出以下相关建议：

（1）政府要积极参与氢能基础设施建设，加快储氢产业布局。在减少财政压力方面，政府对氢能基础设施建设支出可通过降低监督成本来缓解，引导市场形成自我监督体系。在氢燃料电池汽车发展初始阶段，政府仍是主要力量，加大财政投入，鼓励企业创新氢燃料电池汽车核心技术。政府牵头促进车企和制氢企业合作，使得两者紧密联系，最终形成市场促进机制，可缓解一味补贴支出对政府带来的财政压力。

（2）建立有效地惩罚机制，对环保污染不达标车企实施严厉惩罚措施。目前，我国正处于绿氢研发的初始阶段，对制氢企业应以鼓励为主，采取弱惩罚机制。政府和企业应加大氢燃料电池汽车宣传力度，提升消费者对氢燃料电池汽车的认知度，增强消费者购买意愿，提升车企的额外收益。

（3）氢能源是整个氢能产业真正发展的核心要素。目前市场发展阶段，以灰氢供给为主。但从长远来看，绿氢才是真正实现减碳的关键。因此，政府现阶段应加大对制氢企业财政补贴。

第 11 章 复杂网络背景下政府补贴如何促进新能源汽车扩散

11.1 研究背景

面对交通能源和环境问题的双重挑战，整合电动汽车、智能电网和物联网技术，利用可再生能源实现绿色智能交通将成为未来交通领域发展的主要方向。当前，新能源汽车（NEV）产业在全球范围内发展迅速，特别是在中国。2018 年，中国新能源汽车产销量分别达到 127.1 万辆和 125.6 万辆，同比增长 60.0% 和 61.7%，较 2009 年分别增长 238.7% 和 240.6%①。但受补贴退坡的影响，2019 年中国新能源汽车产销量分别为 124.2 万辆和 1206 万辆，同比分别下降 2.2% 和 4.0%，为近十年来首次同比下降②（见图 11.1）。国家层面对新能源汽车财政补贴期限的持续延长是激励新能源汽车产业可持续发展的有力措施。

政府补贴旨在促进新能源汽车生产策略的选择和推广。根据罗杰斯（Rogers，1995）对创新扩散理论的经典定义，本章将新能源汽车扩散定义为新能源汽车生产策略通过扩散网络在汽车制造商之间随时间传播的过程。促进新能源汽车的扩散是提高新能源汽车（技术和产品）市

---

① 新浪财经. 新能源汽车产销量分析：2018 年全年产量 127 万辆，同比增长 59.9%.[EB/OL]．[2019 - 06 - 06]. https：//vip. stock. finance. sina. com. cn/q/go. php/vReport_Show/kind/last-est/rptid/4607591/index. phtml.

② 中国汽车工业协会.2019 年汽车工业经济运行情况［EB/OL］．［2020 - 01 - 13］. http：//www. caam. org. cn/search/con_5228367. html.

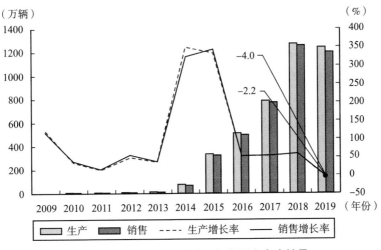

图 11.1　2009～2019 年中国新能源汽车产销量

场份额的关键。但在实践中，政府补贴的力度并没有给我们带来预期的促进效果。因此，急需检验政府补贴对新能源汽车扩散的影响机制，以及补贴是否真的能达到预期效果，这也是本章的主题和重点。

11.2　问题描述与假设

考虑市场中存在一个规模为 M 的汽车制造商种群，种群中所有汽车制造商均具有有限理性且面临两种生产策略的选择，即生产 NEV 和生产 FV，记为 NEV 策略和 FV 策略。汽车制造商选择不同的生产策略将影响生产过程中的碳排放量和生产成本，但不影响最终产品的价格水平和基本的功能特点。本书随机地将该制造商种群分为两个群体，群体 1 和群体 2，群体间具有异质性。假定整个市场包含多个相同且独立的小市场，处于不同的地理位置上，每个特定的小市场仅包含两个制造商，即分别来自群体 1 和群体 2 的制造商个体随机匹配。该假设常见于演化博弈模型的文献中（易余胤和张显玲，2015；Xiao & Yu，2006）。在一个特定的小市场中，市场线性逆需求函数为 $P = a - b(q_1 + q_2)$，q_i 表示制造商 i 的生产量，其中 $i = 1$ 表示来自群体 1 中的个体，简称为"制造商 1"；$i = 2$ 表示群体 2 中的个体，简称为"制造商 2"。NEV 策

略下制造商 i 的成本函数为 $c_i^N = (1 - s)c_i$，FV 策略下制造商 i 的成本函数为 $C_i^F = \delta c_i + F$，其中 $S(0 < s < 1)$ 为政府提供给 NEV 制造商的补贴率（后文中将选择 NEV 策略的制造商简称为"NEV 制造商"），例如政府对 NEV 制造商的研发给予补贴等；F 为政府对 FV 制造商的惩罚（后文中将选择 FV 策略的制造商简称为"FV 制造商"），例如政府对 FV 制造商征收消费税、增值税和企业所得税等；$\delta(0 < \delta < 1)$ 为生产过程中 NEV 相对于 FV 的碳排放量减少率。a 表示市场规模，为了保证市场完全覆盖，假设 $a > c_i$。

因此，NEV 策略下制造商 i 的利润函数为：

$$\pi_i(q_1, q_2) = [a - b(q_1 + q_2) - (1 - s)c_i]q_i \qquad (11.1)$$

FV 策略下制造商 i 的利润函数为：

$$\pi_i(q_1, q_2) = [a - b(q_1 + q_2) - \delta c_i - F]q_i \qquad (11.2)$$

11.3 新能源汽车扩散三阶段演化博弈模型

根据本章研究的问题，政府和汽车制造商群体之间存在一个三阶段演化博弈。博弈顺序为：在第一阶段，政府首先选择补贴决策目标和补贴率；在第二阶段，在种群中相互竞争的个体制造商选择其生产策略，即 NEV 策略和 FV 策略，并且选择结果和种群的平均收益随着时间的推移而变化；在第三阶段，在一个特定的市场中，两个随机匹配的个体根据他们选择的生产策略来确定产量。

本章采用逆向归纳技术对问题进行求解。首先利用一次双头博弈模型获得第三阶段古诺均衡生产量，然后分析第二阶段制造商种群的演化稳定策略，最后采用间接演化博弈的方法确定第一阶段政府的补贴率。新能源汽车扩散的三阶段演化博弈如图 11.2 所示。

11.3.1 汽车制造商一次双头垄断博弈

根据前文分析，在某一给定的市场上，制造商 1 和制造商 2 发生一次双头垄断博弈，且两者之间有四种决策情形，分别为 NEV – NEV、NEV – FV、FV – NEV、FV – FV，依次简记为 NN、NF、FN、FF。

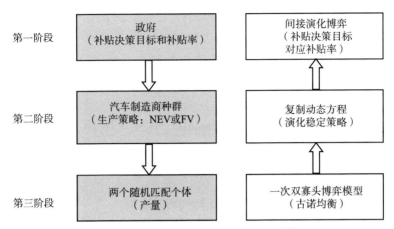

第一阶段

第二阶段

第三阶段

图 11.2　新能源汽车扩散的三阶段演化博弈

在给定政府补贴率的情况下，若制造商 1 和制造商 2 都选择 NEV 策略，根据式（11.1）可得 NN 策略组合下制造商 1 和制造商 2 的古诺均衡产量为：

$$q_1^{NN}(s) = \frac{a + (1-s)(c_2 - 2c_1)}{3b} \tag{11.3}$$

$$q_2^{NN}(s) = \frac{a + (1-s)(c_1 - 2c_2)}{3b} \tag{11.4}$$

进一步，制造商 1 和制造商 2 的均衡利润为：

$$\pi_1^{NN}(s) = \frac{[a + (1-s)(c_2 - 2c_1)]^2}{9b} \tag{11.5}$$

$$\pi_2^{NN}(s) = \frac{[a + (1-s)(c_1 - 2c_2)]^2}{9b} \tag{11.6}$$

若制造商 1 选择 NEV 策略，制造商 2 选择 FV 策略，根据式（11.1）和式（11.2）可得 NF 策略组合下制造商 1 和制造商 2 的古诺均衡产量为：

$$q_1^{NF}(s) = \frac{a - 2(1-s)c_1 + \delta c_2 + F}{3b} \tag{11.7}$$

$$q_2^{NF}(s) = \frac{a + (1-s)c_1 - 2\delta c_2 - 2F}{3b} \tag{11.8}$$

进一步，制造商 1 和制造商 2 的均衡利润为：

$$\pi_1^{NF}(s) = \frac{[a - 2(1-s)c_1 + \delta c_2 + F]^2}{9b} \tag{11.9}$$

291

$$\pi_2^{NF}(s) = \frac{[a + (1-s)c_1 - 2\delta c_2 - 2F]^2}{9b} \qquad (11.10)$$

若制造商 1 选择 FV 策略，汽车制造商 2 选择 NEV 策略，根据式 (11.2) 和式 (11.1) 可得 FN 策略组合下制造商 1 和制造商 2 的古诺均衡产量为：

$$q_1^{FN}(s) = \frac{a - 2\delta c_1 + (1-s)c_2 - 2F}{3b} \qquad (11.11)$$

$$q_2^{FN}(s) = \frac{a + \delta c_1 - 2(1-s)c_2 + F}{3b} \qquad (11.12)$$

进一步，制造商 1 和制造商 2 的均衡利润为：

$$\pi_1^{FN}(s) = \frac{[a - 2\delta c_1 + (1-s)c_2 - 2F]^2}{3b} \qquad (11.13)$$

$$\pi_2^{FN}(s) = \frac{[a + \delta c_1 - 2(1-s)c_2 + F]^2}{3b} \qquad (11.14)$$

若制造商 1 和制造商 2 都选择 FV 策略，根据式 (11.2) 可得 FF 策略组合下制造商 1 和制造商 2 的古诺均衡产量为：

$$q_1^{FF}(s) = \frac{a + \delta(c_2 - 2c_1) - F}{3b} \qquad (11.15)$$

$$q_2^{FF}(s) = \frac{a + \delta(c_1 - 2c_2) - F}{3b} \qquad (11.16)$$

进一步，制造商 1 和制造商 2 的均衡利润为：

$$\pi_1^{FF}(s) = \frac{[a + \delta(c_2 - 2c_1) - F]^2}{9b} \qquad (11.17)$$

$$\pi_2^{FF}(s) = \frac{[a + \delta(c_1 - 2c_2) - F]^2}{9b} \qquad (11.18)$$

因此，本章能够相应地建立制造商 1 和制造商 2 的支付矩阵，来描述制造商种群中生产策略随时间的动态演化，见表 11.1。

表 11.1 博弈双方的支付矩阵

		制造商 2	
		NEV	FV
制造商 1	NEV	$\pi_1^{NN}(s)$；$\pi_2^{NN}(s)$	$\pi_1^{NF}(s)$；$\pi_2^{NF}(s)$
	FV	$\pi_1^{FN}(s)$；$\pi_2^{FN}(s)$	$\pi_1^{FF}(s)$；$\pi_2^{FF}(s)$

11.3.2　汽车制造商的演化稳定策略

本节首先定义了主体选择不同策略的比例，然后从间接演化博弈论角度描述问题。基于收益矩阵，给出复制动态方程，计算平衡点，得到演化稳定策略。假设制造商群体 1 中选择 NEV 策略的个体比例为 x，选择 FV 策略的个体比例为 1 − x；制造商群体 2 中选择 NEV 策略的个体比例为 y，选择 FV 策略的个体比例为 1 − y。本节基于一次博弈构建了双种群间接演化博弈模型，其中个体的行为基于表 11.1 随时间演变。间接演化博弈表述为，市场中的制造商首先依据他们的偏好选择生产策略，然后根据竞争对手的行为不断修正偏好，通过这种重复动态调整，获利较低的制造商将模仿获利较高制造商的行为，以获得更高利润，最终种群中获利较低的制造商将被获利较高的制造商取代。

制造商群体 1 的支付矩阵为：

$$\mathbf{A} = \begin{pmatrix} \pi_1^{NN}(s) & \pi_1^{NF}(s) \\ \pi_1^{FN}(s) & \pi_1^{FF}(s) \end{pmatrix} \tag{11.19}$$

制造商群体 1 选择 NEV 策略的收益为：

$$\mathbf{eAy}^T = \begin{pmatrix} 1 & 0 \end{pmatrix} \begin{pmatrix} \pi_1^{NN}(s) & \pi_1^{NF}(s) \\ \pi_1^{FN}(s) & \pi_1^{FF}(s) \end{pmatrix} \begin{pmatrix} y \\ 1-y \end{pmatrix}$$

$$= y\pi_1^{NN}(s) + (1-y)\pi_1^{NF}(s) \tag{11.20}$$

制造商群体 1 的平均收益为：

$$\mathbf{xAy}^T = \begin{pmatrix} x & 1-x \end{pmatrix} \begin{pmatrix} \pi_1^{NN}(s) & \pi_1^{NF}(s) \\ \pi_1^{FN}(s) & \pi_1^{FF}(s) \end{pmatrix} \begin{pmatrix} y \\ 1-y \end{pmatrix}$$

$$= xy\pi_1^{NN}(s) + x(1-y)\pi_1^{NF}(s) + (1-x)y\pi_1^{FN}(s)$$

$$+ (1-x)(1-y)\pi_1^{FF}(s) \tag{11.21}$$

根据 Malthusian 方程，制造商群体 1 选择 NEV 策略的增长率应等于其适应度 $\mathbf{eAy}^T$ 减去其平均适应度 $\mathbf{xAy}^T$。因此，制造商群体 1 的复制动态方程为：

$$F(x) = \frac{dx}{dt} = x\left[\mathbf{eAy}^T - \mathbf{xAy}^T\right]$$

$$= x(1-x)\left[y(\pi_1^{NN}(s) - \pi_1^{FN}(s)) + (1-y)(\pi_1^{NF}(s) - \pi_1^{FF}(s))\right]$$

$$\tag{11.22}$$

293

类似地，可求得制造商群体 2 的复制动态方程为：

$$F(y) = \frac{dy}{dt} = y[\mathbf{eBx}^T - \mathbf{yBx}^T]$$

$$= y(1-y)[x(\pi_2^{NN}(s) - \pi_2^{NF}(s)) + (1-x)(\pi_2^{FN}(s) - \pi_2^{FF}(s))]$$

$$(11.23)$$

联立式（11.22）和式（11.23）得到复制动态系统（I），一个制造商种群的二维非线性动态系统。

$$\begin{cases} F(x, s) = x(1-x)[y(\pi_1^{NN}(s) - \pi_1^{FN}(s)) + (1-y)(\pi_1^{NF}(s) - \pi_1^{FF}(s))] \\ F(y, s) = y(1-y)[x(\pi_2^{NN}(s) - \pi_2^{NF}(s)) + (1-x)(\pi_2^{FN}(s) - \pi_2^{FF}(s))] \end{cases}$$

$$(11.24)$$

命题 1 根据制造商种群的复制动态系统（I），可以得到：

（1）$(0, 0)$，$(0, 1)$，$(1, 0)$，$(1, 1)$ 是系统演化的均衡点；

（2）$(\pi_1^{NN}(s) - \pi_1^{FN}(s))(\pi_1^{NF}(s) - \pi_1^{FF}(s)) < 0$，$(\pi_2^{NN}(s) - \pi_2^{NF}(s))(\pi_2^{FN}(s) - \pi_2^{FF}(s)) < 0$ 时，(x^*, y^*) 也是系统（I）的均衡点。

其中，$x^* = \dfrac{a + \delta c_1 - (1-s+\delta)c_2}{F - (1-s-\delta)c_1}$，$y^* = \dfrac{a + \delta c_2 - (1-s+\delta)c_1}{F - (1-s-\delta)c_2}$。

证明：（1）根据 $F(x, s) = 0$ 和 $F(y, s) = 0$ 容易得证；

（2）联立方程组

$$\begin{cases} y(\pi_1^{NN}(s) - \pi_1^{FN}(s)) + (1-y)(\pi_1^{NF}(s) - \pi_1^{FF}(s)) = 0 \\ x(\pi_2^{NN}(s) - \pi_2^{NF}(s)) + (1-x)(\pi_2^{FN}(s) - \pi_2^{FF}(s)) = 0 \end{cases}$$

$$(11.25)$$

解得：

$$\begin{cases} x^* = \dfrac{\pi_2^{FF}(s) - \pi_2^{FN}(s)}{\pi_2^{NN}(s) - \pi_2^{NF}(s) - \pi_2^{FN}(s) + \pi_2^{FF}(s)} \\ y^* = \dfrac{\pi_1^{FF}(s) - \pi_1^{NF}(s)}{\pi_1^{NN}(s) - \pi_1^{FN}(s) - \pi_1^{NF}(s) + \pi_1^{FF}(s)} \end{cases}$$

$$(11.26)$$

当 $(\pi_2^{NN}(s) - \pi_2^{NF}(s))(\pi_2^{FN}(s) - \pi_2^{FF}(s)) < 0$ 时 $0 < x^* < 1$，$(\pi_1^{NN}(s) - \pi_1^{FN}(s)) \cdot (\pi_1^{NF}(s) - \pi_1^{FF}(s)) < 0$ 时，$0 < y^* < 1$，故当 $(\pi_1^{NN}(s) - \pi_1^{FN}(s))(\pi_1^{NF}(s) - \pi_1^{FF}(s)) < 0$ 且 $(\pi_2^{NN}(s) - \pi_2^{NF}(s))(\pi_2^{FN}(s) - \pi_2^{FF}(s)) < 0$ 时，(x^*, y^*) 也是系统（I）的均衡点。

代入制造商群体 1 的支付矩阵 $\mathbf{A} = \begin{pmatrix} \pi_1^{NN}(s) & \pi_1^{NF}(s) \\ \pi_1^{FN}(s) & \pi_1^{FF}(s) \end{pmatrix}$，制造商群体 2

的支付矩阵 $B = \begin{pmatrix} \pi_2^{NN}(s) & \pi_2^{NF}(s) \\ \pi_2^{FN}(s) & \pi_2^{FF}(s) \end{pmatrix}$，即可求得 $x^* = \dfrac{a + \delta c_1 - (1 - s + \delta) c_2}{F - (1 - s - \delta) c_1}$，

$y^* = \dfrac{a + \delta c_2 - (1 - s + \delta) c_1}{F - (1 - s - \delta) c_2}$。命题 1 得证。

制造商群体 1 和群体 2 的 Jacobian 矩阵为：

$$\mathbf{J} = \begin{bmatrix} \partial F(x)/\partial x & \partial F(x)/\partial y \\ \partial F(y)/\partial x & \partial F(y)/\partial y \end{bmatrix} \tag{11.27}$$

其中，$\partial F(x)/\partial x = (1 - 2x)[y(\pi_1^{NN}(s) - \pi_1^{FN}(s)) + (1 - y)(\pi_1^{NF}(s) - \pi_1^{FF}(s))]$；

$\partial F(x)/\partial y = x(1 - x)(\pi_1^{NN}(s) - \pi_1^{FN}(s) - \pi_1^{NF}(s) + \pi_1^{FF}(s))$；

$\partial F(y)/\partial x = y(1 - y)(\pi_2^{NN}(s) - \pi_2^{NF}(s) - \pi_2^{FN}(s) + \pi_2^{FF}(s))$；

$\partial F(y)/\partial y = (1 - 2y)[x(\pi_2^{NN}(s) - \pi_2^{NF}(s)) + (1 - x)(\pi_2^{FN}(s) - \pi_2^{FF}(s))]$。

对五个均衡点进行局部稳定性分析，判断得出政府提供的补贴率处于不同区间时，制造商种群复制动态系统的演化稳定结果（见表11.2）和命题2。

表 11.2　　　　　博弈双方的演化稳定策略分析

均衡点	$s > \max\{s_1, s_2\}$			$s_1 < s < s_2$			$s_2 < s < s_1$			$s < \min\{s_1, s_2\}$		
	detJ	trJ	均衡结果	detJ	trJ	均衡结果	detJ	trJ	均衡结果	detJ	trJ	均衡结果
(0, 0)	+	+	不稳定点	−		鞍点	−		鞍点	+	−	ESS
(0, 1)	−		鞍点	+	−	ESS	+	+	不稳定点	−		鞍点
(1, 0)	−		鞍点	+	+	不稳定点	+	−	ESS	−		鞍点
(1, 1)	+	−	ESS	−		鞍点	−		鞍点	+	+	不稳定点
(x^*, y^*)	不是均衡点			不是均衡点			不是均衡点			不是均衡点		

295

命题2 制造商种群复制动态系统的演化存在两个阈值 s_1 和 s_2,当政府提供的补贴率处于不同的阈值区间时,系统演化稳定策略也将不同。

(1) $s > \max\{s_1, s_2\}$ 时,演化稳定策略为 (1, 1);

(2) $\min\{s_1, s_2\} < s < \max\{s_1, s_2\}$ 时,演化稳定策略为 (1, 0) 或 (0, 1),其中 $s_1 < s_2$ 时为 (0, 1),$s_1 > s_2$ 时为 (1, 0);

(3) $s < \min\{s_1, s_2\}$ 时,演化稳定策略为 (0, 0)。

其中 $s_1 = \dfrac{(1 - \delta)c_2 - F}{c_2}$,$s_2 = \dfrac{(1 - \delta)c_1 - F}{c_1}$。

制造商种群复制动态系统的演化相位图如图 11.3 所示。

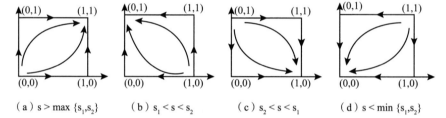

$$(a)\ s > \max\{s_1, s_2\} \qquad (b)\ s_1 < s < s_2 \qquad (c)\ s_2 < s < s_1 \qquad (d)\ s < \min\{s_1, s_2\}$$

图 11.3 不同补贴率下动态系统的演化相位

命题2表明,当政府提供的补贴率充分高时,制造商种群将广泛采用 NEV 策略,当政府提供的补贴率充分低时,制造商种群则将普遍采用 FV 策略。如果补贴率中等,NEV 策略和 FV 策略按预期将在种群中同时被采用。现实场景中,政府的本意是促进 NEV 扩散,而迫于财政压力,政府提供的补贴率有限,以 $s_2 < s < s_1$ 的情形为例,政府提供的补贴率既定为 s,从命题2中阈值 s_1 的表达式可知,在补贴率有限的情况下,政府通过提高对 FV 制造商的惩罚,或通过技术扶持、促进技术创新等方式以降低生产成本和强化 NEV 较 FV 的碳减排优势,同样可以达到促进 NEV 扩散的目的。此外,进一步引进"碳配额""积分制"和各种组合政策等代替补贴的长效机制也是促进 NEV 扩散、缓解政府财政压力的有效途径。

11.3.3　地方政府补贴率分析

假设政府对 NEV 制造商的补贴有两种决策标准，一是促进 NEV 制造商的生产量达到一个目标值，二是促进 NEV 制造商的数量达到一个目标值。下面分别在这两种决策标准下讨论政府的补贴率。

（1）NEV 目标产量决策：设定 NEV 目标产量为 q_0。

一次博弈中制造商群体 1 中每个个体生产 NEV 的平均产量为：

$$(x \quad 0)\begin{pmatrix} q_1^{NN}(s) & q_1^{NF}(s) \\ q_1^{FN}(s) & q_1^{FF}(s) \end{pmatrix}\begin{pmatrix} y \\ 1-y \end{pmatrix} = x[yq_1^{NN}(s) + (1-y)q_1^{NF}(s)]$$

（11.28）

一次博弈中制造商群体 2 中每个个体生产 NEV 的平均产量为：

$$(x \quad 1-x)\begin{pmatrix} q_2^{NN}(s) & q_2^{NF}(s) \\ q_2^{FN}(s) & q_2^{FF}(s) \end{pmatrix}\begin{pmatrix} y \\ 0 \end{pmatrix} = y[xq_2^{NN}(s) + (1-x)q_2^{FN}(s)]$$

（11.29）

故一次博弈中制造商种群中每个个体生产 NEV 的平均产量为：

$$\overline{q}(x, y, s) = x[yq_1^{NN}(s) + (1-y)q_1^{NF}(s)]$$
$$+ y[xq_2^{NN}(s) + (1-x)q_2^{FN}(s)] \quad (11.30)$$

由于制造商种群中个体个数为 M，令 $M \cdot \overline{q}(x, y, s_3) = q_0$，即可求得 NEV 目标产量决策标准下政府的最优补贴率 s_3。

（2）NEV 制造商目标数量决策：设种群中 NEV 制造商的目标数量为 $Q_0(0 < Q_0 < M)$。

根据制造商群体 1 和群体 2 的复制动态方程式（11.22）和式（11.23），并结合稳定性理论，可知当 $y = y^*$ 时，任意的 $x(0 \leqslant x \leqslant 1)$ 都是稳定状态，即制造商群体 1 的任一生产策略都是稳定策略；当 $x = x^*$ 时，任意的 $y(0 \leqslant y \leqslant 1)$ 都是稳定状态，即制造商群体 2 的任一生产策略都是稳定策略。因此 x^* 和 y^* 是制造商群体 1 和群体 2 间演化博弈的唯一共存单方稳定策略（但不是系统的演化稳定策略，Weibull 指出非对称情况下的混合均衡不是演化稳定策略，本章中表 11.2 亦可说明）。

假设制造商群体 1 中个体数量为 M_1，制造商群体 2 中个体数量为 M_2，且 $M_1 + M_2 = M$，则令 $x^*(s_4)M_1 + y^*(s_4)M_2 = Q_0$，即可求得 NEV

制造商目标数量决策标准下，政府的最优补贴率 s_4。

11.4　网络演化动力学模型

在现实世界中许多系统嵌于社会系统中，具有拓扑统计特征，其演化博弈过程与网络结构之间有密切的联系，个体间博弈后的占优策略组合可能会随着实际网络环境的变化而变化。学者们从不同的角度研究了社会网络的结构、发现社会网络在形成的初始阶段是随机的。随着网络的不断发展，逐渐呈现出无标度或小世界网络特征（杨康和张仲义，2013；王道平等，2013）。因此，为了充分揭示政府补贴对 NEV 扩散的影响，分别以典型的 BA 无标度网络和 WS 小世界网络为载体研究 NEV 扩散的网络演化规律，更具有现实意义。

11.4.1　模型建立

构建汽车制造商扩散网络 $G(V，E)$，这是一个具有异质性的复杂网络，其中 V 表示网络中所有节点的集合，代表网络中的所有制造商主体；$E = \{e_{mn}\}$ 表示所有边的集合，若 $e_{mn} = 1$ 说明两节点 m 和 n 之间存在博弈关系，若 $e_{mn} = 0$ 说明二者间不存在博弈关系。假设网络中的制造商主体每一次只选择一个邻居节点进行博弈，即博弈半径为1，且其是否模拟邻居节点的策略行为将取决于由表 11.1 得到的预期收益的大小，与此同时，网络中所有制造商主体采用同一策略更新规则，且每次策略选择只取决于上次的博弈结果，即记忆长度为1。以下分别生成具有无标度特性和小世界特性的供应链网络模型。

BA 网络从 m_0 个节点的连通网络开始，在每一个时间步长中增加一个连接度为 m_1 的制造商主体（$m_1 \leqslant m_0$），新加入的节点按照式（11.31）与网络中 m_1 个已经存在的节点相连，且不存在重复连接，最终生成具有无标度特性的网络 G_1。图 11.4（a）和（b）分别展示了演化初期随机生成的主体个数为 30 的小规模和主体个数为 50 的大规模 BA 网络的二维效果图。

$$\prod_m = \frac{k_m}{\sum_n k_n} \tag{11.31}$$

其中，式（11.33）表示新加入的节点与一个已经存在的节点 m 相连的概率 $\prod_m$ 与节点 m 的度 k_m 成正比。

（a）30节点无标度网络　　　　　（b）50节点无标度网络

图 11.4　BA 网络二维效果

　　WS 网络给定含有 N 个节点的最近邻耦合网络，每个节点都与它左右相邻的各 k/2 个节点相连（k 是偶数，且 N > k），以概率 p 随机重新连接网络中原有的每一条边（不得有重边和自环），最终形成具有小世界特性的网络 G_2。图 11.5（a）和（b）分别展示了演化初期随机生成的主体个数为 30 的小规模和主体个数为 50 的大规模 WS 网络的二维效果图。

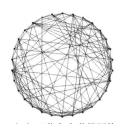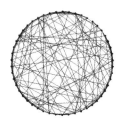

（a）30节点小世界网络　　　　　（b）50节点小世界网络

图 11.5　WS 网络二维效果

11.4.2　网络演化动力学规则制定

　　制造商种群处于具有一定拓扑结构的供应链网络中。根据费米规则，主体 m 在初次博弈后，将随机选择一个邻居主体 n 进行收益比较，若自身收益 pr_m 小于邻居收益 pr_n，则以概率 τ 在下一轮博弈中模仿该邻居主体的策略。

$$\tau(A_m \to A_n) = \frac{1}{1 + \exp[(pr_n - pr_m)/k]} \qquad (11.32)$$

其中，A_m，A_n 分别表示主体 m，n 的策略选择，$k(k>0)$ 表示制造商系统所处的外界环境的噪声强度。本章所涉噪声主要是指外界环境的不确定性，包含环境的动态性以及环境的复杂性两个维度，k 越大则外界环境的不确定性对主体策略模仿或学习产生的干扰越大，这里取中性噪声强度 $k = 0.5$。

制造商主体 m 在进行策略模仿后，将以随机概率 γ 与网络中的其他邻居主体进行断边重连。节点 m 的出连接 l 概率 $\gamma_{m \to l}$ 为：

$$\gamma_{m \to l} = \sum_{m \in G} \frac{pr_l^{\beta}}{pr_m^{\beta}} \qquad (11.33)$$

其中，pr_l 表示节点 l 的收益，β 表示偏好倾向，β 越大则偏好倾向越明显，本章取 $\beta = 1$ 进行实验分析。

当扩散网络中的所有制造商主体按照上述规则进行策略的学习与调整后，随着迭代次数的增加，制造商种群的策略分布将逐渐趋于稳定状态。本章取稳态中制造商 1 的数量占制造商总数量的比例作为 NEV 扩散深度，以此探究 NEV 扩散的网络演化规律。

11.5 计 算 实 验

本章给出了一个实际应用仿真。采用比亚迪官方相关的公开数据、监管公告和类似的研究。仿真时间为 100 个月，时间单位为 1 个月。仿真分析揭示了不同拓扑结构下新能源汽车扩散的潜在规律。

11.5.1 实验步骤

步骤 1（t←0）：分别初始化具有一定节点数目的无标度网络 $G_1(V, E)$ 和小世界网络 $G_2(V, E)$，将博弈策略随机分配给网络中的各节点，其中赋值 1 为选择生产新能源汽车，赋值 0 为选择生产传统燃油汽车，并设定初始参数值。

步骤 2（t←1）：进行一次博弈。

步骤 3（t←2）：网络中的各主体随机选择邻居节点进行收益的配对比较，若自身收益大于或等于邻居收益，则在下一轮博弈中不作任何策略改变。否则，以概率 τ 进行策略模仿，此时若策略相同则转入步骤 4。

步骤 4（t←3）：根据随机概率 $\gamma_{m \to 1}$，进行长程连接重选。

步骤 5（t←4）：重复步骤 2 ~ 4，直至达到设定的博弈轮次后结束。

11.5.2 数据解析与处理

作为中国新能源汽车的"领跑者"，比亚迪自 2015 年起连续四年蝉联全球新能源汽车销量冠军。比亚迪（BYD）于 2016 年发布了"王朝"系列车型，并于 2019 年先后发布了唐 DM、唐 EV、秦 Pro DM、秦 Pro EV、宋 MAX DM 和元 EV535。以标准版秦 Pro EV 为例，其官方指导价为每辆 172400 元，扣除补贴后的实际购买价格为每辆 149900元。根据秦"一个成本价"销售的宣传数据，每辆车的理论成本 c_1 估计约为 155160 元。为了反映种群 1 和种群 2 之间的异质性，本章将 c_2 设定为 160000 元。同级别最受欢迎的传统 FV，如大众朗逸、本田思域和丰田卡罗拉，也在这个价格区间。因此，传统 FV 的单价定为 150000元。本章假设政府对 FV 制造商的处罚为售价的 10%，F 设定为 15000元。本章假设在生产过程中，与 FV 相比，NEV 的减排率为 25%，即 $\delta = 25\%$。结合问题描述，本书假设其他参数值如下：a = 200000 Yuan，b = 1 Yuan/vehicle，M = 50 manufacturers，M_1 = 30 manufacturers，M_2 = 30 manufacturers。

图 11.6（a）显示，当补贴率处于不同的阈值区间时，新能源汽车的扩散深度呈现分段分布，这与命题 2 一致。图 11.6（b）显示，在目标新能源汽车制造商数量的决策标准下，新能源汽车扩散深度与补贴率呈线性关系。

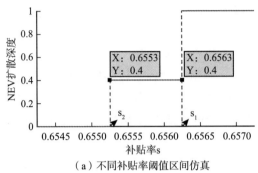

（a）不同补贴率阈值区间仿真

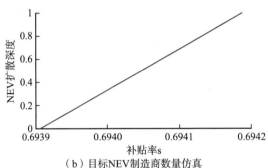

（b）目标NEV制造商数量仿真

图 11.6　NEV 扩散深度仿真结果

　　现实中，汽车制造商群体在一定的社会经济背景下，通过个体之间的互动、协调、竞争和促进的非线性机制实现新能源汽车的扩散。根据图 11.6 中的模拟结果，假设补贴率 s 在区间 $[0.636, 0.696]$ 之间以 0.02 的增量步长变化，覆盖了阈值 s_1 和 $s_2(s_1 > s_2)$。本章以新能源汽车扩散深度为衡量指标，进一步研究了不同网络规模和拓扑结构对汽车制造商生产策略的影响。为了防止不稳定性对仿真结果的影响，每组参数运行 50 次，最后取测量指标的平均值。

11.5.3　无标度网络中 NEV 扩散的仿真分析

　　本章模拟了新能源汽车在无标度网络中的扩散过程，并比较了小规模无标度网络和大规模无标度网络中 NEV 扩散深度和速度。

　　从图 11.7 中可以看出，当政府的补贴率为 0.636 时，由于补贴率降低（$0.636 < s_2$，见图 11.6），不足以抗衡传统燃油汽车生产成本的优

势，最终新能源汽车制造商的比例退化为 0，即汽车制造商种群中所有主体均选择燃油汽车生产策略。当补贴率为 0.656 ~ 0.696 时，新能源汽车制造商的比例均演化至 1，即随着迭代次数的增加，网络中新能源汽车策略能够得到充分传播，且在一定的阈值区间内补贴率越高，实现充分传播所消耗的时间越短，这是因为无标度网络具有较小的平均路径长度，信息在网络中的传输效率较高，以自身利益最大化为目标的主体面对的补贴率越高，其生产新能源汽车的积极性越大，其获利的消息能够在网络中迅速传播，从而带动了整个网络新能源汽车策略传播速度。

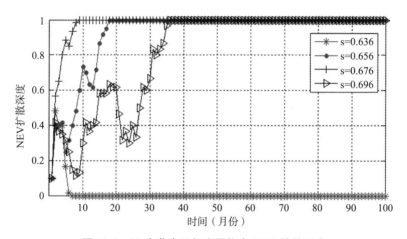

图 11.7　30 个节点无标度网络中 NEV 扩散深度

但当补贴率为 0.696 时，新能源汽车策略得到充分传播所耗时间最长，且演化初期存在较大幅度的波动。这是由于政府提供的补贴率过高，其对新能源汽车的纯电续航里程、电池能量密度等生产技术要求就越严格，而对于规模为 30 的汽车制造商种群而言，新能源汽车行业还处于发展的初级阶段，大部分汽车制造商主体生产技术还不成熟，此时某些具有较强示范作用的优秀主体通过一段时间自身利益的权衡及与同类主体的比较后选择新能源汽车策略，无标度网络的"实力择优"机制使得其他主体采取跟随策略。与此同时，在新能源汽车行业发展的初期，政府的配套政策还不成熟，对于某些汽车制造商主体潜在的"骗补"行为没有行之有效的监督机制和惩罚措施，使得网络中新能源汽车制造商的比例经过一段时间的波动后最终达到完全扩散状态。

大规模扩散网络由小规模扩散网络发展而来，由图11.8可知，在具有无标度特性的大规模网络中，当政府的补贴率为0.656时，新能源汽车制造商比例的演化路径发生了明显的趋势变化，新能源汽车制造商的比例经过小幅度波动后最终收敛于0。这是因为当汽车制造商种群规模扩大到50时，市场份额固定不变的情况下，主体间竞争强度增大，补贴率相对较低时（$s_2 < 0.656 < s_1$，见图11.6），大多数主体的获利空间变小甚至不获利，一些引导能力较强的主体基于自身利益的考虑，首先做出反应，采取燃油汽车生产策略，而无标度网络的节点度分布呈现幂律分布（Chen et al.，2021），展示出较强的"马太效应"，具有高度的少量hub节点牵动整个网络其他节点的连接趋势，使得新能源汽车制造商的比例最终退化为0。

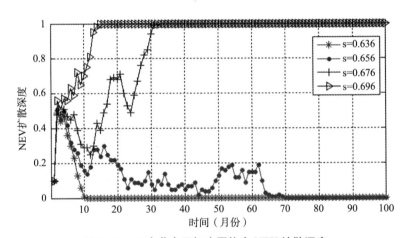

图11.8　50个节点无标度网络中NEV扩散深度

通过对比分析图11.7和图11.8，还可以发现当不考虑主体生产技术水平和市场竞争强度时（s = 0.636和s = 0.676），大规模无标度网络中新能源汽车制造商的比例达到稳定状态的速率明显小于小规模无标度网络的情形。这是因为从网络特性的角度而言，当构造大规模和小规模网络的初始参数（初始节点数 m_0，连接度 m_1，连接概率 $\prod_m$）选取一致的情况下，无标度网络的聚类系数一般与N成反比，即无标度网络规模越大，其聚类系数越低，低聚类系数使汽车制造商主体间连接较为松散，网络中信息不对称现象显著，信息传播速度和准确率相对弱化，最终导致新能源汽车制造商的比例达到稳定状态所耗时间变长。

11.5.4　小世界网络中新能源汽车扩散的仿真分析

本章进一步模拟了小世界网络中新能源汽车的扩散过程，并比较了小世界和无标度网络以及小规模和大规模小世界网络的扩散深度和速度。图 11.9 显示，在小规模小世界网络中，补贴率对新能源汽车扩散深度的影响与小规模无标度网络中的影响相似（见图 11.7）。两者的区别如下：

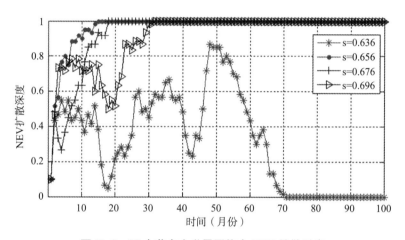

图 11.9　30 个节点小世界网络中 NEV 扩散深度

（1）当补贴率为 0.636 时，新能源汽车制造商的比例达到稳定状态时所耗时间更长，且演化初期存在较大幅度的剧烈波动。这是因为扩散网络中的微观主体除了考虑自身利益外，还会观察同类主体的决策行为，而在具有小世界特性的网络中主体间的连接机制较复杂，除"实力择优"的连接关系外，不乏"人脉择优"，造成扩散网络的社会关系多样化，汽车制造商主体为了自身利益最大化将持续寻找最佳策略模仿对象，直至利益最大、NEV 扩散深度达到稳态。

（2）当补贴率为 0.656 ~ 0.696 时，小世界网络中新能源汽车策略充分传播的速率对补贴率变化的反应相对无标度网络更加敏感，即随着补贴率的增加，新能源汽车策略充分传播的速率下降。与无标度网络情形相同的是，在新能源汽车行业发展初期，政府的配套政策还不成熟，对"骗补"行为缺乏有效的监管，故补贴率为 0.656～0.696 时，新能源汽车策略均能够实现充分传播，且在这一时期，汽车制造商种群中的主体随生产技术由低到高，数量逐级递减，演化伊始各主体首先根据自身利益和生产能力对应选择补贴率。与无标度网络情形不同的是，小世界网络中的主体随迭代次数的增加，除实力资本外还会因亲缘资本和人脉资本等因素不断寻找策略模仿对象以获得最佳利益获取路径，且小世界网络具有较大的聚类系数，主体间联系得更紧密，故在迭代范围内，网络中主体间联系更紧密且连接机制更复杂时，数量占优的情形演化至稳态所耗时间最短，因此当补贴率为 0.656 时，新能源汽车策略实现充分传播的速率最大，其次分别为 0.676 和 0.696。

由图 11.10 可知当补贴率为 0.636～0.696 时，新能源汽车制造商的比例均会收敛于 1。这是因为和无标度扩散网络情形相比（见图 11.8），小世界扩散网络中主体间连接关系更复杂，当补贴率较低时，选择新能源汽车策略的行为具有一定风险，但由于博弈方的有限理性，在新能源汽车行业处于成长期时，其更能感知到政府制度倾向，且随着流行性压力的增强，一些具有社会责任感的汽车制造商主体首先选择新能源汽车策略，而小世界网络固有的高聚类系数增强了微观主体间的聚集程度，其他主体会基于"羊群效应"而纷纷选择新能源汽车策略，最终新能源汽车制造商的比例达到 100% 稳态。

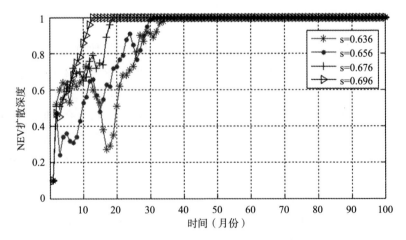

图 11.10　30 个节点小世界网络中 NEV 扩散深度

例如根据 4.2 节中的相关数据，比亚迪·秦 Pro EV 电动汽车标准生产成本为 158310 元，2019 年的中央补贴为 22500 元，可推算出其补贴率应为 12.7%，本章不考虑汽车制造商种群实际规模对补贴率数量级的细微影响，与秦官方宣传相类似，政府实际提供的较低的补贴率，导致其与同一水平上的传统燃油汽车相比没有任何成本上的优势，但比亚迪仍然出于扩大市场等目的而选择新能源汽车策略。

11.5.5　拓展

为了规范研究工作，本章进一步引入规则网络和随机网络作为扩展，以检验网络拓扑结构对 NEV 扩散的影响，本节对现阶段构建的权威网络进行全面研究。

最近邻耦合网络共包含 N 个节点，规定网络中每个节点只与它周围的邻居节点相连，其中每个节点都与它左右相邻的各 k/2 个节点相连（k 为偶数）。最近邻耦合网络具备真实网络的大聚类特性和稀疏特性。随机网络给定有标记的 N 个孤立的节点，以一定的随机概率 p 连接所有可能出现的 N(N−1)/2 种连接，即每对节点以概率 p 进行连接。随机网络具备真实网络的小世界特性。取网络规模 N 为 50，政府提供的补贴率 s 为 0.696，观察不同网络拓扑结构对 NEV 扩散深度的影响，如图 11.11 所示。

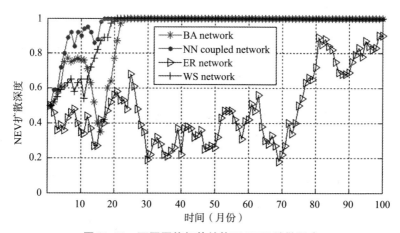

图 11.11　不同网络拓扑结构下 NEV 扩散深度

从图 11.11 可以看出，最近邻耦合网络中新能源汽车策略实现充分传播的速率最大，其次分别为 WS 小世界网络和 BA 无标度网络，而在 ER 随机网络中，新能源汽车策略在实验迭代范围内并未实现充分传播。从网络拓扑特性来看，最近邻耦合网络具有较大的聚类系数，信息可以在连接紧密的"亲缘网"之间快速传播，从而提高新能源汽车策略充分传播的速率，而随机网络具有较小的聚类系数，主体间连接较广泛，信息不对称现象凸显，造成了新能源汽车策略在迭代范围内并未实现充分传播。由于小世界网络和无标度网络的平均路经长度均小于随机网络，同时聚类系数又均小于最近邻耦合网络，故小世界网络和无标度网络中，信息传播路径较随机网络更简洁，节点间的连接关系较最近邻耦合网络更松散，故新能源汽车制造商的比例均介于最近邻耦合网络和随机网络之间。与此同时，无标度网络的聚类系数小于小世界网络，故小世界网络中新能源汽车策略实现充分传播的速率更高。

11.6 结论与政策建议

研究不同网络拓扑结构下 NEV 扩散是一个崭新命题。对于具有特殊网络特征的市场，本章提出的基于间接演化博弈和复杂网络的模型框架仍然适用。总结出以下创新性结论：（1）在无标度扩散网络中，政府提供的补贴率必须足够高，才能促进新能源汽车的全面扩散，且网络规模越大，补贴率阈值越高；（2）对于小规模网络，拓扑特性对 NEV 扩散深度影响不大，仅影响 NEV 扩散达到稳定状态时的速度；（3）对于大规模扩散网络，无标度网络中的新能源汽车扩散比小世界网络中的扩散对补贴率的变化更敏感；（4）在小世界特征的扩散网络中，网络规模越大，越有利于新能源汽车的全面扩散；（5）影响新能源汽车扩散的网络拓扑可以分为两个优先级，即第一优先级是聚类系数，第二优先级是平均路径长度。

在具有无标度特征的市场中，大多数"正常"汽车制造商的连接非常少，而少数"热门"制造商的连接极其多；在具有小世界特征的市场中，汽车制造商之间的联系更加紧密，连接机制也更加复杂。大型市场是由小型市场发展而来的。政策设计者应根据不同市场的特点采取具体措施。

首先，在补贴金额有限的情况下，对于具有无标度特征的小规模市场，政府不应急于扩大市场规模，而应首先通过加强网络连接，如组织汽车制造商协会、建立汽车制造商联盟，以及改善网络环境，如减少垄断、构建多个信息共享平台，将其培育成具有小世界特征的市场，然后通过减少市场壁垒，适当扩大市场规模。这样措施成本更低，推广效果更好。上述建议与创新结论（1）、结论（4）和结论（5）一致。

其次，对于具有小世界特征的小规模市场，政府的努力方向是适当扩大市场规模。此外，应完善监管机制，有效避免汽车制造商潜在的骗补行为。这些建议与创新结论（4）的仿真分析一致。

第12章 补贴退坡对地方政府和汽车制造商行为策略的影响研究

12.1 研 究 背 景

交通、能源和环境问题是 21 世纪世界面临的重大挑战（Netz et al.，2007）。在当今的中国，新能源汽车（NEV）产业具有重要的战略意义，因为它可以通过能源多样化来升级和振兴汽车和交通运输行业，以应对气候变化、环境污染、燃料消耗和能源安全，特别是在使用可持续能源发电的地区（Hawkins et al.，2013）。中国各级政府出台了一系列相关法规，鼓励新能源汽车产业发展，支持汽车产业向环境可持续性方向发展（Zhang and Bai，2017）。

在中国，新能源汽车产业政策历经三个发展阶段。第一阶段（2001~2009 年）：纯电动汽车、燃料电池汽车、插电式混合动力汽车的研究①。第二阶段（2009~2010 年）：面向公共部门用户的电动汽车和插电式混合动力汽车②。第三阶段（2010 年）：针对电动汽车和插电式混合动力汽车的消费者补贴③。然而，为了防止过度依赖补贴，自 2010 年以来，中国各级政府制定了一系列相关法规，旨在逐步减少补贴金额。例如，《关于新能源汽车推广应用财政支持政策的通知（2016~2020）》强调，

---

① 中华人民共和国科学技术部. 电动汽车重大科技专项通过"十五年"验收［EB/OL］. http：//www. most. gov. cn/kjbgz/200602/t20060219_28821. htm.

② 中华人民共和国财政部. 关于开展节能与新能源汽车示范推广试点工作的通知［EB/OL］.［2009 - 02 - 05］. http：//www. gov. cn/zwgk/2009 - 02/05/content_1222338. htm.

③ 中华人民共和国工业和信息化部. 关于开展私人购买新能源汽车补贴试点通知［EB/OL］.［2010 - 06 - 04］. https：//www. gov. cn/gzdt/2010 - 06/04/content_1620735. htm.

与 2016 年的水平相比，2017~2018 年的补贴金额将减少 20%，2019~2020 年将减少 40%。有关补贴的具体实施详情见表 12.1。新能源汽车是指以电、氢、二甲醚等非传统燃料为动力的汽车，或集成了先进动力驱动控制和驱动技术的汽车。

表 12.1　　　　　　　　2017 年和 2018 年 NEV 标准补贴　　　　　　单位：万元/辆

类别	续航里程 R（工况法，千米）			
	$100 \leqslant R < 150$	$150 \leqslant R < 250$	$250 \leqslant R$	$50 \leqslant R$
2017 年 NEV 标准补贴				
EVs	2	3.6	4.4	—
PHEVs	—	—	—	2.4
2018 年 NEV 标准补贴（调整后）				
EVs	1.6	2.88	3.52	—
PHEVs	—	—	—	1.92

在政策制定方面，NEV 补贴退坡是未来不可避免的结果。当政府补贴逐渐降至零时，所有利益相关者将主要关注汽车制造商的生产策略如何变化。在补贴政策退坡的现实条件下，本书提出了一个描述地方政府与汽车制造商之间动态互动的分析框架，其中汽车制造商面临战略选择（即生产 NEVs 或 FVs），地方政府也面临非此即彼的战略（补贴或不补贴）。本章运用间接演化博弈论的分析工具，探讨了在考虑和不考虑补贴退坡的情况下，单边演化稳定策略（ESS）和系统 ESS。然后，根据新能源汽车有效扩散的政府目标，定义一个理想事件并分析其影响因素。本章研究为企业和政府推动中国新能源汽车产业的发展提供了指导。

12.2　问题描述与参数说明

12.2.1　问题描述与分析

中国政府为新能源汽车出台了大量的积极政策、为传统燃油汽车出台了大量的消极政策。例如，为新能源汽车制造商的研发提供补贴，建设配套设施、设备，增加公共充电桩覆盖率，对传统燃油汽车制造商征收消费税、增值税，对传统燃油汽车消费者征收购置税，限制传统燃油汽车牌照数量，优先处理新能源汽车牌照发放。

基于上述背景，汽车制造商（满足新能源汽车生产资质的企业）面临两种可供选择的生产策略：NEVs 或者 FVs。假设 NEV 和 FV 在特征和性能上具有本质的差别，以下将生产 NEV 的制造商简称为"NEV 制造商"，将生产 FV 的制造商简称为"FV 制造商"。NEV 和 FV 的单位生产成本分别为 c_1 和 c_2。由于电池成本较高，当前新能源汽车，特别是纯电动汽车和插电式混合汽车要比传统燃油汽车贵得多，假设 $c_1 > c_2$；NEV 和 FV 的减排水平分别为 e_1 和 e_2，与 FVs 相比，NEVs 显现出巨大的环保优势，假设[①] $e_1 > e_2$；p_1、p_2 分别为 NEV 和 FV 的单位销售价格，且 $p_1 > p_2$。

具体地，本章回答了如下四个关键问题：

（1）地方政府是否应该对 NEV 制造商进行补贴、何时补贴以及最优的补贴数量（退坡率）是多少？如果地方政府实施了补贴政策，那么：（2）地方政府的补贴数量如何影响新能源汽车产业发展？（3）在补贴退坡的前提下，汽车制造商如何选择最优的生产策略：NEVs 或FVs？（4）在补贴退坡的前提下，地方政府如何促进理想事件的发生？

12.2.2　参数说明

为了便于后续分析，下面给出本章建模所用的参数与其含义说明，具体如表 12.2 所示。

表 12.2　　　　　　　　　　　　参数及其含义

参数	含义
p_1，p_2	NEV 和 FV 的销售价格
c_1，c_2	NEV 和 FV 的生产成本

---

① 需要注意的是，由于电力生产的影响，一些新能源汽车的减排率可能会低于与之竞争的传统燃油汽车。然而，关于电力生产和燃煤效率的讨论超过了本章的讨论范围。

参数	含义
e_1，e_2	NEV 和 FV 的减排水平
V_1，V_2	消费者购买 NEV 和 FV 的初始效用
C_3	地方政府监管时付出的人力、物力、财力等成本
C_4	FV 给地方政府带来的环境成本（如高能耗生产带来的环境污染治理成本）
C_5	汽车产业由 FV 向 NEV 转型过慢造成的时间成本
R_1	NEV 给地方政府带来的环境收益（如环境质量的改善、公共健康水平的提升）
R_2	地方政府对制造商 NEV 给予的补贴
R_3	NEV 制造商通过清洁发展机制或碳交易项目获得的额外收益
r	退坡率
F	地方政府对 FV 制造商收取的罚金
Λ	政府对 FV 消费者征收的购置税
θ	消费者的低碳偏好程度
n_1	NEV 配套基础设施的覆盖率
η_1	消费者对 NEV 配套基础设施覆盖率的敏感度
X	消费者在 Hotelling 线上的位置
X_1	NEV 和 FV 之间的临界消费者
T	单位不匹配成本
t	演化时间
决策变量	含义
x	制造商 NEV 的比例
y	采取补贴策略的地方政府的比例

12.3 地方政府与汽车制造商
间接演化博弈模型构建

间接演化博弈理论（indirect evolutionary game theory，IEGT）并不否认理性决策，假设决策主体在给定偏好下的行为是理性的，但他们的偏好随时间变化。本章中间接演化博弈理论可表述为：市场中的消费者依据个人效用最大化做出购买决策，即对系统当前状态做出理性的反应，但系统状态随时间变化，购买 NEV 的消费者（以下简称 NEV 消费者）和购买 FV 的消费者（以下简称 FV 消费者）效用随即发生变化，导致地方政府和汽车制造商的行为策略发生重复性和动态性调整。

12.3.1 Hotelling 需求

假设市场中的消费者是异质的，并且均匀分布在 $[0, 1]$ 范围内的 Hotelling 线上，每个消费者至少购买一单位产品。NEV 和 FV 互为竞争关系，其中 NEV 位于 0 端点处，FV 位于 1 端点处，如图 12.1 所示。位于 $X \in [0, 1]$ 处的消费者购买产品 I 时会产生一个由不匹配引起的负效用 TX，购买 FV 会产生负效用 $T(1 - X)$，其中 T 为单位不匹配成本，刻画了消费者心中理想产品与制造商实际提供的产品之间的不匹配所引起的负效用的数量级；假设 V_1、V_2 为 NEV 和 FV 的初始效用，且 V_1 和 V_2 均为足够大的数以保证市场完全覆盖；θ 为消费者低碳偏好程度且 $\theta > 0$，故购买 NEV 的消费者会获得环境效用 θe_1，购买 FV 的消费者会获得环境效用 θe_2；n_1 为 NEV 配套基础设施的覆盖率，如新能源汽车充电桩覆盖率；η_1 为消费者对 NEV 配套基础设施覆盖率的敏感度；Λ 表示政府对 FV 消费者征收的购置税。考虑市场中的消费者依据个人效用做出购买决策，故 NEV 消费者和 FV 消费者的净效用分别为：

$$U_1 = V_1 + \theta e_1 - p_1 - TX + \eta_1 n_1 \tag{12.1}$$

$$U_2 = V_2 + \theta e_2 - p_2 - T(1 - X) - \Lambda \qquad (12.2)$$

X_1 为 NEV 和 FV 之间的临界消费者，则在 X_1 点满足以下条件：

$$V_1 + \theta e_1 - p_1 - TX_1 + \eta_1 n_1 = V_2 + \theta e_2 - p_2 - T(1 - X_1) - \Lambda$$

$$(12.3)$$

通过求解式（12.3），得 $X_1 = [(V_1 - V_2) + \theta(e_1 - e_2) + (p_2 - p_1) + T + \eta_1 n_1 + \Lambda]/2T$，此时消费者在两种产品选项间是无差别的。由此可得 NEV 和 FV 的市场份额，分布在 $[0, X_1]$ 上的消费者将选择购买 NEV，分布在 $[X_1, 1]$ 上的消费者将选择购买 FV（见图 12.1）。故 NEV 制造商和 FV 制造商的利润函数分别为：

$$\pi_1 = \frac{\left[(V_1 - V_2) + \theta(e_1 - e_2) + 3T + \eta_1 n_1 + \Lambda + C_2 - C_1\right]^2}{18T}$$

$$(12.4)$$

$$\pi_2 = \frac{\left[(V_2 - V_1) + \theta(e_2 - e_1) + 3T - \eta_1 n_1 - \Lambda + C_1 - C_2\right]^2}{18T}$$

$$(12.5)$$

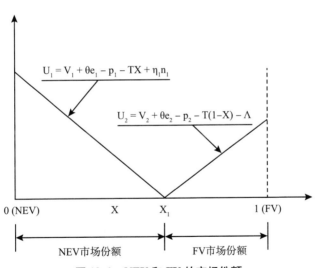

图 12.1　NEV 和 FV 的市场份额

12.3.2　间接演化博弈模型构建

本章构建了大群体—双种群间接演化博弈模型，其中博弈双方地方政府和汽车制造商分别为一族数量庞大且有限的纯策略主体。地方政府和汽车制造商的策略空间分别为（补贴，不补贴）和（NEV，FV）。当汽车制造商生产 NEV 时，地方政府将奖励其一定的补贴 R_2，而当制造商生产 FV 时，地方政府将对其征收相应的罚金 F。R_1 为地方政府从 NEV 中获得的环境收益，而 C_4 为地方政府从 FV 中获得的环境损失。如果 NEV 制造商发展碳交易项目，他们将获得的额外收益 R_3。鉴于积极的补贴策略，地方政府必须支付人力资源等成本 C_3 以监督制造商潜在的"骗补"行为。像大多数新兴技术一样，低碳技术发展初期，政府不扶植、政府资金的不注入将导致整个行业绿色转型过慢，从而引起巨大的时间成本，包括转型过程中的环境治理成本、境外制造商入侵所带来的行业损失，以及拓展境外市场的机会损失等。行业转型的时间成本为 C_5。假设制造商种群中 NEV 制造商的比例为 $x(0 \leqslant x \leqslant 1)$，FV 制造商的比例为（$1-x$）；采取补贴策略的地方政府的比例为 $y(0 \leqslant y \leqslant 1)$，采取不补贴策略的地方政府的比例为（$1-y$）。博弈模型的决策树如图 12.2 所示。

316

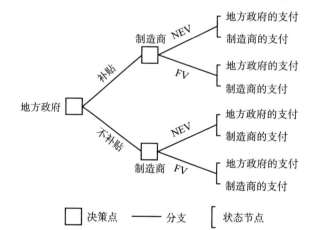

图 12.2　利益相关者支付（效用）的决策树

根据上述假设，博弈双方在不同策略下的支付矩阵如表 12.3 所示。

表 12.3　　　　　　　　　　博弈双方的支付矩阵

		汽车制造商	
		NEV	FV
地方政府	补贴	$R_1 - C_3 - R_2$；$\pi_1 + R_2 + R_3$	$F - C_3 - C_4$；$\pi_2 - F$
	不补贴	$R_1 - C_5$；$\pi_1 + R_3$	$F - C_5 - C_4$；$\pi_2 - F$

12.4　模型分析

12.4.1　汽车制造商生产策略稳定性分析

将制造商的支付矩阵表示为 H，如下所示：

$$H = \begin{pmatrix} \pi_1 + R_2 + R_3 & \pi_2 - F \\ \pi_1 + R_3 & \pi_2 - F \end{pmatrix} \tag{12.6}$$

当制造商选择生产 NEV 时，将他们的期望效用定义如下：

$$\begin{aligned} U_{M1} = eH^Ty &= \begin{pmatrix} 1 & 0 \end{pmatrix} \begin{pmatrix} \pi_1 + R_2 + R_3 & \pi_1 + R_3 \\ \pi_2 - F & \pi_2 - F \end{pmatrix} \begin{pmatrix} y \\ 1-y \end{pmatrix} \\ &= y(\pi_1 + R_2 + R_3) + (1-y)(\pi_1 + R_3) \end{aligned} \tag{12.7}$$

制造商的平均期望效用为：

$$\begin{aligned} \overline{U}_M = x^T H^T y &= \begin{pmatrix} x & 1-x \end{pmatrix} \begin{pmatrix} \pi_1 + R_2 + R_3 & \pi_1 + R_3 \\ \pi_2 - F & \pi_2 - F \end{pmatrix} \begin{pmatrix} y \\ 1-y \end{pmatrix} \\ &= x[y(\pi_1 + R_2 + R_3) + (1-y)(\pi_1 + R_3)] \\ &\quad + (1-x)[y(\pi_2 - F) + (1-y)(\pi_2 - F)] \end{aligned} \tag{12.8}$$

根据 Malthusian 方程，制造商选择生产 NEV 策略的增长率等于其期望效用 U_{M1} 减去平均期望效用 $\overline{U}_M$，即描述某一特定策略在一个种群中被采用的频度或频数的动态微分方程，故整理可得制造商的复制动态方程为：

$$F(x) = \frac{dx}{dt} = x(eH^Ty - x^T H^T y) = x(1-x)(yR_2 + \pi_1 + R_3 - \pi_2 + F) \tag{12.9}$$

F(x) 的一阶导为：

$$\frac{\mathrm{d}F(x)}{\mathrm{d}x} = (1 - 2x)(yR_2 + \pi_1 + R_3 - \pi_2 + F) \qquad (12.10)$$

由式（12.9）可知，$x = 0$，$x = 1$，$y = (\pi_2 - \pi_1 - R_3 - F)/R_2$ 是 $F(x) = \mathrm{d}x/\mathrm{d}t = 0$ 的根。根据稳定性理论，当 $F(x) = 0$，$F'(x) \leqslant 0$ 时，x 为演化稳定策略。现进行如下讨论。

若 $y = (\pi_2 - \pi_1 - R_3 - F)/R_2$，则 $F(x) = 0$，$F'(x) = 0$，意味着任意 x 都是稳定状态，此时制造商任何生产策略都是稳定策略。

若 $y \neq (\pi_2 - \pi_1 - R_3 - F)/R_2$，则对 $\pi_2 - \pi_1 - R_3 - F$ 的不同情况进行分析。

（1）情形 1：若 $\pi_2 - \pi_1 - R_3 - F < 0$，恒有 $y > (\pi_2 - \pi_1 - R_3 - F)/R_2$，对于式（12.9）的两个解 $x = 0$，$x = 1$，有 $F'(x)|_{x=0} > 0$，$F'(x)|_{x=1} < 0$，故 $x = 1$ 是唯一的演化稳定策略，有限理性的制造商会选择 NEV 生产策略。

情形 1 表明即使没有受到地方政府的补贴，制造商仍然能够通过 NEV 策略获得更多的利润，那么制造商必将选择 NEV 生产策略。

（2）情形 2：若 $0 < \pi_2 - \pi_1 - R_3 - F < R_2$，分两种情况进行讨论：

当 $y > (\pi_2 - \pi_1 - R_3 - F)/R_2$ 时，$F'(x)|_{x=0} > 0$，$F'(x)|_{x=1} < 0$，$x = 1$ 是唯一的演化稳定策略；当 $y < (\pi_2 - \pi_1 - R_3 - F)/R_2$ 时，$F'(x)|_{x=0} < 0$，$F'(x)|_{x=1} > 0$，$x = 0$ 是唯一的演化稳定策略。

情形 2 表明在地方政府补贴政策下，制造商通过 FV 策略将获得比 NEV 策略更少的利润。

（3）情形 3：若 $\pi_2 - \pi_1 - R_3 - F > R_2$，恒有 $y < (\pi_2 - \pi_1 - R_3 - F)/R_2$，对于式（12.9）的两个解 $x = 0$，$x = 1$，有 $F'(x)|_{x=0} < 0$，$F'(x)|_{x=1} > 0$，故 $x = 0$ 是唯一的演化稳定策略，有限理性的制造商会选择 FV 生产策略。

情形 3 意味着即使在地方政府补贴政策下，制造商仍然能够通过 FV 策略获得比 NEV 策略更多的利润，那么制造商必将选择 FV 生产策略。

汽车制造商生产策略的动态演化路径及其稳定性如图 12.3 所示。

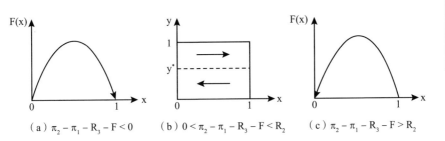

（a）$\pi_2 - \pi_1 - R_3 - F < 0$　　（b）$0 < \pi_2 - \pi_1 - R_3 - F < R_2$　　（c）$\pi_2 - \pi_1 - R_3 - F > R_2$

图 12.3　汽车制造商策略的相位图

12.4.2　地方政府补贴策略稳定性分析

将地方政府的支付矩阵表示为 B，如下所示：

$$B = \begin{pmatrix} R_1 - C_3 - R_2 & F - C_3 - C_4 \\ R_1 - C_5 & F - C_5 - C_4 \end{pmatrix} \tag{12.11}$$

当地方政府选择补贴策略时，将他们的期望效用定义如下：

$$U_{G1} = eBx = (1 \quad 0) \begin{pmatrix} R_1 - C_3 - R_2 & F - C_3 - C_4 \\ R_1 - C_5 & F - C_5 - C_4 \end{pmatrix} \begin{pmatrix} x \\ 1-x \end{pmatrix}$$

$$= x(R_1 - C_3 - R_2) + (1-x)(F - C_3 - C_4) \tag{12.12}$$

地方政府的平均期望效用为：

$$\overline{U}_G = y^T Bx = (y \quad 1-y) \begin{pmatrix} R_1 - C_3 - R_2 & F - C_3 - C_4 \\ R_1 - C_5 & F - C_5 - C_4 \end{pmatrix} \begin{pmatrix} x \\ 1-x \end{pmatrix}$$

$$= y[x(R_1 - C_3 - R_2) + (1-x)(F - C_3 - C_4)]$$

$$+ (1-y)[x(R_1 - C_5) + (1-x)(F - C_5 - C_4)] \tag{12.13}$$

类似地，地方政府的复制动态方程为：

$$F(y) = \frac{dy}{dt} = y[eBx - y^T Bx] = y(1-y)(C_5 - xR_2 - C_3)$$

$$\tag{12.14}$$

$F(y)$ 的一阶导为：

$$\frac{dF(y)}{dy} = (1-2y)(C_5 - xR_2 - C_3) \tag{12.15}$$

很容易证明 $y = 0$，$y = 1$ 和 $x = (C_5 - C_3)/R_2$ 是式 $F(y) = dy/dt = 0$ 的根。当 $F(y) = 0$，$F'(y) \leqslant 0$ 时，y 为演化稳定策略。进一步进行如下讨论。

若 $x = (C_5 - C_3)/R_2$，则对任意的 y 有 $F(y) \equiv 0$ 恒成立，此时地方

政府任何监管策略都是稳定策略。

若 $x \neq (C_5 - C_3)/R_2$，则对 $C_5 - C_3$ 的不同情况进行分析。

（1）情形 4：若 $C_5 - C_3 < 0$，恒有 $x > (C_5 - C_3)/R_2$，对于式（12.14）的两个解 $y=0$，$y=1$，有 $F'(y)\big|_{y=0} < 0$，$F'(y)\big|_{y=1} > 0$，故 $y=0$ 是唯一的演化稳定策略，有限理性的地方政府会选择不补贴策略。

情形 4 表明汽车产业由 FV 向 NEV 转型过慢所引起的时间成本小于地方政府支付的人力资源等成本，那么地方政府必将选择不补贴策略，意味着即使没有政府补贴，汽车产业也将由 FV 向 NEV 转型。

（2）情形 5：若 $0 < C_5 - C_3 < R_2$，分两种情况进行讨论：

当 $x > (C_5 - C_3)/R_2$ 时，$F'(y)\big|_{y=0} < 0$，$F'(y)\big|_{y=1} > 0$，$y=0$ 是唯一的演化稳定策略；当 $x < (C_5 - C_3)/R_2$ 时，$F'(y)\big|_{y=0} > 0$，$F'(y)\big|_{y=1} < 0$，$y=1$ 是唯一的演化稳定策略。

情形 5 意味着汽车产业由 FV 向 NEV 转型过慢所引起的时间成本小于地方政府承担的人力资源成本和补贴的总和。

（3）情形 6：若 $C_5 - C_3 > R_2$，恒有 $x < (C_5 - C_3)/R_2$，对于式（12.14）的两个解 $y=0$，$y=1$，有 $F'(y)\big|_{y=0} > 0$，$F'(y)\big|_{y=1} < 0$，故 $y=1$ 是唯一的演化稳定策略，有限理性的地方政府会选择补贴策略。

情形 6 表明汽车产业由 FV 向 NEV 转型过慢所引起的时间成本高于地方政府承担的人力资源成本和补贴的总和，那么地方政府必将选择补贴策略，意味着即使地方政府补贴，汽车产业也不会由 FV 向 NEV 转型（见图 12.4）。

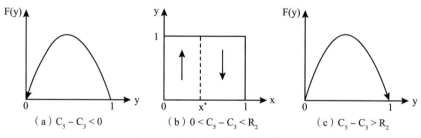

图 12.4　地方政府策略的相位图

12.4.3　地方政府与汽车制造商间系统演化稳定策略

基于上述分析，可知地方政府和汽车制造商在不同的初始条件下分别具有三种稳定性策略。像大多数新兴技术一样，考虑低碳技术发展期初，情形 1 和情形 4 是不可能的，而情形 3 和情形 6 则超出了本章的主题范围。因此，本章在情形 2 和情形 5 下进一步讨论系统的动态演化。根据式（12.9）和式（12.14），获得复制动态系统（I），即地方政府和汽车制造商的二维非线性动力系统：

$$\begin{cases} F(x) = x(U_{M1} - \overline{U}_M) = x(1-x)(yR_2 + \pi_1 + R_3 - \pi_2 + F) \\ F(y) = y(U_{G1} - \overline{U}_G) = y(1-y)(C_5 - xR_2 - C_3) \end{cases}$$

$$(12.16)$$

根据复制动态系统（I）可知，当且仅当 $0 \leqslant (C_5 - C_3)/R_2 \leqslant 1$ 且 $0 \leqslant (\pi_2 - \pi_1 - R_3 - F)/R_2 \leqslant 1$ 时，地方政府与汽车制造商系统具有五个均衡点：

$$(0, 0), (0, 1), (1, 0), (1, 1), (x_1^*, y_1^*)$$

其中，$x_1^* = (C_5 - C_3)/R_2$，$y_1^* = (\pi_2 - \pi_1 - R_3 - F)/R_2$。

命题 1　对于复制动态系统（I）的五个均衡点有：

（1）$(0, 0)$，$(0, 1)$，$(1, 0)$ 和 $(1, 1)$ 是鞍点；

（2）(x_1^*, y_1^*) 是一个中心点，但不是系统（I）的渐进演化稳定策略。

证明：根据 Friedman 可知，演化系统均衡点的稳定性可由该系统的 Jacobian 矩阵的局部稳定性分析得到。对复制动态系统（I）依次求关于 x 和 y 的偏导数，得到该系统的 Jacobian 矩阵为：

$$J = \begin{bmatrix} \partial F(x)/\partial x & \partial F(x)/\partial y \\ \partial F(y)/\partial x & \partial F(y)/\partial y \end{bmatrix}$$

$$= \begin{bmatrix} (1-2x)(yR_2 + \pi_1 + R_3 - \pi_2 + F) & x(1-x)R_2 \\ y(1-y)(-R_2) & (1-2y)(C_5 - xR_2 - C_3) \end{bmatrix}$$

$$(12.17)$$

对五个均衡点进行局部稳定性分析，结果如表 12.4 所示。

表 12.4　　　　　　　　　　博弈双方演化稳定策略分析

均衡点	det(J)	tr(J)	结果
$(0, 0)$	−	不定	鞍点
$(0, 1)$	−	不定	鞍点

均衡点	$\det(J)$	$\operatorname{tr}(J)$	结果
$(1, 0)$	$-$	不定	鞍点
$(1, 1)$	$-$	不定	鞍点
(x_1^*, y_1^*)	$+$	0	中心点

如表 12.4 所示，获得四个鞍点和一个中心点。对于点 $(0, 0)$，$(0, 1)$，$(1, 0)$ 和 $(1, 1)$，$\det(J)$ 的符号为负，称之为鞍点（即当初值改变时使系统稳定的条件均衡）。

中心点 (x_1^*, y_1^*) 的 Jacobian 矩阵 J' 为：

$$J' = \begin{bmatrix} 0 & \tau_1 \\ \tau_2 & 0 \end{bmatrix} \tag{12.18}$$

$\tau_1 = [(C_5 - C_3)(R_2 - C_5 + C_3)]/R_2 > 0$，$\tau_2 = [(\pi_2 - \pi_1 - R_3 - F)(\pi_2 - \pi_1 - R_3 - F - R_2)]/R_2 < 0$。

因此，矩阵 J' 的特征根为：

$$\lambda_{1,2} = \pm i \sqrt{|\tau_1 \tau_2|}$$
$$= \pm \frac{i \sqrt{(C_5 - C_3)(C_5 - C_3 - R_2)(\pi_2 - \pi_1 - R_3 - F)(R_2 - \pi_2 + \pi_1 + R_3 + F)}}{R_2} \tag{12.19}$$

故式 (12.19) 中点 (x_1^*, y_1^*) 对应的特征根 λ_1 和 λ_2 为一对实部为零的纯虚根。根据劳斯—赫尔维茨（Routh - Hurwitz）稳定判据可知，点 (x_1^*, y_1^*) 是一个中心点但不是系统（Ⅰ）的渐进稳定演化策略。命题 1 得证。

本节解释了复制动态系统（Ⅰ）的周期性波动。复制动态系统在中心点 (x_1^*, y_1^*) 的轨迹如式 (12.20) 和式 (12.21) 所示：

$$x_1 = x_1^* + A_m \cos(\omega t + \phi) \tag{12.20}$$
$$y_1 = y_1^* + A_m \cos(\omega t + \phi) \tag{12.21}$$

其中，$\omega = \sqrt{|\tau_1 \tau_2|}$，$A_m = \sqrt{(x_0 - x_1^*)^2 + (y_0 - y_1^*)^2}$，且

$$\phi = \begin{cases} \arctan((y_0 - y_1^*)/(x_0 - x_1^*)) & \text{if}(y_0 - y_1^*)/(x_0 - x_1^*) > 0 \\ \pi + \arctan((y_0 - y_1^*)/(x_0 - x_1^*)) & \text{if}(y_0 - y_1^*)/(x_0 - x_1^*) \leqslant 0 \end{cases} \tag{12.22}$$

那么，复制动态系统（Ⅰ）的混合策略轨迹是一条围绕中心点 (x_1^*, y_1^*) 的闭环线。

12.5　补贴退坡下演化博弈分析

12.5.1　补贴退坡下系统演化稳定策略

基于上述分析可知，在地方政府补贴为固定值的静态情形下，复制动态系统（Ⅰ）不存在演化稳定策略。从政策发展的规律来看，为了缓解财政压力，地方政府的补贴将随着 NEV 制造商数量的增加而减少，故本节进一步分析补贴政策退坡下博弈双方的混合策略。假设地方政府提供的补贴随 NEV 制造商数量的增加而下降，即由固定值 R_2 变为 $R(x) = r(1-x)$，其中 r 表示补贴上限。

$R(x) = r(1-x)$ 代替式（12.16）中的 R_2 得到一个新复制动态系统（Ⅱ），表示如下：

$$\begin{cases} F(x) = \dfrac{dx}{dt} = x(1-x)\left[yR(x) + \pi_1 + R_3 - \pi_2 + F \right] \\ F(y) = \dfrac{dy}{dt} = y(1-y)\left[C_5 - xR(x) - C_3 \right] \end{cases} \tag{12.23}$$

类似地，当且仅当 $0 \leqslant (C_5 - C_3)/R(x) \leqslant 1$ 且 $0 \leqslant (\pi_2 - \pi_1 - R_3 - F)/R(x) \leqslant 1$ 时，复制动态系统（Ⅱ）具有如下五个均衡点：

$$(0, 0), (0, 1), (1, 0), (1, 1), (x_2^*, y_2^*)$$

其中，$x_2^* = (C_5 - C_3)/R(x)$，$y_2^* = (\pi_2 - \pi_1 - R_3 - F)/R(x)$。

命题 2　对于复制动态系统（Ⅱ）的五个均衡点有：

（1）$(0, 0)$，$(0, 1)$ 和 $(1, 1)$ 是鞍点；$(1, 0)$ 是不稳定点；

（2）(x_2^*, y_2^*) 是系统（Ⅱ）的渐进演化稳定策略。

证明：根据式（12.23），可获得系统（Ⅱ）的 Jacobian 矩阵 J_1：

$$J_1 = \begin{bmatrix} \begin{matrix}(1-2x)(yR(x) + \pi_1 + R_3 - \pi_2 + F) \\ + x(1-x) \cdot yR'(x)\end{matrix} & x(1-x)R(x) \\ y(1-y)\left[-R(x) - xR'(x) \right] & (1-2y)\left[C_5 - xR(x) - C_3 \right] \end{bmatrix}$$

$$\tag{12.24}$$

类似地，计算前四个均衡点对应的 $\det(J_1)$ 和 $\text{tr}(J_1)$，从而判断出 $(0, 0)$、$(0, 1)$ 和 $(1, 1)$ 为鞍点，$(1, 0)$ 为不稳定点。

中心点 (x_2^*, y_2^*) 对应的 Jacobian 矩阵 J_1' 为：

$$J_1' = \begin{bmatrix} x_2^*(\pi_1 + R_3 + F - \pi_2) & (C_5 - C_3)(1 - x_2^*) \\ \dfrac{\begin{bmatrix} r(1 - x_2^*) - \pi_2 + \pi_1 + R_3 + F \end{bmatrix}}{r(1 - x_2^*)^2} (\pi_2 - \pi_1 - R_3 - F)(2x_2^* - 1) & 0 \end{bmatrix}$$

(12.25)

经计算 $\left| \begin{bmatrix} \lambda & 0 \\ 0 & \lambda \end{bmatrix} - J_1' \right| = 0$ 的特征根为：

$$\lambda_{1,2}^* = \frac{x_2^*(\pi_1 + R_3 + F - \pi_2) \pm \sqrt{\Delta}}{2}$$

(12.26)

其中，$\Delta < 0$，且 x_2^* 是方程 $x_2^* = (C_5 - C_3)/r(1 - x_2^*)$ 的解，点 (x_2^*, y_2^*) 对应的特征根 $\lambda_{1,2}^*$ 为一对具有负实部的共轭复根，故 (x_2^*, y_2^*) 为渐进演化稳定策略。系统的轨迹是一条向内趋近于中心点 (x_2^*, y_2^*) 的螺旋线。命题 2 得证。

12.5.2　关键参数分析

本章考虑 NEV 扩散为随着时间的演进 NEV 生产策略经由扩散网络在汽车制造商种群之间传播的过程。当地方政府采取不补贴策略，与此同时汽车制造商选择生产 NEV 策略时，从政府的角度，将导致一个有效的 NEV 扩散。

定义 1　如果 x 达到 1 且 y 达到 0，这样的事件称为理想事件。

因此，理想事件 A 的发生概率可表示为：

$$P(A) = x(1 - y)$$

(12.27)

将稳定均衡点 (x_2^*, y_2^*) 代入式（12.27）有：

$$P^*(A) = x_2^*(1 - y_2^*)$$

(12.28)

命题 3　理想事件 A 的概率分别与政府对 FV 消费者征收的购置税 Λ，NEV 配套基础设施覆盖率 n_1，地方政府对 FV 制造商收取的罚金 F 以及 NEV 制造通过碳交易项目所获得的额外收益 R_3 呈正相关。

$$\partial P^*(A)/\partial \Lambda > 0, \quad \partial P^*(A)/\partial n_1 > 0, \quad \partial P^*(A)/\partial F > 0, \quad \partial P^*(A)/\partial R_3 > 0$$

证明：由 12.5.1 节可知，(x_2^*, y_2^*) 为复制动态系统（Ⅱ）的演化稳定策略，其中

$$
\begin{cases}
x_2^* = \dfrac{C_5 - C_3}{r(1 - x_2^*)} \\[3mm]
y_2^* = \dfrac{\pi_2 - \pi_1 - R_3 - F}{r(1 - x_2^*)}
\end{cases}
\tag{12.29}
$$

解方程组（12.29）可得：

$$
\begin{cases}
x_2^* = \dfrac{1}{2} \pm \sqrt{\dfrac{1}{4} - \dfrac{C_5 - C_3}{r}} \\[3mm]
y_2^* = \dfrac{\pi_2 - \pi_1 - R_3 - F}{C_5 - C_3} \cdot \left(\dfrac{1}{2} \pm \sqrt{\dfrac{1}{4} - \dfrac{C_5 - C_3}{r}} \right)
\end{cases}
\tag{12.30}
$$

将式（12.30）代入式（12.28），得：

$$
P^*(A) = \left(\frac{1}{2} \pm \sqrt{\frac{1}{4} - \frac{C_5 - C_3}{r}} \right)
$$
$$
\left[1 - \frac{\pi_2 - \pi_1 - R_3 - F}{C_5 - C_3} \cdot \left(\frac{1}{2} \pm \sqrt{\frac{1}{4} - \frac{C_5 - C_3}{r}} \right) \right]
\tag{12.31}
$$

再结合式（12.4）和式（12.5），可验证如下结论：

$\partial P^*(A)/\partial \Lambda > 0$，$\partial P^*(A)/\partial n_1 > 0$，$\partial P^*(A)/\partial F > 0$，$\partial P^*(A)/\partial R_3 > 0$。命题 3 得证。

命题 3 指出了政府对 NEV 消费者征收的购置税，NEV 配套基础设施覆盖率，地方政府对 FV 制造商收取的罚金以及 NEV 制造商通过碳交易项目所获得的额外收益对理想事件 A 概率的影响。当满足条件 $0 \leqslant (C_5 - C_3)/R(x) \leqslant 1$、$0 \leqslant (\pi_2 - \pi_1 - R_3 - F)/R(x) \leqslant 1$ 时，政府对 FV 消费者征收的购置税和 NEV 配套基础设施覆盖率对 FV 消费者的需求具有相同的抑制作用，从而增加了 NEV 的市场份额并激励 NEV 制造商的生产热情。与此同时，由于地方政府的有限理性，他们不愿意以高昂的补贴费用及由此带来的人力资源等成本为代价对 NEV 制造商进行补贴，当 NEV 制造商的比例增加这一信息反馈到地方政府时，选择补贴策略的地方政府的比例自然会降低，最终导致理想事件 A 的概率增加；当地方政府对 FV 制造商收取更高的罚金时，由于 FV 制造商的生产成本增加，NEV 制造商的比例将增加，选择补贴策略的地方政府的比例将降低，致使理想事件 A 的概率增加；当 NEV 制造商通过碳交易项目获

得的额外收益增加时，毫无疑问地将有更多的制造商更愿意生产 NEV，那么随着 NEV 制造商生产利润的增加，选择补贴策略的地方政府的比例将会下降，最终理想事件 A 的概率将会增加。

命题 3 为地方政府提供了有用的政策指导，即为了提高理想事件的发生概率，地方政府可以从逆向促进和正向促进两方面着手。逆向促进包括提高 FV 消费者的购置税等限制力度以及增加对 FV 制造商的罚金；正向促进包括由政府出资完善 NEV 配套基础设施覆盖率，进一步提"碳配额"（Wang et al.，2018）、"积分制"（Ou et al.，2018），以及各种组合政策等代替补贴的长效机制。

12.6　实证分析与仿真

根据我国新能源汽车行业现状，并结合中国汽车工业协会（CAAM）和中国乘用车市场信息联席会（CPCA）的公开统计数据、相关法规的公告、类似的研究，本章以汽车制造商生产新能源汽车为例，对不同补贴政策下地方政府和汽车制造商之间的动态互动进行实验分析，探讨地方政府和汽车制造商间的动态互动如何影响博弈双方的行为策略以及影响汽车制造商生产策略选择的主要因素的优先级确定问题。

12.6.1　数据解析与处理

2018 年 2 月，工业和信息化部（MIIT）发布了第 304 批《道路机动车辆生产企业及产品公告》，公告指出共 218 户汽车生产企业符合国家有关规定和技术要求，其中包括新能源汽车制造商 59 户。故令 x 的初始值为 0.27。根据文献（Liu et al.，2006）可知，自 2006 年 1 月至 2016 年 4 月，中国各级政府共计颁布了 175 项相关政策以促进新能源汽车行业的发展，其中国家政策占 29.7%、区域政策占 6.29%、地方政策占 64%。故令 y 的初始值为 0.64。作为中国新能源汽车的"领跑者"，自 2016 年起比亚迪相继推出了"王朝"系列新能源车型。其中以最受欢迎的插电式混合动力汽车"秦"为例，比亚迪秦的官方售价在 209800 元至 219800 元，扣除补贴后其实际购买价格为 150000 元左右（地方补贴 34000 ~ 36000 元，中央补贴为 31500 元）。同一水平上最受欢迎的传统车型，如大众朗逸（Volkswagen Lavida）、福特福克斯（Ford Focus）和丰田花冠（Toyota Corolla）也在这个价位范围内。因此，令 $p_1 = 210000$ 元，$p_2 = 150000$ 元，$R_2 = 35000$ 元。由于我国的车辆购置税约为售价的 10%，故令 Λ 的初始值为 15000 元。根据中国汽车工业协会的统计数据，2017 年我国新能源汽车保有量为 153 万辆，充电桩 213903 个，车桩比例为 3.8∶1。因此，假设 n_1 的初始值为 0.26。令 $\eta_1 = 0.1$。假设传统燃油汽车的减排水平为新能源汽车减排水平的 80%，且消费者对新能源汽车的支付意愿超出对燃油汽车支付意愿的 30%。本节计算实验的时间跨度为十年，单位为一个月，并以 2018 年 2 月为基准时间。表 12.5 总结了关键参数和相应的初始值。

表 12.5 关键参数初始值

关键参数	初始值	单位	关键参数	初始值	单位
x	0.27	%	R_2	35000	元
y	0.64	%	Λ	15000	元
p_1	210000	元	n_1	0.26	%
p_2	150000	元	η_1	0.1	—

12.6.2 不同补贴政策下博弈主体行为的演化过程

由图 12.5（a）可知，不考虑补贴政策退坡时复制动态系统（Ⅰ）的轨迹是围绕着中心点的闭环线，且地方政府和汽车制造商之间不存在渐进演化稳定策略。由图 12.5（b）可知，新能源汽车制造商（即选择新能源汽车生产策略的制造商）的比例和采取补贴策略的地方政府的比例存在持续波动，意味着地方政府和汽车制造商的种群规模是不稳定的。这是因为在新能源汽车行业发展的初期，我国政府颁布的补贴政策是汽车制造商生产新能源汽车和消费者购买新能源汽车的主要推动力量。然而随着行业的发展，政府的静态补贴政策不能根据汽车制造商的行为及时做出相应地调整，致使汽车制造商对补贴政策过度依赖、缺乏自我更新意识，不能实现双方都满意的稳定均衡状态，此时任意小的改变都会给新能源汽车市场带来较大的波动。

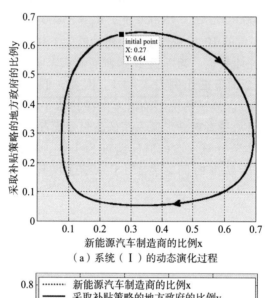

（a）系统（Ⅰ）的动态演化过程

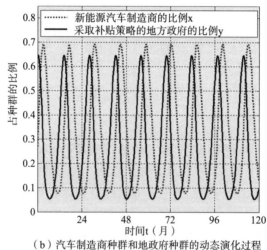

（b）汽车制造商种群和地政府种群的动态演化过程

图 12.5　不考虑补贴政策退坡时系统的复制动态

由图 12.6（a）可知，考虑补贴政策退坡时复制动态系统（Ⅱ）的轨迹呈现一个螺旋收敛，且存在 Nash 均衡。由图 12.6（b）可知，和不考虑补贴政策退坡的情形相比，考虑补贴政策退坡时新能源汽车制造商的比例和采取补贴策略的地方政府的比例波动幅度逐渐下降，直至趋于稳定。因此，考虑补贴政策退坡将有利于新能源汽车行业的发展。在图 12.6（b）中，随机选取三个点（见图 12.6（b）中标星号的点），即 2018 年 7 月、2019 年 4 月和 2019 年 8 月新能源汽车制造商比例的历史演化结果分别为 0.2145、0.1287 和 0.1825。根据工业和信息化部发布的第 309 批、第 318 批、第 322 批《道路机动车辆生产企业及产品公告》可知，2018 年 7 月、2019 年 4 月和 2019 年 8 月新能源汽车制造商的实际比例分别为 0.2124、0.1262 和 0.1847，与历史演化结果十分接近。由于两个系统变量 x 和 y 的相位延迟等原因，实际情形与历史演化结果存在着细微的差距，由此验证了本章提出的模型。

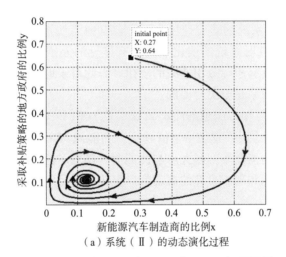

（a）系统（Ⅱ）的动态演化过程

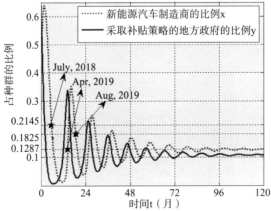

（b）汽车制造商种群和地政府种群的动态演化过程

图 12.6　考虑补贴政策退坡时系统的复制动态

一方面，上述实验结果解释了新能源汽车行业的波动式发展，这与我国的现实是一致的；另一方面，补贴退坡带来的益处也符合政府的政策预期，这些均证实了本章提出的模型在实践中的适用性。

令退坡率 r 在区间 [10，110] 内变化，步长为 20，且实验开始时设置 x = 0.27，y = 0.64。由图 12.7 可知，当 r 相对小时，地方政府势必采取补贴策略以引导新能源汽车行业的发展（见图 12.7 （a）和（b）），然而由于补贴数量太小，汽车制造商生产新能源汽车的热情将会减少（见图 12.7 （a））；当 r 相对较高时，满足条件 $0 \leqslant (C_5 - C_3)/R(x) \leqslant 1$、$0 \leqslant (\pi_2 - \pi_1 - R_3 - F)/R(x) \leqslant 1$，由于较高的财政压力，地方政府补贴新能源汽车制造商的热情将被影响（见图 12.7 （c - f））。具体地，r = 50 时系统的演化速度高于 r = 70 时系统演化速度，而和 r = 110 相比，r = 90 时系统的演化速度没有显见的差别，这意味着过度补贴的激励作用具有边际效用递减的规律。因此对于地方政府而言，设置一个合适的退坡率是至关重要的。

由图 12.8 可知，满足条件 $0 \leqslant (C_5 - C_3)/R(x) \leqslant 1$、$0 \leqslant (\pi_2 - \pi_1 - R_3 - F)/R(x) \leqslant 1$ 时，退坡率 r 值越小，新能源汽车制造商的均衡比例和理想事件的均衡概率都越大。与此同时，随着 r 值的减小，新能源汽车制造商的比例和理想事件的概率都以更快和更稳定的方式收敛至稳定状态。

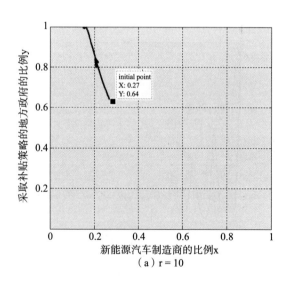

（a）r = 10

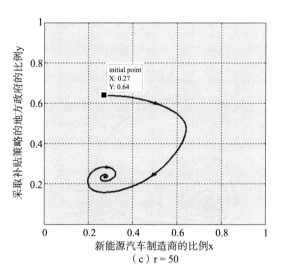

（b）r = 30

（c）r = 50

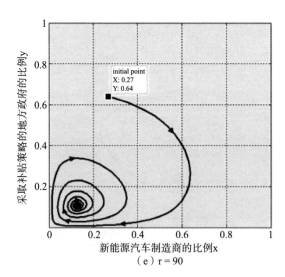

（d）r = 70

（e）r = 90

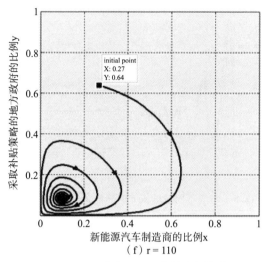

（f）r = 110

图 12.7　不同退坡率 r 下双方的演化博弈行为

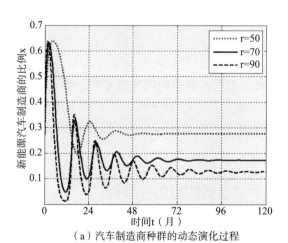

（a）汽车制造商种群的动态演化过程

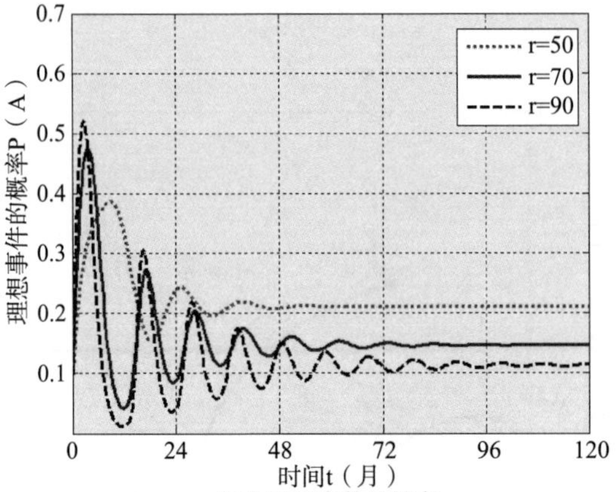

（b）理想事件的概率

图 12.8　考虑不同退坡率 r 时新能源汽车的演化动态

观察 1 退坡率 r 应满足 $0 \leqslant (C_5 - C_3)/R(x) \leqslant 1$、$0 \leqslant (\pi_2 - \pi_1 - R_3 - F)/R(x) \leqslant 1$，且 r 值越小，系统收敛至稳定状态越快，理想事件发生概率越大。因此，$r = r_1$ 是最优的退坡率，其中 $r_1 = \max\{(C_5 - C_3)/(1 - x), (\pi_2 - \pi_1 - R_3 - F)/(1 - x)\}$。

由上述实验分析可知，不同的退坡率对应着不同的演化速度和均衡值。如图 12.7 所示，在条件 $0 \leqslant (C_5 - C_3)/R(x) \leqslant 1$、$0 \leqslant (\pi_2 - \pi_1 - R_3 - F)/R(x) \leqslant 1$（复制动态系统（Ⅱ）的均衡条件）下，r 值越小（即 r = 50），Nash 均衡越高且系统演化至均衡状态越快。如图 12.8 所示，r 值越小，新能源汽车制造商的比例和理想事件的概率收敛至均衡状态越快，且均衡值分别高达 28% 和 21%，即系统效率提升。这说明，从博弈系统和理想事件的角度，越小的 r 值越能有效地促进新能源汽车行业的发展。

12.6.3　关键参数的敏感性分析

由图 12.9 可知，当车辆购置税 Λ 的值较小（Λ = 1.5，Λ = 5）时，Λ 的改变对新能源汽车制造商的比例没有影响，只有当 Λ 增加到一定程度（Λ = 6）时才会对新能源汽车制造商的比例产生显著影响，车辆购置税 Λ 主要影响的是地方政府的补贴行为 y。当 Λ = 6 时，理想事件的概率 P（A）演变至 0，其原因可能是：当前，我国新能源汽车行业仍处于初级阶段，行业的发展受诸多因素的影响，如核心竞争力薄弱、基础设施不完善、市场消费习惯保守等，新能源汽车行业由初期向成长期转变的进程中，政策导向和支持是必要的。当车辆购置税 Λ 足够大时，新能源汽车的市场需求增大，新能源汽车制造商的比例 x 大幅增加。从地方保护主义的角度不难理解，新能源汽车制造商的急剧增加必然会导致地方政府对自有品牌采取补贴策略，这是新能源汽车行业发展初期保护民族品牌或本土企业的有效机制。此外，由于动力系统的复杂性和市场需求的不确定性，该演化过程还受到诸多因素的影响，使得演化前期的路径仍存在波动。

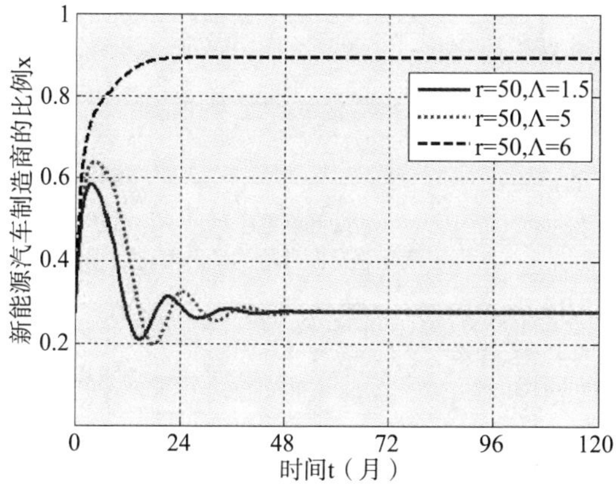

（a）汽车制造商种群的动态演化过程

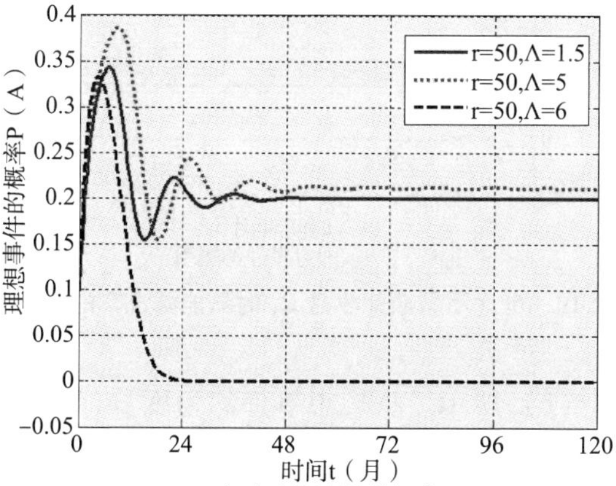

（b）理想事件的概率

图12.9　考虑不同车辆购置税 Λ 时新能源汽车的演化动态

图 12.10 和图 12.11 分别对新能源汽车制造商发展碳交易项目的额外收益 R_3 和地方政府对燃油汽车制造商的罚金 F 进行实验分析。分析结果表明图 12.10、图 12.11 与图 12.9 具有相似的演化特征，可以得到同样的管理启示。

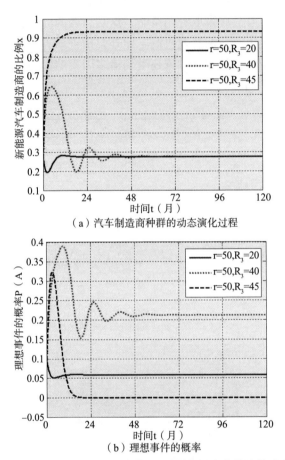

（a）汽车制造商种群的动态演化过程

（b）理想事件的概率

图 12.10 考虑不同额外收益 R_3 时新能源汽车的演化动态

如图 12.11（b）所示，从理想事件的角度看，地方政府对燃油汽车制造商征收的罚金 F 能够促进新能源汽车行业的发展，然而，如果罚金超出了合理的范围，将不可避免地促使地方政府采取补贴策略，导致理想事件的失败。

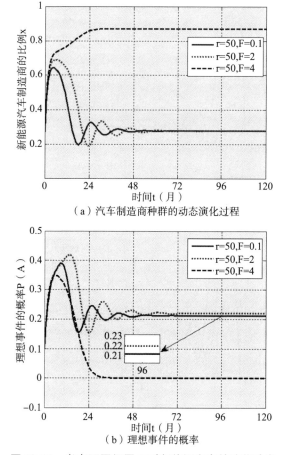

（a）汽车制造商种群的动态演化过程

（b）理想事件的概率

图 12.11　考虑不同惩罚 F 时新能源汽车的演化动态

　　由图 12.12 可知，公共充电桩的覆盖率 n_1 对汽车制造商生产新能源汽车的行为 x 没有影响，其真正影响的是地方政府的补贴行为 y，进而影响到理想事件 A 的发生概率 P(A)，但影响程度较小。针对公共充电桩覆盖率的实验结果亦揭示了我国建设充电基础设施的政策动机。

　　上述实验结果揭示了关键参数对双方行为策略演化和理想事件概率的影响。得到了最优的退坡率和较高的公共充电桩覆盖率，提高了理想事件发生的概率。同时，上述实验分析还表明车辆购置税、新能源汽车制造商的额外收益和对燃油汽车制造商的惩罚均存在阈值效应。因

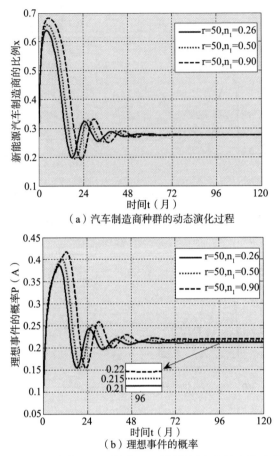

（a）汽车制造商种群的动态演化过程

（b）理想事件的概率

图 12.12　考虑不同覆盖率 n_1 时新能源汽车的演化动态

此，政府可以通过优化参数设计，尽可能地促进理想事件的发生。例如，综合各参数变化，参数值由初始参数值变为 $r = 50$，$\Lambda = 5$，$R_3 = 40$，$F = 2$，$n_1 = 0.9$，初始和改进后的实验结果如图 12.13 所示。由图 12.13 可以看出，在改进情形下，系统能够以更快的速度和更稳定的方式演化至稳态（见图 12.13（a））；且理想事件的概率亦得到了大幅度的提高（见图 12.13（b））。故优化参数的设计不仅能够提升系统效率，而且能够增加理想事件的发生概率，从而实现政府的政策目标。

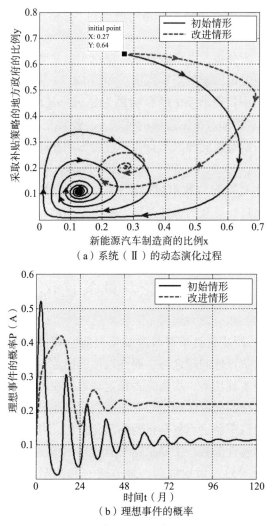

（a）系统（Ⅱ）的动态演化过程

（b）理想事件的概率

图 12. 13　初始情形和改进情形下的实验结果

　　政府，一方面需要科学地优化政策参数的设计（努力方向），即选择最优的退坡率、更高的公共充电桩覆盖率、适当的车辆购置税、额外收益和对燃油汽车制造商的惩罚；另一方面应正确评估与上述参数相对应的优先级（努力程度）。本节进一步提出观察 2。

　　观察 2　按照影响程度的不同，可将新能源汽车演化动态的影响因素划分为三个优先级。第一优先级是退坡率 r，第二优先级是车辆购置税

Λ、额外收益 R_3 和对燃油汽车制造商的惩罚 F，第三优先级是公共充电桩的覆盖率 n_1。

基于上述实验分析，本章联合新能源汽车制造商的比例和理想事件的概率综合判断关键因素的影响程度。如图 12.7 ~ 图 12.12 所示，在所有的影响因素之中，退坡率 r 的影响最为显著，其次是车辆购置税 Λ、额外收益 R_3 和对燃油汽车制造商的惩罚 F，公共充电桩覆盖率 n_1 的影响最小。财政因素对新能源汽车行业的直接影响在一些实证研究中也得到了证实。此外，对 Λ、R_3 和 F 的实验分析也表明了今后应进一步平衡"地方保护主义"和"政策过度依赖"之间的关系，防止品牌保护的同时导致缺乏自我更新的恶性循环，这也是当前政府面临的一个政策难题。

12.7　结论与政策建议

政府对 NEV 制造商给予财政激励是当前监管机构、制造行业和学术界比较关注的争议性问题之一。而在以往的研究中，经典博弈理论未能揭示博弈如何实现均衡、均衡是否稳定，以及决策主体之间的互动机制。本章运用间接演化博弈理论与方法研究了考虑和不考虑补贴政策退坡下地方政府与汽车制造商复杂行为的演化过程，并通过计算实验对重要参数进行了敏感性分析。主要结论与管理启示如下：

（1）不考虑补贴政策退坡时，地方政府和汽车制造商系统不存在演化稳定策略，博弈双方的行为呈现周期性特征；考虑补贴政策退坡时，系统轨迹呈螺旋收敛并趋于稳定。这一结果表明，补贴政策退坡能够更有效地促进 NEV 扩散。

（2）理想事件的概率分别与政府对 FV 消费者征收的购置税、NEV 配套基础设施的覆盖率、政府对 FV 制造商收取的罚金以及 NEV 制造商通过碳交易项目获得的额外收益呈正相关，而与退坡率呈负相关。按照对系统演化动态的影响程度，可将这些因素划分为三个优先级。因此，地方政府可根据发展具体的优先事项而做出相应努力。

（3）当政府对 FV 消费者征收的购置税、对 FV 制造商收取的罚金以及 NEV 制造商通过碳交易项目所获得的额外收益增加到一定程度时，政府势必会采取补贴策略来达到保护民族品牌或本土企业的目的，故在地方保护和政策的过度依赖间寻求有效的支撑点将是地方政府今后的重要课题。

由于基本的模型假设，本章研究存在一些重要的限制，这也将为未来的研究工作提供途径。

首先，我们关注补贴政策退坡对新能源汽车扩散的影响；然而，汽车制造商在实际运营中可能不得不同时处理动态补贴和动态税。因此，我们需要一个完全不同的模型来提供更多的见解。

其次，与大多数文献类似，我们基于模型推导和仿真，假设汽车制造商具有非此即彼的纯策略选择，假设消费者具有单位需求。我们的工作与现实存在一定的差距。

最后，本章只涉及地方政府和汽车制造商的演化博弈，但在现实中，新能源汽车制造商的比例并不完全取决于政府的新能源汽车补贴和排放税。我们认为，对所有可能的利益相关者（即政府、企业和消费者）的行为互动进行建模是解决这一问题的有效方法，值得研究。

第 13 章　新版双积分政策对中国电动汽车扩散的影响研究

13.1　研究背景

新能源汽车（NEV）已成为汽车产业转型发展的主要目标和持续经济增长的重要驱动力[①]。原因有三个。第一，这是应对气候变化和鼓励生态友好型增长的战略步骤。二氧化碳排放量的增加是全球气候变化的主要驱动因素，而公共交通是重要的污染源。推广新能源汽车已成为许多国家应对环境挑战以及中国政府实现"双碳"目标的共同解决方案。第二，这是促进产业融合、完善基础制度的保障措施。新能源汽车产业的发展带动了各行业形成产业链模式，将汽车与电池、充电基础设施、道路交通、能源生产和销售、信息通信连接起来。产业链模式在实现物联网方面发挥着重要作用。第三，这是深化开放合作、实现汽车强国的必由之路。中国的汽车工业起步较晚，传统的汽车技术相对落后。然而，新能源汽车的核心技术已经达到国际先进水平，优质品牌的国际竞争力不断提高。发展新能源汽车是中国汽车产业实现"弯道超车"的关键一步。

为了促进新能源汽车产业的高质量发展和传统燃油汽车产业（FV）的节能转型，中国工业和信息化部发布了双积分政策。与只侧重于鼓励新能源汽车产业发展的财政补贴不同，双积分政策通过 NEV 积分和CAFC 积分来影响新能源汽车和燃油汽车，同时提升了新能源汽车和燃

[①]　中华人民共和国国家发展和发改委员会. 新能源汽车产业发展规划（2021－2035 年）[EB/OL]. [2024－01－25]. https：//www. ndrc. gov. cn/fggz/fzzlgh/gjjzxgh/202111/t20211101_1302487. html.

油汽车的技术水平。双积分政策要求新能源汽车制造商具有一定比例的NEV 积分，这标志着燃油汽车和新能源汽车之间的首次联系。近年来，新能源汽车行业整体质量呈上升趋势，但也难以忽视新能源汽车产销动荡。不排除各种政策变化可能会对新能源汽车市场产生的负面影响，例如：排放标准的转变（赵丹等，2024）、新能源汽车补贴退坡（Zhao et al.，2021），以及双积分政策的修订①。本书考虑双积分政策中由积分管理和交易形成的政策机制难以保证整个汽车市场平稳推进。如何完善积分评价标准，明确关键政策参数的互动机制，已成为亟待解决的问题。

EV 扩散指随着时间的演化，EV 生产策略经由扩散网络在汽车制造商种群传播的过程。演化博弈理论是求解多重纳什均衡和群体决策问题的有效工具。双积分政策的引入改变了汽车制造商生产和交易模式，使他们的生产决策更复杂。一方面，随着补贴的消减，制造商可能会减少EV 产量，并转向 FV 以确保利益。另一方面，双积分政策促使 FV 制造商谨慎做出策略选择，即 NEV 积分购买策略或 EV 生产策略以实现双积分政策的积分要求。EVs 和 FVs 在市场中相互蚕食，企业之间的竞争和合作关系形成了复杂网络的基础结构。在网络中节点企业采取 EV 生产策略的博弈行为基础上，EV 生产策略进一步显现出 EV 扩散的宏观现象。因此，复杂网络演化博弈更适合本章的研究问题。

13.2 小世界网络模型

复杂网络演化博弈包括三个关键要素：网络结构、演化博弈模型和更新策略（Li et al.，2024）。我们为每个要素提供详细的介绍。表13.1 总结了所有相关符号并给出了定义。

表 13.1　　　　　　　　相关符号

参数	参数含义
P	网络随机重新连接概率
c_1，c_2	EV 和 FV 的单位生产成本

① 中华人民共和国工业和信息化部. 关于修改《乘用车企业平均燃料消耗量与新能源汽车积分并行管理办法》的决定［J］. 中华人民共和国国务院公报，2023（24）：16－18.

参数	参数含义
e_1，e_2	EV 和 FV 的环保性
p_1，p_2	EV 和 FV 的销售价格
P^{NEV}	NEV 积分交易价格
R	纯电动汽车续航里程（工况下）
a	NEV 积分核算系数
β	FV 制造商的 NEV 积分要求
γ	CAFC 实际值与 CAFC 目标值的比例
f	CAFC 目标值
k_2	企业实际平均油耗
θ	消费者环保偏好
n_1	公共充电桩覆盖率
η_1	消费者的充电桩覆盖率敏感性
T	FV 牌照限制对消费者效用的影响
$\tau(A_m \rightarrow A_n)$	节点 m 模仿节点 n 策略的概率
A_m，A_n	节点 m 和 n 的策略选择
pr_m，pr_n，pr_l	节点 m，n，l 的收益
φ	外界环境噪声因素
$\gamma_{m \rightarrow l}$	节点 m 连接到节点 l 的随机概率
σ	偏好倾向
ρ	上期经验权重贴现系数
μ	上期吸引力指数贴现系数
N(t)	第 t 周期的经验权重
λ	吸引力参数灵敏度
A	吸引力指数
ξ_k	网络效应参数
u_i^k	邻居博弈的累计收益
$u(e_i^k(t))$	选择战略 k 带来的额外收入
ω	网络效应指数
δ	预期调整系数
$e_i^k(t)$	第 t 周期内制造商 i 选择策略 k 的数量
$q_i^k(t-1)$	上一期选择的策略 k 的数量
$\pi_i(a_i^k, a_{-i}^k(t))$	制造商 i 选择策略 k 的预期收益

参数	参数含义
$P_i^k(t+1)$	制造商 i 选择策略 k 的概率
变量	含义
x	汽车制造商选择 EV 生产策略的初始比例

根据电动汽车扩散的定义（Zhao，2021），汽车制造商行为策略的演化博弈过程与扩散网络结构密切相关。社交网络背景下的网络建模通常利用具有小世界特征和无标度特征的复杂网络。其中，小世界网络具有相对较高的聚类系数和相对较低的平均路径长度，更符合当前物联网和互联网社会中真实网络的小世界特征，广泛应用于企业网络或集群网络的研究。因此，遵循文献中对复杂网络的选择[1][2][3]，本章研究了以小世界网络为载体的电动汽车扩散的网络演化规律，该研究框架仍然适用于无标度网络。

建立 EV 扩散 G(V，E) 的初始网络，其中节点集 V 表示网络内的所有汽车制造商；边集 $E = \{e_{mn}\}$ 表示节点之间的关系。如果 $e_{mn}=1$ 表示节点 m 和 n 之间的博弈关系；那 $e_{mn}=0$ 表示这两者没有连接。在 Watts 和 Strogatz 研究的基础上，本章采用以下算法构建 WS 小世界模型。

（1）给定一个由 v 个节点组成的最近邻耦合网络，每个节点都链接到其左右相邻的 k/2 个节点（k 是偶数，v≫k）。

（2）以概率 P 随机重新连接原始网络的每条边。不存在重边和自循环。

考虑到中国有 301 家汽车制造商[4]。为了比较不同网络规模对 EV 扩散的影响，假设 v = 50(100，300)，k = 4，p = 0.5。构建小世界网络模型，如图 13.1 所示。

---

[1] Chen F，Wu B，Lou W Q. An evolutionary analysis on the effect of government policies on green R & D of photovoltaic industry diffusion in complex network. Energy Policy 2021，152：112217.

[2] He H M，Xiao M，Lu Y X，Wang Z，Tao B B. Control of tipping in a small-world network model via a novel dynamic delayed feedback scheme. Chaos，Solitons and Fractals 2023，168：113171.

[3] Watts D J，Strogatz S H. Collective dynamics of 'small-world' networks. Nature 1998，93 (6684)：440 - 442.

[4] Fessina M，Zaccaria A，Cimini G，Squartini T. Pattern-detection in the global automotive industry：A manufacturer-supplier-product network analysis. Chaos，Solitons and Fractals 2024，181：114630.

图 13.1　当 v = 50(100，300)，k = 4，p = 0.5 时，小世界网络模型

13.3　演化博弈模型

13.3.1　问题描述与假设

双积分指的是企业平均油耗积分（CAFC 积分）和新能源汽车积分（NEV 积分）。两种积分规则框架体系如图 13.2 所示。在双积分政策下，对各个企业积分达标（正积分）要求有严格规定，企业可以通过两种方式通过考核：（1）自主研发生产新能源汽车，获取正积分；（2）从其他企业购买积分抵偿。其中购买积分又细分为两种，一种是从关联企业获得 CAFC 正积分抵偿本企业 CAFC 负积分，另一种是从其他企业购买 NEV 正积分抵偿 CAFC 负积分或 NEV 负积分，抵偿比例均为 1:1。

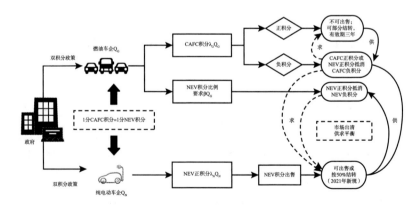

图 13.2　双积分政策框架体系图

资料来源：中国政府网。

考虑在由众多汽车制造商组成的市场中，每个汽车制造商都符合电动汽车的生产资格，并在两种生产策略之间做出决定：选择生产 EVs 还是 FVs。例如，上汽汽车、比亚迪等同时生产 EVs 和 FVs。假设单位 EV 和 FV 的生产成本分别为 c_1 和 c_2，单位 EV 和 FV 的销售价格分别为 p_1 和 p_2。考虑到电池生产成本较高，当前 FVs 比 EVs 便宜，因此 $c_1 > c_2$ 且 $p_1 > p_2$。EV 和 FV 的环境友好度分别为 e_1 和 e_2。EVs 比 FVs 有更大的环境优势，假设 $e_1 > e_2 > 0$。

考虑如下假设：

H1. 中国汽车市场正、负 NEV 积分的供求以及 CAFC 负积分的供求决定了 NEV 积分交易价格 P^{NEV}。积分的买入价等于卖出价。

H2. 新版双积分政策将纯电动汽车车型的积分计算办法从原来的 $0.012 \times R + 0.8$（每辆车积分上限为 5）修改为 $0.0034 \times R + 0.2$（每辆车积分上限 2.3），R 为纯电动汽车的行驶里程（工况下）。为了便于研究，假设纯电动汽车的积分计算公式为 $a \cdot R$，a 为政策中设定的 NEV 积分核算系数。

H3. 新版双积分政策对 FV 制造商设定 NEV 积分比例要求，即每年生产或进口低于 3 万辆的 FV 制造商不受强制要求；对于超过 3 万辆的制造商，将从 2019 年起设定强制性年度 NEV 积分要求。2019 ~ 2023 年对 FV 制造商的 NEV 积分要求分别为 10%、12%、14%、16% 和 18%。假设 β 表示年度 NEV 积分要求，则 FV 制造商的 NEV 负积分为 $\beta \cdot FV$。

H4. 本章仅考虑单个周期内的决策，不考虑 CAFC 正积分的跨年结转问题。汽车制造商采用 EV 生产策略时产生的 NEV 正积分为 $aR \cdot EV$ 产量。汽车制造商采用 FV 生产策略时产生的 CAFC 积分为 $(\gamma f - k_2) \cdot FV$ 产量，负 NEV 积分为 $\beta \cdot FV$ 产量，γ 为 CAFC 实际值与 CAFC 目标值的比例，f 为 CAFC 目标值，k_2 为企业实际平均油耗。

H5. 考虑积分交易市场全部出清，即 $0 \leq P^{NEV} \perp [aR \cdot EV$ 产量 $- (k_2 - \gamma f + \beta) \cdot FV$ 产量$] \geq 0$，$\perp$ 代表互补条件。如果积分市场上 NEV 积分供应过剩，则 $P^{NEV} = 0$；如果积分市场上 NEV 积分供需平衡，则 $P^{NEV} > 0$。

13.3.2 消费者净效用

现实中消费者有三种选择：（1）购买一辆 EV，（2）购买一辆 FV，（3）什么都不买。假设 $0 < \theta < 1$ 表示消费者对环境友好的偏好程度，则消费者从 EVs 和 FVs，中分别获得 θe_1 和 θe_2 的环境效用。令 n_1 表示公共充电桩的覆盖率，η_1 表示消费者对充电桩覆盖率的敏感度。T 反映了 FV 牌照对消费者效用的限制。考虑到消费者的购买决策受到个人效用的影响；根据现有文献（Ji et al.，2019；Wang et al.，2023），可以计算出三种不同的消费者净效用：

$$U_1 = \theta e_1 - p_1 + \eta_1 n_1 \tag{13.1}$$

$$U_2 = \theta e_2 - p_2 - T \tag{13.2}$$

$$U_3 = 0 \tag{13.3}$$

设 $U_1 = U_2$，可以得到消费者购买 EV 或 FV 的阈值 θ_1 为 $\theta_1 = \dfrac{p_1 - p_2 - T - \eta_1 n_1}{e_1 - e_2}$。设 $U_2 = U_3$，得到 $\theta_2 = \dfrac{T + p_2}{e_2}$，$0 \le \theta_2 \le \theta_1 \le 1$。当 $\theta \in [\theta_1, 1]$ 时，消费者倾向购买 EVs；当 $\theta \in [\theta_2, \theta_1]$ 时，消费者倾向购买 FVs；如果 $\theta \in [0, \theta_2]$，消费者无汽车购买意愿。因此 EVs 和 FVs 的需求量分别是：$Q_1 = 1 - \theta_1$ 和 $Q_2 = \theta_1 - \theta_2$，整理可得 EVs 和 FVs 的需求函数分别为：

$$Q_1 = \frac{e_1 - e_2 - p_1 + p_2 + T + \eta_1 n_1}{e_1 - e_2} \tag{13.4}$$

$$Q_2 = \frac{e_2 p_1 - e_1 p_2 - e_2 \eta_1 n_1 - e_1 T}{e_2(e_1 - e_2)} \tag{13.5}$$

根据式（13.4）和式（13.5），EV 和 FV 制造商的基本生产利润可表示如下：

$$\pi_1 = (p_1 - c_1)\frac{e_1 - e_2 - p_1 + p_2 + T + \eta_1 n_1}{e_1 - e_2} \tag{13.6}$$

$$\pi_2 = (p_2 - c_2)\frac{e_2 p_1 - e_1 p_2 - e_2 \eta_1 n_1 - e_1 T}{e_2(e_1 - e_2)} \tag{13.7}$$

13.3.3 演化博弈模型

当汽车市场受双积分政策约束时，汽车制造商的利润不仅受到销售价格、生产成本和需求量的影响，还受到新能源汽车积分交易的影响。若 $k_2 > \gamma f$，则表示汽车制造商必须购买 NEV 正积分，以抵消将产生的 CAFC 负积分；若 $k_2 < \gamma f$，将会产生 CAFC 正积分，无须购买 NEV 正积分。汽车制造商若产生 NEV 正积分，可以在积分交易市场上出售；若产生 NEV 负积分需要通过购买 NEV 正积分来抵消。当汽车制造商选择 EV 生产战略时，可以出售的 NEV 正积分量为 $g_1 = aR \cdot Q_1$，选择 FV 生产策略时，需购买的 NEV 正积分量为 $g_2 = [(k_2 - \gamma f)^+ + \beta] \cdot Q_2$。因此，表 13.2 展示了两个汽车制造商在双积分政策下考虑不同生产策略的收益矩阵，假设 $x(0 \le x \le 1)$ 表示选择生产 EVs 的汽车制造商的初始比例。

表 13.2　　　　　　　　　双方博弈主体的支付矩阵

		汽车制造商 2	
		EV	FV
汽车制造商 1	EV	$\pi_1 + P^{NEV} \cdot g_1$；$\pi_1 + P^{NEV} \cdot g_1$	$\pi_1 + P^{NEV} \cdot g_1$；$\pi_2 - P^{NEV} \cdot g_2$
	FV	$\pi_2 - P^{NEV} \cdot g_2$；$\pi_1 + P^{NEV} \cdot g_1$	$\pi_2 - P^{NEV} \cdot g_2$；$\pi_2 - P^{NEV} \cdot g_2$

假设 $\pi_1 + P^{NEV} \cdot g_1 = \pi_2 - P^{NEV} \cdot g_2$，当 EV 制造商和 FV 制造商获得相同的收益时，可以得到 NEV 积分交易价格、NEV 积分核算系数、FV 制造商的 NEV 积分比例要求以及 CAFC 实际值与 CAFC 目标值比例的阈值。

$$P^{NEV} = \frac{(p_2 - c_2)(e_2 p_1 - e_1 p_2 - e_2 \eta_1 n_1 - e_1 T) - e_2(p_1 - c_1)(e_1 - e_2 - p_1 + p_2 + T + \eta_1 n_1)}{e_2 aR(e_1 - e_2 - p_1 + p_2 + T + \eta_1 n_1) + (k_2 - \gamma f + \beta)(e_2 p_1 - e_1 p_2 - e_2 \eta_1 n_1 - e_1 T)} \quad (13.8)$$

$$a = \frac{(p_2 - c_2)(e_2 p_1 - e_1 p_2 - e_2 \eta_1 n_1 - e_1 T) - e_2(p_1 - c_1)(e_1 - e_2 - p_1 + p_2 + T + \eta_1 n_1) - P^{NEV}(k_2 - \gamma f + \beta)(e_2 p_1 - e_1 p_2 - e_2 \eta_1 n_1 - e_1 T)}{e_2 P^{NEV} R(e_1 - e_2 - p_1 + p_2 + T + \eta_1 n_1)} \quad (13.9)$$

$$\beta = \frac{\begin{array}{l}(p_2 - c_2)(e_2 p_1 - e_1 p_2 - e_2 \eta_1 n_1 - e_1 T) - e_2(p_1 - c_1)(e_1 - e_2 - p_1 + \\ p_2 + T + \eta_1 n_1) - P^{NEV}[e_2 aR(e_1 - e_2 - p_1 + p_2 + T + \eta_1 n_1) + \\ (k_2 - \gamma f)(e_2 p_1 - e_1 p_2 - e_2 \eta_1 n_1 - e_1 T)]\end{array}}{P^{NEV}(e_2 p_1 - e_1 p_2 - e_2 \eta_1 n_1 - e_1 T)}$$

$$(13.10)$$

$$\gamma = \frac{\begin{array}{l}e_2(p_1 - c_1)(e_1 - e_2 - p_1 + p_2 + T + \eta_1 n_1) - (p_2 - c_2)(e_2 p_1 - e_1 p_2 - \\ e_2 \eta_1 n_1 - e_1 T) + P^{NEV}[e_2 aR(e_1 - e_2 - p_1 + p_2 + T + \eta_1 n_1) + \\ (k_2 + \beta)(e_2 p_1 - e_1 p_2 - e_2 \eta_1 n_1 - e_1 T)]\end{array}}{P^{NEV} f(e_2 p_1 - e_1 p_2 - e_2 \eta_1 n_1 - e_1 T)}$$

$$(13.11)$$

13.4 演化规则

汽车制造商种群处于具有特定拓扑结构的 EV 扩散网。在每一次博弈中，所有主体都通过与每个邻居博弈来积累收益。现有的网络节点更新策略有多种，如 Fermi 规则、EWA 学习算法动态偏好机制等。从 FV 企业向 EV 企业的转变必然需要大量的人力物力。企业的最终目标必然是经济效益最大化，考虑利润是不可避免的。传统的 FV 企业缺乏新能源技术，迫切需要与新能源企业合作，通过搭便车的方式实施技术学习。比亚迪和日产合作生产电动汽车，比亚迪提供相关技术，日产提供生产和销售渠道。蔚来与吉利在电池标准、电池更换技术、汽车开发和定制等多个领域展开合作。因此，本章认为考虑强调收益的 Fermi 规则和提倡学习的 EWA 学习算法视为演化过程中的随机演化策略（Guo et al.，2023；Li et al.，2021）。

13.4.1 Fermi 规则

个体 m 从它的邻居中随机挑选一个节点 n 来比较 t - 1 周期内的策略。如果所选择的邻居的收入高于自己的收入，则个体 m 在周期 t 中将以一定的概率模仿邻居周期 t 中的策略，该概率可以使用 Fermi 函数来计算：

$$\tau(A_m \rightarrow A_n) = \frac{1}{1 + \exp[(pr_n - pr_m)/\varphi]} \quad (13.12)$$

其中，A_m 代表个体 m 在 t−1 周期内采取的策略，pr_m 是个体 m 在 t−1 周期内的收益，A_n 代表个体 n 在 t−1 周期内采取的策略，pr_n 是个体 n 在 t−1 周期内的收益。Fermi 函数表示，在 t−1 周期内，当个体 m 的收益低于其他个体 n 的收益时，个体 m 更有可能模仿个体 n 的策略，而当个体 m 的收益大于个体 n 时，m 仍会以较低的概率模仿策略。个体 m 的这种非理性选择由 φ 刻画，φ 描绘了环境的噪声因素，反映个人在策略更新时的不确定性。φ 越接近 0，表示个体的非理性选择越接近于 0。如果比较对象的收益超过自身的收益，则一定会选择学习；否则，会坚持自身的初始策略。当 φ 值接近无穷大时，意味着个体处于噪声环境中。换句话说，个体很难做出理性的决定，他们更有可能随机更新自己的策略。考虑合理性，本章将噪声强度设置为 φ = 0.5。

在以概率 τ 选择学习策略后，节点 m 将以随机概率 $\gamma_{m \to l}$ 与扩散网络中的其他节点进行断线重连。

本章采用一种基于偏好的重连机制来确定节点的出连接 l，节点 m 出连接节点 l 的随机概率 $\gamma_{m \to l}$ 为

$$\gamma_{m \to l} = \sum_{m \in G} \frac{pr_l^{\sigma}}{pr_m^{\sigma}} \tag{13.13}$$

其中，pr_l 是节点 l 的收益；σ 是偏好倾向，σ = 0 表示此连接无任何偏好倾向，即为随机连接；σ 越大，节点偏好倾向越明显。

EV 扩散网络中的所有节点都遵循上述规则进行学习和策略选择。采取 EV 生产策略的企业占网络中总企业数的比重将随学习及策略的调整而产生波动直至到达稳定状态，实现 EV 扩散。本章将这种稳定状态下 EV 制造商占汽车制造商总数的比例视为 EV 扩散深度，旨在研究 EV 扩散的网络演化规律。

13.4.2　EWA 学习算法

EWA 学习算法中选择策略 k 的概率取决于吸引力指数 A，企业根据吸引力指数随机选择概率。

$$A_i^k(t) = \frac{\mu N(t-1) A_i^k(t-1) + \pi_i(a_i^k, a_{-i}^k(t))}{N(t)} \tag{13.14}$$

其中，μ 为上期吸引力指数贴现系数，N(t) 为第 t 周期的经验权

重，$\pi_i(a_i^k, a_{-i}^k(t))$ 表示制造商 i 选择策略 k 的预期收益。

$$N(t) = \rho N(t-1) + 1(t \geq 1) \qquad (13.15)$$

$$\pi_i(a_i^k, a_{-i}^k(t)) = u_i^k + u(e_i^k(t)) \qquad (13.16)$$

其中，ρ 表示上期经验权重贴现系数，u_i^k 是邻居博弈获得的累计收益，$u(e_i^k(t))$ 是网络节点选择的策略 k 带来的外部收益。

$$u(e_i^k(t)) = \sum_{k=1}^{v} \xi_k e_i^k(t)^{\frac{1}{\omega}} \qquad (13.17)$$

$$e_i^k(t) = (1-\delta)e_i^k(t-1) + \delta q_i^k(t-1) \qquad (13.18)$$

式（13.17）中，ξ_k 表示网络效应参数，ω 代表网络效果指数，$e_i^k(t)$ 表示制造商 i 在第 t 周期内选择的策略 k 的数量，δ 为预期调整系数，$q_i^k(t-1)$ 表示上一周期选择的策略 k 的数量。如上所述，制造商 i 选择策略 k 的概率为：

$$P_i^k(t+1) = \frac{\exp(\lambda A_i^k(t))}{\sum_{k=1}^{v} \exp(\lambda A_i^k(t))} \qquad (13.19)$$

λ 被用来衡量吸引力参数在策略决策中的响应程度。$1/\lambda$ 被理解为噪声强度。参考现有研究，将相关参数设置为 $\mu = 0.5$，$\rho = 0.3$，$\xi_k = 5$，$\omega = 2$，$\delta = 0.5$，$\lambda = 5$。

13.5　数值分析仿真

13.5.1　数据与参数

该模型的输入数据包括：公共充电桩覆盖率、消费者对充电桩覆盖率的敏感度、纯电动汽车的续航里程、企业平均油耗实际值、CAFC 实际值与 CAFC 目标值的比例、企业平均油耗目标值、FV 制造商的 NEV 积分比例要求、FV 牌照限制对消费者效用的影响、EV 和 FV 的环境友好性、EV 和 FV 的销售价格和成本、NEV 积分交易价格和 NEV 积分核算系数。表 13.3 所示的数据来自工信部、中国汽车工业协会和中国乘用车市场信息协会（CPCA）的公共统计数据、法规通知和类似的文献。

根据车主之家（2023 年 11 月）的数据，特斯拉 Model Y 在销量排名中排名第一，被选为代表性新能源汽车。由于 Model Y 被认为是 SUV 车型，我们选择了最畅销的 SUV 燃油车型 Haval H6 作为代表车型。Model Y 的官方指导价为 258900 ~ 363900 元。假设 $p_1 \in [0.2589,$ $0.3639]$ 百万元。Haval H6 的官方指导价格为 98900 ~ 149600 元，全国最高购车折扣可达 18000 元，假设 $p_2 \in [0.0809, 0.1316]$ 百万元。考虑整车成本占销售价格的 45% ~ 70%，本书假设 $c_1 \in [0.1683, 0.3093]$ 百万元。考虑到不同的驾驶环境、驾驶习惯、车辆负载等条件，假设特斯拉 Model Y 的平均行驶里程 $R = 600$ 千米，官方数据中的行驶里程为 $R \in [554, 688]$ 千米。根据工信部发布的积分年度管理报告，在 2022 年，中国 NEV 积分交易规模为 269.9 万积分，交易总额为 30.5 亿元，平均单位积分交易价格为 1130 元。因此，我们设定 NEV 积分交易价格为 $P^{NEV} = 0.00113$ 百万元。工信部数据显示，Haval H6 综合油耗为 5.92 ~ 9.10 升/100 千米，中汽协数据显示，SUV 车主的平均油耗为 7.31 ~ 11.7 升/100 千米。因此，本章将企业实际平均油耗 k_2 设定为 8.5 升/100 千米。中国于 2018 年 1 月 1 日实施了新的强制性国家标准《轻型商用车燃料消耗量限值》（标准化管理 2016）。根据标准，N1（轻型卡车）汽油车型的最低燃料消耗量限值为 5.5 升/100 千米，因此企业平均油耗目标值 f 为 5.5 升/100 千米。政策规定，2023 年及以后 CAFC 实际值与 CAFC 目标值的比例为 100%，因此我们设置 $\gamma = 1$。2023 年新版双积分政策规定，对于年产量或进口量超过 3 万辆的 FV 制造商，NEV 积分要求为 18%，因此 $\beta = 0.18$。根据双积分政策，单位纯电动车型积分计算办法为 $0.012 \times R + 0.8$。因此，设定 NEV 积分核算系数 a 初值为 0.012。参考文献（Zhao et al.，2024；Li et al.，2019）和相关研究报告，确定了以下参数的数值：$\eta_1 = 0.1$，$n_1 = 0.26$，$e_1 = 0.9$，$e_2 = 0.72$，$T = 0.06$。

"双碳"目标指出，中国政府力争在 2030 年之前实现碳达峰，世界各国也相应制定了禁止销售 FV 的时间表（Liu and Dong，2022；Wu et al.，2024）。为了有效地促进 EV 扩散，有必要密切关注时事。综合考虑所有因素，设定演化长度为 100 个月，时间单位为月。根据表 13.3 中的参数设置进行仿真。仿真结果从 50 个独立操作中得出平均值，以防止不确定性的影响。

表 13.3   初始值

参数	初始值	单位	参数	初始值	单位
p_1	0.3398	百万元	γ	1	%
p_2	0.1289	百万元	β	0.18	%
c_1	0.25	百万元	a	0.012	—
c_2	0.0554	百万元	η_1	0.1	—
R	600	千米	n_1	0.26	%
p^{NEV}	0.00113	百万元	e_1	0.9	—
k_2	8.5	升/百千米	e_2	0.72	—
f	5.5	升/百千米	T	0.06	—

13.5.2　NEV 积分交易价格对 EV 扩散的影响

NEV 积分交易价格 P^{NEV} 的阈值由式（13.8）可得，当 P^{NEV} = 0.0012 时，EV 和 FV 制造商将获得相同的收益。根据近年 NEV 积分交易价格和未来发展趋势，设定 NEV 积分交易价格步长为 0.0005。图 13.3 表示当新能源汽车 P^{NEV} 在阈值附近时，不同网络规模下 EV 扩散的潜在规律。

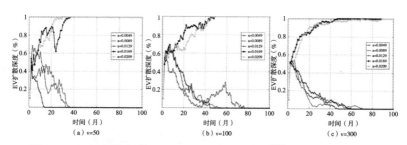

图 13.3　不同网络规模下 NEV 积分交易价格 P^{NEV} 对 EV 扩散的影响

从图 13.3 可以看出，在不同网络规模下，当 NEV 积分交易价格小于等于临界值时，由于 NEV 积分交易价格过低，不足以抗衡 FV 生产成本的优势，EV 扩散深度最终退化为 0，即汽车制造商种群中所有主体均选择 FV 策略；当 NEV 积分交易价格大于临界值时，NEV 扩散深度均会收敛于 1，即随着迭代次数的增加，网络中 EV 策略能够得到充分扩散。这说明合理的 P^{NEV} 对 EV 扩散至关重要。只有积分价格高于某一阈值，电动汽车才能比燃油汽车更具优势，并能促使汽车制造商选择 EV 生产策略。

此外，一般而言，随着网络规模的持续增长，EV 扩散深度达到稳定状态的速率更低，并且演化初期波动幅度更小。从仿真结果来看，当网络初始参数（邻居节点数 k、随机重连概率 P）选择一致时，大规模小世界扩散网络的平均路径长度略高于小规模小世界扩散网络，而聚类系数略低于小规模小世界扩散网络。大规模小世界扩散网络的平均路径长度越小，信息传输效率越低，EV 实现充分扩散所需的时间越长。此外，扩散网络中的微观主体会优先考虑自身的利益，同时也会考察同类主体的决策行为。具有小世界特征的网络主体之间的连接机制较复杂，除了"实力择优"的连接关系外，不乏"人脉择优"。为了实现自身利益最大化，汽车制造商将持续寻找最佳的模仿对象，直至利益最大、EV 扩散深度达到稳态。小规模小世界扩散网络中较高的聚类系数，造成网络中社会关系多样化程度更高，因此演化初期存在更大幅度的波动。

根据目前的市场环境，电动汽车市场正在经历快速的初期增长，而传统的燃油汽车市场尚未饱和，还有进一步发展的空间。虽然 NEV 积分交易价格的大幅上涨可以增加 EV 制造商的利润并促进 EV 扩散，但也会损害传统 FV 制造商的利润。因此，不仅要实施双积分政策来促进电动汽车扩散，还要减少该政策的负面效应。把 NEV 积分交易价格控制在合理范围内，以确保国内汽车市场绿色平稳发展。

此外，双积分政策的本质是政府宏观调控机制和市场机制的共同牵引，其中 NEV 积分交易价格由积分交易市场中正、负 NEV 积分和 CAFC 负积分的供需关系决定，积分评估标准由国家有关部门根据实际情况制定。未来应考虑 NEV 积分交易价格和积分评估标准的协同作用对电动汽车产业的影响。接下来，本章将从 EV 扩散和汽车制造商收益两个角度研究 P^{NEV} 和 a，P^{NEV} 和 β，P^{NEV} 和 γ 对电动汽车产业发展的协同效应，以期给出更切合实际的管理启示。

13.5.3 市场机制与政府规制复合牵引下仿真分析

13.5.3.1 积分交易价格与积分核算系数对电动汽车产业发展的协同影响

积分核算系数 a 的阈值由式（13.9）可得，即当 a = 0.0129 时，EV 和 FV 制造商将获得相同的收益。为了降低 NEV 单车积分和积分上限，新版双积分政策将纯电动汽车车型的积分计算方法从原来的 0.012 × R + 0.8 调整为 0.0034 × R + 0.2。根据政策发展趋势，设定 NEV 积分核算系数 α 的阈值范围为 0.0034 ~ 0.012，步长为 0.004。图 13.4 表明当 NEV 积分核算系数 α 围绕临界值取值时，不同网络规模下 EV 扩散的潜在规律。

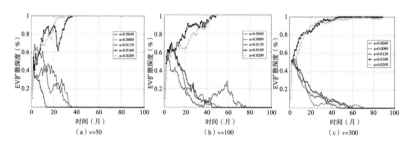

图 13.4　不同网络规模下 NEV 积分核算系数 a 对 EV 扩散的影响

从图 13.4 可以看出，在不同的网络规模下，当 NEV 积分核算系数小于或等于临界值时，由于 NEV 积分核算系数过低，电动汽车制造商无法从 NEV 积分交易中获得足够的额外收益来弥补研发成本缺口，EV 扩散深度最终退化为 0；当 NEV 积分核算系数大于临界值时，EV 扩散深度会收敛于 1。此外，一般来说，随着网络规模的增加，EV 扩散深度达到稳态的速率更低，演化初期的波动幅度更小。

图 13.5（a）揭示了 NEV 积分交易价格 P^NEV 和 NEV 积分核算系数 a 的协同作用对 EV 和 FV 制造商收益的影响。图 13.5（b）展示了两条临界线在 X - Y 平面上的映射，即 EV 和 FV 制造商获得相同收益时的临界线，以及 FV 制造商的收益为 0 时的临界线。如图 13.5（a）所示，较低的 NEV 积分交易价格 P^NEV 将使 EV 制造商的收益低于 FV 制造商，

这不利于 EV 扩散。然而，过度提高 NEV 积分交易价格 P^{NEV} 会导致 FV 制造商的收益小于 0，这可能会带来一系列负面影响。图 13.5（b）则进一步从有利于 EV 扩散和保证 FV 制造商收益两方面视角，给出了新能源汽车积分价格和积分核算系数相协调取值的空间范围，如图中紫色区域所示。图 13.5（b）表示 NEV 积分交易价格 P^{NEV} 受 NEV 积分核算系数 a 的影响，并且每个 NEV 积分核算系数都会对应一个 NEV 积分交易价格的阈值范围。随着 NEV 积分核算系数的增加，市场上 NEV 正积分量也会增加，从而导致 NEV 积分交易价格下降。然而，NEV 积分交易价格阈值区间的上限保持不变的可能原因是：新版双积分政策将 NEV 积分上限限制在 2.3 分/辆，即使 NEV 积分核算系数 a 下降，现实中行业前端的电动汽车续航里程仍能达到 600 千米以上，如特斯拉 Model S、Model 3 和 Model Y。EV 制造商仍然可以获得最高单车积分，所以 P^{NEV} 的上限不会受到影响。

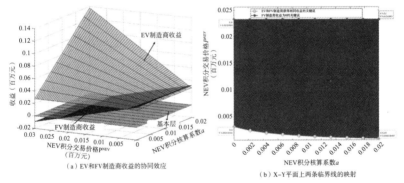

（a）EV 和 FV 制造商收益的协同效应　　（b）X-Y 平面上两条临界线的映射

图 13.5　NEV 积分交易价格 P^{NEV} 和 NEV 积分核算系数 a 的协同效应

13.5.3.2　积分交易价格与 NEV 积分比例要求对电动汽车产业发展的协同影响

NEV 积分比例要求 β 临界值由式（13.10）可得，当 β = 0.5642 时，EV 和 FV 制造商将获得相同的收益。为促进 EV 产业的发展，新版双积分政策规定，在 2021~2025 年，生产或进口超过 3 万辆的 FV 制造商的 NEV 积分比例要求分别为 14%、16%、18%、28% 和 38%。为了覆盖上述数据，并适应政策发展的趋势，设定 FV 制造商的 NEV 积分比例要求 β 的步长为 0.1。图 13.6 表示当 FV 制造商的 NEV 积分要求在临界值附近取值时，不同网络规模下 EV 扩散的潜在规律。

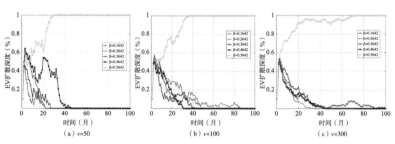

图 13.6　不同网络规模下 NEV 积分比例
要求 β 对 EV 扩散的影响

从图 13.6 可以看出，在不同的网络规模下，当 FV 制造商的 NEV 积分比例要求小于临界值时，EV 扩散深度退化为 0；当 NEV 积分比例要求等于或大于临界值时，EV 扩散深度会收敛于 1。可见，制定合理的 NEV 积分比例要求可以有效地促进汽车制造商从事 EV 的生产。总体而言，随着网络规模的不断扩大，EV 扩散深度达到稳态的速率更低，并且演化初期的波动幅度更小。

图 13.7（a）揭示了 NEV 积分交易价格 P^{NEV} 和 NEV 积分比例要求 β 的协同作用对 EV 和 FV 制造商收益的影响。图 13.7（b）展示了两条临界线在 X – Y 平面上的映射，即 EV 和 FV 制造商获得相同收益时的临界线，以及 FV 制造商的收益为 0 时的临界线。图 13.7（b）给出了 NEV 积分交易价格 P^{NEV} 和 NEV 积分比例要求 β 相协调取值的空间范围，如图中紫色区域所示。由图 13.7（b）可知，提升 NEV 积分比例要求 β 对 FV 制造商收益的影响与 NEV 积分交易价格 P^{NEV} 密切相关，即每一个 NEV 积分比例要求都对应 NEV 积分交易价格取值的一个阈值范围。随着双积分政策收紧（即 β 增加），FV 制造商的收益将进一步下降。此时，FV 制造商更有动力投资开发低油耗车型，从长远上缓解 β 增长对其收益的负面影响。因此，FV 制造商没有多余的资金购买 NEV 积分，NEV 积分交易价格 P^{NEV} 会有所下降。

15.3.3.3　积分交易价格与 CAFC 消耗量要求对电动汽车产业发展的协同影响

CAFC 实际值与 CAFC 目标值的比例 γ 阈值由式（13.11）可得，即当 γ = 0.9301 时，EV 和 FV 制造商将获得相同的收益。根据政策发展趋势，设定 CAFC 实际值与 CAFC 目标值的比例 γ 的步长为 0.1。

图 13.8 表示当 CAFC 实际值与 CAFC 目标值的比例在临界值附近取值时，不同网络规模下 EV 扩散的潜在规律。

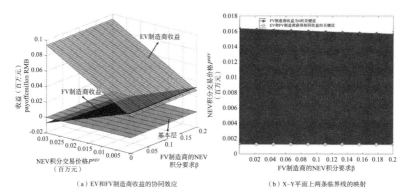

（a）EV和FV制造商收益的协同效应　　　　（b）X–Y平面上两条临界线的映射

**图 13.7　NEV 积分交易价格 P^NEV 和
NEV 积分比例要求 β 的协同影响**

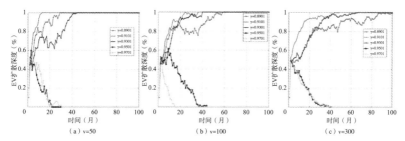

（a）v=50　　　　　　　（b）v=100　　　　　　　（c）v=300

**图 13.8　不同网络规模下 CAFC 实际值与 CAFC
目标值的比例 γ 对 EV 扩散的影响**

从图 13.8 可以看出，在不同的网络规模下，当 CAFC 实际值与 CAFC 目标值的比例大于临界值时，EV 扩散深度退化为 0；当 CAFC 实际值与 CAFC 目标值的比例等于或小于临界值时，EV 扩散深度将会收敛于 1。因此，政府可以通过降低达标值来促进 EV 扩散。总体而言，随着网络规模的不断扩大，EV 扩散深度达到稳态的速率更低，且演化初期的波动幅度更小。

图 13.9（a）揭示了 NEV 积分交易价格 P^NEV 和 CAFC 实际值与 CAFC 目标值的比例 γ 的协同作用对 EV 和 FV 制造商收益的协同效应。图 13.9（b）展示了两条临界线在 X–Y 平面上的映射，即 EV 和 FV 制

造商获得相同收益时的临界线，以及 FV 制造商的收益为 0 时的临界线。图 13.9（b）给出了 NEV 积分交易价格 P^{NEV} 和 CAFC 实际值与 CAFC 目标值的比例 γ 相协调取值的空间范围，如图中黑色区域所示。从图 13.9（b）中可知，CAFC 实际值与 CAFC 目标值的比例 γ 与 NEV 积分交易价格 P^{NEV} 密切相关，即每一个 CAFC 实际值与 CAFC 目标值的比例 γ 都对应 NEV 积分交易价格取值的阈值范围。政府为了增加 NEV 正积分的需求量，将提高现有技术考核的门槛，降低 CAFC 实际值与 CAFC 目标值的比例 γ，FV 制造商则需要投入更多的人力、物力和财力来降低 FV 的油耗。因此，FV 制造商没有多余的资金购买 NEV 积分，导致 NEV 积分交易价格下降。

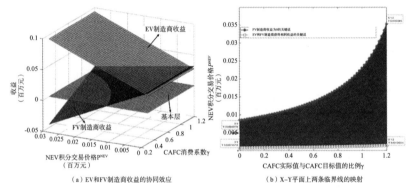

（a）EV 和 FV 制造商收益的协同效应　　　（b）X-Y 平面上两条临界线的映射

**图 13.9　NEV 积分交易价格 P^{NEV} 和 CAFC 消耗量要求
与 CAFC 目标值的比例 γ 的协同影响**

13.5.4　扩展

为了改进现有的研究，本章创新性地采用了两种更新策略：着重收入的 Fermi 函数和着重学习的 EWA 算法，以研究汽车制造商的偏好如何影响系统扩散。图 13.10 阐释了当系统演化达到指定时间时，在小规模网络（$v = 50$）中，EWA 算法的驱动效果优于 Fermi 函数；当汽车市场发展到大规模网络（$v = 300$）时，Fermi 函数的驱动效果逐渐优于 EWA 算法。随着网络规模的增大，Fermi 函数的最终扩散深度逐渐增大，而 EWA 算法的扩散深度则先减小后增大。

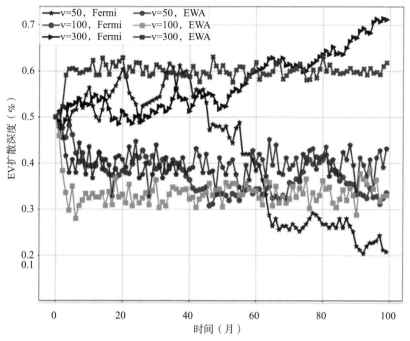

图 13.10　不同更新策略下的 EV 扩散深度

　　鉴于小规模网络发展空间大，一味考虑效益只会变得自满。企业之间的相互合作与学习，可以更好地促进科技进步，有效提高企业的核心竞争力。网络规模的扩大导致企业之间的竞争加剧，现实中 FV 大幅折扣给电动汽车市场带来了更大的挑战。网络规模的不断扩大给企业带来了更大的市场竞争，各种未知情况、国际紧张局势等宏观因素也影响了企业的运营。面对"内忧外患"，汽车制造商需要保持自身利益。在新能源汽车制造的初始阶段，缺乏与市场相关的 EV 技术，汽车制造商对技术学习的选择未能为它们带来有效的转型技术。FV 企业不具备转型能力，导致 EV 扩散速率降低。汽车市场日新月异，一些 FV 企业率先完成转型，各类新兴新能源汽车企业逐渐涌现。此时，EV 技术水平越来越成熟，以"搭便车"的方式进行技术学习是 EV 扩散的有效方法。

　　目前，FV 企业向 EV 企业学习技术是转型的有效途径。市场规模与企业之间的竞争直接相关。为了应对激烈的市场竞争，企业必须提高市场竞争力，确保正常运营，以保持稳步转型。政府需要对市场状况进行宏观调控。一方面，政府可以从科技入手，确保 EV 市场技术水平的稳步提高；另一方面，可以规范汽车企业之间的竞争，避免恶性竞争导致市场经济失衡。

13.6　结论与政策建议

双积分政策自实施以来，取得了一定成效，但仍然出现了诸如 NEV 积分供大于求、插电式混合动力汽车油耗高等问题，这与节能降耗的政策设计初衷不符。因此，2023 年 7 月，工信部发布了关于进一步修订《乘用车企业平均燃油消耗量与新能源汽车积分并行管理办法》的决定。

新版双积分政策如何影响 EV 扩散过程至今尚未有文献给出答案。本章将新版双积分政策的具体积分考核标准纳入模型，并利用复杂网络演化博弈方法研究其对 EV 扩散的影响。本章探索了 NEV 积分交易价格和积分核算标准的协同作用如何通过影响汽车制造商个体间的博弈与策略学习等微观机制来对 EV 扩散产生影响。通过仿真分析，得出以下创新性结论：

（1）在本章的数值背景下，每个积分核算系数、NEV 积分比例要求以及 CAFC 实际值与 CAFC 目标值的比例分别对应 NEV 积分交易价格取值的一个阈值区间。因此，在制定新版双积分政策时，国家有关部门应充分考虑各种因素之间的联动性，单独考虑任一因素的阈值范围都是不合理的。

（2）随着积分核算系数的增加，NEV 积分交易价格阈值区间的上限保持不变，下限下降；相反地，随着 CAFC 实际值与 CAFC 目标值的比例降低或 NEV 积分比例要求的提高，NEV 积分交易价格阈值区间的上限和下限均下降。

（3）实施双积分政策可以同时提高 EV 和 FV 制造商的技术水平，从而有效应对补贴退坡带来的挑战。从市场稳定发展的角度来看，汽车制造商种群规模可以适度扩大。

（4）随着汽车市场网络规模的不断扩大，Fermi 函数的驱动效果逐渐优于 EWA 算法。市场网络规模的扩大给企业带来了更多的挑战，企业需要考虑收入情况以保证其正常运营。如果 FV 制造商想在巨大的市场竞争压力下站稳脚跟，只有增强核心竞争力，提高企业优势，从而实现顺利转型。

根据上述结论，提出以下政策建议：

（1）积分办法的设定对汽车产业影响重大。为了实现 EV 扩散的目的，需要进行合理的权衡。政府在制定积分考核标准时，应遵守市场发展规律，以避免政策过激可能带来的一系列负面影响。在不违背市场客观规律的前提下，政府可以增加新的技术考核指标，提高现有技术考核门槛，降低新能源乘用车单车积分及积分上限，改善 NEV "伪节能"现象；NEV 积分比例要求和 CAFC 实际值与 CAFC 目标值的比例都直接影响 FV 制造商的收益，政府可以通过适度提高 NEV 积分比例要求和降低 CAFC 实际值与 CAFC 目标值的比例，都能够有效地促进 FV 制造商降低传统燃油车的平均燃油消耗量。

（2）该政策起引导作用，其作用是短期的。从长远来看，在维持积分交易市场供需平衡的前提下，政府应鼓励汽车制造商加强研发，提高纯电动汽车的续航里程，降低传统燃油汽车的平均油耗，推广混合动力汽车，促进国内汽车行业的可持续发展。混合动力是 NEV 发展过程中一个重要的过渡环节。中国的混合动力汽车发展日趋成熟，主流产品可以实现 20% 节油率。事实上，自 2019 年以来，中国政府放开油电混合动力汽车等低油耗车型的信号越来越强烈。新版双积分政策提出了低油耗车型的概念，并将此类车型列入新能源汽车积分系统中。该政策规定，2021 年度、2022 年度和 2023 年度，低油耗乘用车的生产量或进口量分别按其数量的 0.5 倍、0.3 倍和 0.2 倍计算。根据新版双积分政策，由于现有充电设施不完善，未来政策导向将更倾向于混合动力汽车，特别是油电混合动力汽车。

此外，从市场稳定发展的角度来看，应通过宣传教育提高汽车制造商的社会责任和示范效应，适度扩大种群规模。

本章确定了以下重要限制，这可能对未来的研究有用。首先，现实中能够影响汽车制造商主体决策的因素还有很多，本章受支付矩阵的限制，后续可以对此问题进行更深入研究。其次，本章的不足之处在于考虑的是积分交易的单周期性，未考虑积分交易的多周期性，现行积分管理办法中，NEV 正积分和 CAFC 正积分可以在三年内按照一定比例结转和抵消。第三，本文在仿真过程中采用小世界网络。进一步收集数据，定量描述中国电动汽车产业的网络拓扑结构将是一项有意义的研究。

第 14 章　动态碳交易下新能源汽车扩散的网络博弈分析

14.1　研究背景

随着经济快速发展，环境问题日益突出，资源短缺和生态恶化已然成为限制社会发展的重大难题，寻求新能源并以低碳的方式利用这些能源是当今全球经济发展的主流。为有效缓解环境问题，推广新能源汽车成为国家政策广泛支持的战略工具，体现了碳中和、能源安全、能源立法、智能制造、绿色金融以及全球高质量发展的战略交汇点。因此，发展多能源、高效、环保的新能源汽车成为汽车产业发展的重要目标。

2017 年 6 月，发改委发布了《工业和信息化部关于完善汽车投资项目管理的意见》，指出优化传统燃油车企产能布局，引导现有传统燃油车企加快转型发展新能源汽车，增强新能源汽车产业发展内生动力。国务院也在 2020 年提出《新能源汽车产业发展规划（2021～2035年)》，为汽车行业指明发展方向，推动我国新能源汽车产业高质量可持续发展，加快建设汽车强国。在动荡不安的国际形势下，面对与日俱增的能源消耗、日益严重的气候恶化，世界各国政府拟定实现"双碳"目标时间节点，汽车企业纷纷加入燃油车企转型计划，提出燃油车禁售时间表。然而，突发的新冠疫情、竞争的国际关系形势均对汽车市场经济产生莫大阻碍，部分中小型企业甚至面临破产，如：北京宝沃汽车等；汽车市场内部竞争加剧，燃油汽车的大幅降价也对新能源汽车市场产生重大冲击，激烈的价格战导致些许新造新能源车企面临亏损局面，如小鹏、蔚来等。虽然新能源汽车增速较快，国际销量占比较高，但国内市场占有率仍处于较低状态，有效促进新能源汽车扩散仍是当今汽车行业发展面临的首要问题。国内新能源汽车市场发展现状与国际能源环境形势均表明提升中国新能源汽车市场份额迫在眉睫。各种不可避免的问题对燃油车企转型产生了不确定性，为达到推动企业市场稳步发展、避免企业转型失败，研究燃油车企转型演化过程以求发现问题是非常有必要的。

14.2　演化博弈模型

汽车制造商之间存在的竞争、合作等非线性作用机制推动新能源汽车扩散，其本质高度符合复杂网络动力学演化机制。因此，本章以传统演化博弈模型为基础，构建复杂网络演化博弈模型，研究汽车制造商微观生产决策和由此涌现的宏观扩散现象，具体研究分析框架如图 14.1 所示：

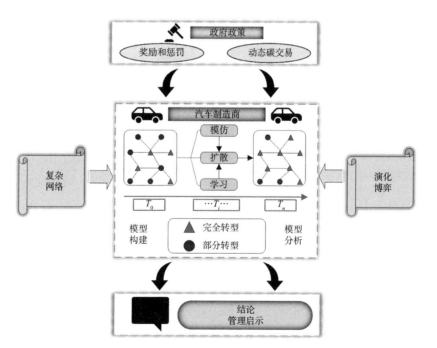

图 14.1　分析框架

资料来源：笔者自行绘制。

14.2.1　博弈模型假设

假设1：将汽车制造商分为异质性较大的两组，在两组中随机抽取汽车制造商1和汽车制造商2进行博弈，且汽车制造商均具有有限理性。

假设2：为响应国家政策，燃油车企开始踏入转型行列，处于转型过程中的企业会同时生产燃油汽车和新能源汽车。在此提出假设汽车制造商1和2的策略集均为｛完全转型，部分转型｝，完全转型企业即为新能源车企，企业只生产NEV，如比亚迪等；部分转型则表示燃油车企正处于转型过程中，企业会同时生产NEV和FV，如大众等。汽车制造商1以x的概率选择完全转型，以（1-x）的概率选择部分转型；汽车制造商2完全转型的概率为y，则部分转型的概率为（1-y）。市场对于NEV车企需求量为Q_{ai}，对FV车企需求量为Q_{bi}，若转型中燃油车企生产NEV的数量为α，则生产FV的数量为（1-α）。

假设3：假设汽车制造商策略选择为i：i=1，选择完全转型策略；i=2，选择部分转型策略。政府为推进新能源汽车扩散制定一系列政策：

①碳交易政策通过将CO_2等温室气体作为商品进行买卖，将购得的减排额用于减缓温室效应从而实现其减排的目标，相较于碳税政策，碳交易政策更适用排放量较大的大型企业。假设汽车制造商碳配额为E，碳价为T，同时假设汽车制造商碳排放量为E_i（i=1，2），则企业碳交易收益为$T(E-E_i)$。

②继补贴完全退坡后，各地方政府为稳固新能源汽车销量纷纷出台相关政策，如上海推出新能源汽车置换补贴、广州和杭州等市均出台地方补贴、新能源汽车免征购置税等，本章在此基础上将各地方补贴以及购置税优惠等称为奖励政策。地方政府为推动燃油车企转型，生产新能源汽车提供奖励G，对于转型过程中的燃油车企，提供奖励βG，其中为β奖励调整系数；生产燃油汽车进行惩罚f。

具体相关假设符号及意义，见表14.1：

表 14.1　　　　　　　　　　符号及意义

符号	意义	符号	意义
x	汽车制造商 1 完全转型概率	y	汽车制造商 2 完全转型概率
E	碳配额	E_1	NEV 碳排放量
E_2	FV 碳排放量	T	碳交易价格
f	政府惩罚	G	政府奖励
β	奖励调整系数	r	奖励逐步取消率
R	碳交易逐步实施率	α	燃油车企生产 NEV 比例
v	节点数	d	网络连接度
n	噪声强度	γ	倾向偏好
V_i	制造商集合	$\overline{U}_i$	制造商平均收益
$P(s_j \rightarrow s_i)$	节点 j 模仿节点 i 的概率	$P_{i \rightarrow j}$	节点 i 连接节点 j 的概率
A	吸引力指数	φ	上期吸引指数贴现系数
N(t)	第 t 期经验权重	$\pi_i(a_i^k, a_{-i}^k(t))$	制造商 i 选择策略 k 的期望收益
ρ	上期经验权重体现系数	ξ_k	网络效应参数
u_i^k	邻居博弈累积收益	$u(e_i^k(t))$	选择策略 k 带来的外部收益
ω	网络效应指数	δ	期望调整因子
$e_i^k(t)$	制造商 i 在第 t 期选择 k 的数目	$q_i^k(t-1)$	上期选择策略 k 的数目
λ	吸引力参数敏感度	$P_i^k(t+1)$	制造商 i 选择策略 k 的概率
P_{Fi}^{fv}、P_{Fi}^{nev}、P_{NEVi}	燃油车企生产 FV、燃油车企生产 NEV、新能源车企生产 NEV 的售价	Q_{ai}、Q_{bi}	市场完全转型 NEV 车企、部分转型 FV 车企需求量
C_{Fi}^{fv}、C_{Fi}^{nev}、C_{NEVi}	燃油车企生产 FV、燃油车企生产 NEV、新能源车企生产 NEV 的成本	π	利润函数

14.2.2　模型构建与分析

　　基于中国新能源汽车生产核心技术薄弱和补贴逐步淘汰的现实，本章以此继续探讨地方政府同样逐步取消奖励的情况，奖励即为 $G_i' =$

367

$G(1-r)(1-i)$；全国碳排放交易市场建设是打造生态文明的重要内容，在推广新能汽车的同时减轻对社会福利和国家经济的负面影响，地方政府考虑逐步实施碳交易政策，因此 $T_i' = T(1+R)(1-i)$。[（ $i =$ x，y）]

根据上述假设情况，可得出汽车制造商 1 选择相应策略的利润函数：

$$\pi_1 = Q_{a1}[P_{NEV1} - (1-G_x')C_{NEV1}] + T'(E-E_1) \qquad (14.1)$$

$$\pi_2 = \alpha Q_{b1}[P_{F1}^{nev} - (1-\beta G_x')C_{F1}^{nev}] + (1-\alpha)Q_{b1}[P_{F1}^{fv} - (1+f)C_{F1}^{fv}]$$
$$+ T'(E-E_1) \qquad (14.2)$$

同理，汽车制造商 2 选择相应策略的利润函数为：

$$\pi_1^* = Q_{a2}[P_{NEV2} - (1-G_y')C_{NEV2}] + T_y'(E-E_1) \qquad (14.3)$$

$$\pi_2^* = \alpha Q_{b2}[P_{F2}^{nev} - (1-\beta G_y')C_{F2}^{nev}] + (1-\alpha)Q_{b2}[P_{F2}^{fv} - (1+f)C_{F2}^{fv}]$$
$$+ T_y'(E-E_2) \qquad (14.4)$$

以此作出汽车制造商演化博弈收益矩阵，如表 14.2 所示：

表 14.2　　　　　　　　　　　　　收益矩阵

策略选择		汽车制造商 2	
		完全转型	部分转型
汽车制造商 1	完全转型	π_1；π_1^*	π_1；π_2^*
	部分转型	π_2；π_1^*	π_2；π_2^*

汽车制造商 1 选择完全转型、部分转型策略的期望收益分别为：

$$E_1 = y\pi_1 + (1-y)\pi_1$$
$$E_2 = y\pi_2 + (1-y)\pi_2 \qquad (14.5)$$

汽车制造商 1 的平均期望利润为：

$$\overline{U}_1 = xE_1 + (1-x)E_2 \qquad (14.6)$$

可计算出汽车制造商 1 的复制动态方程：

$$F(x) = x(E_1 - \overline{U}_1) = x(1-x)(\pi_1 - \pi_2) \qquad (14.7)$$

求解汽车制造商 1 的复制动态方程关于 x 的导数：$F'(x) = (1-2x)(\pi_1 - \pi_2) + x(1-x)[T(E_1 - E_2) + G(1-r)(\alpha\beta C_{F1}^{nev}Q_{b1} - C_{NEV1}Q_{a1})]$，其中令 $g(x) = \pi_1 - \pi_2 = T'(E_2 - E_1) + Q_{a1}[(1-\alpha)(P_{NEV1} - (1-G')C_{NEV1}) - \alpha(P_{F1}^{nev} - (1-\beta G')C_{F1}^{nev})] - Q_{b1}[P_{F1}^{fv} - (1+f)C_{F1}^{fv}]$。根据微分方

程稳定性定理，当 $F(x) = 0$ 且 $F'(x) < 0$ 时，汽车制造商处于稳定状态。

①若 $g(x) = 0$，$x = x^*$ 时，结合后文仿真数据可知 $x = x^* > 1$，与实际情况不符，故不对混合策略进行考虑研究。

②$g(x) \neq 0$ 时，若 $F(x) = 0$，则可得出 $x = 0$，$x = 1$。

a. 当 $x = 0$ 时，$F(x) = 0$。若 $F'(x) < 0$，则 $g(x) = \pi_1 - \pi_2 < 0$，此时选择部分转型作为稳定策略。

b. 当 $x = 1$ 时，$F(x) = 0$。若 $F'(x) < 0$，则 $g(x) = \pi_1 - \pi_2 > 0$，此时 $x = 1$ 为演化稳定策略。

同理，汽车制造商 2 的平均期望利润：$\overline{U}_2 = y\pi_1^* + (1 - y)\pi_2^*$；汽车制造商 2 的复制动态方程：$F(y) = y(\pi_1^* - \overline{U}_2) = y(1 - y)(\pi_1^* - \pi_2^*)$。对于汽车制造商 2 会呈现出上述分析同样的情况。

推论 1：（1）汽车制造商 NEV 生产比例 α 的增大，反而推动汽车企业选择部分转型策略。

（2）新能源汽车销量的提升不仅会推动企业选择完全转型策略，而且会进一步增大政府奖励对新能源汽车扩散的影响。

证明：（1）$g(x) = \pi_1 - \pi_2 \Rightarrow \dfrac{\partial[g(x)]}{\partial \alpha} < 0$，$\alpha$ 的增大会刺激朝向 $g(x) = \pi_1 - \pi_2 < 0$。

（2）$\dfrac{\partial[g(x)]}{\partial Q_{a1}} > 0$，$\dfrac{\partial[g(x)]}{\partial g} = Q_{a1} C_{NEV1} - \alpha r C_{F1}^{nev} \Rightarrow \dfrac{\partial^2[g(x)]}{\partial g \partial Q_{a1}} > 0$，$g(x)$ 与 NEV 销量呈正相关，NEV 销量对政府奖励的刺激作用呈边际递增。

推论 1 表明新能源汽车销量的提升意味着其技术水平及相关情况满足群众所需，群众对其认可度提高，然而新能源汽车售价略高于同级燃油汽车，此时政府实施的奖励制度会进一步提高群众对新能源汽车购买欲望，二者共同作用推动新能源汽车扩散。对于转型燃油车企而言，由于自身技术水平有限，生产 NEV 成本较高，尽管自身 NEV 销量比例的提高会加大政府对燃油车企转型的支持，但微薄的利润难以支撑其继续研发，尤其是资金紧缺的企业，收益更是其首要思考条件。处于转型中的企业生产燃油汽车仍是有利可寻，企业需要增加收益防止由于资金链断裂而导致后期转型的失败。

据 $F(x)$、$F(y)$ 二者复制动态方程可得出汽车制造商的二维演化动力系统：

$$\begin{cases} F(x) = \dfrac{dx}{dt} = x(\pi_1 - \overline{U}_1) = x(1-x)(\pi_1 - \pi_2) \\ F(y) = \dfrac{dy}{dt} = y(\pi_1^* - \overline{U}_2) = y(1-y)(\pi_1^* - \pi_2^*) \end{cases} \tag{14.8}$$

在二维演化动力系统中，通过令 $F(x) = 0$、$F(y) = 0$，可得到局部稳定均衡点：$O_1(0, 0)$、$O_2(1, 0)$、$O_3(0, 1)$、$O_4(1, 1)$。同时通过汽车制造商复制动态方程可得到双方演化博弈的 Jacobian 矩阵 J：

$$J = \begin{bmatrix} \dfrac{\partial F(x)}{\partial x} & \dfrac{\partial F(x)}{\partial y} \\ \dfrac{\partial F(y)}{\partial x} & \dfrac{\partial F(y)}{\partial y} \end{bmatrix}$$

$$= \begin{bmatrix} (1-2x)(\pi_1 - \pi_2) + x(1-x)M_S & 0 \\ 0 & (1-2y)(\pi_1^* - \pi_2^*) + y(1-y)M_S \end{bmatrix}$$

$$\tag{14.9}$$

其中，$M_S = T(E_1 - E_2) + G(1-r)(\alpha\beta C_{F1}^{nev} Q_{b1} - C_{NEV1} Q_{a1})$，依据李雅普诺夫稳定性分析方法，对 Jacobian 矩阵进行稳定性分析可得系统稳定均衡点。通过计算矩阵特征值并分析符号以此确定系统稳定性，若特征值均具有负实部，则此均衡点为演化稳定点。Jacobian 矩阵有关具体稳定性结果及其满足稳定性所需条件如表 14.3 所示。

表 14.3　　　　　　　　　　　　演化稳定条件分析

均衡点	λ_1	λ_2	稳定条件
$(0, 0)$	$\pi_1 - \pi_2$	$\pi_1^* - \pi_2^*$	I：$\pi_1 - \pi_2 < 0$，$\pi_1^* - \pi_2^* < 0$
$(0, 1)$	$\pi_1 - \pi_2$	$-(\pi_1^* - \pi_2^*)$	II：$\pi_1 - \pi_2 < 0$，$\pi_2^* - \pi_1^* < 0$
$(1, 0)$	$-(\pi_1 - \pi_2)$	$\pi_1^* - \pi_2^*$	III：$\pi_2 - \pi_1 < 0$，$\pi_1^* - \pi_2^* < 0$
$(1, 1)$	$-(\pi_1 - \pi_2)$	$-(\pi_1^* - \pi_2^*)$	IV：$\pi_2 - \pi_1 < 0$，$\pi_2^* - \pi_1^* < 0$

从表 14.3 可得出在不同稳定条件下，系统会朝向不同演化均衡点，其系统演化相位如图 14.2 所示。

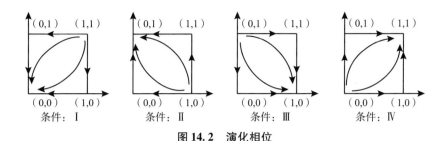

图 14.2 演化相位

推论 2：新能源车企生产新能源汽车的售价的提高，刺激演化稳点朝向（1，1），有效推动新能源汽车扩散。

证明：均衡点（1，1）稳定条件为 $Q_{ai}[\alpha(P_{Fi}^{nev} - (1 - rg)C_{Fi}^{nev})] + Q_{bi}[P_{Fi}^{fv} - (1 + f)C_{Fi}^{fv}] < Q_{ai}[(1 - \alpha)(P_{NEVi} - (1 - g)C_{NEVi})] + T(E_2 - E_1)$，$P_{NEVi}$ 的增大会进一步确保稳定条件成立。

推论 2 表明新能源汽车售价的提高会增大选择生产新能源汽车策略的收益，燃油车企在利益的驱使下会加快转型速率，积极提高生产 NEV 技术水平。汽车制造商是否选择生产 NEVs 策略受到前后收益差异、碳交易差异等因素的影响，政府制定的相关碳配额、奖惩等措施，在一定程度上影响市场效益，能够有效推动新能源汽车扩散。

14.3　网络模型假设

现实市场网络结构大多具有拓扑特征，而企业策略演化博弈过程与市场网络结构有密切联系。学者们从不同角度研究网络结构，发现网络在形成初期呈现的是随机状态，随着网络结构不断演变、发展，其逐渐展露出无标度或小世界网络的特性（刘培德等，2024；Li et al.，2021）。考虑汽车行业发展过程中会陆续出现新的企业进一步联系到网络中，同时体现的是少数龙头企业带动其他企业发展，如燃油汽车时代的丰田、大众、日产等，再到新能源汽车时代的比亚迪、特斯拉等，车企发展状况更是符合无标度网络。因此，文章以无标度网络为载体，在引入政府奖惩制度的基础上，探讨碳配额交易机制对新能源汽车扩散的影响，研究新能源汽车扩散的网络演化规律。

371

为构造复杂网络模型，需要额外增加一些其他客观存在的假设，且这些假设仅存在复杂网络模型中，具体如下：

假设4：假设新能源汽车扩散网络 g(V，E) 是一个异质复杂网络，且其中节点集合 $V = \{v_1, v_2, \cdots, v_n\}$ 表示网络中所有的汽车制造商；边集合 E 则表示企业之间的相互关系，企业之间的影响是相互，且任意两节点之间至多有一条边，矩阵 E 表达式为：

$$E = \begin{bmatrix} e_{11} & e_{12} & \cdots & e_{1n} \\ e_{21} & e_{22} & \cdots & e_{2n} \\ \vdots & \vdots & \ddots & \vdots \\ e_{m1} & e_{m2} & \cdots & e_{mn} \end{bmatrix}。$$

式中 $e_{mn} = 1$ 表示汽车制造商 m 和 n 存在博弈关系；$e_{mn} = 0$ 表示二者之间不存在连接关系。制造商在网络边的总数称为制造商的度，制造商 v_i 的度记为 d_i。

假设5：假设新能源汽车扩散网络中的参与者一次只能与一个邻接点进行博弈，博弈半径为1；参与者是否学习邻接节点的策略取决于博弈双方期望收益的差值，且存在判断失误未能选择最优策略的可能性。

假设6：扩散网络中的所有汽车制造商均采取同一策略更新规则，且每次的策略选择仅依赖于前一次博弈的结果，即记忆长度为1。

无标度网络是从 v 个孤立节点的网络开始（v 为正整数），具体步骤如下：

①初始条件（T = 0）：网络存在 v 个孤立节点。

②在每一个时间步长 T，会加入一个连接度为 M(M < v) 的新的节点。

③新增节点与其他网络节点 i 建立关系的概率为 $P(i) = \dfrac{k_i(T)}{\sum\limits_{j=1}^{n} k_j(T)}$，

$k_i(T)$ 表示节点 i 在 T 时刻的边，$\sum\limits_{j=1}^{n} k_j(T)$ 表示节点 j 在 T 时刻边的总和，且不会进行重复连接。

图 14.3（a）和（b）分别展示了演化过程中随机生成的50个节点和100个节点的 BA 无标度网络示意图。

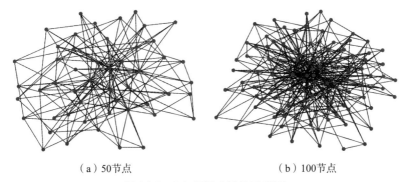

（a）50节点   （b）100节点

图 14.3 BA 无标度网络示意图

14.4 Fermi 规则

演化规则主要目的在于通过参与者之间相互比较利润等方式向其他参与者进行学习，从而更新自身策略以获得更高利润或适应性。本章以 Fermi 规则更新企业策略，即汽车制造商 i 随机选择邻居 j 进行收益比较，会以概率 P 模仿邻居进行策略更新。

$$P(s_j \rightarrow s_i) = \cfrac{1}{1 + \exp\left(\cfrac{U_i - U_j}{n}\right)} \tag{14.10}$$

其中，$n(n>0)$ 为策略更新过程中的噪声强度，其值大小反映企业在策略学习过程的理性程度，n 越接近与 0，表明博弈主体有较高理性；当 n 越大时，表明外部环境的不确定性对参与者策略学习干扰越大，本章取噪声强度 $n=1$。U_i，U_j 分别为汽车制造 i，j 博弈过程的收益，邻居利润大于自身利润时，参与者会更容易接受邻居策略。

在扩散演化过程中，汽车制造商群体关系也会不断发生变化，每次博弈结束之后，随机选择群体网络一条边将其一端断开，以一定的概率连接到其他汽车制造商节点上。本章模型采用带有偏好的重连机制来模拟此过程，汽车制造商 i 随机连接 j 的概率 $P_{i \rightarrow j}$ 与网络中的其他邻居连接。

$$P_{i \rightarrow j} = \sum_{i \in g} \left(\frac{U_j}{U_i}\right)^{\gamma} \tag{14.11}$$

式（14.11）中，γ 为倾向偏好，$\gamma = 0$ 表示连接过程无任何偏好倾向，即随机连接；γ 越大，则表示连接偏好倾向越明显，本章采用 γ = 1 进行试验。更新规则演示如图 14.4 所示。

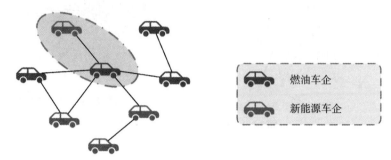

图 14.4 Fermi 规则

此时采取完全转型和部分转型策略的制造商平均收益如下：

$$\overline{U}_1 = \frac{\sum_{i \in V_1} U_{i1}}{|V_1|}$$

$$\overline{U}_2 = \frac{\sum_{j \in V_2} U_{j2}}{|V_2|} \tag{14.12}$$

V_1 表示采取完全转型的制造商集合，V_2 表示采取部分转型策略的制造商集合，$V_1 \cup V_2 = V$，$V_1 \cap V_2 = \varnothing$，$|V_1|$ 和 $|V_2|$ 分别表示 V_1 和 V_2 的数量。

依上述网络类型以及演化规则设置，具体复杂网络演化博弈求解步骤如下：

①初始化生产节点为 v 的 BA 无标度网络。

②设置初始博弈策略并随机分配给网络中所有节点。

③博弈主体与其邻居进行博弈，计算期望收益。

④将博弈主体收益与邻居收益进行比较，据费米规则更新策略和断边重连机制，进行网络关系演化，其中进行博弈 100 次，计算新能源汽车扩散率。

⑤步骤（1）~（4）重复进行 10 次，以减少随机过程造成的误差。

⑥最终重复次数达到规定演化时间，输出结果。

14.5 EWA 学习算法

从燃油车企内部出发，转型过程需耗费大量财政物资，企业最终目的一定是经济价值最大化，考虑盈利自然是必不可少的环节。但燃油车企转型意味其需要更完善的新能源科技，传统燃油车企技术匮乏导致企业亟须同新能源车企合作以求深入学习新能源技术实现自身转型，如比亚迪和日产汽车合作生产纯电动汽车，比亚迪提供电池和其他相关技术，而日产提供生产和销售渠道；蔚来与吉利在换电电池标准、换电技术、换电车型研发与定制等多个领域展开全面合作。工业能力的提高也会在一定程度上对企业收益起到冲击作用，故考虑收益、技术学习对于转型燃油车企而言均是不可或缺的，对此使用 EWA 学习算法替代 Fermi 函数，探讨二者在转型过程中的影响效果。更新规则演示如图 14.5 所示。

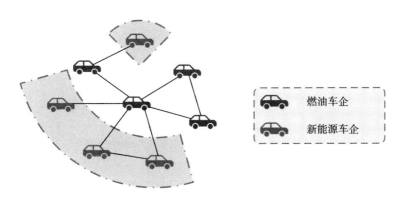

| | 燃油车企 |
| | 新能源车企 |

图 14.5 EWA 学习算法

EWA 学习算法中选择策略 k 的概率取决于吸引力指数 A，企业依据吸指数的概率大小随机选择概率，吸引指数大小决定策略被采取概率，即

$$A_i^k(t) = \frac{\varphi N(t-1) A_i^k(t-1) + \pi_i(a_i^k, a_{-i}^k(t))}{N(t)} \tag{14.13}$$

式（14.13）中，φ 为上期吸引力指数贴现系数，$N(t)$ 表示第 t 期经验权重，$\pi_i(a_i^k, a_{-i}^k(t))$ 表示制造商 i 选择策略 k 的期望收益，且

$$N(t) = \rho N(t-1) + 1(t \geqslant 1) \tag{14.14}$$

$$\pi_i(a_i^k, \ a_{-i}^k(t)) = u_i^k + u(e_i^k(t)) \tag{14.15}$$

式（14.14）中，ρ 代表上期经验权重的贴现系数，u_i^k 为邻居博弈获得累积收益，$u(e_i^k(t))$ 为网络均选择策略 k 所带来的外部收益，其中

$$u(e_i^k(t)) = \sum_{k=1}^{v} \xi_k e_i^k(t)^{\frac{1}{\omega}} \tag{14.16}$$

$$e_i^k(t) = (1-\delta)e_i^k(t-1) + \delta q_i^k(t-1) \tag{14.17}$$

式（14.16）中，ξ_k 表示网络效应参数，ω 表示网络效应指数，$e_i^k(t)$ 为制造商 i 在第 t 期均选择策略 k 的数目，δ 为期望调整因子，$q_i^k(t-1)$ 为上期选择策略 k 的数目。

据上述，制造商 i 选择策略 k 的概率为

$$P_i^k(t+1) = \frac{\exp(\lambda A_i^k(t))}{\sum_{k=1}^{v} \exp(\lambda A_i^k(t))} \tag{14.18}$$

λ 用以衡量吸引力参数在策略决策中的敏感度，$\frac{1}{\lambda}$ 理解为噪声强度。参考现有研究（Wang et al., 2023；Li et al., 2021；魏夕凯和马本，2022）进行相关参数设置，令 $\varphi = 0.5$，$\rho = 0.3$，$\xi_k = 5$，$\omega = 2$，$\delta = 0.5$，$\lambda = 5$。

14.6　数值仿真分析

14.6.1　数据解析与处理

基于当今现实大环境背景下，燃油车企转型属于时代热题。车主之家数据显示（2023 年 9 月），比亚迪以 243918 的销量位居榜首，大众则以 205161 紧随其后，自此假设 $Q_{ai} = 24$，$Q_{bi} = 20$；大众品牌于 2022 年累计在华销量约为 318 万辆，其中新能源汽车 20.65 万辆[①]，则假设

---

① 大众集团. 大众汽车集团（中国）加速转型步伐 2022 年纯电动车型交付量实现强劲增长. [EB/OL]. [2023 – 01 – 12]. https://www.volkswagengroupchina.com.cn/ – MediaCenter/ News/Detail? itemid = 1d24ed92 – 077b – 4792 – 8562 – 862367a9588f#.

$\alpha = 0.1$。新能源汽车中秦 PLUS 销量位于首位，但对于同时生产燃油版和新能源版的车型，相同价格体系下的日产轩逸位列前部，因此选择秦 PLUS 和轩逸作为代表，秦 PLUS 官方指导价为 9.98 万 ~ 17.98 万元，由于购车优惠 2.6 万元，假设 $P_{NEVi} = 8$；轩逸燃油版指导价为 10.86 万 ~ 14.06 万元，新能源版指导价为 13.89 万 ~ 17.49 万元，购车优惠 3.6 万元，则假设 $P_{Fi}^{fv} = 7$，$P_{Fi}^{nev} = 10$。鉴于整车成本占比销售价的 65% ~ 85%[①]，对此假设 $C_{NEVi} = 6$，$C_{Fi}^{fv} = 5$，$C_{Fi}^{nev} = 7$。2022 年，政府对 NEV 购置补贴最高可达 1.8 万元，虽于 2023 年全面取消购置补贴，但地方政府仍以奖励或优惠形式刺激生产销售 NEV，因此假设 $G = [0, 0.3]$。参考廖等，假设 $R = 0.5$，$r = 0.3$。

全国碳市场[②]显示（2023 年 10 月）碳平均交易价格波动范围为 60 ~ 80 元/吨，则假设 $T = [0.006, 0.008]$。汽油的二氧化碳碳排放因子为 3.06kg/L，全国电网碳排放因子为 0.57kg/KWh，汽车年平均行驶里程约为 18800 千米[③]；燃油汽车百千米油耗为 6 ~ 12L，新能源汽车百千米耗电为 13 ~ 20KWh[④]，因此可以计算出新能源汽车和燃油汽车汽车年均碳排放量分别约为 1393 ~ 2143kg、3452 ~ 6903kg，假设 $E_1 = [0.15, 0.2]$，$E_2 = [0.4, 0.65]$。政府每年按照燃油车企碳排放量的 90% 设为企业初始碳配额以达减排目的，则 $E = [0.36, 0.585]$。假设 $f = 0.5$，$\beta = 0.5$。

博弈主体均有两种策略选择，在参考王等（Wang et al.，2023）研究，考虑策略平衡条件取其中值，则选取博弈双方初始值为（0.5，0.5）。考虑中国提出需在 2035 年前实现"碳达峰"，结合各国拟定 FV 转型时间节点（Zhao et al.，2024），在此假设网络演化时间 Time（Month）= 100，同时设定网络连接度 $d = 4$。自 2008 年起国内第一款电动汽车获得上市批准，我国新能源汽车工程正式启动，彼时新能源汽车

① 德勒汽车业务组. 整车企业收入和成本现状研究白皮书.（2013）[R].［2013 – 10] https：//www2. deloitte. com/cn/zh/pages/manufacturing/articles/benchmark – research – on – reve- nue – cost – automotive – oem – china. html.

② 碳市场. 碳行情（全国碳市场）.［EB/OL].［2023 – 12 – 16]. https：//carbonmarket. cn -/ets/ce ts/.

③ 姚昊. 基于个人碳排放交易机制的新能源汽车购买决策研究［D]. 南昌：南昌大学，2023.

④ 工业和信息化部政务服务平台. 中国汽车能源消耗查询［EB/OL].［2023 – 12 – 16]. https：//yhgscx. miit. gov. cn/fuel-consumption-web/mainPage.

正值发展初期，品牌数量亦达几十有余，自此各类品牌燃油汽车陆续开启转型之旅；继汽车市场蓬勃发展十余年之久，理想、蔚来等新兴品牌接连崭露头角，时至今日，国内汽车品牌已然超越百家。本章基于此假设节点数 v = 50（小规模网络）为新能源汽车发展初期，节点数 v = 100（大规模网络）为产业发展现状。

14.6.2 敏感性分析

14.6.2.1 碳交易逐步实施率对 NEV 扩散的影响

在确保其他参数不变的前提下，只改变碳交易逐步实施率 R 对NEV 扩散的影响，图 14.6 展示了碳交易逐步实施率 R 在不同节点数情景下的扩散仿真。在 50 节点数下，随着碳交易逐步实施率的增大扩散深度呈现出先减小后增大的趋势；图 14.6（a）得出碳交易逐步实施率在较高的情况下对 NEV 扩散影响效果最佳。当节点数达到 100 时，扩散深度呈现出先增大后减小的相反情况；图 14.6（b）展示较低程度的碳交易逐步实施率对 NEV 扩散起到抑制作用，最终扩散深度低于初始状态。

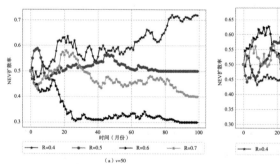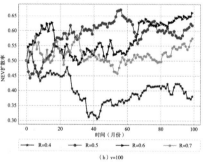

图 14.6　碳交易逐步实施率对 NEV 扩散的影响

碳交易政策的动态实施引起相关收益变动，其中碳交易逐步实施率深度联系碳价变化。在新能源汽车发展初期，科技水平的落后意味着需要更多的资金投入技术开发，碳价的提升无疑对企业转型产生造成巨大影响，考虑初期新能源汽车受众群体小，可能导致自身收益降低不利于转型实施；但碳交易政策的逐步实施倒逼企业不得不选择投入转型，这也仅对于资金充足的中大型企业而言，资金紧张的中小型企业只能望洋兴叹，导致新能源汽车扩散率依然低下。

新能源汽车发展至今，陆续涌现出各类汽车品牌，相较于初期阶段，现有科技水平已大大提升，中小型企业可以通过"搭便车"的方式降低研发成本以达到转型目的，进而可以实现扩散深度的提高；迫于新冠疫情冲击影响以及国际紧张形势，国内经济大环境处于复苏阶段，碳交易政策的急于实施可能会引起企业内部资金链断裂致使完全转型可能性降低。

14.6.2.2　奖励逐步取消率对 NEV 扩散的影响

在仅改变奖励逐步取消率 r 的基础上，刻画出在不同节点数下的仿真情景，如图 14.7 所示。在 v = 50 时，NEV 扩散率随着奖励逐步取消率 r 的增大逐步增大；在 v = 100 时，NEV 扩散率表现出先增大后减小的情形。

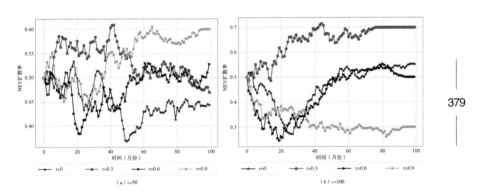

图 14.7　奖励逐步取消率对 NEV 扩散的影响

奖励逐步取消率的变动引起政府奖励随之变化，燃油车企转型起步阶段，政府实施奖惩政策以推动燃油车企转型，由于政策实施初期奖励额度较大，部分企业打着转型旗号目的实则为"骗补"；随之政府实施监管严重打击"骗补"现象，人力资源和高额奖励会加大政府财政负担，转而逐步降低奖励额度的同时也增加对企业的惩罚，企业迫于高额惩罚纷纷投入转型行列。

随着汽车行业发展壮大，奖励逐步取消致使部分车企除了涨价还采取临时报价政策维护企业利润，用户相较于新能源汽车价格更关心其质量、续航里程等方面（Feng et al.，2023），核心技术不断突破通过核心企业在行业网络中进行扩散，推动企业完全转型；新能源汽车的崛起对燃油汽车市场发挥强烈冲击作用，燃油车企转型过程中既要考虑内部技术成本，又要考虑外部激烈竞争，政府奖励的不断降低导致企业于内忧外患中逐步选择放弃转型。

14.6.2.3 碳配额对 NEV 扩散的影响

图 14.8 展示只改变碳配额 E 时不同节点数的扩散情况。图 14.8（a）为节点数为 50 的情形，碳配额 E 对 NEV 扩散推动效果产生变化的阈值为 [0.50，0.54]，且碳配额增大使 NEV 扩散率呈现先增大后减小的情形；图 14.8（b）则展示在节点数为 100 时的情形，扩散深度却呈现出先增大后减小再增大的波动情况。

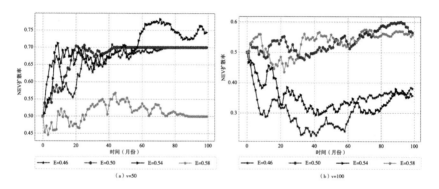

（a）v=50

（b）v=100

图 14.8 碳配额对 NEV 扩散的影响

碳排放额度越低意味企业所掌握新能源汽车技术越成熟，对于选择完全转型所消耗资源相对较少，较低范围内的波动对于 NEV 扩散并没有太大影响；然而，自碳排放额度超过阈值时，新能源车企可以获得更高的碳交易收益，部分技术水平较高的企业瞄准这个势头率先完成转型，比亚迪便是首批实现完全转型的企业；碳排放额度的不断宽限会放松企业对于技术创新的追求，燃油车企也会因为足够多的排放额而放弃转型，致使其扩散深度越来越低。

时至今日，用户依然更加信任燃油汽车，销售燃油汽车依然有利可循，额度的放宽刺激企业可以生产更多的燃油汽车，充足的资金才能使企业为完全转型做到更充分的准备，以此提高新能源汽车扩散率；大规模网络的平均路径长以及聚类系数低导致信息传递速度降低，碳配额提高在演化初期确实能够吸引更多企业加入转型，但技术扩散速度变低使得企业转型速度变慢，更多的时间成本迫使众多中小型企业纷纷放弃转型；然而，转型燃油车企会同时生产两类汽车，额度提高的同时会为企业带来更多的碳交易收益，企业充分考虑收益大于成本时便会积极投入转型，即当额度提高到足够高时（超过阈值）才会推动企业选择完全转型。

14.6.2.4 新能源汽车生产比例对 NEV 扩散的影响

若只改变生产 NEV 比例 α，图 14.9 描绘了 NEV 生产比例 α 在不同规模的无标度网络的扩散情景。图 14.9（a）为 $v = 50$ 的情景，可以得出刺激新能源汽车扩散失败的 NEV 生产比例阈值为 [0.15，0.20]，NEV 生产比例于较低范围内的波动对新能源汽车扩散效果影响不明显，但随之超过阈值后，便会大幅降低新能源汽车扩散率；反观图 14.9（b）中 $v = 100$ 的情景，随着 NEV 生产比例的增大，趋于演化结束时 NEV 扩散率呈现先减小后增大的变化情形。

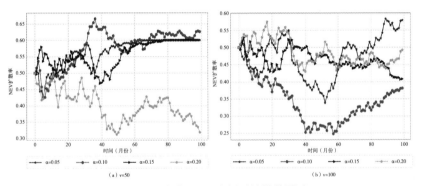

图 14.9 生产 NEV 比例对扩散的影响

企业较低的生产 NEV 比例意指新能源汽车科技低下，较低的技术水平需要与高科技公司形成合作以实现技术突破。在新能源汽车发展初期，行业网络规模较小，高聚类系数会推动企业之间形成"簇拥"局面，企业之间的合作更加密切；一旦生产 NEV 比例提高到一定程度时，企业会因自身实力而形成"过度自信"，缺乏对未来整个转型过程进行考量以及对重大突发事件的预防，如新冠疫情等，这些会在企业转型过程中发挥重大冲击作用，导致其走向转型失败。

生产 NEV 比例提高虽代表企业自身新能源汽车技术是足够的，但随着汽车行业向前发展，网络规模不断增大，大规模网络带来的巨大外部竞争进一步导致企业收益受损，资金能力有待进一步提高致使形成放弃转型局面；生产比例的不断增大体现企业自身科技水平也在不断突破，外加大规模网络中呈现更多的"领导型"企业，刺激扩散演化"第二春"的现象。

14.6.3 企业收益影响情况分析

图 14.10 分析了在初始状态下通过调整参数变化判断其对网络中企业平均收益的影响，其中图 14.10（a）为初始数据所得结果，图 14.10（b）、（c）、（d）分别通过调整相应参数所得收益情况，借此分析相关参数对于企业收益的影响情况。

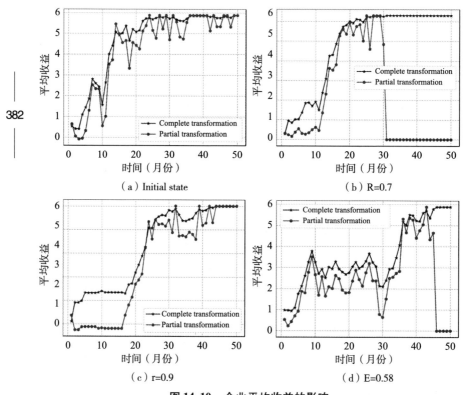

图 14.10　企业平均收益的影响

分析图 10.14（b）、（d），碳交易逐步实施率 R 以及碳配额 E 的增大有效推动企业完全转型，但碳配额刺激演化趋于稳定状态速度更快，对企业转型推动效果更佳；图 10.14（d）前期利润于较低处波动，稳定时利润依然低于图 10.14（b），碳配额更适用于抑制部分转型企业利润。对比图 10.14（a）、（c），碳配额增加虽同时降低两类企业利润，但部分转型企业演化初期企业收益呈现负增长，对奖励逐步取消 r 的敏感性更强。

碳配额的放宽虽能有效提高生产 NEV 的收益以吸引更多企业完全转型，但其同时也能规避因生产 FV 进行碳排放所产生的一系列成本，在一定程度上也增加了处于转型过程中燃油车企的收益，致使企业完全转型的速率更慢；与碳配额不同，碳交易逐步实施率对燃油车企收益起到巨大冲击，高额碳支出刺激企业选择完全转型，对于燃油车企转型有着更直接的紧逼作用。奖励逐步取消虽降低两类汽车制造商收益，但演化稳定状态两类汽车制造商收益相差无几。部分转型燃油车企向完全转型的进阶过程中存在众多难以预测的风险因素，在首先考虑两类收益各不相下的情形中企业不会选择冒险策略；企业处于转型过程中依然会面临环境惩罚、购买积分等费用，这些对于其成本依旧是一大考验，奖励逐步取消会更多地影响燃油车企运营情况。

14.6.4　网络拓扑对 NEV 扩散的影响

随着汽车市场关系的不断演变，其网络结构逐渐展露出无标度或小世界网络特征，图 14.11 分别描绘了不同节点数量在无标度网络和小世界网络中的扩散情况，节点数 v = 50 其演化稳定速度大于 v = 100。小规模网络中，最终稳定状态小世界网络推动效果优于无标度网络；反观大规模网络中，无标度网络能够很好地推动 NEV 扩散，刺激企业完全转型。

随着新能源汽车发展热潮，越来越多的汽车企业崭露头角，进而会降低网络聚类系数、增大网络路径，导致网络信息传递速度变慢以及准确性降低，致使其在大规模网络中扩散深度达到稳定时间更长。现实企业市场环境会随着时代的不断更迭，企业数量也会发生变化，小鹏、蔚来等是在新能源汽车出世后陆续发展的企业，小世界网络缺乏考虑新节点的加入导致其推动效果相差不大。无标度网络主要依靠少数中心节点

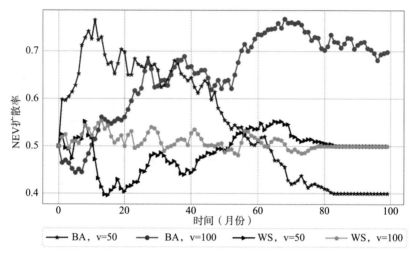

图 14.11　网络结构对扩散的影响

连接大部分节点以达到扩散效果，企业总数量增多意味着其中龙头企业数量也会增多，比亚迪、特斯拉等均为新能源汽车问世后一跃成为行业"领头羊"。中心节点数的增多会使得与周边节点之间度的提升，确保与其他企业之间紧密合作，带动燃油车企完全转型。

14.6.5　拓展

图 14.12 通过比较 Fermi 规则和 EWA 学习算法，探讨考虑收益与技术学习对新能源汽车扩散的影响。图 14.12（a）描述的是燃油车企转型初期情形（新能源汽车覆盖率较低）；随着新能源汽车覆盖率的增大，需要图 14.12（b）刻画燃油车企转型后期情形。对比两图可以得出在不同时期中，两类更新策略对新能源汽车扩散深度的推动效果不同。

在当下新能源汽车覆盖率较低的背景中，消费者对于燃油汽车具有更高的偏好，但考虑政府干预以及未来趋势，燃油车企需要考虑转型道路。汽车市场中中小型车企占据多数，新能源汽车核心技术更是集中在少数"龙头"新能源车企中，对于中小型燃油车企而言，选择与新能源车企合作进行技术学习，通过"搭便车"的方式实现转型，是当下动荡环境中最为稳妥的方法。考虑收益固然重要，但开放合作能在学习优秀技术的同时实现成本缩减。新能源汽车覆盖率的增高表示新能源科技水平趋于成熟，也意味着消费者对于新能源汽车的认可度提高。小规模网络的高聚类系数能够很好地推动企业间积极合作，同时较低网络路径有效帮助信息扩散，更是能够满足企业技术学习的需要。网络规模的增大导致汽车市场内部新能源车企间的竞争也随之增大，部分燃油车企考虑当下大趋势虽会提前准备转型所需科技，但剧烈竞争迫使企业不得不考虑转型后企业收益情况，现实中已出现多家新兴新能源车企面临亏损状态，如蔚来、小鹏、理想等。

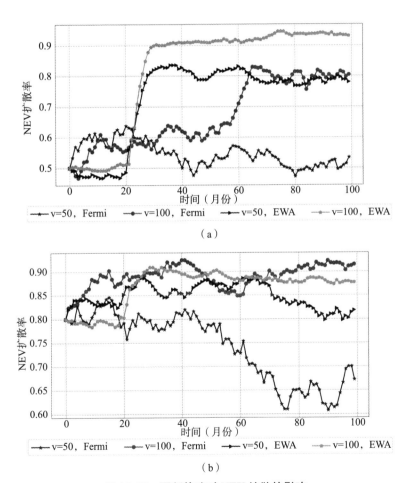

（a）

（b）

图 14.12 更新策略对 NEV 扩散的影响

燃油车企在转型初期需要加大与新能源车企的合作，技术学习不失为一个有效提高企业科技并减低转型成本的有效手段；政府要为科研基地提供更多项目资金，努力实现全国新能源汽车技术"更上一层楼"。转型后期为应对市场激烈竞争，企业亟须增大自身核心竞争力，根据消费者偏好实现内部运作变动，提高企业受益以平稳实现转型收尾工作；政府需要宏观调控市场销售状况，避免企业间的恶性竞争导致汽车市场失衡。

14.7　结论与政策建议

推动新能源汽车核心技术创新，实现燃油车企稳步转型，本章在复杂网络环境下研究企业动态博弈过程，考虑逐步实施碳交易政策代替奖励政策，探讨各相关因素对于新能源汽车扩散的支配规律，并进一步拓展不同更新策略对系统演化的影响。所得结论如下：

（1）新能源产业发展初期，碳配额刺激 NEV 扩散深度优于碳交易逐步实施率；发展至今，二者却呈现相反情形，且碳交易逐步实施率推动演化稳定速率更快。碳交易政策高度影响部分转型企业收益，政府不能急切实施政策，需针对市场行情合理制订实施计划，现阶段考虑碳交易逐步实施率作用效果优于碳配额，实施过程可适当放宽碳配额以确保疫情冲击下的中国产业经济复苏以及汽车市场稳步转型。

（2）小规模网络中，逐步取消奖励的实施能够有效推动燃油车企转型；但对于大规模网络，扩散深度呈现先增大后减小的情形。考虑转型所需内部科技水平，以及大规模网络带来外部激烈竞争，加大企业转型对奖励政策的依赖。转型燃油车企更需从内部改变，不断突破核心技术以减少自身转型资源消耗；同时提高外部产品质量以及销售保证，增加自身在市场的核心竞争力，收益增加会愈加刺激企业独立于政府奖励。

（3）较高的 NEV 生产比例在产业初期会大幅降低扩散深度，然而随着网络规模的不断增大，高生产比例能够推动燃油车企积极转型。处于转型过程中的燃油车企依赖企业间的合作创新，新能源车企可利用自身相对成熟的工业技术与技术水平低下的企业形成合作关系谋求更高盈利水平，同时也需加强与研究所、高校等密切联系以进一步突破科技壁垒。

（4）考虑动态变化的汽车市场，相较于小世界网络，无标度网络更能促进新能源汽车扩散。社会环境日新月异、汽车产业方兴未艾，小世界网络的闭环"故步自封"，因缺乏考虑新节点的加入导致其推动效果逐渐低于无标度网络。汽车行业的发展离不开外界环境的刺激，充分发挥国内汽车大市场的引领作用，开拓汽车产业全球化新局面，实现汽车市场平稳增长和汽车行业转型升级向高质量发展，为建设汽车强国夯实基础。

（5）新能源汽车覆盖率影响燃油车企对于考虑收益以及技术学习更新策略的偏好。较低的新能源汽车覆盖率缺乏核心技术推广，转型燃油车企积极合作以高效学习新能源汽车科技。新能源汽车覆盖率的增大带动新能源车企间竞争增大，剧烈竞争逼迫企业加强对于未来收益的考量。燃油车企在转型过程中需要根据宏观汽车市场环境不断调整方针，确保在竞争激烈、局势动荡的环境中有效转型。

第15章 动态双积分与动态碳交易下新能源汽车扩散演化博弈研究

15.1 研究背景

中国目前是世界上最大的碳排放国，汽车产量与驾驶的快速增长对全球碳排放产生了重大影响（Pu et al.，2024）。中国作为《巴黎协定》的签署国家之一[①]，承诺在 2030 年前使二氧化碳排放达到峰值，并努力在 2060 年前实现碳中和[②]。新能源汽车在减排方面具有显著优势，每年可减少约 1500 万吨碳排放[③]。因此，如何减少汽车碳排放已成为中国实现"双碳"目标所必须解决的问题。

新能源汽车扩散是新能源汽车生产策略在汽车制造商种群之间随时间扩散的过程。为促进新能源汽车扩散，中国政府实施了《乘用车企业平均燃料消耗量与新能源汽车积分并行管理办法》（以下简称双积分政策）。双积分政策促进了企业对于新能源汽车的研发生产投入（Hui et al.，2023），增加了新能源汽车市场份额，但在整个生命周期中其减

---

① L. L. Wang, R. C. Xian, P. H. Jiao, J. J. Chen, Y. Chen, H. G. Liu. Multi-timescale optimization of integrated energy system with diversified utilization of hydrogen energy under the coupling of green certificate and carbon trading [J]. Renewable Energy 2024，228：120597.

② 中国政府网. 减碳，中国设定硬指标 [EB/OL]．[2020 – 09 – 30]. https：//www. gov. cn/xinwen/2020 – 09/30/content5548478. htm.

③ 中华人民共和国国家发展和改革委员会. 介绍促进绿色消费实施方案有关情况 [EB/OL]．[2022 – 01 – 21]. https：//www. ndrc. gov. cn/xwdt/wszb/cjlsxfssfa/wzsl/ – 202201/t20220121_1312560. html.

排效果仍旧有限。研究指出，政策能够激励新能源汽车产量增加并减少燃油车研发投入（周钟和申露，2020），但当 NEV 积分不足时，无法提高燃油车燃油经济性或减少高油耗车生产（Yao et al.，2018）。双积分政策对社会福利存在负面影响，且企业绩效可能下降。现实挑战包括积分供应过剩等导致的积分价格低等问题。政府鼓励通过政策结合解决这些不足，在新版双积分政策中计划与其他碳减排体系衔接。

相比之下，碳交易政策覆盖整个汽车产业链，促使企业直面碳排放的经济成本与收益，从而更积极地采取减排措施，追求减排投资效益最大化。中国的碳交易市场自 2021 年启动以来，已逐步发展，为将汽车行业纳入碳交易市场奠定了基础。在生产制造过程中，碳限额与碳交易机制促使企业倾向于生产低碳产品，碳价格是影响企业碳排放水平和减排投资规模的关键因素。消费者在行驶过程中产生的碳排放也是汽车碳排放的重要组成部分。为此，学术界建议引入个人碳交易方案，设立消费者碳账户，鼓励购买低碳排放车辆或采取其他减排措施。研究表明，个人碳交易显著影响消费者选择电动汽车的行为，并在汽油价格上涨的情况下，能够加速新能源汽车市场的增长。

389

15.2　考虑双积分与碳交易的动态演化博弈模型

15.2.1　Hotelling 模型

市场上存在两种制造商，分别为新能源汽车制造商与燃油汽车制造商。二者在同一产品上竞争，产品是可替代的，但消费者对于不同类型汽车的偏好程度有差异，使用带有五个假设的 Hotelling 模型来研究消费者的购买行为。

（1）问题的参与主体是汽车制造商、研究机构、消费者，同时所有人都具有有限理性。

（2）假设消费者在 Hotelling 线上 0 ~ 1 范围内均匀分布，消费者最大需要 1 个产品单元。FVs 消费者为 0，NEVs 消费者为 1。

（3）位于 $x \in [0, 1]$ 的 FVs 消费者会遭受失配负效用 λx，其中 λ 是汽车制造商提供的实际车辆与消费者的理想车辆不匹配时产生的效用减少。

（4）V_n，V_t 为 NEVs 和 FVs 的价值，P_n，P_t 为 NEVs 和 FVs 的价格，C_n，C_t 为 NEVs 和 FVs 的生产成本。

（5）ε 表示消费者对续航性能 h 的偏好度，θ 表示对环保意识 E 的偏好度，φ 表示对充电桩覆盖率 η 的敏感度，其增量分别表示 εh、θE、$\varphi \eta$。Λ 表示车辆购置税。

又因为消费者的购买策略是以效用最大化为目标，得到购买 NEVs 和 FVs 消费者效用函数 U_n 和 U_t。

购买新能源汽车与燃油汽车的效用函数分别为：

$$U_n = V_n - P_n - \lambda(1 - X) + \varepsilon h + \theta E + \varphi \eta \qquad (15.1)$$

$$U_t = V_t - P_t - \lambda X + h - \Lambda \qquad (15.2)$$

当 $U_n = U_t$ 时，则 $x_0 = [\lambda + (V_t - V_n) + (p_n - p_t) + (1 - \varepsilon)h - \Lambda - \theta E - \varphi \eta]/2\lambda$，其中边缘消费者可以选择 NEVs 或 FVs。NEVs 的市场份额分布在 $[0, x_0]$，FVs 的市场份额分布在 $[x_0, 1]$，如图 15.1 所示。

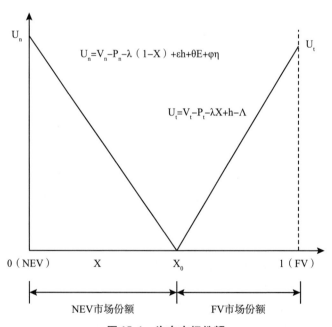

图 15.1　汽车市场份额

然后，可以得到 NEV 制造商和 FV 制造商的利润函数。

$$\pi_n = \frac{((V_n - V_t) + (c_t - c_n) + 3\lambda + \Lambda + \theta E + \varphi\eta - h(1-\varepsilon))^2}{18\lambda}$$

$$(15.3)$$

$$\pi_t = \frac{((V_t - V_n) + (c_n - c_t) + 3\lambda - \Lambda - \theta E - \varphi\eta + h(1-\varepsilon))^2}{18\lambda}$$

$$(15.4)$$

15.2.2　后悔理论

由于决策者属于有限理性，其决策并不是完全理性条件下的最优决策，而是有限理性决策。为了有效地解决有限理性决策问题，本章将成熟的有限理性行为理论——后悔理论引入决策者决策领域。即决策者将可能的选择结果与被拒绝的选择结果进行比较，并选择决策不会后悔的选项。

后悔理论的应用对于企业在制定战略和决策时至关重要，能够帮助其有效规避风险，提升市场竞争力。特斯拉创始人埃隆·马斯克在每个关键决策点上都深思熟虑，始终遵循"后悔避免"原则，即在不确定性中选择能避免更大后悔的选项。这种决策方式帮助特斯拉在激烈的市场竞争中脱颖而出，成为新能源汽车领域的领军企业。

后悔理论通过构建效用函数、效用价值、后悔/高兴函数和感知效用来构建模型。设 y_1 和 y_2 分别为选择 a_1 和 a_2 的可能结果。那么，a_1 关于 a_2 的感知效用为 $u(y_{12}) = t(y_1) + r[t(y_1) - t(y_2)]$，其中 $t(y)$ 是效用函数，$r(t)$ 是后悔/高兴函数。通常，幂函数 $y^\alpha (0 < \alpha < 1)$ 用于模拟决策的效用，而 $1 - e^{-\beta t} (0 < \beta)$ 满足后悔/高兴函数的要求。比较消费者购买 NEV(U_1) 的效用值 $t(U_1)$ 和消费者购买 FV(U_2) 的效用值 $t(U_2)$，U_1/U_2 的后悔/欣喜函数 $r(U_{12})$ 可以表示为：$r(U_{12}) = 1 - e^{-\beta\Delta t(U_{12})}$。

其中，$\Delta t(U_{12}) = t(U_1) - t(U_2)$ 表示 U_1 和 U_2 的效用值之差，$\beta(0 < \beta)$ 为决策的后悔厌恶系数，其大小反映了决策者后悔厌恶的强弱。如果 $r(U_{12}) > 0$，那么 $r(U_{12})$ 就是 U_1 关于 U_2 的高兴值。如果 $r(U_{12}) < 0$，则 $r(U_{12})$ 就是 U_1 关于 U_2 的后悔值。结合效用值和后悔/高兴值，

得到 U_1 关于 U_2 的感知效用 $U'(U_{12}) = t(U_1) + 1 - e^{-\beta\Delta t(U_{12})}$。

将 Hotelling 模型中的消费者效用函数与后悔理论中的效用值相结合，令 $U_n = t(U_1)$，$U_t = t(U_2)$，则可以分别得到新的消费者效用函数，记为 U'_n、U'_t。

$$U'_n = U_n + 1 - e^{-\beta(U_n - U_t)} \tag{15.5}$$

$$U'_t = U_t + 1 - e^{-\beta(U_t - U_n)} \tag{15.6}$$

后悔理论下的制造商利润函数。

新能源汽车制造商与传统燃油汽车制造商都是属于有限理性的，从长期来看，它们受到彼此行为策略的影响，并通过不断调整自己的策略达到演化平衡。双方都是根据他们对成本和收益价值的看法做出决定的，最终选择不会后悔的决策，这与后悔理论是一致的。因此，同理我们可以得到新的制造商利润函数 π'_n、π'_t，其公式如下：

$$\pi'_n = \pi_n + 1 - e^{-\beta(\pi_n - \pi_t)} \tag{15.7}$$

$$\pi'_t = \pi_t + 1 - e^{-\beta(\pi_t - \pi_n)} \tag{15.8}$$

15.2.3 模型假设和收益

本章建立了一个参与方具有足够有限理性的汽车制造商、研究机构与消费者之间的三方动态演化博弈模型。博弈主体关系框架图如图 15.2 所示。演化博弈中具体假设如下：

（1）在汽车市场上，汽车制造商、研究机构与消费者都有自己的策略。汽车制造商的策略为 {生产 NEVs，生产 FVs}，比率为 x 和 1 - x。研究机构的策略为 {合作，不合作}，比率为 y 和 1 - y。消费者的策略为 {购买 NEV，购买 FV}，比率为 z 和 1 - z，且 x，y，z ∈ [0，1]。

（2）对于汽车制造商来说，与研究机构合作时，会进行投资用于设备采购、人才招聘和技术改进。例如，丰田汽车与东京大学合作，共同研发高效节能的发动机技术，通过利用东京大学在材料科学和热力学方面的研究成果，丰田汽车成功降低了发动机的燃油消耗，提高了车辆的能效。蔚来汽车与中国科学院在技术研发、科研平台建设和人才培养等方面展开深度合作，并共建了"中国科大—蔚来智能电动汽车联合实验室"，开展基础研究和关键技术研究。

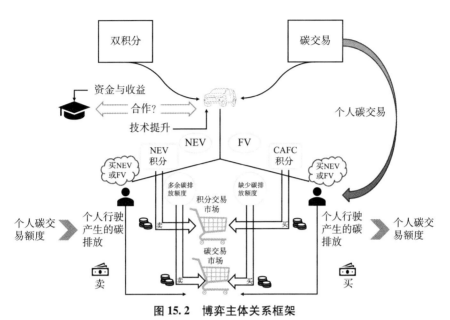

图 15. 2 博弈主体关系框架

资料来源：笔者自行绘制。

因此，通过合作可以提升汽车产品的绿色低碳水平或降低平均燃油消耗量，提升系数设为 $A_i(i=n, t)$。为更好的研究双积分和碳交易政策的影响，本章仅考虑这两种合作收益。为了激励研究机构积极参与，按一定比例分配因技术水平提升带来的双积分交易收益，制造商的分配比例为 $(1-\alpha_n)$，收益比例为 $(1+(1-\alpha_n)A_n)$。当制造商生产的产品满足消费者策略时，获得对应的利润 $\pi_i(i=n, t)$，当市场需求与制造商策略不一致时，则产品无销售，无利润产生。

假设汽车制造商生产新能源汽车可获得新能源汽车积分 C_e，生产传统燃油汽车则获得平均燃油消耗量积分 C_f，单位新能源汽车积分的市场价格为 P_d。本书假设汽车制造商生产 FV 只产生负的 CAFC 积分。考虑碳交易政策对制造商的作用，假设政府根据车辆全生命周期碳排放量和销量设定碳配额目标，当制造商生产汽车的全生命周期碳排放量 $N_i(i=n, t)$ 碳配额超过和低于碳配额 N 时，可在碳交易市场上进行交易，单位碳交易价格为 $M(N_n < N < N_t)$。汽车制造商复制动态相位图如图 15. 3（a）所示。

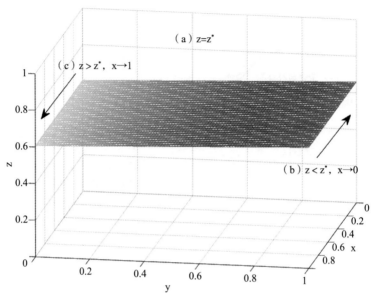

（a）汽车制造商复制动态相位

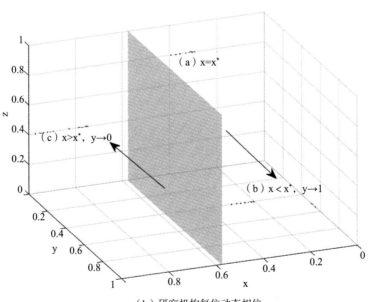

（b）研究机构复位动态相位

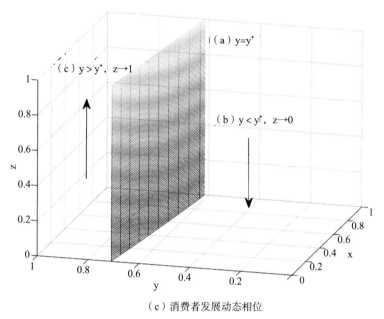

（c）消费者发展动态相位

图 15.3　复制动态相位

（3）对于研究机构来说，固有收益与成本为 R_I、C_I。当与制造商合作时，获得投资 I 与合作技术提升分配收益比例 $\alpha_n A_n$。当研究机构满足消费者购买需求时，代表研究机构的技术与设计等被认可，将吸引投资机构等对研究机构的额外投资 ΔI。研究机构复制动态相位图如图 15.3（b）所示。

（4）对于消费者来说，当消费者购买 NEV，且制造商生产新能源汽车时，获得收益 U'_n；当消费者购买 FV，且制造商生产传统能源汽车时，获得收益 U'_t。当制造商与研究机构合作时，会提高产品的体验水平，消费者收获满意度 S_i。此外，考虑个人碳交易对消费者的影响，设置个人碳排放额度为 N_u、NEV 车主一年行驶的碳排放量为 N_{d1}、FV 车主一年行驶的碳排放量为 N_{d2}。多余的碳排放量额度可以在碳交易市场上进行交易，缺少的则需要购买补偿。（$N_{d1} < N_u < N_{d2}$）。消费者复制动态相位图如图 15.3（c）所示。

相关参数符号和定义如表 15.1 所示。汽车制造商、研究机构、消费者的三方博弈支付矩阵如表 15.2 所示。

表 15.1　　　　　　　　　　参数符号说明

符号	含义	符号	含义
$V_i(i = n, t)$	汽车价值	$C_i(i = n, t)$	汽车生产成本
P_i	汽车价格	C_e	新能源汽车积分
λ	单位错配成本	C_f	平均燃油消耗量积分
$\varepsilon(0 \leqslant \varepsilon \leqslant 1)$	对续航性能的偏好度	M	单位碳交易价格
h	续航性能	P_d	单位新能源汽车积分的市场价格
$\theta(0 \leqslant \theta \leqslant 1)$	对低碳意识的偏好度	I	制造商对研究机构的投资
E	低碳意识	ΔI	投资机构等给研究机构的投资
η	充电桩覆盖率	R_I	研究机构固有的收益
$\varphi(0 \leqslant \varphi \leqslant 1)$	对充电桩覆盖率的敏感度	C_I	研究机构固有的成本
N	碳排放配额	$\alpha_i(i = n, t)$	企业与研究机构合作收益分配系数
$N_i(i = n, t)$	每辆汽车的全生命周期碳排放量	A_i	合作下研究机构产生的技术提升系数
Λ	车辆购置税	N_u	个人碳排放额度
$U_i(i = n, t)$	消费者效用函数	N_{d1}	NEV 车主一年行驶的碳排放量
$\pi_i(i = n, t)$	制造商效用函数	N_{d2}	FV 车主一年行驶的碳排放量
$S_i(i = n, t)$	消费者对汽车产品的满意度	$r_i(i = 1, 2)$	增量率

表 15.2　　　　　　　　　　支付矩阵

企业	研究机构	消费者	
		购买 NEV(z)	购买 FV(1 − z)
生产 NEV (x)	合作 (y)	$\pi'_n + (1 + (1 - \alpha_n)A_n)C_e P_d$ $+ (N - N_n)M - I$ $I + \alpha_n A_n C_e P_d + R_I - C_I + \Delta I$ $U'_n + (N_u - N_{d1})M + S_n$	$(1 + (1 - \alpha_n)A_n)C_e P_d$ $+ (N - N_n)M - I$ $I + \alpha_n A_n C_e P_d + R_I - C_I$ 0
	不合作 (1 − y)	$\pi'_n + C_e P_d + (N - N_n)M$ $R_I - C_I$ $U'_n + (N_u - N_{d1})M$	$C_e P_d + (N - N_n)M$ $R_I - C_I$ 0

企业	研究机构	消费者	
		购买 NEV(z)	购买 FV(1-z)
生产 FV (1-x)	合作 (y)	$-(1-(1-\alpha_t)A_t)C_fP_d$ $+(N-N_t)M-I$ $I+\alpha_tA_tC_fP_d+R_I-C_I$ 0	$\pi_t'-(1-(1-\alpha_t)A_t)C_fP_d$ $+(N-N_t)M-I$ $I+\alpha_tA_tC_fP_d+R_I-C_I+\Delta I$ $U_t'+(N_u-N_{d2})M+S_t$
	不合作 (1-y)	$-C_fP_d+(N-N_t)M$ R_I-C_I 0	$\pi_t'-C_fP_d+(N-N_t)M$ R_I-C_I $U_t'+(N_u-N_{d2})M$

15.3　静态双积分与静态碳交易下系统演化稳定策略

15.3.1　汽车制造商的演化稳定策略分析

根据表 15.2 中的收益矩阵，当制造商采用策略 NEVs 时，其期望收益用 Fx1 表示，如下所示：

$$Fx1 = yz\{\pi_n' + [1+(1-\alpha_n)A_n]C_eP_d+(N-N_n)M-I\}$$
$$+ y(1-z)\{[1+(1-\alpha_n)A_n]C_eP_d+(N-N_n)M-I\}$$
$$+ (1-y)z[\pi_n'+C_eP_d+(N-N_n)M]$$
$$+ (1-y)(1-z)[C_eP_d+(N-N_n)M] \tag{15.9}$$

采用 FVs 策略的制造商的期望收益如下：

$$Fx2 = yz\{-[1-(1-\alpha_t)A_t]C_fP_d+(N-N_t)M-I\}$$
$$+ y(1-z)\{\pi_t'-[1-(1-\alpha_t)A_t]C_fP_d+(N-N_t)M-I\}$$
$$+ (1-y)z[-C_fP_d+(N-N_t)M]$$
$$+ (1-y)(1-z)[\pi_t'-C_fP_d+(N-N_t)M] \tag{15.10}$$

制造商平均期望收益如下：

$$\overline{Fx} = xFx1+(1-x)Fx2 \tag{15.11}$$

汽车制造商的复制动态方程 F(x) 为：

$$F(x) = \frac{dx}{dt} = x(Fx1-\overline{Fx}) = x(1-x)(MN_t-MN_n+z\pi_n'+(z-1)\pi_t'$$

$$+ P_d C_f + C_e - yC_e (-1 + \alpha_n) A_n$$
$$+ yC_f (-1 + \alpha_t) A_t)) \tag{15.12}$$

15.3.2 研究机构的演化稳定策略分析

研究机构采取合作策略的期望收益记为 Fy1，如下所示：

$$Fy1 = xz(I + \alpha_n A_n C_e P_d + R_I - C_I + \Delta I) + x(1 - z)(I + \alpha_n A_n C_e P_d$$
$$+ R_I - C_I) + (1 - x)z(I + \alpha_t A_t C_f P_d + R_I - C_I)$$
$$+ (1 - x)(1 - z)(I + \alpha_t A_t C_f P_d + R_I - C_I + \Delta I) \tag{15.13}$$

采用不合作策略时的期望收益如下：

$$Fy2 = xz(R_I - C_I) + x(1 - z)(R_I - C_I) + (1 - x)z(R_I - C_I)$$
$$+ (1 - x)(1 - z)(R_I - C_I) \tag{15.14}$$

研究机构平均期望收益如下：

$$\overline{Fy} = yFy1 + (1 - y)Fy2 \tag{15.15}$$

研究机构的复制动态方程 F(y) 为：

$$F(y) = \frac{dy}{dt} = y(Fy1 - \overline{Fy}) = y(1 - y)(I + \Delta I - z\Delta I - x(1 - 2z)\Delta I$$
$$+ P_d(x\alpha_n A_n C_e + (1 - x)\alpha_t A_t C_f)) \tag{15.16}$$

15.3.3 消费者的演化稳定策略分析

消费者采取购买 NEV 策略的期望收益记为 Fz1，如下所示：

$$Fz1 = xy[U'_n + (N_u - N_{d1})M + S_n] + x(1 - y)[U'_n + (N_u - N_{d1})M]$$
$$\tag{15.17}$$

采用购买 FV 策略时的期望收益如下：

$$Fz2 = (1 - x)y[U'_t + (N_u - N_{d2})M + S_t]$$
$$+ (1 - x)(1 - y)[U'_t + (N_u - N_{d2})M] \tag{15.18}$$

消费者平均期望收益如下：

$$\overline{Fz} = zFz1 + (1 - z)Fz2 \tag{15.19}$$

消费者的复制动态方程 F(z) 为：

$$F(z) = \frac{dz}{dt} = z(Fz1 - \overline{Fz}) = z(1 - z)[(1 - x)MN_{d2} - MxN_{d1} + (2x - 1)MN_u$$
$$+ xyS_n - yS_t + xyS_t + xU'_n + (x - 1)U'] \tag{15.20}$$

15.3.4　考虑静态双积分和静态碳交易的系统演化稳定策略分析

通过前文，可得汽车制造商、研究机构与消费者三方构成的复制动态方程（Ⅰ）：

$$
\begin{cases}
\begin{aligned}
F(x) = \dfrac{dx}{dt} = x(Fx1 - \overline{Fx}) &= x(1-x)(MN_t - MN_n + z\pi_n' + (z-1)\pi_t' \\
&\quad + P_d(C_f + C_e - y(\alpha_n - 1)C_eA_n \\
&\quad + y(\alpha_t - 1)C_fA_t)) \\
F(y) = \dfrac{dy}{dt} = y(Fy1 - \overline{Fy}) &= y(1-y)(I + \Delta I - z\Delta I - x(1-2z)\Delta I \\
&\quad + P_d(x\alpha_n A_n C_e + (1-x)\alpha_t A_t C_f)) \\
F(z) = \dfrac{dz}{dt} = z(Fz1 - \overline{Fz}) &= z(1-z)((1-x)MN_{d2} - MxN_{d1} + (2x-1)MN_u \\
&\quad + xyS_n - yS_t + xyS_t + xU_n' + (x-1)U'))
\end{aligned}
\end{cases}
$$

$$\tag{15.21}$$

设 $F(x)=0$，$F(y)=0$，$F(z)=0$，可推导出系统的 8 个特殊平衡点，分别为 E1(0，0，0)，E2(1，0，0)，E3(0，1，0)，E4(0，0，1)，E5(1，1，0)，E6(1，0，1)，E7(0，1，1)，E8(1，1，1)。基于 Lyapunov 稳定性理论，本章使用雅可比矩阵，记为 J_a，分析上述 8 个平衡点的稳定性。

$$
J_a = \begin{pmatrix}
\begin{aligned}
&(1-2x)(MN_t - MN_n + z\pi_n' \\
&+ (z-1)\pi_t' + P_d(C_f + C_e \\
&- y(\alpha_n - 1)C_eA_n \\
&+ y(\alpha_t - 1)C_fA_t))
\end{aligned}
&
\begin{aligned}
&(1-x)xP_d(C_f(\alpha_t - 1)A_t \\
&- C_e(\alpha_n - 1)A_n)
\end{aligned}
&
(1-x)x(\pi_n' + \pi_t') \\[2em]
\begin{aligned}
&(1-y)y(P_d(C_e\alpha_n A_n \\
&- C_f\alpha_t A_t) + (2z \\
&- 1)\Delta I)
\end{aligned}
&
\begin{aligned}
&(1-2y)(I + \Delta I \\
&- z\Delta I - x(1-2z)\Delta I \\
&+ P_d(x\alpha_n A_n C_e \\
&+ (1-x)\alpha_t A_t C_f))
\end{aligned}
&
(y-1)y(1-2x)\Delta I \\[2em]
\begin{aligned}
&(1-z)z(y(S_n + S_t) \\
&+ U_n' + U_t' - M(N_{d1} \\
&+ N_{d2} - 2N_u))
\end{aligned}
&
\begin{aligned}
&(1-z)z(xS_n \\
&+ (x-1)S_t)
\end{aligned}
&
\begin{aligned}
&(1-2z)((1-x)MN_{d2} \\
&- MxN_{d1} + (2x-1)MN_u \\
&+ xyS_n - yS_t + xyS_t + xU_n' \\
&+ (x-1)U')
\end{aligned}
\end{pmatrix}
$$

$$\tag{15.22}$$

由表 15.3 可以看出，双积分与碳交易政策下汽车产业发展参与者的行为策略演化受到多种因素的影响。下面将详细讨论这些因素在不同情况下对稳定点的影响。

表 15.3　　　　　　　　　　静态稳定性分析

均衡点	Jacobian 矩阵特征值		稳定性	条件
	λ_1，λ_2，λ_3	符号		
(0, 0, 0)	$P_d(C_e + C_f) - \prod'_t - MN_n + MN_t$	×	不稳定	—
	$I + \Delta I + \alpha_t C_f A_t P_d$	+		
	$MN_{d2} - U'_t - MN_u$	×		
(1, 0, 0)	$\prod'_t - P_d(C_e + C_f) + MN_n - MN_t$	×	不稳定	—
	$I + \alpha_n C_e A_n P_d$	+		
	$U'_n - MN_{d1} + MN_u$	×		
(0, 1, 0)	$P_d(C_f(A_t(\alpha_t - 1) + 1) - C_e(A_n(\alpha_n - 1) - 1)) - \prod'_t - MN_n + MN_t$	×	ESS	①
	$-I - \Delta I - \alpha_t C_f A_t P_d$	−		
	$MN_{d2} - U'_t - S_t - MN_u$	×		
(0, 0, 1)	$\prod'_n + P_d(C_e + C_f) - MN_n + MN_t$	+	不稳定	—
	$I + A_t C_f A_t P_d$	+		
	$U'_t - MN_{d2} + MN_u$	×		
(1, 1, 0)	$\prod'_t - P_d(C_f(A_t(\alpha_t - 1) + 1) - C_e(A_n(\alpha_n - 1) - 1)) + MN_n - MN_t$	×	不稳定	—
	$-I - \alpha_n C_e A_n P_d$	−		
	$S_n + U'_n - MN_{d1} + MN_u$	+		
(1, 0, 1)	$MN_n - P_d(C_e + C_f) - \prod'_n - MN_t$	×	不稳定	—
	$I + \Delta I + \alpha_n C_e A_n P_d$	+		
	$MN_{d1} - U'_n - MN_u$	−		

均衡点	Jacobian 矩阵特征值		稳定性	条件
	λ_1，λ_2，λ_3	符号		
(0，1，1)	$\prod'_n + P_d(C_f(A_t(\alpha_t - 1) + 1)$ $- C_e(A_n(\alpha_n - 1) - 1)) - MN_n + MN_t$	+	不稳定	—
	$- I - A_t C_f A_t P_d$	−		
	$S_t + U'_t - MN_{d2} + MN_u$	×		
(1，1，1)	$MN_n - P_d(C_f(A_t(\alpha_t - 1) + 1)$ $- C_e(A_n(\alpha_n - 1) - 1)) - \prod_n - MN_t$	×	ESS	②
	$- I - \Delta I - \alpha_n C_e A_n P_d$	−		
	$MN_{d1} - U_n - S_n - MN_u$			

注1：① $P_d(C_f - C_e(A_n(\alpha_n - 1) - 1) + C_f A_t(\alpha_t - 1)) - MN_n + MN_t < \prod'_t$；

② $MN_n - P_d(C_f - C_e(A_n(\alpha_n - 1) - 1) + C_f A_t(\alpha_t - 1)) - MN_t < \prod'_n$。

推论1：当满足①时，系统中（0，1，0）为稳定点。在这种情况下，汽车制造商选择生产燃油汽车，研究机构选择与汽车制造商合作，消费者选择购买燃油汽车。当制造商生产汽车产品所获得的双积分收益差值与碳交易收益差值之和小于生产燃油汽车利润时，制造商选择生产燃油汽车以实现其利益最大化。研究机构也会积极参与制造商合作，通过降低燃油汽车的平均燃油消耗量，减少其碳排放量，从中获取来自制造商的分配收益。研究机构与燃油汽车制造商合作，降低个人碳交易支出，提高消费者对燃油汽车的满意度，从而使消费者选择购买燃油汽车。

推论2：当满足②时，系统中（1，1，1）为稳定点。在这种情况下，汽车制造商选择生产新能源汽车，研究机构选择与汽车制造商合作，消费者选择购买新能源汽车。当制造商生产汽车产品所获得的双积分收益差值与碳交易收益差值之和小于生产新能源汽车利润时，制造商选择生产新能源汽车以实现其利润最大化。研究机构也会积极参与制造商合作，通过提升新能源汽车的低碳水平，使制造商获得更高的新能源积分与可交易的碳交易量，进而获取更多的分配收益。消费者也会因为研究机构与新能源汽车制造商合作，增加原有的个人碳交易收入，并且提高对新能源汽车的满意度，从而选择购买新能源汽车。

15.4 动态双积分与动态碳交易下系统演化稳定策略

市场供需变化影响积分与碳交易价格，供大于求时价格下降。新能源汽车企业增长会导致积分与碳排放权供给过量，价格下跌，从而阻碍新能源汽车扩散。为促进新能源汽车产业高质量发展，需要在动态政策下研究单位新能源积分与碳交易市场价格的影响。考虑生产燃油汽车企业在积分与碳交易市场上大多处于购买端，假定生产燃油车的企业必须购买额外积分与碳配额，生产新能源汽车的企业则可出售多余积分与碳配额。

假设积分与碳交易价格随着市场上新能源汽车制造商数量增加而下降，即将等式中的 P_d 替换为 $P_d(x) = r_1(1-x)P_d$，M 替换为 $M(x) = r_2(1-x)M$，其中 r_1、r_2 表示双积分与碳交易增量率，得到新复制动态方程（Ⅱ）。在此基础上进行计算分析，得到动态政策下 8 个平衡点的稳定性，如表 15.4 所示。

$$
\begin{cases}
F(x) = \dfrac{dx}{dt} = x(Fx1 - \overline{Fx}) = x(1-x)(M(x)N_t - M(x)N_n + z\pi'_n \\
\qquad + (z-1)\pi'_t + P_d(x)(C_f + C_e - y(\alpha_n - 1)C_eA_n \\
\qquad + y(\alpha_t - 1)C_fA_t)) \\[2mm]
F(y) = \dfrac{dy}{dt} = y(Fy1 - \overline{Fy}) = y(1-y)(I + \Delta I - z\Delta I - x(1-2z)\Delta I \\
\qquad + P_d(x)(x\alpha_n A_n C_e + (1-x)\alpha_t A_t C_f)) \\[2mm]
F(z) = \dfrac{dz}{dt} = z(Fz1 - \overline{Fz}) = z(1-z)((1-x)M(x)N_{d2} - M(x)xN_{d1} \\
\qquad + (2x-1)M(x)N_u + xyS_n - yS_t + xyS_t \\
\qquad + xU'_n + (x-1)U')
\end{cases}
$$

$$(15.23)$$

$$Jd = \begin{pmatrix} \begin{array}{l} (z-2xz)\pi_n' + (-1+2x+z \\ -2xz)\pi_t' + (-1+x)(-1+3x) \\ (M(-N_n+N_t)r_2 + P_dr_1(C_f \\ +C_e(1-y(-1+\alpha_n)A_n) \\ +yC_f(-1+\alpha_t)A_t)) \end{array} & \begin{array}{l} (x-1)^2xP_dr_1(-C_e(-1 \\ +\alpha_n)A_n + C_f(-1 \\ +\alpha_t)A_t) \end{array} & (1-x)x(\pi_n'+\pi_t') \\ \\ \begin{array}{l} (1-y)y((-1+2z)\Delta I + \\ P_dr_1((1-2x)C_e\alpha_nA_n \\ +2(-1+x)C_f\alpha_tA_t)) \end{array} & \begin{array}{l} (1-2y)(I+\Delta I+(1+r)(1-x) \\ P_d(xC_e\alpha_n(1+A_n) \\ +(-1+x)C_f\alpha_t(-1+A_t))) \end{array} & (1-2x)(y-1)y\Delta I \\ \\ \begin{array}{l} (1-z)z(Mr_2((-1 \\ +2x)N_{d1}+2(-1+x)N_{d2} \\ +(3-4x)N_u)+y(S_n+S_t) \\ +U_n'+U_t')) \end{array} & (1-z)z(xS_n+(-1+x)S_t) & \begin{array}{l} (1-2z)(M(-1+x)xN_{d1}r_2 \\ +M(-1+x)^2N_{d2}r_2 \\ -M(-1+x)(-1+2x)N_ur_2 \\ +xyS_n-yS_t+xyS_t+xU_n' \\ +(-1+x)U_t') \end{array} \end{pmatrix}$$

$$(15.24)$$

表 15.4   双重动态政策稳定性分析

均衡点	Jacobian 矩阵特征值		稳定性	条件
	λ_1，λ_2，λ_3	符号		
(0, 0, 0)	$P_dr_1(C_e+C_f) - \prod_t' - Mr_2(N_n-N_t)$	×	不稳定	—
	$\Delta I + I + \alpha_tA_tC_fP_dr_1$	+		
	$MN_{d2}r_2 - U_t' - MN_ur_2$	×		
(1, 0, 0)	$\prod_t'$	+	不稳定	—
	I	+		
	U_n'	+		
(0, 1, 0)	$P_dr_1(C_f - C_e(A_n(\alpha_n-1)-1)+A_tC_f(\alpha_t-1))$ $-Mr_2(N_n-N_t) - \prod_t'$	×	ESS	③
	$-\Delta I - I - \alpha_tA_tC_fP_dr_1$	−		
	$MN_{d2}r_2 - U_t' - S_t - MN_ur_2$	×		
(0, 0, 1)	$\prod_n' + P_dr_1(C_e+C_f) - Mr_2(N_n-N_t)$	+	不稳定	—
	$I + \alpha_tA_tC_fP_dr_1$	+		
	$U_t' - MN_{d2}r_2 + MN_ur_2$	×		

均衡点	Jacobian 矩阵特征值		稳定性	条件
	λ_1，λ_2，λ_3	符号		
(1, 1, 0)	$\prod_t'$	+	不稳定	—
	$-I$	$-$		
	$S_n + U_n'$	+		
(1, 0, 1)	$-\prod_n'$	$-$	不稳定	—
	$\Delta I + I$	+		
	$-U_n'$	$-$		
(0, 1, 1)	$\prod_n' - Mr_2(N_n - N_t)$ $+ P_d r_1(C_f - C_e(A_n(\alpha_n - 1) - 1) + A_t C_f(\alpha_t - 1))$	×	不稳定	—
	$-I - \alpha_t A_t C_f P_d r_1$	$-$		
	$S_t + U_t' - MN_{d2} r_2 + MN_u r_2$	×		
(1, 1, 1)	$-\prod_n'$	$-$	ESS	—
	$-\Delta I - I$	$-$		
	$-S_n - U_n'$	$-$		

注2：③ $P_d r_1(C_f - C_e(A_n(\alpha_n - 1) - 1) + A_t C_f(\alpha_t - 1)) - Mr_2(N_n - N_t) < \prod_t'$；$MN_{d2} r_2 - MN_u r_2 < U_t' + S_t$。

推论3：当满足③时，复制动态系统点（0，1，0）为稳定点。受到动态双积分价格 $P_d(x)$ 与动态碳交易价格 $M(x)$ 的影响，与推论1相似，汽车制造商选择生产燃油汽车，研究机构与其合作，消费者购买燃油汽车。但在动态价格影响下，当价格上涨时，制造商会转向生产新能源汽车以追求市场利益最大化，从而不再稳定。

15.5　数值仿真分析

实证分析作为一种科学的分析方法，通常以定量工具为基础，对现实情况进行解释。本章基于中国新能源汽车行业的相关数据，进行实证分析，进一步检验上述模型的适用性和准确性，具体模型参数初始值如

表 15.5 所示。

比亚迪作为中国新能源车企的领头羊，2023 年全年销售 3024417 辆，同比增长 61.9%[①]，本章选择比亚迪车企数据作为实际数据来源。其中近一年来，销量最为畅销的车型是比亚迪秦 PLUS DM - I，其市场指导价为 7.58 万 ~ 12.58 万元。燃油车与之相对应的选择了市场销量前列，且价格相近的大众朗逸作为实际参考数据，其市场指导价为 7.99 万 ~ 15.19 万元。考虑一般 10 万 ~ 20 万元汽车生产制造成本为售价的 40% ~ 60%，车辆购置税为售价 10%（Liao and Tan，2023）。截至 2023 年底，我国充电基础设施累计达 859.6 万台[②]，全国新能源汽车保有量达 2041 万辆[③]，设置 η 为 0.42。

对于企业产生的平均燃料消耗量与新能源汽车积分，本章参考文献（Wang et al.，2023）的计算方式与参数，在此基础上根据新版修订双积分对纯电动乘用车标准车型积分计算系数的调整，以及《乘用车燃料消耗量评价方法及指标》，更新参数。以同一款纯电动车型为例，调整前后单车积分下降 0.6 ~ 1.2 分不等，下降幅度 30% ~ 40%[④]。同时，在计算企业平均燃料消耗量时，其生产或进口量应乘以一个倍数，调整 2024 年倍数为 1.3。最终计算出单辆新能源汽车积分 C_e、平均燃料消耗积分 C_f 分别为 1.3 与 3。根据 2023 年工信部发布的《乘用车企业平均燃料消耗量与新能源汽车积分并行管理实施情况年度报告》，积分交易均价在 1000 元/分附近。在碳价方面，我国碳交易市场尚不完善，而欧盟碳市场（EU ETS）是世界上运行时间最长、规模最大的碳排放交易体系。采用欧盟碳价作为参考，能使中国新能源汽车的碳排放核算符合国际标准，减少因欧盟和美国实施"碳壁垒"导致的出口障碍。参考欧盟碳排放交易价格，2024 年上半年欧盟碳价 54.21 ~ 79.69EUR[⑤]。新

①　比亚迪官网. 比亚迪年销破 300 万，中国的冠军，世界的冠军［EB/OL］.［2024 - 01 - 02］. https：//www. bydauto. com. cn/pc/newsList/detail/? id = 497.

②　中国青年网. 截至 2023 年底我国累计建成充电基础设施 859.6 万台［EB/OL］.［2024 - 03 - 18］. https：//baijiahao. baidu. com/s? id = 1793812684020108447 - &wfr = spider&for = pc.

③　Trading Economics. EU Carbon Permits（EUR）［EB/OL］.［2024 - 07 - 01］. https：// zh. tradingeconomics. com/commodity/carbon.

④　清华大学互联网产业研究院. 对乘用车企业《"双积分"管理办法》新政的解读与思考［EB/OL］.［2023 - 08 - 15］. https：//www. iii. tsinghua. edu. cn/info/1131/35 - 62. htm.

⑤　人民网. 全国碳市场今日开市［EB/OL］.［2021 - 07 - 16］. https：//m. gmw. cn/baiji- a/2021 - 07/16/1302409303. html.

能源汽车和燃油汽车的单车碳排放量分别设定为20t和50t[①]。

在车企与研究机构合作中，新能源汽车技术提升系数参考比亚迪发布的第二代刀片电池，其电池能量密度将高达190Wh/kg，较前代提升近36%。根据《乘用车燃料消耗量限值》（GB 19578 – 2021）[②]，计算出大众朗逸的燃油消耗量限值为8.058L，又因其百千米耗油量为5.92L，故设置燃油车技术提升系数为27%。

电动汽车行驶碳排放量 = 行驶里程×电动汽车单位行驶里程碳排放系数。私家车年平均行驶里程值为14332千米[③]，比亚迪秦PLUS DM – I的百千米耗电量为11.7 ~ 14.5kWh，单位电量的碳排放是0.6975 ~ 0.7315kg，电动汽车单位行驶里程碳排放系数为百千米耗电量×单位电的碳排放，故设置$N_{d1} = 1.3$吨/辆。燃油汽车行驶碳排放量 = 行驶里程×燃油车单位行驶里程二氧化碳排放系数，FV的碳排放系数为0.14千克/千米，故设置N_{d2}为2.1吨/辆。个人碳配额参考文献[④]，$N_u = 2$。

假设$\lambda = 0.7$；$\varepsilon = h = \theta = E = \varphi = 0.5$；$\alpha_n = \alpha_t = 50\%$；$I = 0.33$，$\Delta I = 0.1$；$S_n = 1.2$，$S_t = 2.2$。

406

表15.5   关键参数赋值

符号	初始值	单位	符号	初始值	单位
P_n	10.5	万元/辆	C_e	1.3	—
P_t	9.5	万元/辆	C_f	3	—
λ	0.7	—	M	0.05	万元/吨
ε	0.5	—	P_d	0.1	万元
h	0.5	—	I	0.33	万元/辆
θ	0.5	—	ΔI	0.1	万元/辆
E	0.5	—	α_n	50	%

① Qinyu Qiao, Fuquan Zhao, Zongwei Liu, Xin He, Han Hao. Life cycle greenhouse gas emissions of Electric Vehicles in China：Combining the vehicle cycle and fuel cycle［J］. Energy, 2019，177：222 – 233.

② 中华人民共和国工业和信息化部乘用车燃料消耗量限值. GB 19578 – 2021. 2021 – 02 – 20.

③④ Qingyun Nie, Lihui Zhang, Songrui Li. How can personal carbon trading be applied in electric vehicle subsidies? A Stackelberg game method in private vehicles［J］. Applied Energy, 2022, 313：118855.

符号	初始值	单位	符号	初始值	单位
φ	0.5	—	α_t	50	%
η	0.42	—	A_n	36	%
N_n	20	吨/辆	A_t	27	%
N_t	50	吨/辆	N_u	2	吨/辆
Λ	0.95	万元/辆	N_{d1}	1.3	吨/辆
β	0.3	—	N_{d2}	2.1	吨/辆
S_n	1.2		S_t	2.2	—

15.5.1 两种政策组合机制下的系统演化趋势

对上述数据进行数值模拟，目的是确定汽车制造商、研究机构和消费者的演化策略能否随着时间的推移达到稳定状态。图 15.4 显示了两种机制下的演化，结果与演化稳定点分析一致。

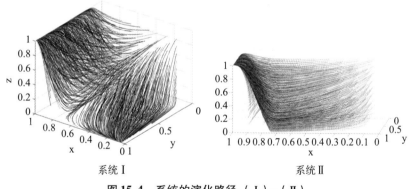

系统 I   系统 II

图 15.4　系统的演化路径 （I）~（II）

15.5.2 初始策略变化的系统演化影响

为保证三方主体不存在决策偏好，设置主体初始策略为（0.5，0.5，0.5）。在静态系统 I 与动态系统 II 下，不同主体初始策略选择变化的演化结果如图 15.5 所示。

407

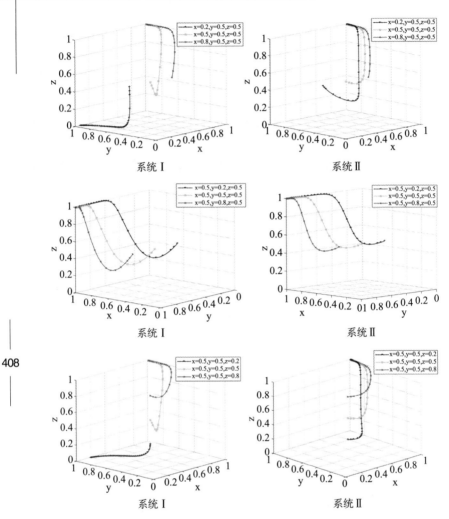

图 15.5　初始策略选择的变化对演化结果的影响

　　三个主体在两种系统下的初始策略选择改变了演化速度和进程，证明了本研究模型的有效性。从图中可以看出，在系统Ⅰ情景下，当新能源汽车初始扩散率较低时，即 x = 0.2，系统最终会向着（0，1，0）演化，反之则向着（1，1，1）演化，且初始扩散率越高，演化速度越快越稳定。在系统Ⅱ情景下，当 x = 0.2 时，不同于系统Ⅰ向（0，1，0）演化，系统Ⅱ转而向（1，1，1）演化。这表明汽车制造商在选择生产新能源汽车或燃油汽车时，受到自身初始策略选择的影响，为了减少风险，往往倾向于继续选择熟悉的策略。但当实施了动态双积分与动态碳交易，汽车制造商因利益驱动，愿意承受转型带来的风险，选择生产新能源汽车。新政策的实行与不断调整，也使得原来的新能源汽车制造商不得不重新规划与布局，以适应新形势。

在系统 I 和系统 II 下，研究机构的初始合作意愿大小无法改变系统向（1，1，1）演化，但初始合作意愿越高，演化速度越快越稳定，且在系统 II 下演化更稳定。这表明随着时间的演化，研究机构由于自身性质的特殊，其本身难以满足研究资金的支出，研究成果转化也要依靠他人，需要与其他企业或者部门合作。因此研究机构的最终选择都是与汽车制造商合作。在研究机构合作参与下，汽车产品的绿色低碳水平会得到提升，在动态政策下使得消费者收益增加，放大其购买倾向。消费者与制造商类似，考虑个人碳交易的消费者在动态政策下更倾向于购买新能源汽车。但在系统 II 中，当消费者倾向于购买新能源汽车时，且研究机构初步倾向合作时，系统演化速度更快。这表明成熟市场需求和研究机构合作的协同作用能够加速汽车市场向新能源转变，形成技术进步与市场接受度之间的正反馈。研究机构的合作加速了技术创新，降低了新能源汽车的成本，提高了性能，从而进一步提升了市场接受度。市场对新能源汽车的高需求反过来促进了企业和研究机构的进一步投入，加速了技术进步。

15.5.3 动态双积分与动态碳交易价格对新能源汽车扩散的影响

在双积分与碳交易政策双重作用下，新能源汽车扩散受到积分交易价格和碳交易价格的共同影响。在动态系统 II 中，受到市场供求关系的影响，新能源汽车扩散也反作用于积分交易价格和碳交易价格。本章分别在新能源汽车初始扩散率低、中、高三种情况下，再设置 9 种不同强度的价格组合，以研究其影响。

从图 15.6 中可以看出，当初始比例 $x = 0.2$ 时，即新能源汽车扩散率较低情况下，双积分和碳交易价格对其发展的影响较为明显。在低中价格组合下（如 $r_1 = 0.2$，$r_2 = 0.5$；$r_1 = 1$，$r_2 = 1$ 等），这种组合力度不足，无法维持甚至提升扩散率。初期的上升可能是由于短期政策激励，但长期来看，扩散率无法自我维持增长，最终完全衰退。高价格组合（如 $r_1 = 5$，$r_2 = 0.5$；$r_1 = 0.2$，$r_2 = 2$ 等）虽然这些组合可以推动扩散率显著增长，但受限于其他市场因素，如消费者接受度、基础设施建设等，无法实现明显扩散。政策应考虑综合提高市场基础条件，才能配合高价格组合达到更高效果。

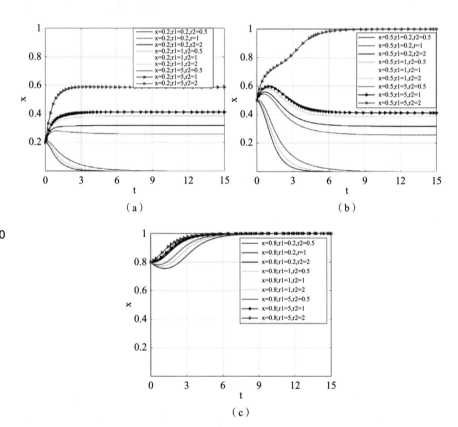

图 15.6   不同新能源汽车市场比例下价格组合的影响

当初始比例 $x = 0.5$ 时，即新能源汽车扩散率达到一半时，不同价格组合对其发展的影响更为显著，政策的协同效应开始显现。中低价格组合（如 $r_1 = 0.2$，$r_2 = 0.5$；$r_1 = 1$，$r_2 = 1$ 等）下扩散率不断消退，说明市场需要更强的政策推动力来防止萎缩。高价格组合（除 $r_1 = 5$，$r_2 = 2$ 外）使扩散率在经过短暂的上升后下降，并在一定时间后趋于稳定，但未能在中长期实现明显扩散。只有高积分交易价格和高碳交易价格的组合能够最大化扩散率的提升，特别是高碳交易价格能够弥补积分交易价格的不足（如 $r_1 = 5$，$r_2 = 2$）。在新能源汽车市场发展中期，政府应平衡积分交易价格和碳交易价格，保持两者的高水平，以维持市场增长动能。

当初始比例 $x = 0.8$ 时，即新能源汽车扩散率较高情况下，不同价格组合影响不显著，总体各价格组合下都趋于1。只有中低价格组合时（如 $r_1 = 0.2$，$r_2 = 0.2$ 等），扩散率在初期略有下降，但最终仍趋于1。这表明在较高初始比例下，市场已经具备较强的自我驱动能力，即使政策力度变化不大，市场也能保持较高的扩散率。说明当市场渗透率达到一定程度后，政策可以逐步放松，转向其他支持措施，如基础设施建设、技术创新激励等。

15.5.4　参数敏感性分析

通过对比静态系统 I 和动态系统 II 下的参数变化，可以更细致地理解各个参数对新能源汽车扩散率的影响。下面从技术提升系数 A_i、收益分配系数 α_i、制造商对研究机构投资 I、消费者满意度 S_i 四个方面进行详细分析，如图15.7、图15.8所示。

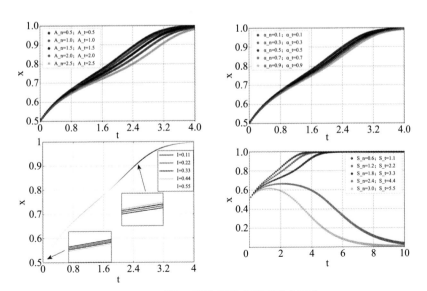

图15.7　系统 I 下的制造商策略动态演化

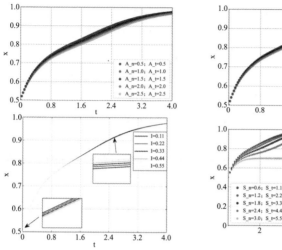

图 15.8　系统 II 下的制造商策略动态演化

（1）技术提升系数 A_n、A_t。

在静态系统 I 中，技术提升系数 A_n、A_t 随时间变化，能够有效推动新能源汽车扩散率的增长。不同的技术提升系数曲线表明，随着时间的推移，技术提升系数越高，新能源汽车企业的市场占有比例增长越慢。这表明在静态系统中，尽管技术提升能推动市场份额的增加，但较高的技术提升可能需要更多成本投入导致市场吸引力减弱。具有较高技术水平的燃油车也会吸引消费者，从而影响扩散率。而在动态系统 II 中，技术提升的初期效应显著，因为初期市场反应较快。随着时间的推移，市场逐渐饱和，技术提升对市场份额的推动作用减弱，技术提升波动性减小，市场趋于稳定。

（2）收益分配系数 α_n、α_t。

合理的收益分配机制能够激励研究机构积极参与合作，从而促进技术提升和新能源汽车扩散率的增加。在静态系统 I 中，收益分配的效果是逐步显现的，并随时间趋于稳定。动态系统 II 中的前期效应明显，收益分配在初期能够显著提升研究机构的参与积极性，加快技术进步，进而推动市场份额增长。后期市场逐渐稳定，收益分配的边际效应减弱。

（3）制造商对研究机构投资 I。

在静态系统 I 中，投资额对新能源汽车扩散率的影响表现为一种平稳的增长趋势。投资额并非越高越好，由于前期市场对投资的敏感性较高，较低的投资能够迅速见效，而过高的投资在短期内可能无法完全转化为扩散增长动力，反而可能带来资源浪费。对比图 15.8（c）和图 15.9（c），可以看出在动态系统Ⅱ中，前期演化路径更为陡峭，说明市场前期效应被进一步放大，初期投资具有高回报率，但随着市场逐渐饱和，投资的边际效应减弱，扩散率增长趋于平稳。

（4）消费者满意度 S_n、S_t。

在静态系统Ⅰ中，消费者满意度 S_n、S_t 在前期都对新能源汽车扩散率起到了推动作用，但到后期随着消费者对不同汽车产品满意度差距的扩大，当对燃油车的喜好远大于新能源汽车时，扩散率迅速下降。这反映了消费者偏好的变化趋势，如果不持续提升新能源汽车的竞争力，那么燃油车的优势可能显现，冲击原有新能源汽车市场。在动态系统Ⅱ中，整体的增长速度加快。原先起萎缩作用的满意度反而起推动作用，是因为企业和政策制定者更灵活地进行资源配置和策略调整，确保新能源汽车持续保持竞争力。这种持续的提升有助于保持甚至提高消费者对新能源汽车的满意度，缩小与燃油车的满意度差距。随着市场饱和，满意度边际效应减弱，较低满意度的后期增长速度被放缓，需要通过创新和服务提升来保持市场竞争力。

对比静动态系统下参数敏感性的变化，可以发现：一方面，动态系统Ⅱ考虑了市场反馈机制，即市场对各种因素变化的实时反应。在新能源汽车市场发展初期，敏感性更高，对技术提升、收益分配、投资和消费者满意度等因素的积极反馈往往更为明显，这会加速新能源汽车扩散率的增长。然而，随着市场的饱和与消费者满意度的稳定，市场反馈会逐渐减弱，导致扩散率增长速度放缓。另一方面，动态系统Ⅱ考虑了边际效应递减。在经济学中，边际效应递减的原理是指增加一单位资源对产出的增加逐渐减少。随着市场逐渐饱和，新增投入的资源利用效率降低，各参数对扩散率增长的边际效应会逐渐显现。因此，尽管在初期投入一定资源可能会带来显著的扩散率增长，但随着市场饱和，这种增长速度会减缓。

15.6　结论与政策建议

为研究在动态双积分与碳交易政策下新能源汽车的扩散，本章基于引用后悔理论的 Hotelling 模型，运用演化博弈，构建了汽车制造商、研究机构与消费者三者之间的三方演化博弈模型，并在动静政策视角下讨论，综合考虑其他因素的影响作用。最后在结合目前中国汽车产业实际情况下，进行分析并提出相关建议，结论及建议如下：

（1）在静态双积分与静态碳交易机制下，存在两个稳定点，而在动态双积分与动态碳交易机制下，演化曲线最终只存在唯一稳定点（1，1，1），且动态碳交易的影响更大。

（2）研究发现在静态系统 I 和动态系统 II 下，三方主体初始策略的不同导致了演化速度和结果的变化。汽车制造商受到原有汽车产业策略选择影响，在面临生产新能源汽车和传统燃油汽车时倾向于选择熟悉的策略，但在实施动态政策后，却转而愿意承担转型风险选择新能源汽车。研究机构则因自身特性需要与汽车制造商合作，对低碳绿色汽车产品的研发和推广起到重要作用。成熟市场需求和研究机构合作的协同作用能够加速汽车市场向新能源转变，形成技术进步与市场接受度之间的正反馈。

（3）在双积分与碳交易政策结合下，通过动态系统 II 分析了新能源汽车初始扩散率不同条件下，积分和碳交易低中高 9 种价格组合对新能源汽车扩散的影响。当新能源汽车扩散率较低时，低中价格组合无法维持增长，而高价格组合能显著推动增长但受限于其他因素；中等新能源汽车扩散率下，中低价格组合使扩散率消退，高价格组合则短期有效，长期则需高积分和高碳交易价格组合维持增长；高新能源汽车扩散率下，各价格组合影响不显著，市场自驱力强。新能源汽车市场发展初期应综合提高基础条件和价格激励，中期需平衡积分与碳交易价格，后期则可放松政策，转向基础设施和技术创新支持。此细分市场比例和多种价格组合的研究方法为政策制定提供了新视角，助力新能源汽车市场的健康发展。

（4）通过对比静态系统 I 和动态系统 II 下不同参数的变化，揭示了动态系统 II 在新能源汽车扩散中的优势。静态系统 I 下，技术提升、收益分配和投资对新能源汽车扩散率有稳定推动作用，但高技术提升因边际效应递减和成本增加导致市场吸引力减弱，前期过高投资则因投资效率递减和资源浪费导致扩散率增长有限。消费者满意度初期推动市场，但后期若竞争力不持续提升，燃油车优势显现会导致扩散率下降。动态系统 II 中，新能源汽车市场发展初期对技术提升、收益分配和投资的反应迅速，显著提升扩散率，但随着市场饱和，这些影响减弱，市场趋于稳定。动态系统 II 能更好保持竞争力增长，缩小了新能源汽车与燃油车的满意度差距，推动扩散率增加。动态系统 II 更能反映市场的实时反馈机制和边际效应递减现象，揭示了市场初期投资和政策激励的高回报率，以及后期需要持续创新和服务提升以维持竞争力的必要性。

针对上述所得结论，再结合现实情况，提出以下建议：

（1）政府：新能源汽车积分交易价格和碳交易价格并非越高越好，政府应制定更具灵活性和动态性的政策，以适应不同阶段的产业发展和碳减排需求。结合双积分与碳交易政策，并根据市场反馈及时调整，合理设置双积分价格和碳交易价格。在新能源汽车扩散率较低的初期，应综合提高市场基础条件，如建设充电基础设施、提供购车补贴等，并适度提高积分和碳交易价格，激励市场增长；中期，政府应平衡积分交易价格和碳交易价格，维持两者的高水平，以维持市场增长动能；后期，政府可以逐步放松直接激励政策，转向基础设施建设和技术创新激励，如研发补贴、税收减免等，支持企业持续提升竞争力。

（2）企业：汽车制造商应根据市场反馈动态调整策略。新能源汽车市场发展初期与中期可增加对新能源汽车的生产投入，充分利用政策激励；后期应专注于提升产品技术水平和消费者满意度。加强与研究机构的合作，建立合理的收益分配机制，共同推动新能源汽车研发，利用技术创新和服务提升来保持市场竞争力。在投资时应避免过度投入，注重投资效率，通过精准投资获得最大市场回报。

（3）研究机构：研究机构应积极与汽车制造商合作，共同开展新能源汽车技术研发和推广工作，聚焦低碳技术和绿色产品的研发，提升新能源汽车的技术水平和市场竞争力。也应不断提高自身技术水平，加速技术转化，将科研成果快速应用于生产实践，以满足消费者对高品质、高性能新能源汽车的需求，推动产业发展。

（4）消费者：消费者的购买行为受市场环境和制造商策略影响，因此政府与车企应加大新能源汽车的宣传力度，提高消费者对新能源汽车的认知和接受度。建立消费者反馈机制，了解消费者的实际需求和偏好，及时调整产品和服务，提高消费者满意度，从而影响制造商的策略选择。消费者自身应提升环保意识，支持低碳出行，以个人行动推动整个社会向低碳经济转型。

下篇：汽车产业智联化转型

第16章　价值与风险感知对新能源汽车智能化的影响研究

16.1　研究背景

近年来，机动车数量增加加剧了碳排放、温室效应等一系列环境污染，新能源汽车被视为推动低碳交通转型和减缓气候变化的新兴战略产业[1][2]。但就目前而言，汽车产业正发生百年来最深刻的变革，电动化仅仅是序幕，智能网联则被认为是未来竞争的焦点[3]。互联网的不断发展加速了汽车、电子、信息通信和道路交通运输等行业深度融合，"互联网＋汽车"应运而生，智能交通系统已成为未来汽车出行的主要载体[4]。智能电动汽车（Intelligent Electric Vehicle，IEV）能够促进多源信息的获取[5]，

① Yang K X, Zhang Q, Liu Q Q et al. Effect mechanism and efficiency evaluation of financial support on technological innovation in the new energy vehicles' industrial chain [J]. Energy, 2024, 293：130761.

② Zhang L, Tong H Y, Liang Y Q, et al. Consumer purchase intention of new energy vehicles with an extended technology acceptance model：The role of attitudinal ambivalence [J]. Transportation Research Part A：Policy and Practice, 2023, 174：103742.

③ 国务院办公厅. 智能网联汽车技术路线图 2.0 [EB/OL]. [2020 - 11 - 19]. https：// www. gov. cn/xinwen/20 - 20 - 11/19/content_5562464. htm.

④ Song T, Zhu W - X, Su S - B, et al. Distributed "End - Edge - Cloud" structural car-following control system for intelligent connected vehicle using sliding mode strategy [J]. Communications in Nonlinear Science and Numerical Simulation, 2023, 126：107468.

⑤ Dong P, Zhao J W, Liu X W, et al. Practical application of energy management strategy for hybrid electric vehicles based on intelligent and connected technologies：Development stages, challenges, and future trends [J]. Renewable and Sustainable Energy Reviews, 2022, 170：112947.

更有效降低能耗和污染①，是汽车产业发展的最终形态，更是中国实现汽车产业领先世界的关键一步。

2018年3月，上海市经信委、市公安局和市交通委联合发布《上海市智能网联汽车道路测试管理办法（试行）》②，指出将发展智能网联汽车作为服务国家制造强国战略、建设全球科技创新中心尤其是强化产业创新的优先布局方向，自此全国首批智能网联汽车正式问世。工信部和国家标准委也在2023年7月提出关于印发《国家车联网产业标准体系建设指南（智能网联汽车）（2023版）》③的通知，车联网产业是全球创新热点和未来发展制高点，需全面推行车辆网产业技术研发和标准制定，充分发挥车联网产业在生态环境构建中的引领和规范作用，促进产业健康可持续发展。自世界各国积极推广NEV，相继宣布禁售燃油汽车时间表后，在新一轮科技革命和产业变革的催化下，智能化、网联化成为汽车产业新标签，正不断重塑NEV行业发展格局。随着人工智能和物联网等技术的兴起和发展，越来越多的城市开始探索建立智能交通系统，都在努力加快IEV的部署和普及④⑤。进入NEV产业下半场，智能网联作为决胜关键，如何有效、平稳推动NEV智能化，实现"弯道超车"以全面建成世界前列的交通强国⑥成为当下焦点。

420

① Zhang RH, Wang ZH, Li KN, et al. Constrained hybrid optimal model predictive control for intelligent electric vehicle adaptive cruise using energy storage management strategy [J]. Journal of Energy Storage, 2023, 65: 107383.

② 上海市人民政府. 上海市智能网联汽车道路测试管理办法 [EB/OL]. [2018-03-01]. https://www.shanghai.gov.cn/nw12344/20200813/0001-12344_55196.html.

③ 工业和信息化部, 国家标准化管理委员会. 国家车联网产业标准体系建设指南（智能网联汽车）（2023版）[EB/OL]. [2023-07-18]. https://www.gov.cn/zhe-ngce/zhengceku/202307/content_6-894735.htm.

④ Li CJ, Xu CC, Chen YS, et al. Development and experiment of an intelligent connected cooperative vehicle infrastructure system based on multiple V2I modes and BWM-IGR method [J]. Physica A: Statistical Mechanics and its Applications, 2024, 635: 129498.

⑤ Li J, Shao WB, Wang H. Key Challenges and Chinese Solutions for SOTIF in Intelligent Connected Vehicles [J]. Engineering, 2023, 31: 27-30.

⑥ 国务院办公厅. 交通强国建设纲要 [EB/OL]. [2019-09-19]. https://www.gov.cn/zhengce/2019-09/19/content_5431432.htm.

16.2　演化博弈模型

本章从现实条件出发，在考虑公众对未知价值与风险感知的心理作用基础上，从供需两侧构建汽车制造商、消费者的双层复杂网络演化博弈模型，通过分析两类异质博弈主体的相互作用，探讨如何有效推动 IEV 扩散，为当前汽车市场 NEV 智能化转型提供重要决策依据。本章具体研究框架如图 16.1 所示。

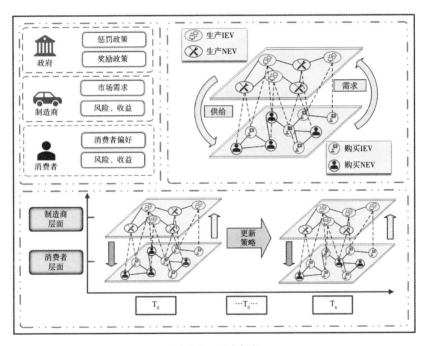

图 16.1　研究框架

16.2.1　博弈模型假设

假设 1：演化博弈模型中的两方博弈主体：汽车制造商、消费者，双方均为有限理性的参与者。其中，汽车制造商的策略集为 {生产 IEV，生产 NEV}，消费者的策略集为 {购买 IEV，购买 NEV}；对于汽车制造商生产 IEV 概率为 x，而消费者购买 IEV 概率为 y，$0 \leq x \leq 1$，$0 \leq y \leq 1$。

假设 2：博弈主体双方策略选择完全基于对该策略损益值的感知价值，而非策略本身的直接损益，其双方主体感知价值特征符合前景理论。据（Kahneman and Tversky，1979）研究，认为感知价值 V 由价值函数 $v(x_i)$ 和权重函数 $\pi(P_i)$ 共同决定，由式（16.1）所示：

$$V = \sum_{i=1}^{n} v(x_i) \pi(P_i) \tag{16.1}$$

式（16.1）中，$v(x_i)$ 表示价值函数，$\pi(P_i)$ 表示权重函数，i 为决策主体，即消费者和汽车制造商。

其中，价值函数 $v(x_i)$ 表示为：

$$v(x_i) = \begin{cases} \xi x_i^{\beta}, & x \geq 0 \\ -\lambda(-x_i)^{\beta}, & x < 0 \end{cases} \tag{16.2}$$

式（16.2）中，若 $x_i \geq 0$ 表示决策主体相对参考点所得收益，$x_i < 0$ 则表示为相对损失，参考王等（Wang et al.，2022）的研究设置参考点为 0；$\beta(0 \leq \beta \leq 1)$ 为风险偏好系数，λ 为损失规避系数，体现其对损失的敏感程度。考虑策略主体保守心理，对于未知收益依然持有怀疑态度，因此不同于传统前景理论，本章引入参数 $\xi(0 \leq \xi \leq 1)$ 来表示行为主体对相对收益的敏感程度。

权重函数 $\pi(P_i)$ 表示如下：

$$\pi(P_i) = \frac{P_i^r}{\left[P_i^r + (1 - P_i^r)^r\right]^{\frac{1}{r}}} \tag{16.3}$$

式（16.3）中，P_i 为主体对事件发生的客观概率；$\gamma(0 < \gamma < 1)$ 为调整参数，反映决策权重函数曲线曲率。决策权重 $\pi(P_i)$ 中，$\pi(1) = 1$，$\pi(0) = 0$；且 P_i 较小时 $\pi(P_i) > P_i$，P_i 较大时 $\pi(P_i) < P_i$，即低概率事件通常被高估，高概率事件通常被低估。

假设 3：汽车制造商生产 IEV、NEV 的固定成本分别为 C_1、C_2；若汽车制造商生产 IEV，意味其需要投入更多的人力和物力成本 $V(-C_L)$，却可为制造商带来改善企业形象获得额外收益 $V(R_1)$；若生产 NEV 则会免去物资投入，获得感知收益 $V(R_L)$。若消费者购买 IEV 意愿强烈，制造商不生产则会因降低企业声誉形成损失 $V(-R_1)$。汽车制造商顺应消费者意愿生产 IEV，但智能化技术尚不完善会导致不可预测的安全

风险 $V(-C_S)$，逆向生产 NEV 则获得安全感知收益 $V(C_S)$。IEV 属性新型产品，企业需要为其支出相关宣传广告的运营成本 C_3。

假设4：消费者购买 IEV、NEV 需向企业支付 P_1、P_2。消费者购买 IEV，需要花费时间与精力 $V(-C_T)$ 挑选合适的 IEV，同时需要花费更多维保成本 C_4，但智能化功能能够致使消费者日常生活和工作更加便捷，节省生活成本的感知收益为 $V(R_2)$；消费者若购买 NEV，不会耗费资源为安全性做"功课"，所得感知收益为 $V(R_T)$，却会因缺乏智能功能导致生活节奏变慢，其感知损失为 $V(-R_2)$。

假设5：政府为推动科技发展积极实施政企合作，对于新能源车企技术创新表示肯定，假设政府对企业生产 IEV 进行奖励 G；若消费者希望购买 IEV，而制造商不生产，政府则认定企业未对 IEV 发展作出有效贡献，对其进行惩罚 F。直至2022年末，政府对于 NEV 补贴已完全取消，但地方政府对于消费者购买 NEV 仍存在奖励，对消费者购买 IEV、NEV 的奖励分别设为 α_1、α_2。

具体相关假设符号及其含义，详细见表 16.1。

表16.1 符号及含义

符号	含义	符号	含义
x	制造商生产 IEV 概率	y	消费者购买 IEV 概率
R_1	改善企业形象收益	R_2	节省生活成本
C_S	安全风险成本	C_L	人力资源成本
C_T	时间成本	R_T	时间收益
G	政府奖励	F	政府惩罚
C_3	运营成本	C_4	维保成本
ξ	相对收益敏感系数	λ	相对损失敏感系数
γ	曲线曲率	β	风险偏好系数
R_L	减少物资投入的感知收益		
r_1、r_2	生产/购买 IEV 初始扩散率		
C_1、C_2	IEV、NEV 的生产成本		
P_1、P_2	IEV、NEV 的销售价格		
α_1、α_2	政府对消费者购买 IEV、NEV 的奖励		

16.2.2　模型构建与分析

基于上述假设条件，构建汽车制造商、消费者的双方演化博弈收益矩阵，所得如表 16.2 所示。

表 16.2　　　　　　　　演化博弈收益矩阵

<table>
<tr><td colspan="2" rowspan="2">策略选择</td><td colspan="2">消费者</td></tr>
<tr><td>购买 IEV(y)</td><td>购买 NEV(1 − y)</td></tr>
<tr><td rowspan="4">汽车制造商</td><td>生产 IEV
(x)</td><td>$V(R_1) + V(-C_L) + V(-C_S)$
$+ P_1 - (1-G)C_1 - C_3$
$V(R_2) + V(-C_T) - (1-\alpha_1)P_1 - C_4$</td><td>$V(R_1) + V(-C_L)$
$- (1-G)C_1 - C_3$
$V(-R_2)$</td></tr>
<tr><td rowspan="3">生产 NEV
(1 − x)</td><td rowspan="3">$V(R_L) + V(C_S) + V(-R_1) - C_2 - F$
$V(-R_2)$</td><td>$V(R_L) + P_2 - C_2$
$V(R_T) + V(-R_2)$
$- (1-\alpha_2)P_2$</td></tr>
</table>

据前景理论计算收益矩阵相关感知收益、感知损失，如 $V(R_1) = \pi(0)v(R_1) + \pi(1)v(R_1) = \xi R_1^\beta$，具体计算结果见表 16.3。

表 16.3　　　　　　　　　　计算结果

$V(R_1)$	$V(-R_1)$	$V(R_2)$	$V(-R_2)$	$V(R_T)$	$V(-C_T)$	$V(C_S)$	$V(-C_S)$	$V(R_L)$	$V(-C_L)$
ξR_1^β	$-\lambda R_1^\beta$	ξR_2^β	$-\lambda R_2^\beta$	ξR_T^β	$-\lambda C_T^\beta$	ξC_S^β	$-\lambda C_S^\beta$	ξR_L^β	$-\lambda C_L^\beta$

网络演化博弈研究个体异质性具有显著优势，但传统演化博弈在分析稳定策略及演化路径方面具有不可替代性。因此，本章接续分析汽车制造商与消费者的演化情形。

汽车制造商生产 IEV 的期望收益：

$$E_{x1} = y[V(-C_S) + P_1] + V(R_1) + V(-C_L) - (1-G)C_1 - C_3$$

$$(16.4)$$

选择生产 NEV 的期望收益：

$$E_{x2} = y[V(C_S) + V(-R_1) - P_2 - F] + V(R_L) + P_2 - C_2 \quad (16.5)$$

$$E_{x2} = y[V(C_S) + V(-R_1) - P_2 - F] + V(R_L) + P_2 - C_2 \text{ 汽车制造商}$$

平均期望收益：

$$\overline{E}_x = xE_{x1} + (1-x)E_{x2} \tag{16.6}$$

可以推导汽车制造商的复制动态方程为：

$$
\begin{aligned}
F(x) = \frac{dx}{dt} &= x(E_{x1} - \overline{E}_x) \\
&= x(1-x)\{y[V(-C_S) + P_1 + P_2 + F - V(C_S) - V(-R_1)] \\
&\quad + V(-C_L) + V(R_1) - V(R_L) + C_2 - (1-G)C_1 - C_3 - P_2\}
\end{aligned} \tag{16.7}
$$

同理，消费者的复制动态方程为：

$$
\begin{aligned}
F(y) = \frac{dy}{dt} &= y(E_{y1} - \overline{E}_y) \\
&= y(1-y)\{x[V(-C_T) + V(R_2) + V(R_T) - V(-R_2) \\
&\quad - C_4 - P_1(2 - \alpha_1 - \alpha_2)] - V(R_T) + (1-\alpha_2)P_1\}
\end{aligned} \tag{16.8}
$$

根据 $F(x)$ 和 $F(y)$ 复制动态方程，推断出汽车制造商和消费者的二维演化动力系统 D：

$$
\begin{cases}
\begin{aligned}
F(x) = \frac{dx}{dt} = x(E_{x1} - \overline{E}_x) &= x(1-x)\{y[V(-C_S) + P_1 + P_2 + F - V(C_S) \\
&\quad - V(-R_1)] + V(-C_L) + V(R_1) - V(R_L) \\
&\quad + C_2 - (1-G)C_1 - C_3 - P_2\}
\end{aligned} \\
\begin{aligned}
F(y) = \frac{dy}{dt} = y(E_{y1} - \overline{E}_y) &= y(1-y)\{x[V(-C_T) + V(R_2) + V(R_T) \\
&\quad - V(-R_2) - C_4 - P_1(2 - \alpha_1 - \alpha_2)] - V(R_T) \\
&\quad + (1-\alpha_2)P_1\}
\end{aligned}
\end{cases} \tag{16.9}
$$

令 $F(x)=0$、$F(y)=0$，可得到局部均衡点：$O_1(0,0)$、$O_2(1,0)$、$O_3(0,1)$、$O_4(1,1)$、$O_5(x^*, y^*)$，其中，

$$x^* = \frac{V(R_T) - (1-\alpha_2)P_1}{V(-C_T) + V(R_2) + V(R_T) - V(-R_2) - C_4 - P_1(2 - \alpha_1 - \alpha_2)}，$$

$$y^* = \frac{V(R_L) - V(-C_L) - V(R_1) + (1-G)C_1 + C_3 + P_2 - C_2}{V(-C_S) + P_1 + P_2 + F - V(C_S) - V(-R_1)}。$$

考虑简化公式，在此令 $A_1 = V(-C_S) + P_1 + P_2 + F - V(C_S) - V(-R_1)$，$B_1 = V(-C_L) + V(R_1) - V(R_L) + C_2 - C_3 - P_2 - (1-G)C_1$，$A_2 = V(-C_T) + V(R_2) + V(R_T) - V(-R_2) - C_4 - P_1(2 - \alpha_1 - \alpha_2)$，$B_2 = -V(R_T) + (1-\alpha_2)P_1$。

通过二维演化动力系统 D 可得到双方演化博弈的 Jacobian 矩阵 J：

$$J = \begin{bmatrix} \dfrac{\partial F(x)}{\partial x} & \dfrac{\partial F(x)}{\partial y} \\ \dfrac{\partial F(y)}{\partial x} & \dfrac{\partial F(y)}{\partial y} \end{bmatrix} = \begin{bmatrix} (1-2x)(yA_1 + B_1) & x(1-x)A_1 \\ y(1-y)A_2 & (1-2y)(xA_2 + B_2) \end{bmatrix}$$

$$(16.10)$$

依据李雅普诺夫稳定性分析方法，对 Jacobian 矩阵进行稳定性分析可得系统稳定均衡点。微分方程组均衡点稳定性可由矩阵 J 的行列式 DetJ 和迹 TrJ 的符号决定，各均衡点的行列式和迹的计算结果如表 16.4。

表 16.4 行列式和迹值计算

均衡点	DetJ	TrJ
$O_1(0, 0)$	$B_1 B_2$	$B_1 + B_2$
$O_2(1, 0)$	$-B_1(A_2 + B_2)$	$A_2 + B_2 - B_1$
$O_3(0, 1)$	$-B_2(A_1 + B_1)$	$A_1 + B_1 - B_2$
$O_4(1, 1)$	$(A_1 + B_1)(A_2 + B_2)$	$-(A_1 + B_1 + A_2 + B_2)$
$O_5(x^*, y^*)$	$-B_1 B_2(1 + B_1/A_1)(1 + B_2/A_2)$	0

对所得行列式和迹值进行数值分析确定演化稳定策略，当满足 DetJ > 0 且 TrJ < 0 时，复制动态方程的均衡点就是演化稳定策略（ESS）。Jacobian 矩阵有关具体稳定性结果及其满足稳定性所需条件可见表 16.5。

表 16.5 均衡点稳定性分析

均衡点	I：$A_1 > B_1$，$A_2 > B_2$			II：$A_1 > B_1$，$A_2 < B_2$			III：$A_1 < B_1$，$A_2 < B_2$			IV：$A_1 < B_1$，$A_2 > B_2$		
	DetJ	TrJ	稳定性	DetJ	TrJ	稳定性	DetJ	TrJ	稳定性	DetJ	TrJ	稳定性
$O_1(0, 0)$	+	−	ESS	−	×	鞍点	+	+	不稳定	−	×	鞍点
$O_2(1, 0)$	+	+	不稳定	−	−	鞍点	+	−	ESS	−	×	鞍点
$O_3(0, 1)$	+	+	不稳定	−	×	鞍点	+	−	ESS	−	−	鞍点

续表

均衡点	I：$A_1 > B_1$，$A_2 > B_2$			II：$A_1 > B_1$，$A_2 < B_2$			III：$A_1 < B_1$，$A_2 < B_2$			IV：$A_1 < B_1$，$A_2 > B_2$		
	DetJ	TrJ	稳定性	DetJ	TrJ	稳定性	DetJ	TrJ	稳定性	DetJ	TrJ	稳定性
$O_4(1,1)$	+	–	ESS	–	×	鞍点	+	+	不稳定	–	×	鞍点
$O_5(x^*, y^*)$	–	0	中心点	+	0	中心点	–	0	中心点	+	0	中心点

注："+"表示大于 0，"–"表示小于 0，"×"表示不确定。

从表 16.5 可得出在不同稳定条件下系统会朝向不同演化均衡点，其系统演化相位如图 16.2 所示。

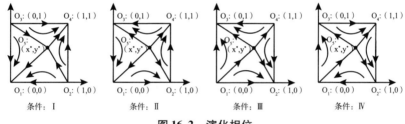

图 16.2 演化相位

消费者和汽车企业均为汽车市场交易不可或缺的一部分，企业盈利需要大量消费者群体作为支撑，消费者则更愿意追随优秀的产品质量。考虑两类博弈主体均是有限理性前提下，主体策略相悖会引起汽车市场混乱，并阻碍 NEV 智能化发展。因此文章仅对条件 I 进行分析研究。汽车制造商群体和消费者群体长期演化博弈的结果取决于区域 $O_1O_2O_5O_3$ 和区域 $O_4O_2O_5O_3$ 的面积大小，区域 $O_1O_2O_5O_3$ 面积越大收敛于（生产 NEV，购买 NEV）的概率越大，区域 $O_4O_2O_5O_3$ 面积越大收敛于（生产 IEV，购买 IEV）的概率越大，分别计算二者面积。

$$S_{O_1O_2O_5O_3} = \frac{1}{2}\left[\frac{V(R_T) - (1-\alpha_2)P_1}{V(-C_T) + V(R_2) + V(R_T) - V(-R_2) - C_4 - P_1(2 - \alpha_1 - \alpha_2)} \right.$$
$$\left. + \frac{V(R_L) - V(-C_L) - V(R_1) + (1-G)C_1 + C_3 + P_2 - C_2}{V(-C_S) + P_1 + P_2 + F - V(C_S) - V(-R_1)} \right]$$

427

$$S_{O_4O_2O_5O_3} = 1 - \frac{1}{2}\left[\frac{V(R_T) - (1 - \alpha_2)P_1}{V(-C_T) + V(R_2) + V(R_T) - V(-R_2) - C_4 - P_1(2 - \alpha_1 - \alpha_2)}\right.$$

$$\left. + \frac{V(R_L) - V(-C_L) - V(R_1) + (1 - G)C_1 + C_3 + P_2 - C_2}{V(-C_S) + P_1 + P_2 + F - V(C_S) - V(-R_1)}\right]$$

$$(16.11)$$

推论：汽车制造商生产 IEV 所承担安全风险成本的增加会降低消费者选择 IEV 的意愿；智能化带来节省生活成本的增大却会加大消费者购买 IEV 的意愿，有效推动 NEV 智能化发展。

证明：分别求解 $S_{O_4O_2O_5O_3}$ 关于安全风险成本 C_S 和节省生活成本 R_2 的一阶偏导数。

$$\frac{\partial(S_{O_4O_2O_5O_3})}{\partial(C_S)} = -\frac{(\lambda\beta C_S^{\beta-1} + \xi\beta C_S^{\beta-1})\left[V(R_L) - V(-C_L) - V(R_1) + (1 - G)C_1 + C_3 + P_2 - C_2\right]}{2\left[V(-C_S) + P_1 + P_2 + F - V(C_S) - V(-R_1)\right]^2} < 0,$$

$$\frac{\partial(S_{O_4O_2O_5O_3})}{\partial(R_2)} = \frac{(\lambda\beta R_2^{\beta-1} + \xi\beta R_2^{\beta-1})\left[V(R_T) - (1 - \alpha_2)P_1\right]}{2\left[V(-C_T) + V(R_2) + V(R_T) - V(-R_2) - C_4 - P_1(2 - \alpha_1 - \alpha_2)\right]^2} > 0,$$

$S_{O_4O_2O_5O_3}$ 与安全风险成本 C_S 呈负相关，与节省生活成本 R_2 呈正相关。

推论表明 IEV 的丰富功能在很大程度上改善生活舒适度，提高工作效率，这对处于快节奏生活的消费者而言是莫大的吸引。但 IEV 属于新兴事物，考虑消费者的保守心理，对于未知事物会产生恐惧，消费者对于智能汽车的接受程度尚且处于较低状态；同时，安全风险成本增大侧面衬托出企业目前科技水平的有限，从当前汽车市场形势而言，消费者更偏好新能源汽车首当其冲的原因便是出于安全性考虑，IEV 的安全隐患是新能源汽车面向智能化的首要难题。

16.3　双层复杂网络

由于现实市场环境处于不断发展中，个体间的交互往往呈现出若干特定的网络拓扑结构，如小世界网络、无标度网络等。NEV 智能化转型离不开汽车制造商的变中求新、消费者的反馈调整，将汽车制造商设置为上层网络、消费者设置为下层网络，在隶属不同层级的汽车制造商和消费者间网络交互博弈过程中考究 IEV 的网络演化规律。

其中，在制造商网络层面，考虑汽车行业发展过程不断会有新兴车企出世，如蔚来、理想等；同时企业间合作更偏向与少数科技先进的企业进行联系，如比亚迪、特斯拉、大众等，车企市场的网络关联更符合无标度网络特征。对于消费者层面，鉴于消费者对 NEV 认可度的持续攀升，科技的不断进步同样吸引更多消费者积极选择 IEV；自短视频时代来临后，如抖音、快手等，各平台博主的车评视频、直播等均会左右消费者购买意愿，此类网络连接关系更适用无标度网络。

16.3.1　网络模型假设

基于复杂网络扩散问题研究中，构造复杂网络模型需要额外增加部分客观存在的假设：

假设 6：本章出于考虑汽车制造商与消费者为异质主体，上层网络中每个网络节点代表一个汽车制造商；下层网络中每个节点对应一个消费者。

假设 7：假设双层扩散网络 $G_a[V^a, E^a]$（$a=1$ 表示汽车制造商网络，$a=2$ 表示消费者网络），其中节点集合 $V^a = \{v_1^a, v_2^a, \cdots, v_i^a\}$ 为

网络 a 中所有博弈主体；边集合 $E^a = \begin{bmatrix} e_{11}^a & e_{12}^a & \cdots & e_{1j}^a \\ e_{21}^a & e_{22}^a & \cdots & e_{2j}^a \\ \vdots & \vdots & \ddots & \vdots \\ e_{i1}^a & e_{i2}^a & \cdots & e_{ij}^a \end{bmatrix}$ 表示博弈主体

的相互关系，$e_{ij}^a = 1$ 表示两节点间存在交互关系，$e_{ij}^a = 0$ 表示二者不存在连接关系。网络节点 v_i^a 连接边数总和记为节点度 d_i^a。

假设 8：参与者与所有跨层邻居节点进行博弈并统计收益，参与者是否学习邻居节点的策略取决于与同层邻居期望收益的比较情况，且存在判断失误未能选择最优策略的可能性。

假设 9：复杂网络中，汽车制造商和消费者采用相同的策略更新规则，二者策略更新完全基于上一次与同层邻居间博弈收益比较的结果。

16.3.2　双层网络博弈算法设置

（1）网络结构。

双层无标度网络不仅表露节点与邻居的关联关系，也展现了层级间节点的交互现象，其构建算法步骤为：

a. 初始设定包含 v_i（$i=1$ 表示上层网络，$i=2$ 表示下层网络）网络节点。

b. 每经过一个时间单位 T，网络中会增加一个新节点。新节点会以一定的概率同时和 M_i（$M_i < v_i$）同层节点以及 M_i'（$M_i' < v_i$）跨层节点相连接，且节点间不会进行重复连接。

分别做出随机生成的 $v^1 = v^2 = 50$ 节点和 $v^1 = v^2 = 100$ 节点的双层无标度网络演化示意图，结果如图 16.3 所示。

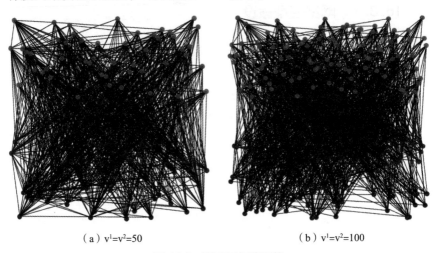

（a）$v^1 = v^2 = 50$ （b）$v^1 = v^2 = 100$

图 16.3　双层无标度网络

（2）网络博弈。

汽车制造商网络中的个体 v_i^1 与消费者网络中的所有跨层邻居节点进行一次博弈，并统计其与各跨层邻居的博弈收益；同理，消费者网络中的个体 v_i^2 也进行相同操作。因此汽车制造商网络以及消费者网络中个体一次博弈所得总收益分别为：

$$\pi_i^1 = \sum_{v_i^2 \in V_j^2} S_{v_i^1} B S_{v_i^2}^T$$

$$\pi_j^2 = \sum_{v_i^1 \in V_j^1} S_{v_i^1} B S_{v_i^2}^T \tag{16.12}$$

其中，V_j^1 是指个体 v_i^2 在汽车制造商网络中的邻居集合，V_j^2 则为个体 v_i^1 在消费者网络中的邻居集合；$S_{v_i^1}$ 为成员 v_i^1 的策略，$S_{v_i^2}^T$ 是成员 v_i^2 的策略转置；B 表示博弈主体的收益矩阵；$S_{v_i^a} = (1, 0)$ 意味博弈主体选择生产或购买 IEV，而 $S_{v_i^a} = (0, 1)$ 代表博弈主体选择生产或购买 NEV。

（3）演化规则。

疫情、国际局势等冲击后的市场经济处于复苏状态，消费者亟需思考"把钱花在刀刃上"，由于企业发展的最终目标是经济效益，自此将重视收益的费米函数作为网络演化规则。经过上述一轮网络博弈，节点 i 会随机选择一个同层邻居 j 进行收益比较，并会以概率 $P(s_j \rightarrow s_i)$ 向同层邻居进行策略模仿。

$$P(s_j \rightarrow s_i) = \frac{1}{1 + \exp\left(\dfrac{U_i - U_j}{n}\right)} \quad\quad (16.13)$$

其中，$n(n>0)$ 为策略更新过程中的噪声强度，其值大小反映企业在策略学习过程的理性程度，n 越接近与 0，表明博弈主体有较高理性；当 n 越大时，表明外部环境的不确定性对参与者策略学习干扰越大，本章取噪声强度 $n=1$。U_i，U_j 分别为节点 i，j 博弈过程的收益。

归纳系统算法步骤步骤，总结出双层网络博弈流程，如图 16.4 所示。

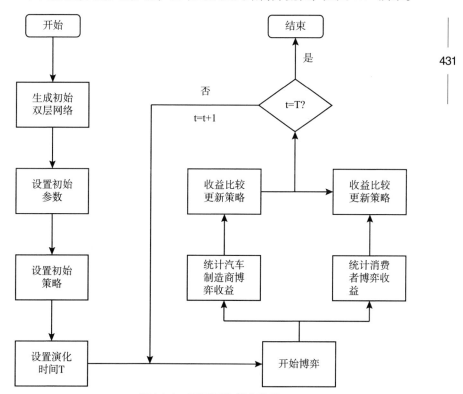

图 16.4　双层网络博弈流程

16.4 数值仿真分析

16.4.1 数据解析与处理

作为燃油汽车转型后的新一轮汽车产业革命，IEV 被推行为未来时代焦点。华为作为全球领先的信息和通信基础设施和智能终端提供商，其与长安、宁德时代合作生产的阿维塔 11 更是国内首批 L3 车型之一，鉴于阿维塔 11 是 SUV 车型，而作为同类型的特斯拉 Model Y 位列销量榜第二（2024 年 2 月），在此选择这两种车型分别作为 IEV 和 NEV 代表。阿维塔 11 的官方指导价为 29.58 ~ 38.58 万元，且特斯拉 Model Y 的官方指导价为 24.99 ~ 35.49 万元，但工信部提出自 2024 年 1 月开始新能源乘用车免税额不超过 3 万元（即售价超过 33.9 万元缴部分购置税），基于消费者的有限理性假设 $P_1 = [29.58, 32.58]$，$P_2 = [24.99, 29.09]$；考虑整车成本占比售价的 40% ~ 65%，因此假设 $C_1 = [11.832, 21.177]$，$C_2 = [9.996, 18.909]$。2023 年 NEV 总维保产值为 11108 万元，而燃油汽车总维保产值为其的 96.7%，从同年汽车总销量出发，可知二者单位维保值相差约 4 万元，因此假设 $C_4 = 4$；基于中国主流车企 2022 年广告开支约占总营收比重的 0.7% ~ 5.2%，故令 $C_3 = [0.207, 1.694]$。在考虑王等（Wang et al., 2022）的研究基础上，设定 $R_1 = 2$，$C_T = 5$，$R_T = 1$，$R_L = 5$。

政府补贴虽于 2023 年彻底取消，但地方政府为刺激疫情后汽车市场经济复苏以及确保汽车产业平稳升级仍会实施奖励机制，基于取消前的 NEV 补贴最高可达 1.8 万元，假设 $G = [0, 0.155]$；同时，各地方政府依旧存有刺激消费者购买 NEV 的奖励措施，如发放优惠券、给予购车优惠等，最高可达 1.5 万元，因此假设 $\alpha_1 = [0, 0.05]$，$\alpha_2 = [0, 0.06]$。参考申等（Shen et al., 2021）研究，令 $\lambda = 1.2$，$\beta = 0.88$，$F = 3$；从人的情感角度出发，考虑对未知损失的夸大以及对未知收益的缩减，设置相对收益敏感系数 $\xi = 0.8$。为便于仿真研究，假设 $R_2 = 3$，$C_S = 4$，$C_L = 6$。

　　直至2023年，汽车市场上L2及以上IEV渗透率超过30%（胡昊焜，2021），因此令初始扩散率 $r_1 = r_2 = 0.3$。世界智能网联汽车大会发布了我国智能网联汽车总体目标，预计2035年中国方案的智能网联汽车技术和产业体系全面建成、产业生态健全完善①，则假设网络演化时间为40季度，同时设置网络连接度 $d = 4$。

16.4.2　参数敏感性分析

16.4.2.1　相对收益敏感系数对扩散的影响

　　在其他参数保持不变的前提下仅改变相对收益敏感系数 ξ，在不同网络规模中探讨 ξ 对扩散的影响。在小规模网络中，ξ 的增大使得演化稳定时IEV制造商扩散深度呈现先增大后减小的趋势，对于IEV消费者却呈现相反状态（先减小后增大）（见图16.5（a））；箱体高度所表示的扩散深度波动性同样呈现先减小后增加的形势，而消费者层面的中位数呈现出"w"的波动现象（见图16.5（b））。在大规模网络中，网络扩散深度、中位数变动、波动性均呈现出与小规模网络相似的趋势，但大规模网络中整体波动趋势要比小规模网络更加剧烈（见图16.5（c）、（d））。

433

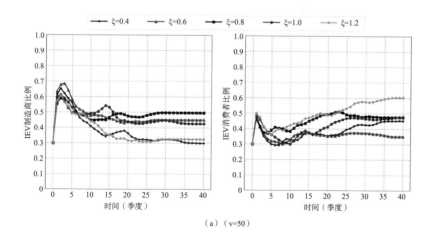

（a）（v=50）

　　① 国际科技创新中心. 世界智能网联汽车大会官宣：高度自动驾驶汽车2035年内普及［EB/OL］. https：//www. ncsti. gov. cn/kjdt/xwjj/202011/t20201112_16437. h-tml.

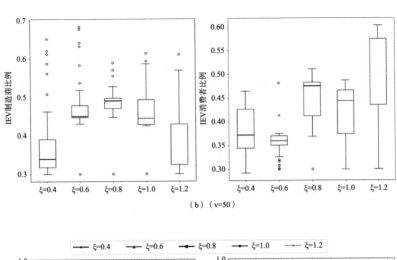

（b）（v=50）

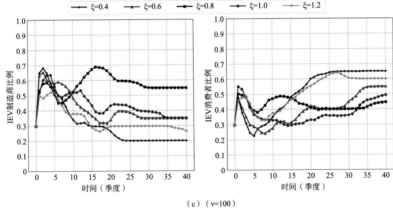

（c）（v=100）

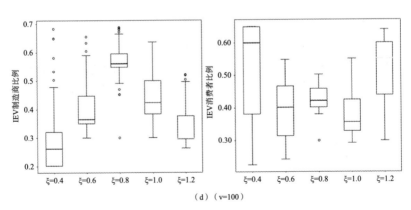

（d）（v=100）

图16.5 相对收益敏感系数对扩散的影响

对于汽车制造商网络层，对生产 IEV 未知收益的敏感度极大的决定了企业的自信程度。面临新一轮汽车产业革命，汽车制造商需要加强信心抓住机遇，一味的畏首畏尾只能停滞不前，燃油车企转型初期阶段，比亚迪便是首批投入转型并一跃成为 NEV 的"领导"企业，在面向智能化的道路上汽车制造商同样需要有跨出这一步的勇气。但过度自信对制造商而言无疑是致命的，过分坚信未知感知收益会使企业放下对风险的戒心，未来各种不可预知的变数都有可能对汽车制造商面向智能化产生阻碍，极大可能导致企业在激烈竞争的汽车市场中失去一席之地。汽车制造商不能一味地坚信感知收益，适度的保守心理能够让企业更脚踏实地地推动 NEV 智能化转型。

不同于汽车制造商，消费者购买 IEV 首当其冲的是考虑汽车的安全性能否得到保障，未知收益的敏感性对于消费者而言是对 IEV 科技的信任。迫于 IEV 作为新兴产物，人类对于未知事物存有极强的抗拒心理，尽管感知收益处于增加状态（$0.4 \leqslant \xi \leqslant 1.0$），但科技水平的有限导致消费者依旧难以接受 IEV。企业需要更加密切与互联网公司、研究所等进行合作，政府也需要加大对智能网联技术的扶持，确保 IEV 质量能都到达消费者的期望水平，只有在消费者对 IEV 的信任超过一定程度时（$\xi > 1.0$），消费者便会更加倾向于购买 IEV。鉴于疫情期间 NEV 市场销量出现下降现象，在 $\xi = 0.8 \rightarrow 1.0$ 过程中，突发事件可能导致后者（$\xi = 1.0$）在前期扩散过程中的扩散深度低于前者（$\xi = 0.8$），考虑中位数在一定程度上反映整体均值时其出现下降现象，最终导致消费者层面的中位数呈现"w"的波动现象。

对于博弈主体而言，不论处于何种网络规模中，未来的感知收益均是未知的。网络规模的增大虽会加大汽车市场内部竞争强度，但考虑企业收益更受限于消费者认可度，消费者基数的增大能够弥补这一缺陷。企业首要考虑的是提高产品质量、加大自身的核心竞争力以吸引更多消费者；消费者则应响应国家号召积极跨出艰难的一步；政府则需要从供需两侧宏观调控市场以求 NEV 平稳地实现智能化转型。基于大规模网络的网络扩散路径长以及较低的聚类系数，致使大规模网络的波动性更加剧烈。

16.4.2.2 相对损失敏感系数对扩散的影响

图 16.6 研究了在不同网络规模下相对损失敏感系数 λ 对扩散的影响。随着 λ 的增大，对于汽车制造商选择生产 IEV 的刺激作用体现先减小后增大的效果，对消费者选择购买 IEV 的想法呈现出"先扬后抑"的表现，而网络规模的变动并不会改变对博弈主体的影响效果（见图 16.6（a）、（c））。从中位数角度出发，其变动情形与稳定时的扩散深度呈现相同趋势；统计参数敏感性分析下博弈主体的扩散状况，对比两类主体在不同网络规模演化过程的扩散深度，小规模网络可实现的最大扩散深度均大于大规模网络（见图 16.6（b）、（d））。

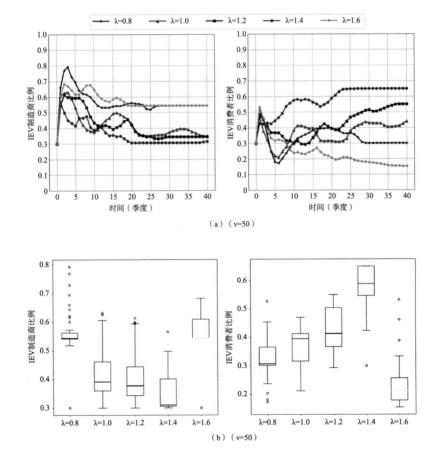

（a）（v=50）

（b）（v=50）

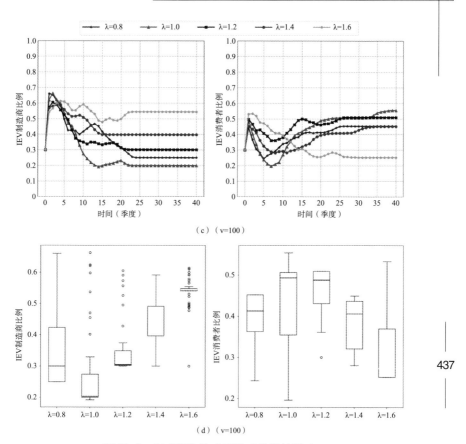

（c）（v=100）

（d）（v=100）

图 16.6 相对损失敏感系数对扩散的影响

从汽车制造商层面出发，生产 IEV 产生的相对损失更多地体现为智能化转型所需额外成本，目前各类新造新能源车企普遍呈现亏损状态，如蔚来、小鹏、理想等，科技研发等高额的转型成本更是对企业日常运营起到阻碍效果，更有甚者造成资金紧张的中小型企业出现资金链断裂现象，最终走到倒闭。大型企业并不会因此而停滞科技研发的脚步，比亚迪与华为达成战略合作，共同推动汽车与轨道交通的创新发展、助力汽车行业数字化转型；迫于智能化作为未来汽车发展趋势，各车企也需要思考如何平稳过渡，通过和大型企业形成合作以"搭便车"的方式不失为一条稳定的道路。

而对于消费者而言，放弃购买 IEV 造成的相对感知损失侧面衬托出 IEV 的便捷性、舒适性，日常高强度、快节奏的生活习惯使得消费者难以实现在休息和工作之间找到平衡，功能丰富的 IEV 却能够让消费者的身心疲劳得到一丝缓解，同时也能够在消费者的日常工作中起到帮助。但 IEV 功能的不断增加最终导致其售价自然不会太低，同时也将意味着消费者后续需要提供更多的维修、保养费用，高额的用车成本对于大部分消费者而言都是望而却步；现如今燃油汽车的大额优惠活动更是对 IEV 市场产生巨大冲击。

16.4.3　政府奖惩政策对智能电动汽车扩散的影响

将政府奖惩制度划分为如下两个方向：供给侧生产奖惩、需求侧购置奖励，分别从供给侧和需求侧出发探讨不同奖惩政策对 IEV 扩散的影响，进一步考虑政府奖惩政策重心。在供给侧（见图 16.7（a））：随着汽车制造商生产奖惩制度的增加，刺激汽车制造商选择生产 IEV 存在先减小后增大的趋势，消费者购买 IEV 意愿却会大幅降低；在需求侧（见图 16.7（b））：消费者购置奖励的增大引起 IEV 汽车制造商以及 IEV 消费者的扩散深度均体现先减小后增大的变动现象。

心理学研究表明：与奖励反馈相比，对惩罚反馈的反应敏感性更强，且政府奖励相较于企业智能化转型研发所需更是"九牛一毛"。因此，在供给侧层面的奖惩制度中，对企业影响效果更多的来自政府惩罚政策。目前，消费者对 IEV 的认可程度尚低，惩罚处于较低位面且生产 IEV 难以获得收益时，汽车制造商更偏向于选择生产 NEV；但高额的惩罚政策加大汽车制造商日常运营成本，尤其一些新兴的、低利润的新能源车企更是难以承受，迫于高额惩罚企业不得以选择生产 IEV。由于政府能够提供的奖励额度有限，不断加大对企业供给侧的奖励，意味着对于消费者层面的购置奖励会逐步降低；现实情形下 IEV 售价尚且较高，较低的购置奖励难以推动消费者选择购买 IEV。

而对于需求侧购置奖励制度，政府加大消费者购置奖励力度却导致企业层面约束存在放松现象，汽车制造商综合考虑汽车市场盈利状况更偏向于投入生产 NEV。考虑疫情后国内经济状况低迷，相较于 IEV 多种多样的功能，其售价更是消费者首要关心的条件，较低的奖励额度波动难以引起消费者注意，且消费者普遍存在"等一等"心理；当政府对消费者购置奖励持续加大时，IEV 购买价格能够达到让消费者满意的状态，大量消费者群体的出现同样反作用于汽车制造商，带动汽车制造商选择生产 IEV。

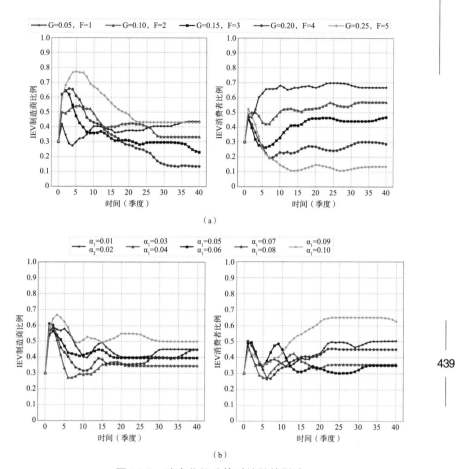

图 16.7　政府奖惩政策对扩散的影响

综合考虑（对比图 16.7（a）、（b）），生产奖惩制度虽能刺激汽车制造商增加生产 IEV，但消费者购买 IEV 的意愿会受到影响；购置奖励的增加会促使更多消费者选择购买 IEV，同时也会推动 IEV 汽车制造商扩大市场。因此，政府应当将奖惩政策的重心更多地放在需求侧层面以激励消费者购买 IEV，消费者群体的壮大也会进一步带动企业积极投入生产研发 IEV，从而推动 IEV 的普及和市场扩大。

16.4.4　拓展

虽然无标度网络经常被用来研究企业关系和人际网络，但 WS 小世界网络也常用于模拟大多数现实世界网络。考虑现实网络环境也会呈现多种复杂状态，文章在此引入两种网络结构，探讨四种不同拓扑环境中系统扩散会呈现何种变化。若 IEV 策略在汽车制造商与消费者种群中均可实现全扩散，即汽车市场中 NEV 全面转型 IEV，可定义此类事件为理想事件，则理想事件发生的概率如下，真实的 IEV 扩散率：

$$P(A) = S_x \times S_y \qquad (16.14)$$

其中，S_x、S_y 分别表示汽车制造商与消费者在各自网络层面的扩散比例。

汽车制造商和消费者处于无标度网络层面所能达到的扩散深度要优于小世界网络（见图 16.8（a））。通过控制变量法分析演化结束时理想事件的实现概率，汽车制造商网络结构从 BA 变动到 WS 时理想事件发生概率的下降幅度比消费者网络结构变动更加剧烈（见图 16.8（c））；同时消费者网络结构并未引起理想事件发生概率的中位数发生变动（见图 16.8（d）），则汽车制造商处于无标度网络的推动效果要强于消费者层面。当两类主体所处网络环境变为小世界网络时能够更快达到稳定状态，且其演化波动状态要弱于无标度网络（见图 16.8（b））。

自 IEV 被推向时代热潮，激起消费者心理发生莫大变化，需求侧市场环境的不断更迭引出众多新兴企业，前有华为问界惊艳四座，后有小米 SU 系横空出世，无不彰显 IEV 制造商数量瞬息万变；汽车制造商会根据消费者需求愿望不断完善产品功能、提高产品质量，企业通过对消费者行为的深入了解能够更准确地进行市场定位，消费者购买 IEV 的首要追求便是优秀的产品质量以及满足自身一定的需求，供给侧的优秀产品同样引起更多消费者加入网络环境。小世界网络正是因为缺乏考虑新节点的加入导致其推动效果较弱。新兴企业的接连问世给汽车产业带来变革动力，节点增大引起汽车市场内部竞争压力加剧，高度市场竞争压力迫使大型企业加大研发提高产业竞争力，小型企业也会通过加大与其他企业的密切合作实现技术进步，通过准确把握消费者行为和市场动态，增大企业自身产品核心竞争力更进一步吸引更多消费者的关注；消费者的态度、偏好和风险承受能力会直接影响购买选择，其是否购买 IEV 更多在于安全是否得到保障、功能是否实现满足、价格是否达到满意等，种种意愿更多地依赖于汽车制造商的技术条件。

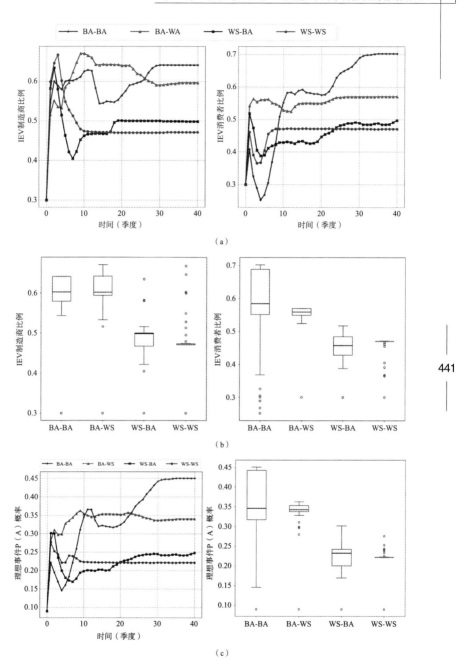

图 16.8　网络拓扑结构对扩散的影响

441

小世界网络特征体现出较短的平局路径以及较高的聚类系数，信息在网络中传播速度更快以致于演化达到稳定所需时间更短；相较于小世界网络的封闭状态，无标度网络所强调的开放性会吸引更多新的节点加入，由此导致网络波动性更加明显。

16.5 结论与政策建议

为适应新一轮汽车产业变革，有效推动中国 IEV 发展，本章基于复杂网络环境中从供给侧和需求侧出发建立双层网络博弈模型，在考虑价值和风险感知的基础上探讨隶属不同层级的汽车制造商和消费者间的交互作用。分析相关因素对新能源汽车智能化转型的影响情况，所得结果如下：

（1）相对收益敏感系数与相对损失敏感系数对异质博弈主体网络层的影响效果均呈现相反情况。从博弈主体出发，两类相对敏感系数对异质博弈主体的推动作用均相反；而对于两类相对敏感系数，其对系统演化产生相反的影响情形。企业需要加大同互联网公司、研究机构等密切合作以应对未知环境达到平稳过渡；政府需要发布相关政策、银行需要降低车贷利率、消费者更需加大对 IEV 的认识与认可等，从各行各业同时出发推动 NEV 智能化转型。

（2）价值与风险感知对异质博弈主体扩散的刺激效果不受网络规模变动的影响。尽管制造商网络规模的增大会加大汽车市场内部竞争，但企业盈利与否与消费者行为难以割舍，消费者基数的增大能够有效缓解这一危机。企业首要问题是思考如何提高产品质量、加大自身的核心竞争力，可以根据消费者反馈和评价不断完善产品功能、设计和用户体验；同时需打造良好的市场营销活动以塑造和提高消费者偏好，如购车送物、限时折扣等。

（3）政府奖惩政策的重心需要更偏向于需求侧层面的消费者购置奖励以实现更深度的扩散。生产奖惩的不断提高虽能有效刺激汽车制造商增加生产 IEV，但消费者购买 IEV 的意愿也会受到影响；购置奖励的增加会促使更多消费者选择购买 IEV，消费者群体的增大反作用的推动 IEV 汽车制造商扩大市场。现阶段，政府首要考虑如何提高消费者对

IEV 的购买意愿，市场价格直接关乎产品的市场吸引力，进一步加大需求侧层面的购置奖励以保证其售价能够达到广大消费者的满意状态，同时加大 IEV 产品宣传激发消费者购买欲望。

（4）无标度网络的应用更有效地推动两类博弈主体扩散，汽车制造商处于无标度网络环境中对整体系统的刺激效果优于消费者层面。汽车市场环境自古至今一直处于日新月异的状态，小世界网络的"故步自封"难以推动汽车市场进步。日益剧烈的市场竞争迫使企业寻找科技进步之道，产品特性和品质是消费者购买决策的重要依据。汽车产业的进步需要外界环境的刺激，加强与国际汽车产业合作、拓展海外市场以实现全球化布局，更需深入了解消费者需求和偏好以发现市场从而有针对性地开发新产品或调整现有产品线。

第17章 考虑资金时滞的传统车企两阶段智联化转型演化博弈分析

17.1 研究背景

近年来，制造业和信息业加速发展并交互融合，引发了一场机械与信息的大融合。其一，传统燃油车向新能源汽车的电气化变革；其二，"互联网＋"、大数据等引发了新能源汽车向智能网联汽车的网联化、智能化变革。目前，智能网联化技术是汽车工业革命的核心力量，智能网联汽车将成为国家发展战略需求。智能网联汽车是车联网与智能车的有机结合，搭载了先进车载传感器等装置，融合了现代通信与网络技术，实现车与人、车、路、后台等智能信息交换共享[①]。针对汽车的智联化转型分两步进行：首先是达到先进驾驶辅助标准（是指具有 0 ~ 2 级驾驶自动化级别），其次是达到自动驾驶标准（是指具有 3 ~ 5 级驾驶自动化级别）[②]。智能网联汽车的发展弥补了我国在传统汽车制造方面低于发达国家的不足，是实现汽车制造业领先世界的关键突破。

为推动传统车企转型向高质量发展，并缓解补贴退坡对汽车行业的冲击。2017 年 9 月，工信部等五部委颁布了《乘用车企业平均燃料消

[①] 中华人民共和国中央人民政府． "从标准入手，用数据说话"——中国智能网联汽车产业蓄势待发 ［EB/OL］．［2016 – 02 – 06］. https：//www. gov. cn/xinwe-n/2016 – 02/29/content_5047251. htm.

[②] 中华人民共和国工业和信息化部. 国家车联网产业标准体系建设指南（智能网联汽车）（2023 版）［EB/OL］．［2023 – 07 – 18］. https：//www. gov. cn/zhengce/zhengc-eku/202307/content_6894735. htm.

耗量与新能源汽车积分并行管理办法》（以下简称双积分政策），旨在提升乘用车技术水平，建立新能源汽车管理长效机制。为更有效满足新能源汽车市场需求，工信部等五部委于 2023 年 7 月修改《乘用车企业平均燃料消耗量与新能源汽车积分并行管理办法》（以下简称新版双积分政策），调整了新能源车型积分计算方法和新能源积分比例要求等。此外，针对新能源汽车智联化发展，工信部等四部委发布了《关于开展智能网联汽车准入和上路通行试点工作的通知》，从政策上支持智能网联汽车。深圳、成都和济南等各级地方政府针对智能网联策划创新前沿技术、关键技术及零部件研制等方面，并根据总项目投资给予企业一定比例补助。

与此同时，放眼国际智联化市场，2009 年欧美日等国家已经开始布局车联网与人工智能领域。早期的自动化 4 级的谷歌无人驾驶汽车、丰田的地图自动绘制系统、沃尔沃基于爱立信的云端服务智能操作系统等。现在的特斯拉 L3 级基于视觉 + 深度学习的 FSD Beta V12 系统；德国大众实现车辆远程控制的 Car – Net 系统；日本丰田的自动驾驶、自动导航、自动调节等功能。面对欧美国家智能化带来的压力，我国智联化技术也已经处于 L2 + 领先水平。然而，智能网联汽车研发是硬件与软件的相辅相成，因此，推动以整车制造为核心的传统车企向智联化转型刻不容缓。

17.2　问题描述及假设

17.2.1　问题描述演化

本章在新版双积分政策背景下，考虑传统车企智联化转型过程中的跨界合作问题。通过引入互联网企业以确保软件智能网联方面高效快捷发展，引入金融机构以确保在双方创新研发过程资金链完整。因此，本章建立传统车企、互联网企业和金融机构的三方演化博弈模型，博弈关系见图 17.1。

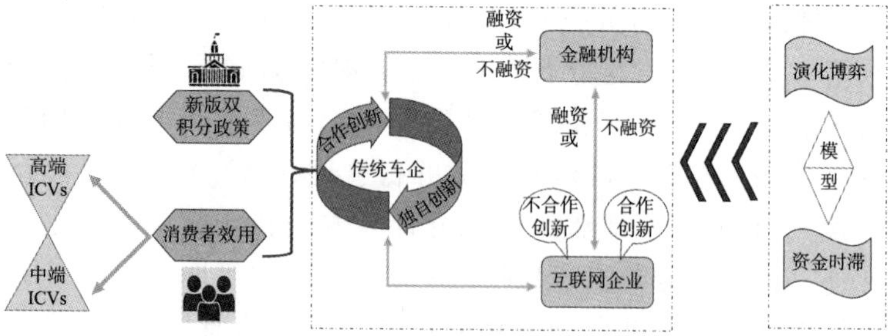

图 17.1　三方博弈关系图

17.2.2　基本假设

假设 1　本章研究模型中存在三个博弈主体，分别是传统车企、互联网企业和金融机构，其策略集合及概率分别为 {合作创新 x，独自创新 $1-x$}；{合作创新 y，不合作创新 $1-y$}；{融资 z，不融资 $1-z$}。

假设 2　假定传统车企和互联网企业都选择合作创新策略的收益分别为 αk 和 $(1-\alpha)k$，$\alpha(0<\alpha<1)$ 为收益分配系数。若此时金融机构融资会为传统车企和互联网企业带来增值收益 Δk_1，同时金融机构获得增值收益 Δk_2。

假设 3　当传统车企和互联网企业合作创新时，若此时金融机构融资，传统车企和互联网企业的创新成本分别为 θc_1 和 $(1-\theta)c_1$；若此时金融机构不融资，传统车企和互联网企业不仅要弥补资金不足还会产生其他创新成本，此时双方的创新成本分别为 θc_2 和 $(1-\theta)c_2$，$\theta(0<\theta<1)$ 为成本分担系数。互联网企业可助力传统车企进行智联化技术创新，因此，仅在双方都创新时分担传统车企的创新成本，而不产生其他额外成本。当互联网企业不参与合作时，若此时金融机构融资，传统车企合作创新的成本为 c_3；若此时金融机构不融资，传统车企不仅要弥补融资不足还会产生其他创新成本，总创新成本为 c_4。

假设 4　假定金融机构融资金额为 B，融资利率为 r。为防范化解重大金融风险，当金融机构产生融资想法时，会产生监管成本 c_b，其中包括对融资企业背景调查、企业资金明细查取、创新进程中耗费财力物力监督等。假定三方合作过程中创新成功概率为 P。

假设 5　积分交易价格 P^{NEV} 是由市场调节和政策规制共同决定。新版双积分政策规定，新能源乘用车标准车型积分调整为 $0.0034 \times R +$

0.2，R 为电动汽车续驶里程（工况法），单位为千米。纯电动乘用车标准车型积分得分为 $a \cdot R + b$，其中 a 是标准车型积分核算乘性系数，b 是标准车型积分核算加性系数。为鼓励传统车企生产高端智能网联汽车，设定高端智能网联汽车积分奖励系数 $h(h > 1)$。

假设6 当传统车企和互联网企业中仅有一方选择合作创新策略时，可能会出现"搭便车"的现象。传统车企能够从互联网企业选择的合作创新策略中获得隐形收益 ξ_1，若此时金融机构融资会产生隐形收益增值，隐形收益增值系数为 $\varphi_1(0 < \varphi_1 < 1)$。互联网企业能够从传统车企选择的合作创新策略中获得隐形收益 ξ_2，若此时金融机构融资会产生隐形收益增值，隐形收益增值系数为 $\varphi_2(0 < \varphi_2 < 1)$。传统车企和互联网企业因一方违约会产生相同的违约金 L，由博弈主体他方获得。

17.3 模型构建与分析

17.3.1 Hotelling 模型

在 Hotelling 模型中，产品的物质性能是相同的，但在空间位置上有差异。不同位置上的消费者要支付不同的运输成本，他们关心的是价格与运输成本之和，而不单单是价格。传统车企进行转型时生产高端智能网联汽车（X_H）或中端智能网联汽车（X_M），假定高端智能网联汽车（H）位于 Hotelling 线性城市的左端（H = 0），中端智能网联汽车位于右端（M = 1），消费者以密度为 1 均匀分布在 [0，1] 的线性城市。位于 X 处的消费者购买高端智能网联汽车产生的负效应为 sX，购买中端智能网联汽车产生的负效应为 $s(1 - X)$，$s(s \geq 1)$ 为单位距离交通成本。对消费者而言，购买高、中端智能网联汽车的单位产品效用分别为 ν_1 和 ν_2 以及售价分别为 p_1 和 p_2。假定高、中端智能网联汽车的创新技术偏好分别为 ρT_1 和 ρT_2，$\rho(\rho > 0)$ 消费者技术偏好系数。高端智能网联汽车在汽车车型、舒适性、安全性、便捷性等方面高于中端智能网联汽车。因此，假定高、中端智能网联汽车安全舒适度分别为 e 和 ηe，$\eta(0 < \eta < 1)$ 为安全舒适度系数。考虑消费者不同购买效用，购买高端

智能网联汽车或中端智能网联汽车的净效用如下：

$$U_1 = \nu_1 - p_1 + \rho T_1 + e - sX \tag{17.1}$$

$$U_2 = \nu_2 - p_2 + \rho T_2 + \eta e - s(1 - X) \tag{17.2}$$

根据 Hotelling 模型产品无差异特性，令 X 为消费者购买产品后剩余效用相同点，X 需满足：

$$\nu_1 - p_1 + \rho T_1 + e - sX = \nu_2 - p_2 + \rho T_2 + \eta e - s(1 - X) \tag{17.3}$$

解得：$X = \dfrac{\nu_1 - \nu_2 - p_1 + p_2 + \rho T_1 - \rho T_2 + e - \eta e + s}{2s}$

位于 X 处的消费者对于高端智能网联汽车和中端智能网联汽车需求分别为：

$$Q_1 = QX = Q \times \frac{\nu_1 - \nu_2 - p_1 + p_2 + \rho T_1 - \rho T_2 + e - \eta e + s}{2s} \tag{17.4}$$

$$Q_2 = Q(1 - X) = Q \times \frac{\nu_2 - \nu_1 + p_1 - p_2 + \rho T_2 - \rho T_1 - e + \eta e + s}{2s} \tag{17.5}$$

传统车企生产高端智能网联汽车和中端智能网联汽车时的利润函数分别为：

$$\pi_1^h = (p_1 - c_h)Q_1 + hP^{NEV}Q_1(aR + b) \tag{17.6}$$

$$\pi_1^m = (p_2 - c_m)Q_2 + P^{NEV}Q_2(aR + b) \tag{17.7}$$

假定传统车企生产中、高端智能网联汽车的初始制造成本 $c_m = 0$、$c_h = 0$；根据 Hotelling 模型纳什均衡求解传统车企生产高端、中端智能网联汽车最优利润为：

$$\pi_1^h = \frac{(\nu_1 - \nu_2 + (1 - \eta)e - (1 - h)P^{NEV}(aR + b) + \rho(T_1 - T_2) + 3s)^2}{18s} \times Q \tag{17.8}$$

$$\pi_1^m = \frac{(\nu_2 - \nu_1 + (1 - h)P^{NEV}(aR + b) - (1 - \eta)e - \rho(T_1 - T_2) + 3s)^2}{18s} \times Q \tag{17.9}$$

17.3.2　三方演化博弈模型

根据传统车企、互联网企业、金融机构之间的博弈关系及基本假设，本章构建三方演化博弈支付矩阵如表 17.1 所示。

表 17.1　　　　　　　　　　　三方演化博弈支付矩阵

传统车企	互联网企业	金融机构	
		融资 z	不融资 1 − z
合作创新 x	合作创新 y	$\pi_1^h + P\alpha(k + \Delta k_1) - \theta(c_1 + (1+r)B)$ $\pi_2 + P(1-\alpha)(k + \Delta k_1)$ $- (1-\theta)(c_1 + (1+r)B)$ $\pi_3 + \Delta k_2 + P(1+r)B - c_b$	$\pi_1^h + P\alpha k - \theta c_2$ $\pi_2 + P(1-\alpha)k - (1-\theta)c_2$ π_3
	不合作创新 1 − y	$\pi_1^m - c_3 - (1+r)B + L$ $\pi_2 - L + (1+\varphi_2)\xi_2$ $\pi_3 + P(1+r)B - c_b$	$\pi_1^m - c_4 + L$ $\pi_2 - L + \xi_2$ π_3
独自创新 1 − x	合作创新 y	$\pi_1^m - c_4 - L + (1+\varphi_1)\xi_1$ $\pi_2 + L$ $\pi_3 - c_b$	$\pi_1^m - c_4 - L + \xi_1$ $\pi_2 + L$ π_3
	不合作创新 1 − y	$\pi_1^m - c_4$ π_2 $\pi_3 - c_b$	$\pi_1^m - c_4$ π_2 π_3

17.3.3　单边稳定策略分析

17.3.3.1　传统车企均衡稳定分析

根据表 17.1，传统车企选择"合作创新"策略的期望收益 U_E，选择"独自创新"策略的期望收益 U_{NE} 和平均期望收益 $\overline{U}_E$ 分别为：

$$U_E = yz(\pi_1^h - \theta(B(r+1) + c_1) + \alpha P(\Delta k_1 + k))$$
$$+ (1-y)(1-z)(\pi_1^m - c_4 + L)$$
$$+ (1-y)z(\pi_1^m - B(r+1) - c_3 + L)$$
$$+ y(1-z)(\pi_1^h - c_2\theta + \alpha kP) \tag{17.10}$$

$$U_{NE} = yz(\pi_1^m - c_4 - L + (\varphi_1 + 1)\xi_1) + y(1-z)(\pi_1^m - c_4 - L + \xi_1)$$
$$+ (1-y)(1-z)(\pi_1^m - c_4) + (1-y)z(\pi_1^m - c_4) \tag{17.11}$$

$$\overline{U}_E = xU_E + (1-x)U_{NE} \tag{17.12}$$

传统车企的复制动态方程为：

449

$$F(x) = \frac{dx}{dt}$$

$$= x(1-x)\{[(1-\theta)(1+r)B + \theta c_2 - \theta c_1 + c_3 - c_4 + \alpha P\Delta k_1 - \xi_1\varphi_1]yz$$

$$+ [c_4 - c_3 - (1+r)B]z + (c_4 - \theta c_2 + \alpha Pk - \xi_1 + \pi_1^h - \pi_1^m)y + L\}$$

$$(17.13)$$

为便于讨论，令：

$$z^* = \frac{L + kPy\alpha - y(\theta c_2 - c_4 - \pi_1^h + \pi_1^m + \xi_1)}{\begin{aligned}&B(1+r)(1-y(1-\theta)) + c_3 - c_4\\&+ y(\theta c_1 - \theta c_2 - c_3 + c_4 - P\alpha\Delta k_1 + \xi_1\varphi_1)\end{aligned}}。$$

（1）若 $z = z^*$，则 $F(x) \equiv 0$，此时传统车企无论选择何种策略均处于稳定状态，演化均衡不会随时间变化而改变，如图 17.2（a）所示。

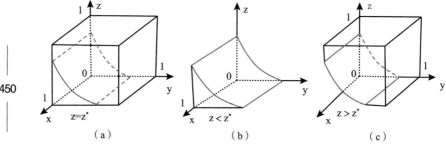

图 17.2　传统车企策略选择演化相位

（2）若 $z \neq z^*$，令 $F(x) = 0$，得到两个可能的稳定点 $x = 0$，$x = 1$。

①若 $z < z^*$，则 $F'(0) < 0$，$F'(1) > 0$，$x = 0$ 是演化稳定点。此时，传统车企选择独自创新策略，如图 17.2（b）所示。

②若 $z > z^*$，则 $F'(0) > 0$，$F'(1) < 0$，$x = 1$ 是演化稳定点。此时，传统车企选择合作创新策略，如图 17.2（c）所示。

命题 1　随着合作创新收益 k、积分交易价格 P^{NEV} 及标准车型积分核算系数 a 和 b 的增加，传统车企选取独自创新策略的概率增加。这说明传统车企选择合作创新策略生产高端智能网联汽车的概率与政策性参数和市场性参数成反比。

证明：$\frac{\partial z^*}{k} > 0$，$\frac{\partial z^*}{P^{NEV}} > 0$，$\frac{\partial z^*}{a} > 0$，$\frac{\partial z^*}{b} > 0$，当 k，PNEV，a，b 增大时，z^* 增大，传统车企选择独自创新策略的概率增加。

17.3.3.2 互联网企业均衡稳定性分析

根据表 17.1，互联网企业选择"合作创新"策略的期望收益 U_I，选择"不合作创新"策略的期望收益 U_{NI} 和平均期望收益 $\overline{U}_I$ 分别为：

$$U_I = xz(\pi_2 - (1 - \theta)((1 + r)B + c_1) + (1 - \alpha)P(\Delta k_1 + k))$$
$$+ x(1 - z)(\pi_2 - (1 - \theta)c_2 + (1 - \alpha)Pk)$$
$$+ (1 - x)(1 - z)(\pi_2 + L) + (1 - x)z(\pi_2 + L) \tag{17.14}$$

$$U_{NI} = xz(\pi_2 - L + (1 + \varphi_2)\xi_2) + x(1 - z)(\pi_2 - L + \xi_2)$$
$$+ (1 - x)(1 - z)\pi_2 + (1 - x)z\pi_2 \tag{17.15}$$

$$\overline{U}_I = yU_I + (1 - y)U_{NI} \tag{17.16}$$

互联网企业的复制动态方程为：

$$F(y) = \frac{dy}{dt}$$
$$= y(1 - y)\{[(1 - \alpha)P\Delta k_1 - (1 - \theta)[c_2 - c_1 - (1 + r)B] - \varphi_2\xi_2]xz$$
$$+ [(1 - \alpha)Pk - (1 - \theta)c_2 - \xi_2]x + L\} \tag{17.17}$$

为了便于讨论，令：

$$x^* = \frac{L}{\{\varphi_2\xi_2 - (1 - \theta)[c_2 - c_1 - (1 + r)B] - (1 - \alpha)P\Delta k_1\}z + (1 + \alpha)Pk + (1 - \theta)c2 + \xi_2}$$

（1）若 $x = x^*$，则 $F(y) \equiv 0$，此时互联网企业无论选择何种策略均处于稳定状态，演化均衡不会随时间变化而改变，如图 17.3（a）所示。

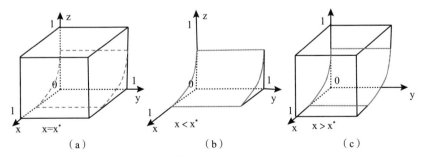

图 17.3 互联网企业策略选择演化相位

（2）若 $x \neq x^*$，令 $F(y) = 0$，得到两个可能的稳定点 $y = 0$，$y = 1$。

①若 $x > x^*$，则 $F'(0) > 0$，$F'(1) < 0$，$y = 1$ 是演化稳定点。此时，互联网企业选择合作创新策略，如图 17.3（c）所示。

②若 $x < x^*$，则 $F'(0) < 0$，$F'(1) > 0$，$y = 0$ 是演化稳定点。此时，互联网企业选择不合作创新策略，如图 17.3（b）所示。

命题 2 随着搭便车效益 ξ_2 增大，互联网企业选择合作创新概率策略升高；随着违约金 L 增大，互联网企业选择不合作创新策略概率升高。搭便车效益揭示了创新项目价值，搭便车效益越高，创新收益越高，互联网企业进入合作创新意愿越强。而违约金的增加在项目失败时导致互联网企业承担损失增大，因此互联网企业偏向于风险规避。

证明：$\dfrac{\partial x^*}{\xi_2} < 0$，当 ξ_2 增大时，x^* 逐渐减少，互联网企业选择合作创新策略的概率升高。$\dfrac{\partial x^*}{L} > 0$，当 L 增大时，$x^*$ 逐渐增大，互联网企业选择不合作创新策略的概率下降。

17.3.3.3 金融机构均衡稳定性分析

根据表 17.1，金融机构选择"融资"策略的期望收益 U_B，选择"不融资"策略的期望收益 U_{NB} 和平均期望收益 $\overline{U}_B$ 分别为：

$$U_B = xy(\pi_3 - c_b + P(1+r)B + \Delta k_2) + x(1-y)(\pi_3 - c_b + P(1+r)B)$$
$$+ (1-x)(1-y)(\pi_3 - c_b) + (1-x)y(\pi_3 - c_b) \tag{17.18}$$

$$U_{NB} = (1-x)(1-y)\pi_3 + x(1-y)\pi_3 + (1-x)y\pi_3 + xy\pi_3 \tag{17.19}$$

$$\overline{U}_B = zU_B + (1-z)U_{NB} \tag{17.20}$$

金融机构的复制动态方程为：

$$F(z) = \frac{dz}{dt} = z(1-z)\left[\Delta k_2 xy + P(1+r)Bx - c_b\right] \tag{17.21}$$

为了便于讨论，令：$y^* = \dfrac{-P(1+r)Bx + c_b}{x\Delta k_2}$

（1）若 $y = y^*$，则 $F(z) \equiv 0$，此时互联网企业无论选择何种策略均处于稳定状态，演化均衡不会随时间变化而改变，如图 17.4（a）所示。

（2）若 $y \neq y^*$，令 $F(z) = 0$，得到两个可能的稳定点 $z = 0$，$z = 1$。

①若 $y < y^*$，则 $F'(0) < 0$，$F'(1) > 0$，$z = 0$ 是演化稳定点。此时，金融机构选择不融资策略，如图 17.4（b）所示。

②若 $y > y^*$，则 $F'(0) > 0$，$F'(1) < 0$，$z = 1$ 是演化稳定点。此时，金融机构选择融资策略，如图 17.4（c）所示。

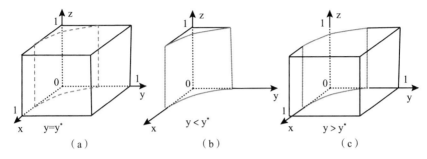

图 17.4　金融机构策略选择演化相位

命题 3　随着监管成本 c_b 增加，金融机构不融资意愿加强；随着融资金额 B 和增值收益 Δk_2 升高，金融机构趋向于选择融资策略。金融性参数的升高表示金融机构对项目风险容纳度增加以及对项目开发的肯定。

证明：$\dfrac{\partial y^*}{c_b} > 0$，当 c_b 增大时，y^* 逐渐增大，金融机构选择不融资策略的概率升高。$\dfrac{\partial y^*}{B} < 0$，$\dfrac{\partial y^*}{\Delta k_2} < 0$，当 B 和 Δk_2 增大时，y^* 逐渐减少，金融机构选择融资策略的概率升高。

453

17.3.4　系统均衡性分析

传统车企、互联网企业和金融机构构成的复制动态方程如下：

$$\begin{cases} F(x) = \dfrac{dx}{dt} = x(1-x)\big\{\big[(1-\theta)(1+r)B + \theta c_2 - \theta c_1 + c_3 - c_4 + \alpha P\Delta k_1 \\ \qquad - \xi_1\varphi_1\big]yz + (c_4 - \theta c_2 + \alpha Pk - \xi_1 + \pi_1^h - \pi_1^m)y + L\big\} \\ F(y) = \dfrac{dy}{dt} = y(1-y)\big\{\big[(1-\alpha)P\Delta k_1 - (1-\theta)\big[c_2 - c_1 - (1+r)B\big] \\ \qquad - \varphi_2\xi_2\big]xz + \big[(1-\alpha)Pk - (1-\theta)c_2 - \xi_2\big]x + L\big\} \\ F(z) = \dfrac{dz}{dt} = z(1-z)\big[\Delta k_2 xy + P(1+r)Bx - c_b\big] \end{cases}$$

（17.22）

系统均衡条件下，令 $F(x) = 0$，$F(y) = 0$，$F(z) = 0$ 可以得出三维复制动态方程下的所有均衡解，其中包括 8 个纯策略均衡解。依据演化博弈理论，构建雅克比矩阵（J）判断均衡解的稳定性。由李雅普诺夫第一法则可知，当雅克比矩阵所有特征值均为负时，该均衡点是系统的演化稳定点（ESS），以下是雅克比矩阵及各均衡点对应的雅克比矩阵特征值：

$$J = \begin{bmatrix} a_{11} & a_{12} & a_{13} \\ a_{21} & a_{22} & a_{23} \\ a_{31} & a_{32} & a_{33} \end{bmatrix} = \begin{bmatrix} \partial F(x)/\partial x & \partial F(x)/\partial y & \partial F(x)/\partial z \\ \partial F(y)/\partial x & \partial F(y)/\partial y & \partial F(y)/\partial z \\ \partial F(z)/\partial x & \partial F(z)/\partial y & \partial F(z)/\partial z \end{bmatrix}$$

$$(17.23)$$

雅克比矩阵特征值及稳定性见表 17.2。

表 17.2   雅克比矩阵特征值及稳定性

均衡点	特征值	稳定性
$E_1(0, 0, 0)$	$L > 0$ $L > 0$ $-c_b < 0$	鞍点
$E_2(1, 0, 0)$	$-L < 0$ $(1 - \alpha)Pk - (1 - \theta)c_2 - \xi_2 + L > 0$ $P(1 + r)B - c_b$	鞍点
$E_3(0, 1, 0)$	$c_4 - \theta c_2 + \alpha Pk - \xi_1 + \pi_1^h - \pi_1^m + L > 0$ $-L < 0$ $-c_b < 0$	鞍点
$E_4(0, 0, 1)$	$c_4 - c_3 - (1 + r)B + L > 0$ $L > 0$ $c_b > 0$	不稳定点
$E_5(1, 1, 0)$	$-[c_4 - \theta c_2 + \alpha Pk - \xi_1 + \pi_1^h - \pi_1^m + L] < 0$ $-[(1 - \alpha)Pk - (1 - \theta)c_2 - \xi_2 + L] < 0$ $P(1 + r)B - c_b + \Delta k_2 > 0$	鞍点

均衡点	特征值	稳定性
$E_6(1, 0, 1)$	$-[c_4 - c_3 - (1+r)B + L] < 0$ $(1-\alpha)P\Delta k_1 - (1-\theta)(1+r)B - (1-\theta)c_1$ $-\varphi_2\xi_2 + (1-\alpha)Pk - \xi_2 + L > 0$ $-P(1+r)B + c_b$	鞍点
$E_7(0, 1, 1)$	$-\theta(1+r)B - \theta c_1 + \alpha P\Delta k_1 - \xi_1\varphi_1 + c_4 + \alpha Pk - \xi_1$ $+ \pi_1^h - \pi_1^m + L > 0$ $-L < 0$ $c_b > 0$	鞍点
$E_8(1, 1, 1)$	$-[-\theta(1+r)B - \theta c_1 + \alpha P\Delta k_1 - \xi_1\varphi_1 + c_4$ $+ \alpha Pk - \xi_1 + \pi_1^h - \pi_1^m + L] < 0$ $-[(1-\alpha)P\Delta k_1 - (1-\theta)(1+r)B - (1-\theta)c_1$ $-\varphi_2\xi_2 + (1-\alpha)Pk - \xi_2 + L] < 0$ $-[P(1+r)B - c_b + \Delta k_2] < 0$	ESS

17.4　资金时滞与理想事件

17.4.1　资金时滞模型

根据弗里德曼（Friedman）等关于时滞的经典定义，本章定义资金时滞是从投资开始至其在生产中发挥作用时的时间间隔。时滞现象的产生是由投资的技术和经济特征决定的。本章金融机构的融资并不是一蹴而就，从决定融资到资金到账，而后企业进行技术创新，过程复杂漫长，且项目的经济收益也并不是即可见效。然而演化博弈仅仅考虑即刻抉择对博弈主体策略选择的影响，缺乏时间效应的考量。时滞的引入很好地弥补的演化博弈这一缺陷，因此本章在数值仿真时假定融资是以概率 p_0 遇到资金时滞 τ_0，以概率 p_1 遇到资金时滞 τ_1，以概率 p_2 遇到资金时滞 τ_2，满足 $p_0 + p_1 + p_2 = 1$，构建时滞复制动态方程如下：

$$
\begin{cases}
F(x) = \dfrac{dx}{dt} \\
\quad = x(t)(1-x(t))\{L + [c_4 - c_3 - (1+r)B][p_0 z(t) + p_1 z(t-\tau_1) \\
\quad + p_2 z(t-\tau_2)] + [(1-\theta)(1+r)B + \theta c_2 - \theta c_1 + c_3 - c_4 + \alpha P\Delta k_1 \\
\quad - \xi_1\varphi_1] \cdot [p_0 y(t) + p_1 y(t-\tau_1) + p_2 y(t-\tau_2)][p_0 z(t) + p_1 z(t-\tau_1) \\
\quad + p_2 z(t-\tau_2)] + [c_4 - \theta c_2 + \alpha Pk - \xi_1 + \pi_1^h - \pi_1^m][p_0 y(t) \\
\quad + p_1 y(t-\tau_1) + p_2 y(t-\tau_2)]\} \\[2mm]
F(y) = \dfrac{dy}{dt} \\
\quad = y(t)(1-y(t))\{L + [(1-\alpha)Pk - (1-\theta)c_2 - \xi_2][p_0 x(t) \\
\quad + p_1 x(t-\tau_1) + p_2 x(t-\tau_2)] + [(1-\alpha)P\Delta k_1 - (1-\theta)(1+r)B \\
\quad + (1-\theta)(c_2 - c_1) - \varphi_2\xi_2] \cdot [p_0 x(t) + p_1 x(t-\tau_1) + p_2 x(t-\tau_2)] \\
\quad [p_0 z(t) + p_1 z(t-\tau_1) + p_2 z(t-\tau_2)]\} \\[2mm]
F(z) = \dfrac{dz}{dt} \\
\quad = z(t)(1-z(t))\{-c_b + P(1+r)B[p_0 x(t) + p_1 x(t-\tau_1) \\
\quad + p_2 x(t-\tau_2)]\Delta k_2[p_0 x(t) + p_1 x(t-\tau_1) + p_2 x(t-\tau_2)] \\
\quad [p_0 y(t) + p_1 y(t-\tau_1) + p_2 y(t-\tau_2)]\}
\end{cases}
$$

$$(17.24)$$

数据仿真过程中，选取 $p_0 = 0.5$，$p_1 = p_2 = 0.25$，$\tau_1 = 8$，$\tau_2 = 12$。为保证各方公平合理，设定系统三方初始稳定状态为 $x = 0.5$，$y = 0.5$，$z = 0.5$。根据工信部《国家车联网产业标准体系建设指南（智能网联汽车）（2023 版）》提出的阶段性转型，本章设定星期为时间单位。第一阶段到 2025 年，第二阶段到 2030 年。一年有 52 个星期，由此第一阶段演化大区间为 $[0, 150]$，第二阶段演化大区间为 $[0, 300]$。

17.4.2 理想事件发生概率

传统车企智联化转型过程漫长复杂非一蹴而就。于短期阶段而言，在汽车智能化领域车企偏向于自身进行技术创新，同时寻求资金支持。于长期阶段而言，汽车智能化、网联化赛道并非一家独大，且车企在智能软件、芯片、车感方面远不如互联网企业，同时加之金融资金支持，传统车企与互联网企业之间的跨界合作是双赢选择。据此，本章定义短期阶段和长期阶段的理想事件，短期阶段传统车企与金融机构合作，令策略组合 x = 1，y = 0，z = 1 为事件 B，理想事件 B 概率为 $P(B) = x(1 - y)z$；长期阶段传统车企、互联网企业和金融机构三方合作，令策略组合 x = 1，y = 1，z = 1 为事件 A，理想事件 A 概率为 $P(A) = xyz$。

17.5　数值仿真分析

17.5.1　数据解析与处理

2021 年 4 月由吉利汽车创立的极氪品牌发布首款车型——极氪 001，并于 2023 年 2 月由吉利控股的极氪品牌完成 A 轮融资 7.5 亿美元，同年极氪上新了最新款极氪 001 2023 款 WE 版 86KWh（简称"新款极氪 001"）。根据极氪官方网站显示，新款极氪 001 的续航里程（工况法）为 560 千米。综合智能驾驶辅助、智能座舱的智能驾驶系数评判新款极氪 001 属于 L2 级智能网联汽车，为中端智能网联汽车。

广汽埃安 AION LX 车系是一款定位于豪华智能超跑 SUV 的车型，由广汽埃安与小马智行联合开发，标志着全球首款量产的 L3 级自动驾驶 SUV 的诞生。此外，广汽埃安在 2022 年完成了多轮融资。本书选取智能化等级为 L2 + 级的 AION LX 2022 款 Plus 80D Max 版车型（简称"AION LX"）。广汽埃安官方网站显示，AION LX 续航里程（工况法）为 600 千米。结合实际综合评估新款极氪 001 与 AION LX，设定中、高端智能网联汽车续航里程相等，令 R = 530。

根据证券日报总结的央行 2023 年的货币政策，令 B = 1，r = 0.0047。参考焦媛媛等（2023）的研究，设定 $c_b = 0.85$，$\Delta k_2 = 1.2$。根据假设 5，令标准车型积分核算乘性系数 a = 0.0034，加性系数 b = 0.2。此外，根据工信部发布的 2022 年年度报告和 2023 年年度报告，2021 年和 2022 年新能源正积分价格分别为 2088 元/分和 1128 元/分，以及中国汽车报统计预测，2023 年单位积分交易价格将会下降到 200 ~ 400 元/分，因此取积分价格大区间 $P^{NEV} \in [0.05, 0.2]$。为保证公平合理的创新合

457

作环境，设定 $P=0.5$，$\alpha=0.5$，$\theta=0.5$。参考刘娜娜等（2023）研究，设定 $c_1=1.7$，$c_2=1.98$，$c_3=2.05$，$c_4=2.9$，$\Delta k_1=1.2$，$k=10$，$L=0.2$，$h=1.2$，$Q=1.5$。根据曹裕等（2021）的研究，设定 $\nu_1=\nu_2=1$，$\xi_1=1.15$，$\xi_2=0.7$，$\varphi_1=\varphi_2=0.8$，$T_1=0.3$，$T_2=0.2$，$e=0.2$，$\eta=0.8$，$s=1$。

17.5.2 收益分配系数对系统演化的影响

在其他参数不变的情况下，取收益分配系数 α 的步长为 0.05。图 17.5 表示收益分配系数 α 对系统演化的影响。收益分配系数阈值在 [0.5，0.55] 之间时，传统车企和互联网企业跨界合作的概率随着收益分配系数的增大而降低，传统车企更愿独占市场生产中端 ICVs，然而收益的逐渐削减使得互联网企业无法弥补高额成本，从而选择不合作创新策略（见图 17.5（a））。结合图 17.5（b）和（c），在收益分配系数处于 [0.5，0.6] 范围时，短、长期理想事件最终概率互为相反状态。这是由于短期阶段市场不确定性高、技术开发难度大，传统车企急需大量资金开拓市场，因此适当增加收益分配系数更有利于短期理想事件发生（见图 17.5（b））。伴随高端智能网联汽车市场和技术方面趋于成熟，公平的收益分配系数更能促进长期理想事件发生（见图 17.5（c））。无论传统车企处在短期转型阶段还是长期转型阶段，高收益分配系数虽然会使得理想事件发生波动，但高收益所带来的高成本不会使得理想事件概率演化成 1（见图 17.5（b）和（c））。

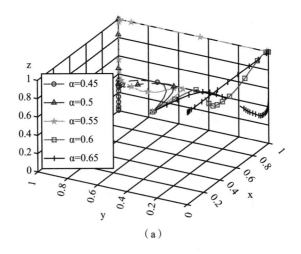

（a）

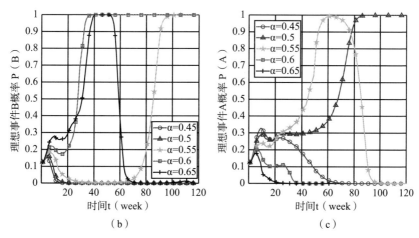

图 17.5　收益分配系数 α 对系统演化的影响

17.5.3　成本共担系数对系统演化的影响

在其他参数不变的情况下，取成本共担系数 θ 的步长为 0.1。图 17.6 表示成本共担系数 θ 对系统演化的影响。图 17.6（a）、（b）和（c）表明在 θ=0.4 情况下传统车企和互联网企业对于其是否选择合作创新策略均处于摇摆状态。传统车企获得互联网企业加盟后，其创新技术与人力资源等方面有一定基础，此时略低的成本支出会使得传统车企偏向于独自研发。然而传统车企闭门造车无法满足逐步成熟的市场需求和逐渐升高的消费者智联偏好，因此需要互联网企业软件技术支持。结合图 17.6（a）和（b），θ<0.4 对于传统车企研发中端 ICVs 属于适当成本支出，此时也更利于短期理想事件发生。但过低的成本支出往往伴随产品质量差，缺乏市场竞争力，不利于企业长远发展。

17.5.4　融资金额对系统演化的影响

在其他参数不变的情况下，取融资金额 B 的步长为 0.5。图 17.7 表示融资金额 B 对系统演化的影响。图 17.7（a）表示随着融资金额逐渐增大，传统车企和互联网企业跨界合作趋于失败。短期

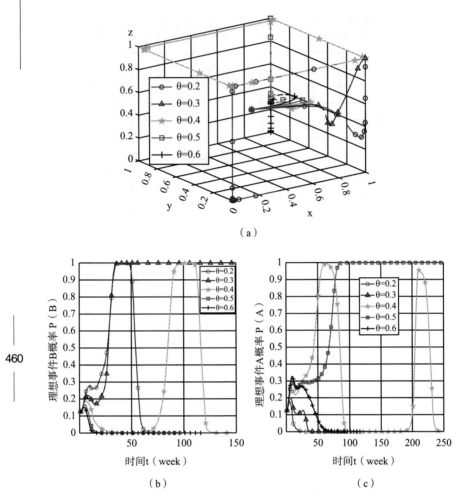

图 17.6　成本共担系数 θ 对系统演化的影响

转型初始阶段，较高的融资金额才能支撑传统车企探索新项目，融资金额越高越能促进理想事件发生（见图 17.7（b））。长期转型初始阶段，随时间演化理想事件概率先升后降。在市场和技术逐渐成熟时，适当的融资金额最终才能促使长期理想事件发生（见图 17.7（c））。低融资金额始终不会促使理想事件发生（见图 17.7（b）和（c））。

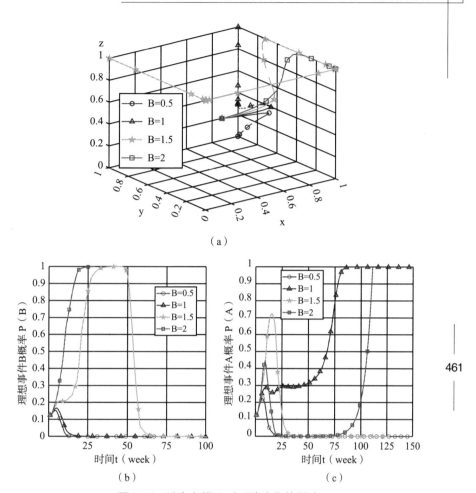

（a）

（b）　　　　　　　　　　　（c）

图 17.7　融资金额 B 对系统演化的影响

17.5.5　积分交易价格对系统演化的影响

在其他参数不变的情况下，根据市场调节及统计预测，取积分交易价格 P^{NEV} 的步长为 0.05。图 17.8 表示积分交易价格 P^{NEV} 对系统演化的影响。随着积分交易价格上升金融机构策略选择由不融资演变成融资，且互联网企业策略选择由合作创新演变成不合作创新。积分交易价格的上升增加了传统车企额外的收益，会使传统车企拥有较为殷实的资金去通过金融机构的资产等融资风险评估，从而进行融资（见图 17.8（a））。对比图 17.8（b）和（c），长期理想事件概率对于积分交易价格的变动会产生较大波动。在短期转型阶段，创新成本大、风险高，积分收益不足以弥补车企智联化转型创新成本（见图17.8（b））。提升积分交易价格虽然加快了长期理想事件概率收敛于1的演化速度，但是过高的积分交易价格会使传统车企利益为上，趋向独占市场（见图17.8（a）和（c））。

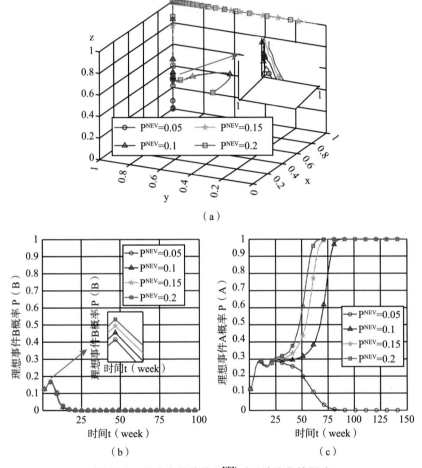

图 17.8　积分交易价格 P^{NEV} 对系统演化的影响

17.5.6　标准车型积分核算系数对系统演化的影响

在其他参数不变的情况下，根据市场需求、新版双积分政策及发展预测对标准车型积分核算系数 a 和 b 赋值。图 17.9（a）表明随着标准车型积分核算系数增大，传统车企偏向于独自创新，但是传统车企本身软件技术有限，又迫切需要互联网企业加盟，从而陷入循环，无法达到稳定状态。对比图 17.9（b）、（d）、（f），短期转型阶段，理想事件概率对标准车型积分核算系数变动更敏感。对比图 17.9（c）、（e）、（g），长期转型阶段，理想事件概率对积分交易价格变动更敏感。过低的积分交易价格使得车企收益无法抵消高端智联化创新产生的成本，此时市场积分可能供远大于求，无法促使长期理想事件发生。同时过低的标准车型核算系数也加大了车企积分获取难度，政府对车企考核过于严格，积分量减少但创新成本加大，最终也将转型失败。

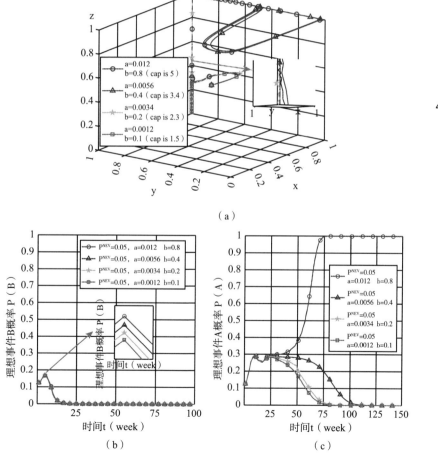

（a）

（b）　　　　　　　　　　　　　（c）

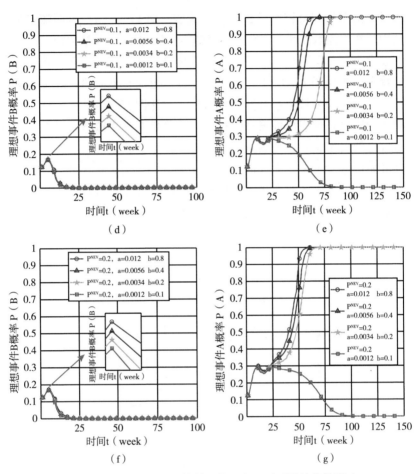

图 17.9 标准车型积分核算系数 a 和 b 对系统演化的影响

17.5.7 消费者技术偏好对系统演化的影响

在其他参数不变的情况下，取消费者技术偏好 ρ 的步长为 0.3。图 17.10 表示消费者技术偏好 ρ 对系统演化的影响。消费者技术偏好高低从一定程度表示了此产品市场环境的优劣。低消费者技术偏好代表此时产品市场不成熟，损失风险大，不利于融资（见图 17.10（a））。然而结合图 17.10（a）和（c），高消费者技术偏好虽然促进了长期理想事件的发生，但也会使得传统车企陷入生产决策困境。此时智联化汽车市场前景良好，使得传统车企急于侵占市场，但却缺乏核心软件技术支撑。因此在长期转型阶段，即便存在良好的市场前景，高昂的技术创新成本仍是阻碍车企成功转型的关键因素。

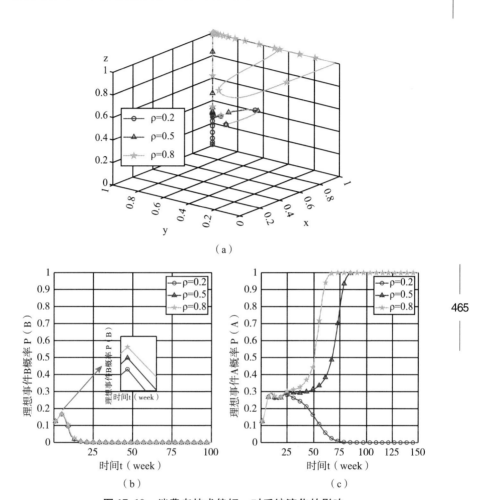

图 17.10　消费者技术偏好 ρ 对系统演化的影响

17.6　结论与政策建议

本章基于新版双积分政策构建了传统车企、互联网企业和金融机构三方跨界合作演化博弈模型，引入资金时滞进行数值仿真，探究传统车企在不同时期智联化转型策略。基于上述结果，本章得出如下研究结论及相关建议。

17.6.1 研究结论

首先,收益分配系数增大、成本共担系数减小均会使得传统车企和互联网企业跨界合作趋于失败。在短期转型阶段,高收益和低成本状态更能激发传统车企智联化转型积极性。较高的利益获得和较低的成本付出虽然在一定程度上促进了传统车企智联化转型,但也驱使其产生垄断市场行为,反而不利于整个汽车行业发展。因此从长期考虑,公平的收益分配系数和成本分担系数更能促进传统车企生产高端智能网联汽车。

其次,对比低融资金额,高融资金额易使理想事件概率产生波动。随着融资金额逐渐增大,传统车企和互联网企业跨界合作趋于失败。因此,当智联化技术创新较为成熟时,适当的融资金额更有利于传统车企实现更高端智联化转型。

再次,短期转型阶段,传统车企需要大量资金去开拓市场,积分收益不足以弥补技术创新成本,积分交易价格和标准车型核算系数变动不足以促使理想事件发生。长期转型阶段,单独调整市场性因素和政策性因素都无法促使传统车企成功转型,应充分考虑各因素间的联动性。

最后,消费者是决定汽车市场定位的关键角色。低消费者技术偏好会使智联化汽车市场陷入低迷,高技术偏好又会使得传统车企策略选择陷入循环。

17.6.2 政策建议

首先,在传统车企与互联网企业合作创新中应设置合理的成本性因素,车企本身也应当综合分析当时所处的转型阶段。在短期转型阶段,传统车企需要占据较高收益及承担较低成本才能实现智联化转型。此时,应当给予互联网企业一定补助或增加互联网企业的搭便车效益以确保其选择合作创新策略。政府也可对互联网企业设置相应的创新奖励政策,推动高端智能软件的研发。

其次,金融机构应当充分分析企业整体资金流动情况,在适当的时期给予相应的融资金额,并采取合理的监管措施。同时,为避免审批流程、资金流动，以及鼓励金融机构融资中小型科技企业创新、为提升金融机构融资金额，政府可设定相应项目损失承担机制。

最后，于政策制定及修订而言。简单的收紧某一政策性因素是不合理的，应充分考虑市场性因素，分析两者交互变动下的结果，制定利益最大化及最合理政策。此外，政府应对高端智能网联汽车加以市场性宣传，提升消费者对高端智能网联汽车偏好程度，同时约束车企独占市场行为。

第18章　新版双积分政策下考虑资金时滞的传统车企智联化转型

18.1　研究背景

随着互联网技术发展和新一代科学技术革命，汽车行业与信息技术行业的深度融合促进了汽车智联化进程。这使得传统车企转型迫在眉睫。面对智能技术不完善、资金短缺、智能软件等问题，传统车企迫切需要寻求新发展出路，适应新能源智联化市场。数智化背景下，汽车生产由"制"造变成"智"造，构建全新的跨行业、跨产业、跨领域的汽车供应链体系。2021年国家发改委发布的《新能源汽车产业发展规划（2021~2035年）》显示，人工智能、大数据、互联网等技术发展，使得电气化、网联化、智能化已成为主流趋势，汽车行业生态逐渐由"链式关系"演变成"网状生态"，推进以数据为纽带的"人—车—路—云"高效协同。

智能网联汽车是车联网与智能车的有机结合，利用现代通信和网络技术，并集智能座舱、智能驾驶、数字网关于一体。不同类型企业跨界合作是保障ICV市场健康协调发展的内在要求。传统车企从生产传统燃油车到生产新能源汽车、再到现在的智联化新能源汽车，离不开与互联网等软件芯片厂家合作。早在2014年上汽集团与阿里进行智能网联合作，打造互联网界的SUV；华为与沃尔沃的首次合作，将华为应用商城嵌入到下一代沃尔沃智能车载交互系统中；北汽集团与地平线的战略合作，共创智能驾驶新模式；长安汽车与华为的合作—阿维塔11，致力打造情感智能电动汽车。我国新能源汽车与智能网联汽车销量逐年上升，其中 2022 年新能源汽车销量达 688.7 万辆[①]，L2 级[1] ICV 渗透率达 34.5%[②]（见图 18.1）。

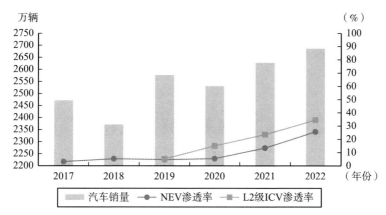

图 18.1 中国汽车销量、NEV 渗透率及 L2 级 ICV 渗透率
数据来源：中国工信新闻网。

对于中国汽车市场而言，自 2010 年实施新能源汽车补贴政策，随着市场逐步扩大，新能源汽车占比增加，财政压力与市场导向导致补贴逐步退坡直至完全退坡。在此期间，中国制定了《乘用车企业平均燃料消耗量与新能源汽车积分并行管理办法》（以下简称双积分政策），缓解了补贴退坡、疫情冲击不利的社会影响。双积分是指企业平均燃油消耗量积分（CAFC 积分）和新能源汽车积分（NEV 积分）。当车企生产燃油车不满足平均燃油消耗标准会产生 CAFC 负积分，且燃油车生产数量达三万辆及以上时会产生 NEV 负积分，政策规定仅 NEV 正积分可售卖，所以 CAFC 负积分可通过本企业上年结转或关联企业转让的 CAFC 正积分抵消，也可从本企业、关联企业或购买其他企业产生的 NEV 正积分抵消；NEV 负积分只可从本企业、关联企业或购买其他企业产生

① 中华人民共和国工业和信息化部.2022 年 12 月汽车行业经济运行情况［EB/OL］.［2023－02－12］.https：//www.miit.gov.cn/gxsj/tjfx/zbgy/qc/art/2023/art_610c626d34b84－24c9c1077ac5e5a40fe.html.

② 中华人民共和国工业和信息化部.工业和信息化部：贯彻落实国务院常务会议精神，推动新能源汽车产业高质量发展［EB/OL］.［2023－06－21］.https：//www.miit.gov.cn/x-wdt/gxdt/ldhd/art/2023/art_643c641ae55849eabd329f8311bc964d.html.

的 NEV 正积分抵消，抵消比例均为 1∶1。此外，对比政府补贴政策，从需求和消费端分析，双积分政策实施不仅促使新能源汽车快速发展，也保证传统燃油车企与新能源车企之间平稳竞争。但随着汽车行业快速发展，双积分政策无法适应市场灵活变动、新能源汽车行业积极发展。因此，2023 年 7 月工信部发布的最新修改新版双积分政策。新版双积分政策调整标准车型积分计算系数及新能源汽车积分比例，提高了积分获取的难度。

18.2　问题描述与假设

18.2.1　问题描述

2022 年底，国家层面新能源汽车补贴已完全退坡，为缓解补贴退坡带来的市场冲击保证新能源市场平稳运行，在补贴退坡过程中出台了新版双积分政策。旨在通过建立积分交易机制，促进新能源汽车行业协调发展形成市场化机制。基于此，文章探究传统车企与互联网企业智能网联跨界协同创新，双方都合作创新时，传统车企生产高端智能网联新能源汽车（如极狐阿尔法 S Hi 版、AITO 问界 M7、集度 ROBO - 01 限定版等）；传统车企选择合作创新而互联网企业不合作创新时，传统车企生产中端智能网联新能源汽车（如福特福克斯、MODEL3、奥迪 A6L 等），高端智能网联新能源汽车在单车智能、车路协同高于中端智能网联汽车；传统车企不合作创新，则生产传统燃油车。同时，为满足双方在合作创新产生高额成本资金问题，分析金融机构参与合作创新，注入资金保证传统车企智联化转型。

因此，本书构建传统车企、互联网企业、金融机构三方演化博弈模型，三者都是有限理性主体，研究探讨何种博弈策略选择能使得自身利益最大化。假设传统车企的策略为"合作创新"和"不合作创新"；互联网企业的策略为"合作创新"和"不合作创新"，合作创新与不合作创新指传统车企与互联网平台之间是否进行跨界协同。金融机构的策略为"融资"和"不融资"，融资和不融资是指金融机构是否参与车企与互联网企业的创新过程。博弈主体之间的关系见图 18.2。

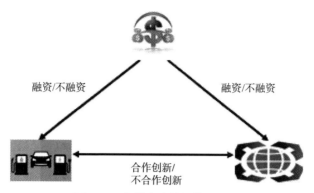

融资/不融资　　　　　　　　融资/不融资

合作创新/
不合作创新

图 18.2　各博弈主体间策略关系

18.2.2　基本假设

假设 1　本书有三个博弈主体：传统车企、互联网企业和金融机构。传统车企选择"合作创新"策略的概率为 x（$0 \leqslant x \leqslant 1$），选择"不合作创新"策略的概率为 $1 - x$；互联网企业选择"合作创新"策略的概率为 y（$0 \leqslant y \leqslant 1$），选择"不合作创新"策略的概率为 $1 - y$；金融机构选择"融资"策略的概率为 z（$0 \leqslant z \leqslant 1$），选择"不融资"策略的概率为 $1 - z$。

假设 2　假设传统车企生产三种汽车类型：高端智能网联汽车、中端智能网联汽车和传统燃油车，智能网联汽车假设只考虑新能源汽车智联化，高端或中端智能网联汽车区别在新能源汽车的智联化程度。其中高端智能网联汽车生产数量 Q_1；中端智能网联汽车生产数量 Q_2；传统燃油车生产数量 Q_3。

假设 3　根据新版双积分政策，新能源乘用车标准车型积分调整为 $0.0034 \times R + 0.2$，R 为电动汽车续驶里程（工况法），单位为千米。其中标准车型积分核算乘性系数为 a，标准车型积分核算加性系数为 b，因此，纯电动乘用车标准车型积分得分为 $a \times R + b$。

假设 4　假定传统车企生产的燃油车为平均油耗标准未达标汽车，所获得 CAFC 积分为负积分 $- \lambda_G Q_3$，$\lambda_G（\lambda_G > 0）$ 为单位新能源汽车的 CAFC 积分系数。且燃油车生产应满足一定比例的新能源汽车积分比例要求 $\beta（\beta > 0）$，产生的 NEV 负积分为 $- \beta Q_3$。

假设 5　传统车企、互联网企业和金融机构获得的初始收益为 π_i（i =

1，2，3）。传统车企与互联网企业都选择合作创新所带来的创新收益为 k，同时金融机构选择融资策略时给车企和互联网企业带来的增值收益为 Δk_1。传统车企与互联网企业创新收益分配占比为 α 和 $1-\alpha$。为鼓励传统车企与互联网合作生产高端智能网联汽车，设定高端智能网联汽车积分鼓励系数 $h(h>0)$。智能网联汽车积分奖励是政府为鼓励车企生产高端智能网联汽车设定的奖励。譬如：在深圳、成都和济南等，企业基于智能网联创新关键技术及零部件研制等，地方政府将按照总项目投资给与一定比例补助。

假设6　传统车企与互联网企业合作过程双方均存在技术外溢风险，且外界不确定因素均会影响双方合作，假定传统车企与互联网企业协同创新成功概率为 P。在金融机构融资策略下，传统车企与互联网企业合作创新成本为 c_1，传统车企或者互联网企业仅一方选择创新策略下创新成本分别为 c_{e1} 和 c_{i1}，为防范风险金融机构产生监管成本 c_b（为防止欺诈行为，金融机构只要选择融资就会产生此成本）；金融机构不融资，传统车企与互联网企业合作创新成本为 c_2，此时传统车企或者互联网企业仅一方选择创新策略下创新成本分别为 c_{e2} 和 c_{i2}。车企与互联网企业合作创新成本共担系数为 θ 和 $1-\theta$。

假设7　金融机构的融资金额为 B，融资利率为 r，在融资策略下，车企与互联网企业的协同创新给金融机构创造的增值收益为 Δk_2。

假设8　假定因传统车企或互联网企业一方违约会产生相同的违约金 L，由博弈他方主体获得。

假设中涉及的相关符号及其定义说明见表18.1。

表18.1　　　　　　　　　　　**模型符号及其定义**

符号	定义	符号	定义
$\pi_i(i=1,2,3)$	传统车企、互联网企业与金融机构三方初始收益	c_b	金融机构融资监管成本
p^{NEV}	单位积分交易价格	k	传统车企与互联网企业合作创新收益
a	标准车型积分核算乘性系数	Δk_1	金融机构融资给传统车企与互联网企业合作创新带来的增值收益

符号	定义	符号	定义
R	续航里程（工况下）	Δk_2	传统车企与互联网企业合作创新给金融机构融资带来的增值收益
b	标准车型积分核算加性系数	L	传统车企与互联网企业合作创新违约金
λ_G	单位新能源汽车的CAFC积分系数	α	传统车企与互联网平台合作创新收益分配系数
β	新能源汽车积分比例	θ	传统车企与互联网平台合作创新成本共担系数
h	智能网联汽车积分奖励系数	B	融资金额
c_1	金融机构融资，传统车企与互联网企业合作创新成本	r	融资利率
c_2	金融机构不融资，传统车企与互联网企业合作创新成本	P	传统车企与互联网企业合作创新成功概率
c_{e1}	金融机构融资，传统车企单独创新成本	Q_1	高端智能网联汽车销售数量
c_{e2}	金融机构不融资，传统车企单独创新成本	Q_2	中端智能网联汽车销售数量
c_{i1}	金融机构融资，互联网企业单独创新成本	Q_3	燃油车销售数量
c_{i2}	金融机构不融资，互联网企业单独创新成本	x	传统车企合作创新概率
y	互联网企业合作创新概率	z	金融机构融资概率

18.3 模型与方法

18.3.1 三方演化博弈模型构建

演化博弈论是一种动态平衡理论，是系统在给定博弈策略和支付矩阵后将达到的均衡状态，支付矩阵如表18.2所示。

表 18.2   三方演化博弈矩阵

传统车企	互联网企业	金融机构	
		融资（z）	不融资（1 − z）
合作创新（x）	合作创新（y）	$\pi_1 + hP^{NEV}Q_1(aR + b) + P\alpha(k + \Delta k_1)$ $- \theta[c_1 + (1+r)B]$ $\pi_2 + P(1-\alpha)(k + \Delta k_1)$ $- (1-\theta)[c_1 + (1+r)B]$ $\pi_3 + \Delta k_2 + P(1+r)B - c_b$	$\pi_1 + hP^{NEV}Q_1(aR + b)$ $+ P\alpha k - \theta c_2$ $\pi_2 + P(1-\alpha)k - (1-\theta)c_2$ π_3
	不合作创新（1 − y）	$\pi_1 + P^{NEV}Q_2(aR + b) - c_{e1}$ $- (1+r)B + L$ $\pi_2 - L$ $\pi_3 + P(1+r)B - c_b$	$\pi_1 + P^{NEV}Q_2(aR + b) - c_{e2} + L$ $\pi_2 - L$ π_3
不合作创新（1 − x）	合作创新（y）	$\pi_1 - P^{NEV}Q_3(\lambda_G + \beta) - L$ $\pi_2 - c_{i1} - (1+r)B + L$ $\pi_3 + P(1+r)B - c_b$	$\pi_1 - P^{NEV}Q_3(\lambda_G + \beta) - L$ $\pi_2 - c_{i2} + L$ π_3
	不合作创新（1 − y）	$\pi_1 - P^{NEV}Q_3(\lambda_G + \beta)$ π_2 $\pi_3 - c_b$	$\pi_1 - P^{NEV}Q_3(\lambda_G + \beta)$ π_2 π_3

18.3.2 单边博弈主体策略稳定性分析

18.3.2.1 传统车企

传统车企选择合作创新的期望收益如下：

$$U_e = yz(\pi_1 + hP^{NEV}Q_1(aR + b) + \alpha P(k + \Delta k_1) - \theta(c_1 + (1+r)B))$$
$$+ y(1-z)(\pi_1 + hP^{NEV}Q_1(aR + b) + \alpha Pk - \theta c_2)$$
$$+ (1-y)z(\pi_1 + P^{NEV}Q_2(aR + b) - c_{e1} - (1+r)B + L)$$
$$+ (1-y)(1-z)(\pi_1 + P^{NEV}Q_2(aR + b) - c_{e2} + L) \qquad (18.1)$$

传统车企选择不合作创新的期望收益为：

$$U_{ne} = yz(\pi_1 - P^{NEV}(\lambda_G + \beta)Q_3 - L) + y(1-z)(\pi_1 - P^{NEV}(\lambda_G + \beta)Q_3 - L)$$
$$+ (1-y)z(\pi_1 - P^{NEV}(\lambda_G + \beta)Q_3) + (1-y)(1-z)(\pi_1 -$$
$$P^{NEV}(\lambda_G + \beta)Q_3) \qquad (18.2)$$

传统车企的平均收益为：

$$\bar{U}_e = xU_e + (1-x)U_{ne} \tag{18.3}$$

因此，传统车企选择合作创新的复制动态方程为：

$$F(x) = \frac{dx}{dt} = x(U_e - \bar{U}_e) =$$

$$x(1-x)\begin{pmatrix} L - (1+r)Bz + (1-\theta)(1+r)Byz + kPy\alpha + \theta(c_2 - c_1)yz \\ -y\theta c_2 + yz(c_{e1} - c_{e2}) - (1-y)c_{e2} + z(c_{e2} - c_{e1}) + Pyz\alpha\Delta k_1 \\ + P^{NEV}(yh(aR+b)Q_1 + (1-y)(aR+b)Q_2 + (\lambda_G + \beta)Q_3) \end{pmatrix} \tag{18.4}$$

对 $F(x)$ 求一阶偏导可得：

$$dF(x)/dx =$$

$$(1-2x)\begin{pmatrix} L - (1+r)Bz + (1-\theta)(1+r)Byz + kPy\alpha + \theta(c_2 - c_1)yz \\ -y\theta c_2 + yz(c_{e1} - c_{e2}) - (1-y)c_{e2} + z(c_{e2} - c_{e1}) + Pyz\alpha\Delta k_1 \\ + P^{NEV}(yh(aR+b)Q_1 + (1-y)(aR+b)Q_2 + (\lambda_G + \beta)Q_3) \end{pmatrix} \tag{18.5}$$

根据微分方程稳定性定理，为使传统车企合作创新策略为最优状态，需满足 $F(x)=0$，$dF(x)/dx<0$，令 $F(x)=0$，得：$x^*=0$，$x^*=1$，$z = [P^{NEV}Q_3(\lambda_G + \beta) + (1-y)P^{NEV}Q_2(aR+b) + y(kP\alpha - \theta c_2 + c_{e2} + hP^{NEV}Q_1(aR+b)) + L - c_{e2}]/[(1+r)B + c_{e1} - c_{e2} + y((1-\theta)(1+r)B + \theta(c_1 - c_2) - c_{e1} + c_{e2} - P\alpha\Delta k_1)]$。

当 $z=z^*$，无论此时出于何种状态都是稳定的，传统车企选择何种策略的概率都不会随着时间的改变而变化。

当 $z \neq z^*$，分析 $(1+r)B + c_{e1} - c_{e2} + y((1-\theta)(1+r)B + \theta(c_1 - c_2) - c_{e1} + c_{e2} - P\alpha\Delta k_1)$ 不同情况下的结果。

（1）情况1：当 $(1+r)B - c_{e2} + y(-(1-\theta)(1-r)B + \theta(c_1 - c_2) - c_{e1} + c_{e2} - P\alpha\Delta k_1) + c_{e1} < 0$，我们分析如下两种情况。

当 $z < z^*$，$dF(x)/dx\,|_{x=0} > 0$，$dF(x)/dx\,|_{x=1} < 0$，$x=1$ 是演化稳定点；且当 $z > z^*$，$dF(x)/dx\,|_{x=0} < 0$，$dF(x)/dx\,|_{x=1} > 0$，$x=0$ 是演化稳定点。

（2）情况2：当 $(1+r)B - c_{e2} + y(-(1-\theta)(1-r)B + \theta(c_1 - c_2) - c_{e1} + c_{e2} - P\alpha\Delta k_1) + c_{e1} > 0$，我们分析如下两种情况。

当 $z < z^*$，$dF(x)/dx\,|_{x=0} < 0$，$dF(x)/dx\,|_{x=1} > 0$，$x=0$ 是演化稳

定点；且当 $z > z^*$，$dF(x)/dx \big|_{x=0} > 0$，$dF(x)/dx \big|_{x=1} < 0$，$x = 1$ 是演化稳定点。

命题 1：这个 z^* 平面与 NEV 积分比例要求 β，积分交易价格 P^{NEV} 和 NEV 积分核算系数 a 和 b 是单调关系。随着 β，P^{NEV}，a 和 b 增加，传统车企采用非合作创新战略的概率增加。传统车企选择非合作创新战略生产 ICV 的概率与政策参数和市场参数成正比，表明政府单纯收紧市场参数或政策参数是不可取的。

证明 1：$\frac{\partial z^*}{\beta} > 0$，$\frac{\partial z^*}{P^{NEV}} > 0$，$\frac{\partial z^*}{a} > 0$，$\frac{\partial z^*}{b} > 0$，当 β，P^{NEV}，a，和 b 增加时，z^* 逐渐增加，传统汽车企业采用合作创新战略的概率降低。

综上所述，传统车企的演化趋势如图 18.3 所示。

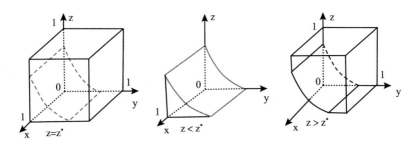

图 18.3　传统车企演化相位图

18.3.2.2　互联网企业

互联网企业选择合作创新的期望收益为：

$$U_i = xz(\pi_2 + (1-\alpha)P(k + \Delta k_1) - (1-\theta)(c_1 + (1+r)B))$$
$$+ (1-x)z(\pi_2 - c_{i1} - (1+r)B + L) + (1-x)(1-z)(\pi_2 - c_{i2} + L)$$
$$+ x(1-z)(\pi_2 + (1-\alpha)Pk - (1-\theta)c_2) \tag{18.6}$$

互联网企业选择不合作创新的期望收益为：

$$U_{ni} = xz(\pi_2 - L) + x(1-z)(\pi_2 - L) + (1-x)z\pi_2 + (1-x)(1-z)\pi_2 \tag{18.7}$$

互联网企业的平均收益为：

$$\bar{U}_i = yU_i + (1-y)U_{ni} \tag{18.8}$$

因此，互联网企业选择合作创新的复制动态方程为：

$$F(y) = \frac{dy}{dt} = y(U_i - \bar{U}_i)$$

$$= y(1-y)\begin{pmatrix} L - z(1+r)B + xz\theta(1+r)B \\ - xz(1-\theta)c_1 - x(1-z)(1-\theta)c_2 - (1-x)c_{i2} \\ + (1-x)z(c_{i2} - c_{i1}) + xzP(1-\alpha)\Delta k_1 + xP(1-\alpha)k \end{pmatrix}$$

$$(18.9)$$

对 $F(y)$ 求一阶偏导可得：

$$dF(y)/dy = (1-2y)\begin{pmatrix} L - z(1+r)B + xz\theta(1+r)B - xz(1-\theta)c_1 \\ - x(1-z)(1-\theta)c_2 - (1-x)c_{i2} + (1-x)z(c_{i2} - c_{i1}) \\ + xzP(1-\alpha)\Delta k_1 + xP(1-\alpha)k \end{pmatrix}$$

$$(18.10)$$

根据微分方程稳定性定理，为使互联网企业合作创新策略为最优状态，需满足 $F(y) = 0$，$dF(y)/dy < 0$，令 $F(y) = 0$，解得：$y^* = 0$，$y^* = 1$，$x^* = [c_{i2} - L + z((1+r)B + c_{i1} - c_{i2})]/[\theta(1+r)B + (1-\theta)(c_2 - c_1) + c_{i1} - c_{i2} + P(1-\alpha)\Delta k_1)z + P(1-\alpha)k - (1-\theta)c_2 + c_{i2}]$。

如果 $x = x^*$，无论此时出于何种状态都是稳定的，互联网企业选择何种策略的概率都不会随着时间的改变而变化。

如果 $x \neq x^*$，分析 $(\theta(1+r)B + (1-\theta)(c_2 - c_1) + c_{i1} - c_{i2} + P(1-\alpha)\Delta k_1)z + P(1-\alpha)k - (1-\theta)c_2 + c_{i2}$ 不同情况下的结果。

（1）情况 1：当 $(\theta(1+r)B + (1-\theta)(c_2 - c_1) + c_{i1} - c_{i2} + P(1-\alpha)\Delta k_1)z + P(1-\alpha)k - (1-\theta)c_2 + c_{i2} < 0$，我们分析如下两种情况。

当 $x < x^*$，$dF(y)/dy|_{y=0} > 0$，$dF(y)/dy|_{y=1} < 0$，$y = 1$ 是演化稳定点；且当 $x > x^*$，$dF(y)/dy|_{y=0} < 0$，$dF(y)/dy|_{y=1} > 0$，$y = 0$ 是演化稳定点。

（2）情况 2：当 $(\theta(1+r)B + (1-\theta)(c_2 - c_1) + c_{i1} - c_{i2} + P(1-\alpha)\Delta k_1)z + P(1-\alpha)k - (1-\theta)c_2 + c_{i2} > 0$，我们分析如下两种情况。

当 $x < x^*$，$dF(y)/dy|_{y=0} < 0$，$dF(y)/dy|_{y=1} > 0$，$y = 0$ 是演化稳定点；且当 $x > x^*$，$dF(y)/dy|_{y=0} > 0$，$dF(y)/dy|_{y=1} < 0$，$y = 1$ 是演化稳定点。

命题 2：这个 x^* 平面与违约金 L 是单调关系。随着 L 增加，互联网企业采取合作创新战略的概率增加。加强处罚力度，提高了互联网企业实施合作创新的决心，确保其持续投资研发 ICVs。

证明 2：$\frac{\partial x^*}{L} < 0$，当 L 增加时，$x^*$ 逐渐降低，互联网企业选择合作

创新战略的概率增加。

综上所述，互联网平台的演化趋势如图18.4所示。

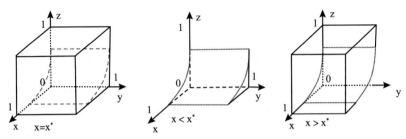

图 18.4　互联网企业演化相位图

18.3.2.3　金融机构

金融机构选择融资的期望收益为：

$$U_b = xy(\pi_3 + \Delta k_2 + P(1+r)B - c_b) + x(1-y)(\pi_3 + P(1+r)B - c_b)$$
$$+ (1-x)y(\pi_3 + P(1+r)B - c_b) + (1-x)(1-y)(\pi_3 - c_b)$$

$$(18.11)$$

金融机构选择不融资的期望收益为：

$$U_{nb} = xy\pi_3 + x(1-y)\pi_3 + (1-x)y\pi_3 + (1-x)(1-y)\pi_3$$

$$(18.12)$$

金融机构的平均收益为：

$$\overline{U}_b = zU_b + (1-z)U_{nb}$$

$$(18.13)$$

因此，金融机构选择融资的复制动态方程为：

$$F(z) = dz/dt = (1-z)z(-BP(1+r)(x(-1+y)-y) - c_b + xy\Delta k_2)$$

$$(18.14)$$

对 F(z) 求一阶偏导可得：

$$dF(z)/dz = (1-2z)(-BP(1+r)(x(-1+y)-y) - c_b + xy\Delta k_2)$$

$$(18.15)$$

根据微分方程稳定性定理，为使金融机构融资策略为最优状态，需满足 $F(z) = 0$，$dF(z)/dz < 0$，令 $F(z) = 0$，解得：$z^* = 0$，$z^* = 1$，$y^* = [(BP + BPr)x - c_b]/[-BP - BPr + x(BP + BPr - \Delta k_2)]$。

当 $y = y^*$ 时，无论此时出于何种状态都是稳定的，金融机构选择何种策略的概率都不会随着时间的改变而变化；

当 $y \neq y^*$ 时，分析 $-BP - BPr + x(BP + BPr - \Delta k_2) < 0$ 不同情况下的结果。

当 $y < y^*$，$dF(z)/dz\big|_{z=0} < 0$，$dF(z)/dz\big|_{z=1} > 0$，$z=0$ 是演化稳定点；且当 $y > y^*$，$dF(z)/dz\big|_{z=0} > 0$，$dF(z)/dz\big|_{z=1} < 0$，$z=1$ 是演化稳定点。

命题3：这个 y^* 平面与监管成本 c_b 是单调关系。随着 c_b 增加，金融机构倾向于选择融资策略。金融参数的增加表明，投资风险较高的项目的监管成本越高，越有利于金融机构的融资。

证明3：$\dfrac{\partial y^*}{c_b} < 0$，当 c_b 增加时，y^* 逐渐降低，金融机构倾向于选择融资策略。

综上所述，金融机构的演化趋势如图18.5所示。

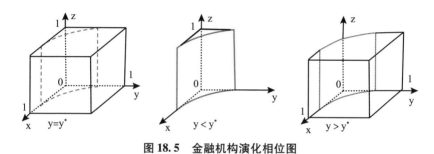

图18.5　金融机构演化相位图

传统车企、互联网企业以及金融机构组成的复制动态方程为：

$$
\begin{cases}
F(x) = dx\,/\,dt = (1-x)x\left(
\begin{array}{l}
Ly - Bz + Lz - Brz + Byz - Lyz + Bryz + kPy\alpha \\
- Byz\theta - Bryz\theta - yz\theta c_1 - y\theta c_2 + yz\theta c_2 \\
- zc_{e1} + yzc_{e1} - c_{e2} + yc_{e2} zc_{e2} - yzc_{e2} + \\
Pyz\alpha\Delta k_1 + P^{NEV}\left(hyQ_1(aR + b)\right) \\
+ (1-y)Q_2(aR + b) + (\lambda_G + \beta)Q_3
\end{array}
\right) \\[3em]
F(y) = dy\,/\,dt = (1-y)y\left(
\begin{array}{l}
L - z(1+r)B + xz\theta(1+r)B - \\
xz(1-\theta)c_1 - x(1-z)(1-\theta)c_2 \\
- (1-x)c_{i2} + (1-x)z(c_{i2} - \\
c_{i1}) + xzP(1-\alpha)\Delta k_1 + xP(1-\alpha)k
\end{array}
\right) \\[3em]
F(z) = dz\,/\,dt = (1-z)z\left(-\left(x(-1+y) - y\right)P(1+r)B - c_b + xy\Delta k_2\right)
\end{cases}
$$

$$(18.16)$$

18.3.3 系统演化稳定策略分析

假设复制动态方程中 $F(x) = 0$，$F(y) = 0$，$F(z) = 0$，解得 8 个纯策略均衡点 $P_1(0, 0, 0)$，$P_2(1, 0, 0)$，$P_3(0, 1, 0)$，$P_4(0, 0, 1)$，$P_5(1, 1, 0)$，$P_6(1, 0, 1)$；$P_7(0, 1, 1)$，$P_8(1, 1, 1)$。根据李雅普诺夫第一法，构建雅克比矩阵，解出各均衡点的特征值，可知当所有特征值均为负时，此均衡点为演化稳定点；当存在 1 或 2 个特征值为负时，此均衡点为鞍点；当特征值全为正时，此均衡点为不稳定点。故将上述 8 个策略均衡点代入雅克比矩阵，可得到各策略均衡点特征值及稳定性结果如表 18.3 所示：

$$J = \begin{bmatrix} a_{11} & a_{12} & a_{13} \\ a_{21} & a_{22} & a_{23} \\ a_{31} & a_{32} & a_{33} \end{bmatrix} \tag{18.17}$$

480

表 18.3　　　　　　　　　均衡点稳定性分析

均衡点	特征值	稳定性
$P_1(0, 0, 0)$	$\lambda_1 = L - c_{e2} + P^{NEV}((aR + b)Q_2 + Q_3(\beta + \lambda_G))$ $\lambda_2 = -c_{i2} + L$ $\lambda_3 = -c_b$	ESS
$P_2(1, 0, 0)$	$\lambda_1 = c_{e2} - P^{NEV}((aR + b)Q_2 + Q_3(\beta + \lambda_G)) - L$ $\lambda_2 = P(1 - \alpha)k - (1 - \theta)c_2 + L$ $\lambda_3 = P(1 + r)B - c_b$	不稳定点
$P_3(0, 1, 0)$	$\lambda_1 = P\alpha k - \theta c_2 + L + P^{NEV}(h(aR + b)Q_1 + Q_3(\beta + \lambda_G))$ $\lambda_2 = c_{i2} - L$ $\lambda_3 = P(1 + r)B - c_b$	不稳定点
$P_4(0, 0, 1)$	$\lambda_1 = -(1 + r)B - c_{e1} + L + P^{NEV}((aR + b)Q_2 + Q_3(\beta + \lambda_G))$ $\lambda_2 = -(1 + r)B - c_{i1} + L$ $\lambda_3 = c_b$	鞍点

均衡点	特征值	稳定性
$P_5(1, 1, 0)$	$\lambda_1 = -(P\alpha k - \theta c_2 + L + P^{NEV}(h(b+aR)Q_1 + Q_3(\beta + \lambda_G)))$ $\lambda_2 = -[P(1-\alpha)k - (1-\theta)c_2 + L]$ $\lambda_3 = \Delta k_2 + P(1+r)B - c_b$	鞍点
$P_6(1, 0, 1)$	$\lambda_1 = (1+r)B + c_{e1} - L - P^{NEV}((b+aR)Q_2 + Q_3(\beta + \lambda_G))$ $\lambda_2 = P(1-\alpha)(k + \Delta k_1) - (1-\theta)[c_1 + (1+r)B] + L$ $\lambda_3 = -[P(1+r)B - c_b]$	鞍点
$P_7(0, 1, 1)$	$\lambda_1 = P\alpha(k + \Delta k_1) - \beta[c_1 + (1+r)B] + L + P^{NEV}(h(b+aR)Q_1 + Q_3(\beta + \lambda_G))$ $\lambda_2 = (1+r)B + c_{i1} - L$ $\lambda_3 = -P(1+r)B + c_b$	鞍点
$P_8(1, 1, 1)$	$\lambda_1 = -\{P\alpha(k + \Delta k_1) - \theta[c_1 + (1+r)B] + L + P^{NEV}(h(b+aR)Q_1 + Q_3(\beta + \lambda_G))\}$ $\lambda_2 = -\{P(1-\alpha)(k + \Delta k_1) - (1-\theta)[c_1 + (1+r)B] + L\}$ $\lambda_3 = -[\Delta k_2 + P(1+r)B - c_b]$	ESS

18.4 资金时滞与理想事件

值得注意地，投资行业中融资的资金流通与结果反馈存在时滞现象。三方主体的决策以及融资资金的拨款和到账时间都存在信息差。最终的演化结果不仅取决于当时决策还取决于之前的某个时刻和某段状态。当金融机构选择融资策略，传统车企和互联网企业接受融资时，金融机构会充分分析其流动资金，再通过银行等渠道汇入对方账目。资金用于创新所获得结果并不会立刻反应给企业，这中间会产生相当大的时滞。据此本书在数值仿真时引入资金时滞，假定融资过程中博弈主体之间以概率 p_0 遇到资金不延迟 τ_0，概率 p_1 遇到资金延迟 τ_1，概率 p_2 遇到资金延迟 τ_2，满足 $p_0 + p_1 + p_2 = 1$。由此传统车企、互联网企业和金融机构的时滞微分方程如下：

$$
\begin{cases}
F(x) = dx(t)/dt \\
\quad = (1-x(t))x(t)\big\{\big[P\alpha k + L + c_{e2} - \theta c_2 + hP^{NEV}Q_1(aR+b) \\
\quad\quad - P^{NEV}Q_2(aR+b)\big]\cdot\big[p_0y(t) + p_1y(t-\tau_1) + p_2y(t-\tau_2)\big] \\
\quad\quad + \big[c_{e2} - c_{e1} - (1+r)B + L\big]\cdot\big[p_0z(t) + p_1z(t-\tau_1) \\
\quad\quad + p_2z(t-\tau_2)\big] + P^{NEV}\big[Q_2(aR+b) + (\lambda_G + \beta)Q_3\big] - c_{e2} \\
\quad\quad + \big[P\alpha\Delta k_1 + (1-\theta)(1+r)B - L + \theta(c_2-c_1) + (c_{e2}-c_{e1})\big] \\
\quad\quad \cdot\big[p_0y(t) + p_1y(t-\tau_1) + p_2y(t-\tau_2)\big]\big[p_0z(t) + p_1z(t-\tau_1) \\
\quad\quad + p_2z(t-\tau_2)\big]\big\} \\[6pt]
F(y) = dy(t)/dt \\
\quad = (1-y(t))y(t)\big\{L - c_{i2} + \big[P(1-\alpha)k - (1-\theta)c_2 + c_{i2}\big]\big[p_0x(t) \\
\quad\quad + p_1x(t-\tau_1) + p_2x(t-\tau_2)\big] + \big[c_{i2} - c_{i1} - (1+r)B\big]\big[p_0z(t) \\
\quad\quad + p_1z(t-\tau_1) + p_2z(t-\tau_2)\big] + \big[\theta(1+r)B + (1-\theta)(c_2-c_1) \\
\quad\quad - (c_{i2}-c_{i1}) + P(1-\alpha)\Delta k_1\big]\cdot\big[p_0x(t) + p_1x(t-\tau_1) \\
\quad\quad + p_2x(t-\tau_2)\big]\big[p_0z(t) + p_1z(t-\tau_1) + p_2z(t-\tau_2)\big]\big\} \\[6pt]
F(z) = dz(t)/dt \\
\quad = (1-z(t))z(t)\big\{P(1+r)B\big[p_0x(t) + p_1x(t-\tau_1) + p_2x(t-\tau_2)\big] \\
\quad\quad + P(1+r)B\big[p_0y(t) + p_1y(t-\tau_1) + p_2y(t-\tau_2)\big]\big[\Delta k_2 - P(1+r)B\big] \\
\quad\quad \big[p_0x(t) + p_1x(t-\tau_1) + p_2x(t-\tau_2)\big]\cdot\big[p_0y(t) + p_1y(t-\tau_1) \\
\quad\quad + p_2y(t-\tau_2)\big] - c_b\big\}
\end{cases}
$$

$$(18.18)$$

数据仿真过程中，选取 $p_0 = 0.5$，$p_1 = p_2 = 0.25$，$\tau_1 = 8$，$\tau_2 = 12$。为保证各方公平合理，设定系统三方初始稳定状态为 $x = 0.5$，$y = 0.5$，$z = 0.5$。具体仿真结果见 $5.2 \sim 5.5$。

传统车企智联化转型过程漫长，智能软件及芯片竞争需要互联网企业协同运作，同时金融机构注入资金是创新高端智能网联汽车的必备条件。因此，本书定义 $x = 1$，$y = 1$，$z = 1$ 情况为理想事件 A。理想事件发生概率 $P(A) = x^* y^* z$。

18.5 数值仿真分析

18.5.1 数据解析与处理

2021 年 11 月 5 日长安汽车、华为和宁德时代三家以联合体的方式战略融资阿维塔科技（重庆）有限公司，阿维塔科技聚力长安汽车、华为和宁德时代整车制造优势，研发智能科技领域和智慧出行生态化，打造高端全球智能电动汽车平台，并于 2022 年 5 月 20 日正式亮相阿维塔 11。同年 8 月 2 日，阿维塔科技完成 A 轮融资，此次融资由国家绿色发展基金股份有限公司领投，招商金台、国投聚力和中信新未来等多家金融机构跟投，融资总金额约 50 亿元，由于具体参考数据很难获得，因此结合实际情况，参考专家意见及相关文献[①]，假设参数 B = 1。，根据长安汽车 2022 年年报[②]显示，长安汽车向兵器装备集团财务有限责任公司贷款利率范围为 1% ~ 4.75%，令 r = 0.047。2023 年上半年阿维塔 11（高端智能网联汽车）汽车销量 10755 辆、长安深蓝系列 SL03（中端智能网联汽车）销量 37884 辆、长安汽车 CS75 PLUS（传统燃油车）销量 115891 辆[③]，据此令 $Q_1 = 1$、$Q_2 = 3$、$Q_3 = 11$。长安深蓝汽车与阿维塔官网[④]显示，515 纯电版深蓝 SL03 和双电机长续航里程版阿维塔 11 续航里程（CLEC 工况）分别为 515 千米和 555 千米，因此假设 R = 530。此外，根据工信部发布的 2022 年年度报告和 2023 年年度报告，2021 年和 2022 年新能源正积分价格分别为 2088 元/分和 1128 元/分，

---

① Zhao B, Ziedonis R. State governments as financiers of technology startups: Evidence from Michigan's R&D loan program [J]. Research Policy, 2020, 49 (4): 103926. DOI: 10.1016/j. respol. 2020. 103926.

② 重庆长安汽车有限公司. 2022 年年度报告 [EB/OL]. [2023 - 04 - 24]. https://www. changan. com. cn/uploads/chan_reportreportfile/700b7118195d571b8e31e9ec03860bfc. pdf.

③ 太平洋汽车. 汽车销量排行榜 [EB/OL]. https://price. pcauto. com. cn/salescar/.

④ https://www. deepal. com. cn/sl03; https://www. avatr. com/? utm_source = LAUNCH_PM_bdpz_gen&dz_ck_utm = GWNAIffJ7Z2U. MbzOAP&mpyck = CA02011 - mUAl02oH9cXx. 0F5b7A&gsadid = gad_660_icoaa7ad.

以及中汽数据有限公司①统计预测，2023 年单位积分交易价格将会下降到 200 ~ 400 元/分，因此取积分价格大区间 $P^{NEV} \in [0.05, 0.2]$。主要模型参数具体设定如下：

变量	Q_1	Q_2	Q_3	h	P^{NEV}	c_1	c_2	B	r
初始值	1	3	11	1.2	0.1×10^{-4}	1.9	2.2	1	0.047
单位	万辆	万辆	万辆	—	亿元	亿元	亿元	亿元	%
变量	a	b	R	β	c_b	k	Δk_1	Δk_2	λ_G
初始值	0.0034	0.2	530	0.18	0.89	9.63	2.45	1.5	0.5
单位	—	—	千米	%	亿元	亿元	亿元	亿元	—
变量	L	P	α	θ	c_{e1}	c_{e2}	c_{i1}	c_{i2}	
初始值	0.25	0.5	0.5	0.5	2.5	2.8	2.4	2.65	
单位	亿元	%	%	%	亿元	亿元	亿元	亿元	

根据上述参数设计，本章采用 MATLAB2022 进行数值仿真分析。

18.5.2 传统车企与互联网企业合作参数变化对系统演化影响

（1）收益分配系数 α。

在其他参数不变的情况下，取收益分配系数 α 的步长为 0.1。图 18.6 表示收益分配系数变化对系统稳定性的影响。由图可知，对于传统车企和互联网企业而言，收益分配系数处于 [0.3, 0.5] 范围可使得双方合作创新；对于金融机构而言，要选择融资策略收益分配系数应处于 [0.4, 0.5]。可以看出，金融机构对收益分配系数变化更

---

① 中国汽车报. 积分池"就位"交易市场趋稳双积分适时而变 [EB/OL]. [2023 – 07 – 24]. http：//www. cnautonews. com/shendu/2023/07/24/detail_20230724358349. html.

为敏感。结合实际情况与理想事件 A，收益分配系数偏向于互联网企业更能促进三方的合作。随着收益分配系数逐渐增大，传统车企和互联网企业由不合作创新演变成合作创新。随着双方的合作逐渐趋于稳定，金融机构逐渐由不融资策略演变成融资策略。当传统车企占据较高收益分配系数时，互联网企业因收益无法满足高额研发成本和知识外溢风险损失，终将退出合作。双方最终演变成不合作创新。

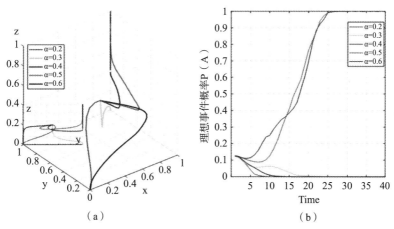

（a）　　　　　　　　　　　（b）

图18.6　不同收益分享系数 α 下对系统演化结果

（2）成本共担系数 θ。

在其他参数不变的情况下，取成本共担系数 θ 的步长为 0.15。图 18.7 表示成本共担系数变化对系统稳定性的影响。由图可知，当成本共担系数处于 [0.5，0.8] 范围时传统车企和互联网企业将选择合作创新策略；当成本共担系数处于 [0.5，0.65] 范围时金融机构将选择融资策略，且金融机构对成本共担系数灵敏度更高。成本共担系数略偏向于传统车企将促进理想事件 A 的发生，即 θ∈[0.5，0.65]。三方合作过程中传统车企处于主导地位，互联网企业作为新入局一方不愿承担较高成本。随着传统车企承担成本增大，传统车企和互联网企业策略将由不合作创新策略演变成合作创新策略。当传统车企承担成本过大，理想事件发生概率将产生极大波动。当成本共担系数为 0.8 时，理想事件发生概率先升后降。此时，智能网联成本由两方偏向于一方，合作创新风险损失加大。金融机构由于承担的风险成本加大而演变为不融资，传统车企与互联网企业由于资金压力演变为不合作创新。

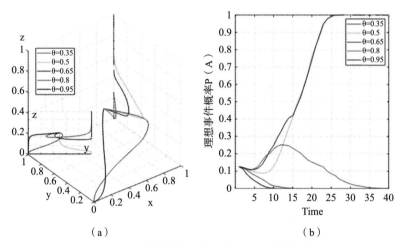

（a）   （b）

图18.7   成本共担系数 θ 对系统演化的影响

18.5.3   金融机构融资参数变化下系统演化结果

（1）融资金额 B。

在其他参数不变的情况下，取融资金额 B 步长为 0.5。图 18.8 表示融资金额变化对系统演化的影响。金融机构、传统车企和互联网企业在进行融资时应充分了解自身资金运营状况。在融资金额较低时，合作失败所带来的风险在可承受范围之内，因此各方初始倾向于合作，但低融资金额不足以弥补合作产生的成本，最终合作失败，所以低融资金额下理想事件发生概率波动性大。传统车企和互联网企业在初始合作创新中投资较少，资金缺口不大，需要较低的融资金额。然而，金融机构获得的利息或者其他额外收益无法抵消较高的监管成本，往往选择不融资策略。当融资金额较高时，由于较高的利息支出企业往往选择不进行融资。因此，选择适当的融资时间和合适的融资金额才能促进传统车企、互联网企业、金融机构三方合作。

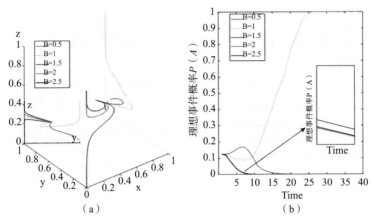

图18.8　融资金额 B 对系统演化的影响

（2）金融机构监管成本 c_b。

在其他参数不变的情况下，取金融机构监管成本 c_b 步长为 0.05。图 18.9 表示监管成本变化对系统演化的影响。金融机构的监管成本能够有效化解传统车企和互联网企业之间的合作风险。从图 18.9 可以看出，监管成本具有两面性，监管不当或者监管过度都将极大降低融资效率。当监管成本较低时，金融机构无法精准掌握企业运营信息，融资存在较大风险从而无法保证企业协作创新；当监管成本过度时，金融机构获得的额外收益无法弥补其成本，故选择不融资策略。因此，金融机构付出适当的监管成本才能保证传统车企与互联网企业的协作创新，最终促成理想事件的发生。

487

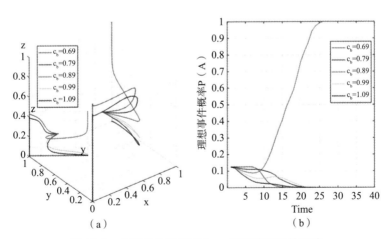

图18.9　金融机构监管成本 c_b 对系统演化的影响

18.5.4　新版双积分政策参数变化对系统演化影响

（1）单位积分交易价格 P^{NEV}。

在其他参数不变的情况下，取单位积分交易价格 P^{NEV} 步长为 0.05。图 18.10 表示单位积分交易价格变化对系统演化的影响。由图 18.10（a）可知，积分交易价格在 ［0.05，0.1］之间时，传统车企和互联网企业由不合作创新演变成合作创新，金融机构由不融资策略演变成融资策略。由图 18.10（b）可知，积分交易价格越高，理想事件发生概率收敛至稳定状态的速度越快。然而，过高的积分交易价格反而会降低理想事件发生概率的收敛速度。新能源汽车积分贬值，传统车企可通过购买积分以满足政策要求。因此，过低的积分交易价格无法促进传统车企转型。随着积分交易价格上升，传统车企购买积分成本增加故而被迫转型。

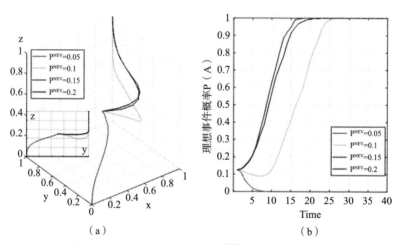

（a）　　　　　　　　　　　　　（b）

图 18.10　单位积分交易价格 P^{NEV} 对系统演化的影响

新版双积分政策是从政策规制和市场调节两方面综合平衡新能源积分交易市场。图 18.10 说明了过高和过低的积分交易价格均不利于传统车企转型。本质上，双积分政策从政策因素和市场因素两方面来平衡汽车市场。因此，双积分政策的修订应充分考虑各因素间的联动性，最终促进理想事件的发生。

（2）标准车型积分核算系数 a 和 b。

根据新版双积分政策和政策的发展趋势为标准车型积分核算系数 a 和 b 赋值。图 18.11 展示标准车型积分核算系数 a 和 b 和积分交易价格 P^{NEV} 对系统演化的协同影响。对比图 18.11（b）、（c）、（d）和（e）可知，理想事件概率对积分交易价格的敏感程度明显高于积分核算系数。当积分交易价格适中时，低积分核算系数带来的积分收益无法弥补传统车企转型所需的高成本（见图 18.11（c）和（d））。因此，当积分交易价格适中时，政府可通过调整积分核算系数来平衡积分市场，最终促进传统车企与互联网企业合作创新、金融机构融资。

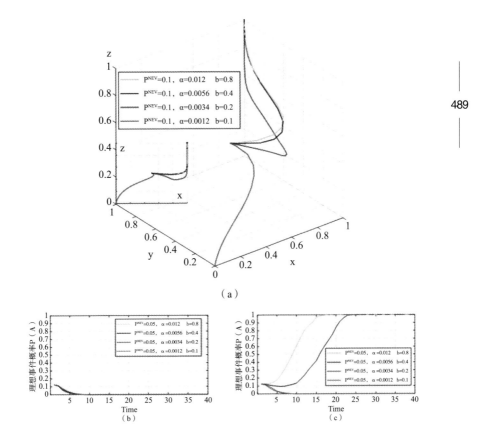

（a）

（b）

（c）

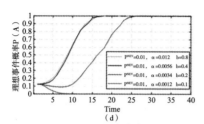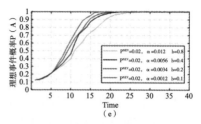

图 18.11　标准车型积分核算系数 a 和 b 对系统演化的影响

（3）新能源汽车积分比例要求 β。

根据国家政策规定 2022～2025 年新能源汽车积分比例 β 取值为 0.16、0.18、0.28、0.38。图 18.12 展示新能源汽车积分比例要求 β 和积分交易价格 P^{NEV} 对系统演化的协同影响。新版双积分政策提高了新能源汽车积分比例要求，使得积分交易市场中 NEV 积分供不应求。从图 18.12（b）、（c）、（d）和（e）可以看出，在中、高积分价格下，理想事件概率大部分能收敛至 1。新能源汽车积分比例要求和积分交易价格交互影响着理想事件。因此，结合图 18.10 和 18.11 可知政府一味地、单方面地增加政策约束或积分交易价格都是不合理的。

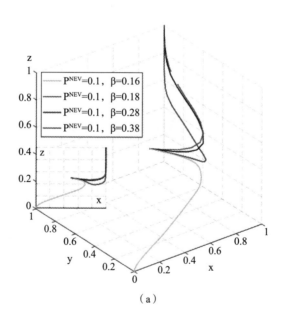

（a）

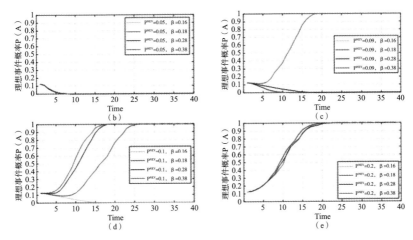

图 18.12　新能源汽车积分比例 β 对系统演化的影响

18.6　结论与政策建议

491

　　在电动化和智联化发展的浪潮下，传统车企为了适应市场趋势，转型迫在眉睫。在新市场模式下，对汽车的定义不仅仅是硬件，还有科技智联化，即高端智能网联汽车和中端智能网联汽车。因此，本书考虑传统车企与互联网企业跨界协同创新，同时防患资金问题引入第三方金融机构。在资金时滞的背景下，本书构建传统车企、互联网企业、金融机构的三方演化博弈模型。研究结论如下：

　　（1）传统车企与互联网企业间的协作创新受收益分配系数和成本分担系数的影响。收益分配系数和成本分担系数各自存在一定的阈值区间，在此区间内能够促进传统车企与互联网企业间的协作创新。与传统车企与互联网企业相比，金融机构对收益分配系数和成本分担系数更敏感。

　　（2）尽管 NEV 积分规则和 CAFC 积分规则给车企带来了一定压力，但简单的收紧它们对于促进整个汽车行业的健康发展是不利的。此外，适当的高端智能网联积分激励更能激发车企智联化转型热情，创新更高端智能技术。

　　（3）融资金额和监管成本是影响金融机构融资的重要因素。融资金额和监管成本各自存在一定的阈值区间，在阈值区间内才能促成三方合作。过高的融资金额会给车企与互联网企业带来极大的利息支出。过低的融资金额给金融机构带来的利润不足以弥补其监管成本，还会产生信息缺失和合作风险。

在传统车企数字化转型方面，国家有关部门在修订双积分政策时，应充分考虑各因素之间的联动性。例如，政策性因素有标准车型积分计算系数、新能源汽车积分比例要求，市场性因素有单位积分交易价格。政府单独考虑任一因素的区间范围都是不合理的，同时应确保积分市场供需平衡。在网联化方面，政府对于生产更高端智能网联汽车应出台相应奖励措施，鼓励车企创新汽车的智能化和网联化。

与蔚来、小鹏等造车新势力相比，智能技术对传统汽车企业既是机遇又是挑战。实现智能驾驶、智能座舱和数字网关需要互联网思维与计算机技术。与以往传统车企为主导的供应链不同，需要多方合作以保证产业链协同发展。数字化转型能够最大限度响应客户端需求与持续创新，传统车企应紧密联合内部研发、制造和服务各个环节。此外，互联网企业应持续增强软件核心力量。互联网企业能够利用互联网平台助力车企更好地服务客户，精准提供售后。

其次，互联网企业赋能传统车企转型。一方面紧跟时代潮流，创新智能化、网联化技术（譬如智能座舱、辅助驾驶、智能网联等），增强软件核心力量；另一方面以用户为核心，利用其线下或互联网平台助力车企更好地服务客户，精准提供售后。

金融机构融资传统车企与互联网企业合作创新。政府应该制定相关政策，鼓励金融机构融资中小型科技创新企业，减少资金流动审批流程，尽可能缩短资金到位时间间隔。相关补偿机制应该被建立，减少金融机构在对方违约时产生的损失。

第19章　研究总结与未来展望

19.1　研　究　总　结

　　"新四化"趋势下，传统汽车产业转型升级已是迫在眉睫。为促进传统汽车产业制造的能源结构性改革，政府实施供给侧改革，大力推动传统汽车制造向电气化、智能化、网联化和共享化等更高端新能源智联化方向发展。在政策方面，补贴政策在发展前期激活了需求端购买力和供给端的生产力，推动了汽车市场的新旧动能跨越。但是，随着新能源汽车购买力和生产力的提升，现有的补贴政策已不再适用，无法继续推动汽车产业高质量发展。为了更进一步规范供给侧的生产，2017年工信部等五部委颁布的双积分政策正式实施，旨在通过建立油耗积分（CAFC）和新能源积分（NEV）交易机制，一方面要求燃油汽车降低油耗，另一方面要求提高新能源汽车的产销，促进新能源汽车产业协调发展形成市场化机制，逐渐取代"退坡"的补贴政策。

　　当前，新能源汽车已进入全面市场化发展新阶段。随着市场规模的快速扩张，新能源汽车产业问题也逐渐暴露。纵观国外智联化市场，2009年欧美日等国家已经开始布局车联网与人工智能。早期的自动化4级的谷歌无人驾驶汽车、丰田的地图自动绘制系统、沃尔沃基于爱立信的云端服务智能操作系统等。现在的特斯拉L3级基于视觉＋深度学习的FSD Beta V12系统；德国大众实现车辆远程控制的Car－Net系统；日本丰田的自动驾驶、自动导航、自动调节等功能。面对欧美国家智能化进程逼迫，我国智联化技术也已经处于L2＋领先水平。然而，智能网联汽车研发是硬件与软件的相辅相成，因此促进以整车制造为核心的传统车企的智联化转型刻不容缓。

供给侧政府政策是新能源汽车产业发展的有效推动，需求侧消费者是新能源汽车市场需求的重要源泉，金融机构是保证汽车产业高质量可持续发展的关键支撑，汽车制造商在新能源汽车推广中起主导作用。基于此，本书将传统汽车制造商与政策端、消费端、市场端、金融端等多主体结合，借助随机演化、复杂网络、非线性系统动力学等不同理论与方法进行建模和仿真分析，揭示汽车产业转型升级系统内部演化机理，探究传统汽车制造商在不同时期面临的微观决策和宏观扩散问题，得出相关政策建议如下：

从驱动政策视角得出的建议：

（1）不同产品差异度下的碳普惠收益对价格影响具有不确定性。当低油耗燃油车和新能源车替代性较小时，较低的碳普惠收益即可使系统达到稳定，且碳普惠收益并不是越高越好。当进一步考虑消费者低碳偏好时，二者协同对于插电式混合动力车的扩散起到反向抑制作用，这并不利于现阶段汽车市场的发展。因此，在低油耗燃油车向新能源车转换进程初期，政府应侧重于发展碳普惠政策，鼓励低油耗燃油车和纯电动汽车的发展，随着新旧动能转换程度进一步的加深，再考虑对于碳普惠政策和消费者低碳偏好发展侧重的调整。

（2）新能源汽车产业政策实施和优化要充分考虑政策"阶段性"。在发展初期阶段，引导较高的积分价格以促进市场快速渗透，增强产业发展动力，同时要加强监管力度保证市场的稳定性；在发展培育阶段，进一步提高奖惩力度规制市场，强化汽车制造商创新驱动，缓解补贴退坡对企业的资金压力，但是应规范激励方式和金额标准，保证资源配置合理和政策实施有效；在发展成熟阶段，弱化奖励的同时适当增加惩罚力度，还可以通过新增交易调节机制，如建立积分池，灵活调控积分市场供需关系，实现双积分政策与政府奖惩机制的复合牵引，建立新能源汽车可持续发展的长效机制。

（3）双积分政策的设定对汽车产业影响重大。为了实现 EV 扩散的目的，需要进行合理的权衡。政府在制定积分考核标准时，应遵守市场发展规律，以避免政策过激可能带来一系列负面影响。在不违背市场客观规律的前提下，政府可以增加新的技术考核指标，提高现有技术考核门槛，降低新能源乘用车单车积分量和积分上限，从而改善 NEV "伪节能"现象；NEV 积分比例要求和 CAFC 实际值与 CAFC 目标值的比例都直接影响 FV 制造商的收益。政府可以通过适度提高 NEV 积分比例要求或降低 CAFC 实际值与 CAFC 目标值的比例，都能够有效地促进 FV 制造商降低传统燃油车的平均燃油消耗量。国家有关部门在修订双积分政策时，应充分考虑各因素之间的联动性，例如标准车型积分计算系数、新能源汽车积分比例要求和市场性因素单位积分交易价格，单独考虑任一因素的区间范围都是不合理的，同时确保积分市场供需平衡。

（4）该政策起引导作用，其作用是短期的。从长远来看，在维持积分交易市场供需平衡的前提下，政府应鼓励汽车制造商加强研发，提高纯电动汽车的续航里程，降低传统燃油汽车的平均油耗，推广混合动力汽车，促进国内汽车行业的可持续发展。混合动力是 NEV 发展过程中一个重要的过渡环节。中国的混合动力汽车发展日趋成熟，主流产品可以实现 20% 的节油率。事实上，自 2019 年以来，中国政府放开油电混合动力等低油耗车型的信号越来越强烈。新版双积分政策提出了低油耗车型的概念，并将此类车型列入新能源汽车积分系统中。该政策规定，2021 年度、2022 年度和 2023 年度，低油耗乘用车的生产量或进口量分别按其数量的 0.5 倍、0.3 倍和 0.2 倍计算。根据新版双积分政策，由于现有充电设施不完善，未来政策导向将更倾向于混合动力汽车，特别是油电混合动力汽车。

从汽车制造商转型升级视角得出的建议：

（1）政府奖惩政策的重心应偏向于需求侧层面的消费者购置奖励，以实现更深度的扩散。生产奖惩的不断提高虽能有效刺激汽车制造商增加生产 IEV，但消费者购买 IEV 的意愿也会受到影响；购置奖励的增加会促使更多消费者选择购买 IEV，消费者群体的增大反作用的推动 IEV 汽车制造商扩大市场。现阶段，政府首要考虑如何提高消费者对 IEV 的购买意愿，市场价格直接关乎产品的市场吸引力，进一步加大需求侧层面的购置奖励，以保证其售价能够达到广大消费者的满意状态，同时加大 IEV 产品宣传激发消费者购买欲望。

（2）从企业本身而言，与蔚来、小鹏等造车新势力相比，智能技术既是机遇又是挑战。智能驾驶、智能座舱与数字网关，需要互联网思维与计算机技术，必须保证产业链协同发展。但这与以往传统车企为主导的供应链不同，多方合作传统车企应提升竞争力，明确自身定位，贯通整个汽车制造上下游。就车企内部组织架构而言，数字化转型是为最大化响应客户端需求与持续创新，车企内部研发、制造与服务各个环节应紧密联合。其次，互联网企业赋能传统车企转型。一方面紧跟时代潮流，创新智能化、网联化技术（譬如智能座舱、辅助驾驶、智能网联等）增强软件核心力量；另一方面以用户为核心，利用其线下或互联网平台助力车企更好的服务客户，精准提供售后。

19.2　未来展望

本书从我国促进新能源汽车产业发展的重大战略需求中凝练出科学问题，重点研究了"新四化"趋势下汽车产业转型升级演化机理问题，结合补贴政策、双积分政策和低碳政策等将汽车产业转型升级划分为三个阶段：车企微观生产决策；汽车产业电动化转型；汽车产业智联化转型。通过复杂网络、随机演化、非线性系统、动态与静态相结合等方法将研究问题、现实情况以及实际案例有机结合。总体而言，本书取得了一定的研究成果，以期为政府政策制定和企业实际应对策略提供有效理论参考。事实上，这是一个具有实际应用价值和广阔探索空间的崭新课题，未来还需要在理论、方法和应用等层面做出进一步的完善和深入的研究。

（1）考虑更全面的汽车制造商生产决策和政府政策制定问题的研究。例如进一步探讨不同仿真情景对汽车制造商生产决策和政府政策制定的影响，考虑政府政策对汽车制造商转型升级的双边或者多边影响。此外，基于真实行业数据的案例研究也将是值得拓展的课题之一。

（2）逐步放宽假设条件，进行更加切合实际的研究。尽管研究工作具有复杂性和挑战性，基于客观统计结果对更复杂情形进行实证分析将是一个具有学术价值和现实意义的新方向。在统计显著性的意义上确定出影响汽车制造商生产决策和政府策略制定的各种内生和外生变量，并据此构建博弈关系模型，进行更加科学、深入地研究。

参 考 文 献

［1］白仲林，贾鸿业．碳达峰与数字经济发展"双赢"的政策配置研究［J］．南开经济研究，2024（5）：177－197.

［2］蔡建湖，贾利爽，吴昶，等．新能源汽车企业研发资金投入：财务冗余与政府补贴的不同调节作用［J］．管理工程学报，2022，36（5）：11－24.

［3］蔡猷花，孟秋语，陈国宏．价值共创视角下核心企业主导型众创空间的合作创新演化博弈研究［J］．中国管理科学，2022，30（12）：52－62.

［4］曹裕，易超群，万光羽．基于制造商网络渠道选择的双渠道供应链定价与服务决策研究［J］．管理工程学报，2021，35（2）：189－199.

［5］柴强飞，肖忠东，周光辉．双积分政策下传统能源车企的策略选择研究［J］．管理工程学报，2022，36（1）：124－133.

［6］常原华，李戈．碳达峰背景下多种碳税返还原则的经济影响［J］．中国人口·资源与环境，2024，34（4）：36－47.

［7］陈伟杰，汤玉秀，张涛．环境信用监管下相关主体策略行为的随机演化分析［J/OL］．复杂系统与复杂性科学，1－10［2024－12－30］．http：//kns.cnki.net/kcms/detail/37.1402.N.20240103.1237.002.html.

［8］陈宇靖，孙延明．考虑智能制造技术补贴的新能源汽车制造商定价策略［J］．系统管理学报，2024，33（04）：890－900.

［9］程永伟，穆东．基于SD动态博弈的新能源汽车供应链补贴策略优化［J］．中国人口·资源与环境，2018，28（12）：29－39.

［10］程永伟．低碳政策下汽车供应链运营决策优化研究［D］．北京：北京交通大学，2018.

［11］崔丽珠．复杂网络下大气污染协同治理演化博弈研究［D］．北京：北京交通大学，2021．

［12］崔明阳，黄荷叶，许庆，等．智能网联汽车架构、功能与应用关键技术［J］．清华大学学报（自然科学版），2022，62（3）：493－508．

［13］范如国．博弈论［M］．武汉：科学出版社，2011．

［14］冯一范．碳交易政策下考虑消费者偏好的双渠道供应链决策研究［D］．秦皇岛：燕山大学，2023．

［15］甘建元．新能源汽车制造商—消费者—政府三方博弈研究［D］．南昌：南昌航空大学，2019．

［16］葛美侠，李莹，赵建立，邢海云．网络演化博弈的策略一致性［J］．山东大学学报（理学版），2015，50（11）：113－118．

［17］工业和信息化部装备工业发展中心．乘用车企业平均燃料消耗量与新能源汽车积分并行管理实施情况年度报告（2022）［EB/OL］.［2022－07－05］. http：//www. miiteidc. org. cn/module/download/downfile. jsp？classid＝0&filename＝e9aee87d86c44b6da1e0021ee69bdaed. pdf.

［18］龚本刚，唐文慧，刘志，等．碳交易政策下区块链技术对再制造供应链定价与减排决策的影响［J/OL］．系统管理学报，1－19［2024－12－30］. http：//kns. cnki. net/kcms/detail/31. 1977. N. 20240415. 1036. 003. html.

［19］观察值．车企营销费用大比拼：理想真的吊打一切？［EB/OL］.［2023－05－09］. https：//www. guancha. cn/qiche/2023_05_09_691588. shtml.

［20］郭欣宇．基于深度学习的智能网联汽车的感知与通信相关技术研究［D］．吉林：吉林大学，2023．

［21］GB 27999－2019，乘用车燃料消耗量评价方法及指标［S］.

［22］国务院．节能与新能源汽车发展规划（2012－2020）［EB/OL］.［2012－07－09］ http：//www. gov. cn/zwgk/201207/09/content_2179032. htm.

［23］国务院办公厅．保障中小企业款项支付条例［EB/OL］. https：// www. gov. cn/zhengce/content/2020－07/14/content_5526768. htm.

［24］韩菁，蔡寻，鲜路．政策过渡如何影响研发生产决策——以新能源汽车产业的创新生态为例［J］．管理评论，2022，34（11）：75－87．

［25］何洪阳，张彬，田苏俊．平台经济政企协同治理的演化博弈分析——考虑随机扰动与连续策略的影响［J/OL］．中国管理科学，1－13［2024－12－30］．https：//doi.org/10.16381/j.cnki.issn1003－207x.2022.1862．

［26］贺一堂．基于随机演化博弈和量子博弈的产学研协同创新机制研究［D］．上海：上海交通大学，2018．

［27］胡昊焜．中国自动驾驶和未来出现服务市场展望［R］．北京：埃信华迈，2021．

［28］胡适耕，黄乘明，吴付科．随机微分方程［M］．北京：科学出版社，2008．

［29］胡鑫，谢卉瑜，赵鹏超，等．智能网联汽车产业发展形势研究［J］．时代汽车，2019（18）：135－137．

［30］姜广田，宋安斌．基于对偶概率语言综合距离测度和后悔理论的多属性群决策方法［J］．控制与决策，2024，39（10）：3459－3468．

［31］蒋军，杨琛，陈丽璇，等．"双碳"目标下航运企业碳减排的三方演化博弈分析［J］．交通信息与安全，2023，41（6）：152－160．

［32］焦建玲，陈洁，李兰兰，等．碳减排奖惩机制下地方政府和企业行为演化博弈分析［J］．中国管理科学，2017，25（10）：140－150．

［33］焦媛媛，闫鑫，杜军，等．区块链赋能视角下保理融资三方演化博弈研究［J］．管理学报，2023，20（4）：598－609．

［34］教育部高教司组编．西方经济学［M］．北京：中国人民大学出版社，2018．

［35］金朝力，冉黎黎．2023年全国机动车保有量达4.35亿辆［N］．北京商报，2024－01－12（003）．

［36］金军，蒋逸明，王萌，等．中国乘用车维保后市场数字化白皮书［R］．北京：普华永道，2024．

[37] 鞠晴江，鞠鹏，代文强，等．新能源汽车补贴政策与保有量影响研究：单位补贴、销售奖励与产品差异化［J］．管理科学学报，2021，24（6）：101-116.

[38] 寇坡，韩颖，石俊国，等．环境监测中第三方监测机构策略选择与行为演化研究［J］．管理工程学报，2024，38（1）：228-241.

[39] 李冬冬，商辰宣，吕宏军，等．"后补贴"时代考虑消费者需求异质性的新能源汽车推广政策研究［J］．中国管理科学，2024，32（4）：141-152.

[40] 李军强，任浩，汪明月．外部投资者参与创新合作视角下研发补贴的最优边界问题研究［J］．管理评论，2023，35（11）：102-112，125.

[41] 李军强，汪明月．考虑研发补贴的政企协同创新双向政策调控路径［J］．科学学与科学技术管理，2024，45（07）：16-28.

[42] 李克强，戴一凡，李升波，等．智能网联汽车（ICV）技术的发展现状及趋势［J］．汽车安全与节能学报，2017，8（1）：1-14.

[43] 李良成，黎祯祯．补贴退坡政策对新能源汽车企业研发投入的影响实证研究［J］．科学决策，2023（5）：152-168.

[44] 李敏．碳交易政策的减排效应及机制分析［D］．石家庄：河北地质大学，2024.

[45] 李楠，张璐，刘钻扩．碳排放权交易对企业违约风险的影响及作用机制［J］．系统工程理论与实践，2024，44（08）：2475-2493.

[46] 李素娟．中国交通行业碳减排影响因素及减排路径研究［D］．大连：大连海事大学，2023.

[47] 李玮彬．寻租理论文献综述——寻租与经济增长分析［D］．辽宁：辽宁大学，2013.

[48] 李文博，龙如银，杨彤．个人碳交易对消费者电动汽车选择行为的影响研究［J］．软科学，2017，31（7）：112-115.

[49] 李新然，李长浩．消费者双重偏好下闭环供应链渠道差异研究［J］．系统工程理论与实践，2019，39（3）：695-704.

[50] 李永奎．基于复杂网络的关联信用风险传染延迟效应研究［D］．成都：电子科技大学，2016.

［51］李稚，刘晓云，彭冉．考虑消费者接受度的制造业绿色生产与绿色消费博弈分析［J］．软科学，2021，35（6）：132－138．

［52］林鹏昇，李硕．行政手段与市场机制：中国气候政策碳减排效果的比较［J］．世界经济，2024（6）：149－175．

［53］林元烈．应用随机过程［M］．北京：清华大学出版社，2002．

［54］刘丛，刘洁，王桐远，等．不同持股策略下新能源汽车供应链纵向合作创新决策研究［J］．中国管理科学，2024，32（11）：92－102．

［55］刘娜娜，周国华．基于前景理论的重大工程协同创新资源共享演化分析［J］．管理工程学报，2023，37（3）：69－79．

［56］刘培德，李西娜，李佳路．碳配额交易机制下竞争企业低碳技术扩散——基于复杂网络 的演化博弈分析［J］．系统工程理论与实践，2024，44（2）：684－703．

［57］刘思凡．财税政策赋能智能网联汽车产业发展研究［D］．济南：山东财经大学，2024．

［58］刘亚婕，董锋．政府参与下新能源汽车企业间协同创新的竞合策略研究［J］．研究与发展管理，2022，34（5）：136－148．

［59］楼高翔，雷鹏，马海程，等．不同回收补贴政策下新能源汽车动力电池闭环供应链运营决策研究［J］．管理学报，2023，20（2）：267－277．

［60］卢超，王倩倩，陈强．"双积分"政策下考虑价格、减排和续航的汽车供应链协调［J］．系统工程理论与实践，2021，41（10）：2595－2608．

［61］卢超，王倩倩，赵梦园，等．"双积分"政策下汽车制造商竞争定价与减排策略研究［J］．中国管理科学，2022，30（1）：64－76．

［62］卢奇秀．在碳达峰、碳中和愿景下，作为碳排放大户，绿色发展压力激增——交通运输业节能减碳刻不容缓［N］．中国能源报，2020－12－21（19）．

［63］罗旸洋，李存金，罗斌．基于双层网络的第三方支付机构与商业银行竞合演化机理研究［J］．中国管理科学，2023，31（1）：238－247．

[64] 罗泽飞，覃元庆. 新能源汽车电池智能制造工艺的创新与优化研究 [J]. 储能科学与技术，2024，13（5）：1751-1753.

[65] 马亮，任慧维. 续驶能力需求、创新能力与新能源汽车产业链协同创新 [J]. 科技管理研究，2019，39（19）：167-176.

[66] 马亮，仲伟俊，梅姝娥. "供给侧改革"背景下的新能源汽车产业补贴政策创新研究 [J]. 系统工程理论与实践，2017，37（9）：2279-2288.

[67] 马亮，仲伟俊，梅姝娥. 基于续航能力需求的新能源汽车产业链补贴策略研究 [J]. 系统工程理论与实践，2018，38（7）：1759-1767.

[68] 马知恩，周义仓. 常微分方程定性与稳定性方法 [M]. 北京：科学出版社，2001.

[69] 莫赞，傅丽红，闻祥，等. 政府补贴政策对可持续供应链决策的影响 [J]. 系统工程，2020，38（1）：85-92.

[70] 潘大鹏，郝亚杰，王雪妍，等. 绿色偏好视角下的绿色发展：政府监管、企业转型与金融机构投资选择 [J]. 系统工程理论与实践，2024，44（08）：2411-2425.

[71] 庞欢，石东阳，王道成，等. 基于质保数据的汽车可靠性评估及车企运营决策系统 [J]. 汽车安全与节能学报，2022，13（2）：250-258.

[72] 彭频，何熙途. 政府补贴与新能源汽车产业发展——基于系统动力学的演化博弈分析 [J]. 运筹与管理，2021，30（10）：31-38.

[73] 彭正银，王永青，韩敬稳. B2C 网络平台嵌入风险控制的三方演化博弈分析 [J]. 管理评论，2021，33（4）：147-159.

[74] 人民网. 中国为何延长新能源汽车补贴政策？ [EB/OL]. [2020-04-26]. http：//yn. people. com. cn/BIG5/n2/2020/0424/c372455-33972309. html.

[75] 邵举平，周将军，孙延安. "碳中和"背景下基于演化博弈与双层规划的供应链减排动力研究 [J]. 运筹与管理，2023，32（12）：79-85.

[76] 申晨，贾妮莎，李炫榆. 环境规制与工业绿色全要素生产率——基于命令—控制型与市场激励型规制工具的实证分析 [J]. 研究

与发展管理，2017，29（2）：144-154.

[77] 石夫磊. 企业减排背景下的多方动态博弈机制研究 [D]. 北京：首都经济贸易大学，2021.

[78] 孙威威，张峥. 基于复杂网络的电动汽车创新扩散博弈研究 [J]. 复杂系统与复杂性科学，2024，21（02）：45-51.

[79] 孙雪梅. 从财务目标看华为的成功之道 [J]. 商业会计，2016（22）：21-23.

[80] 唐金环，杨芳，姜力文. 疫情冲击下考虑产业政策对汽车制造商生产的影响研究 [J]. 中国管理科学，2023，31（8）：122-131.

[81] 腾讯新闻. "救市"政策落地！各大省市新能源汽车补贴一览 [EB/OL]. [2022-07-26]. https：//new. qq. com/rain/a/20220726A084LZ00.

[82] 田根源. 云计算技术在新能源汽车智能制造中的应用与发展 [J]. 储能科学与技术，2024，13（5）：1748-1750.

[83] 万谧宇，柳键，张志坚，等. 新能源汽车制造商分时租赁模式采用策略研究——基于商业模式比较的演化分析 [J]. 中国管理科学，2023，31（2）：30-39.

[84] 汪和平，严啸宸，赵丹，等. 政府奖惩机制下考虑消费者低碳偏好的汽车制造商生产决策研究 [J]. 系统工程理论与实践，2023，43（9）：2669-2684.

[85] 汪晓茜，钱锋，黄越，等. 电动汽车充电设施空间规划和土建设计 [M]. 南京：东南大学出版社，2017.

[86] 汪旭晖，任晓雪. 基于演化博弈的平台电商信用监管机制研究 [J]. 系统工程理论与实践，2020，40（10）：2617-2630.

[87] 王丹丹，菅利荣，付帅帅. 基于多方参与的"碳核查"业务权利寻租行为监管及控制研究 [J]. 运筹与管理，2022，31（9）：225-231.

[88] 王道平，沈睿芳，和志强. 敏捷供应链知识服务网络建模研究 [J]. 系统管理学报，2013，22（3）：420-424.

[89] 王欢欢. 考虑信息不对称和政府补贴的低碳供应链运营决策研究 [D]. 天津：天津大学，2020.

[90] 王金南，严刚，姜克隽，等. 应对气候变化的中国碳税政策

研究 [J]. 中国环境科学, 2009, 29 (1): 101 – 105.

[91] 王璐, 马庆庆, 杨劼, 等. 基于复杂网络演化博弈的绿色消费者对新能源汽车扩散的影响研究 [J]. 中国管理科学, 2022, 30 (4): 74 – 85.

[92] 王娜. 闭环供应链碳减排决策及再制造模式选择 [D]. 南京: 东南大学, 2022.

[93] 王伟, 张靖轩, 邵志国, 等. 基于系统动力学的充电基础设施利益相关者行为的演化博弈分析 [J]. 系统科学学报, 2024, 32 (3): 64 – 71.

[94] 王伟. 中国碳交易制度对高碳企业投资的影响研究 [D]. 长沙: 湖南大学, 2022.

[95] 王玉燕, 张晓真. 技术专利许可下新能源汽车供应链的管理策略研究——是否引入职业经理人 [J/OL]. 系统工程理论与实践, 1 – 29 [2024 – 12 – 30]. http: //kns. cnki. net/kcms/detail/11. 2267. N. 20240517. 1523. 002. html.

[96] 王云石: 加州零排放汽车政策与中国双积分观看新政对比 + 新政实施模拟分析 [EB/OL]. [2017 – 03 – 07]. https: //www. cheyun. com/articleDetail/15160.

[97] 王志刚, 蒋庆哲, 董秀成, 等. 中国油气产业发展分析与展望报告蓝皮书 (2019 – 2020) [M]. 北京: 中国石化出版社, 2020.

[98] 威布尔. 演化博弈论 [M]. 王永钦, 译. 上海: 上海人民出版社, 2015.

[99] 魏夕凯, 马本. 农村生活垃圾分类治理的奖惩激励机制——基于复杂网络演化博弈模型 [J]. 中国环境科学, 2022, 42 (8): 3822 – 3831.

[100] 吴君民, 唐僖, 盛永祥, 等. 基于三方演化博弈的后补贴时代新能源汽车政产学协同创新机制研究 [J]. 运筹与管理, 2021, 30 (4): 96 – 102.

[101] 武小平, 刘鹏, 杨琳, 等. 基于第三方核查的物流企业碳排放监管演化博弈分析 [J]. 统计与决策, 2022, 38 (1): 184 – 188.

[102] 谢识予. 经济博弈论 [M]. 上海: 复旦大学出版社, 2012.

[103] 熊勇清, 李小龙, 黄恬恬. 基于不同补贴主体的新能源汽车

制造商定价决策研究 [J]. 中国管理科学, 2020, 28 (8): 139 - 147.

[104] 熊中楷, 张盼, 郭年. 供应链中碳税和消费者环保意识对碳排放影响 [J]. 系统工程理论与实践, 2014, 34 (9): 2245 - 2252.

[105] 徐建中, 孙颖. 市场机制和政府监管下新能源汽车产业合作创新演化博弈研究 [J]. 运筹与管理, 2020, 29 (5): 143 - 151.

[106] 徐静, 黄小芹, 罗淑丹. 基于消费者异质性偏好下车企生产决策及政府补贴影响 [J]. 管理工程学报, 2024, 38 (05): 190 - 200.

[107] 杨康, 张仲义. 供应链网络风险传播 SIS - RP 模型及仿真 [J]. 北京交通大学学报, 2013, 37 (3): 122 - 126.

[108] 杨梓. 新版乘用车 "双积分" 政策趋严 [N]. 中国能源报, 2023 - 07 - 17 (002).

[109] 伊辉勇, 刘佳. 碳交易政策下动力电池闭环供应链定价决策 [J]. 计算机集成制造系统, 2024, 30 (6): 2228 - 2240.

[110] 易永锡, 张梦, 曹裕, 等. "双积分" 能否完全替代 "补贴"? - 基于燃油和新能源汽车的产量权衡与燃油降耗策略的分析 [J/OL]. 中国管理科学, 1 - 15 [2024 - 12 - 30]. https://doi.org/10.16381/j.cnki.issn1003 - 207x.2023.0051.

[111] 易余胤, 张显玲. 网络外部性下零售商市场策略演化博弈分析 [J]. 系统工程理论与实践, 2015, 35 (9): 2251 - 2261.

[112] 于晓辉, 许玖亮, 叶兆兴, 等. "双积分" 政策下纯电动乘用车核心供应商质量提升的博弈分析 [J]. 模糊系统与数学, 2020, 34 (5): 150 - 162.

[113] 于晓辉, 叶兆兴, 李敏. 补贴退坡 - 双积分政策下两级供应链生产决策优化分析 [J]. 运筹与管理, 2021, 30 (3): 42 - 49.

[114] 张伯旭, 李辉. 推动互联网与制造业深度融合——基于 "互联网 +" 创新的机制和路径 [J]. 经济与管理研究, 2017, 38 (2): 87 - 96.

[115] 张新钰, 卢毅果, 高鑫, 等. 面向智能网联汽车的车路协同感知技术及发展趋势 [J/OL]. 自动化学报, 1 - 16 [2024 - 12 - 30]. https://doi.org/10.16383/j.aas.c230575.

[116] 赵丹, 严啸宸, 汪和平, 等. 双积分政策下汽车企业合作创新演化博弈分析 [J]. 中国管理科学, 2024, 32 (4): 279 - 292.

[117] 赵骅，郑吉川. 不同新能源汽车补贴政策对市场稳定性的影响 [J]. 中国管理科学，2019，27（9）：47－55.

[118] 证券日报. 盘点央行｜的2023①稳健的货币政策精准有力 [EB/OL]. [2024－01－09]. https：//baijiahao. baidu. com/s? id＝1787583721927258477&wfr＝spider&f-or＝pc.

[119] 郑小雪，李登峰，刘志，等. 政府补贴新能源汽车的不同模式效果差异研究 [J]. 系统科学与数学，2020，40（10）：1821－1835.

[120] 中国裁判网. 案件号：Hu0114－1015 [EB/OL]. https：//wenshu. court. gov. cn. html.

[121] 中国宏观经济论坛. 双碳目标对中国经济的影响及风险挑战 [R]. [2021－12－22]. http：//ier. ruc. edu. cn/docs/2022－01/5ffca19f1e1745f1b5157e4909cf5011. pdf.

[122] 中国汽车报. 积分池"就位"交易市场趋稳 双积分适时而变 [EB/OL]. [2023－04－25]. http：//www. cnautonews. com/shendu/2023/07/24/detail_2023072435834－9. html.

[123] 中国汽车工程学会. 节能与新能源汽车技术路线图 [M]. 北京：机械工业出版社，2016：464.

[124] 中国信息通信研究院. 云计算白皮书（2023）. [EB/OL]. http：//www. caict. ac. cn/k-xyj/qwfb/bps/202307/P020230725521473129120. pdf.

[125] 中国政府网. 关于2016－2020年新能源汽车推广应用财政支持政策的通知 [EB/OL1. [2015－04－29]. https：//www. gov. cn/xinwen/2015－04/29/content_2855040. htm.

[126] 中国政府网. 关于2022年新能源汽车推广应用财政补贴政策的通知 [EB/OL]. [2021－12－31]. https：//www. gov. cn/zhengce/zhengceku/2021－12/31/content_5665857. htm.

[127] 中国政府网. 碳排放权交易管理暂行条例 [EB/OL]. [2024－01－04]. https：//www. gov. cn/zhengce/zhengceku/202402/content_6930138. htm.

[128] 中国政府网. 一"扩"两"稳"助汽车业加速跑「EB/OL]. [2023－09－11]. https：//www. gov. cn/zhengce/202309/content_6903247. htm.

［129］中国政府网．中国新能源汽车如何"一路疾驰"——中国高质量发展亮点透视之二［EB/OL］．［2023－08－19］．https：//www.gov.cn/yaowen/liebiao/202308/content_6899109.htm.

［130］中华人民工业和信息化部．四部委关于开展智能网联汽车准入和上路通行试点工作的通知［EB/OL］．［2023－11－17］．https：//ythxxfb.miit.gov.cn/ythzxfw-pt/hlwmh/tzgg/xzxk/clsczr/art/2023/art_ae314a1df30e4ba1a49bd4ffa10186f6.html.

［131］中华人民共和国财政部．关于调整新能源汽车推广应用财政补贴政策的通知［EB/OL］．［2016－12－30］．https：//www.gov.cn/xinwen/2016－12/30/content_5154971.htm#1.

［132］中华人民共和国工业和信息化部．新能源汽车推广应用推荐车型目录（2021年第12批）［EB/OL］．［2022－09－22］．https：//www.miit.gov.cn/jgsj/zbys/wjf-b/art/2021/art_5f77c97eab8448c684aa0c879dcbb030.html.

［133］中华人民共和国工业和信息化部．汽车发展规划道路机动车辆生产企业及产品准入管理办法［EB/OL］．https：//ythxxfb.miit.gov.cn/ythzxfwpt/hlwmh/tzgg/xzx-k/clsczr/art/2020/art_ec584f9afb5d4ee3a92060d35e035099.html.

［134］中华人民共和国国家发展改革委员会．工业和信息化部关于完善汽车投资项目管理的意见［EB/OL］．［2017－06－13］．https：//www.gov.cn/xinwen/2017－06/13/content_5202008.htm.

［135］中华人民共和国国家发展和发改委员会．优化绿色低碳转型财税政策，为实现碳达峰碳中和目标提供重要支撑［EB/OL］．［2021－11－15］．https：//www.ndrc.gov.cn/fggz/fgzy/xmtjd/202111/t20211122_1304587.html.

［136］周钟，申露．乘用车双积分产业政策作用机理与效果评价——基于新能源汽车产业发展的政策与市场双重视角分析［J］．价格理论与实践，2020（8）：168－171.

［137］朱立龙，荣俊美，张思意．政府奖惩机制下药品安全质量监管三方演化博弈及仿真分析［J］．中国管理科学，2021，29（11）：55－67.

［138］朱庆缘，刘畅，潘应浩，等．"双积分"政策下考虑碳减排

研发的汽车市场均衡分析 [J/OL]. 中国管理科学, 1 - 18 [2024 - 12 - 30]. https：//doi. org/10. 16381/j. cnki. issn1003 - 207x. 2023. 0362.

[139] 朱彦兰. 委托代理授权下非线性寡头动态博弈的混沌检测与演化规律分析 [D]. 兰州：兰州交通大学, 2022.

[140] 邹宗保, 陈力豪, 梁强, 等. 集中还是分离——车电运营策略对竞争对手电池供应商选择的影响研究 [J/OL]. 中国管理科学, 1 - 17 [2024 - 12 - 30]. https：//doi. org/10. 16381/j. cnki. issn1003 - 207x. 2023. 0984.

[141] Aasness M A, Odeck J. The increase of electric vehicle usage in Norway—incentives and adverse effects [J]. European Transport Research Review, 2015, 7 (4)：1 - 8.

[142] Abdelghany M B, Shehzad M F, Mariani V, Liuzza D, Glielmo L. Two-stage model predictive control for a hydrogen based storage system paired to a wind farm towards green hydrogen production for fuel cell electric vehicles [J]. International Journal of Hydrogen Energy, 2022, 47：32202 - 32222.

[143] Aljazzar S M, Gurtu A, Jaber M Y. Delay-in-payments - A strategy to reduce carbon emissions from supply chains [J]. Journal of Cleaner Production, 2018, 170 (1)：636 - 644.

[144] Amancio D R, Nunes MGV, Oliveira ON, Pardo TAS, Antiqueira L, da F. Costa L. Using metrics from complex networks to evaluate machine translation [J]. Physica A：Statistical Mechanics and its Applications, 2011, 390 (1)：131 - 142.

[145] Baby TV, HomChaudhuri B. A suggestion-based hierarchical energy efficient control framework for connected and automated vehicles in mixed stream urban road networks. Transportation Research Part C：Emerging Technologies, 2023, 157：104388.

[146] Bailera M, Kezibri N, Romeo L M, et al. Future applications of hydrogen production and CO2 utilization for energy storage：Hybrid Power to Gas - Oxycombustion power plants [J]. International Journal of Hydrogen Energy, 2017, 42 (19)：13625 - 13632.

[147] Barabási A - L, Albert R. Emergence of scaling in random net-

works [J]. science, 1999, 286 (5439): 509 – 512.

[148] Barigozzi G, Brumana G, Franchini G, et al. Techno-economic assessment of green hydrogen production for steady supply to industrial users [J]. International Journal of Hydrogen Energy, 2024, 59: 125 – 135.

[149] Beitzen – Heineke E F, Balta – Ozkan N, Reefke H. The prospects of zero-packaging grocery stores to improve the social and environmental impacts of the food supply chain [J]. Journal of Cleaner Production, 2017, 140 (1): 1528 – 1541.

[150] Bergek A, Berggren C, Group KR. The impact of environmental policy instruments on innovation: A review of energy and automotive industry studies [J]. Ecological Economics, 2014, 106: 112 – 123.

[151] Bester H, Güth W. Is altruism evolutionarily stable? . Journal of Economic Behavior and Organization, 1998, 34 (2): 193 – 209.

[152] Bhattacharyya R, Singh K K, Bhanja K, et al. Using electrolytic hydrogen production and energy storage for balancing a low carbon electricity grid: scenario assessments for India [J]. Energy and Climate Change, 2024: 100131.

[153] Boretti A, Castelletto S. Hydrogen energy storage requirements for solar and wind energy production to account for long-term variability [J]. Renewable Energy, 2024, 221: 119797.

[154] Brandenburg M. Low carbon supply chain configuration for a new product-a goal programming approach [J]. International Journal of Production Research, 2015, 53 (21): 6588 – 6610.

[155] Breetz H L, Salon D. Do electric vehicles need subsidies? Ownership costs for conventional, hybrid, and electric vehicles in 14 US cities [J]. Energy Policy, 2018, 120: 238 – 249.

[156] Buchanan J M, Tollison, RD, Tullock GT. Toward a theory of the rent-seeking society [J]. Public Choice, 1983, 41 (2): 339 – 345.

[157] Bureau B. Distributional effects of a carbon tax on car fuels in France [J]. Energy Economics, 2011, 33 (1): 121 – 130.

[158] Böttcher C F, Müller M. Drivers, Practices and Outcomes of Low-carbon Operations: Approaches of German Automotive Suppliers to Cut-

509

ting Carbon Emissions [J]. Business Strategy and the Environment, 2015, 24 (6): 477 – 498.

[159] Cao SS, Pan LY, Mao XH. Research on the pricing strategies of electric vehicle charging operators based on an evolutionary game mode. Energy for Sustainable Development, 2022, 71: 378 – 388.

[160] Carl Berry C, Borjesson M. Income and fuel price elasticities of car use on micro panel data [J]. Energy Economics, 2024, 135: 107661.

[161] Chang T – W. An indispensable role in promoting the electric vehicle Industry: An empirical test to explore the integration framework of electric vehicle charger and electric vehicle purchase behavior [J]. Transportation Research Part A: Policy and Practice, 2023, 176: 103824.

[162] Chen R K, Fan R G, Wang D X, Yao Q Y. Effects of multiple incentives on electric vehicle charging infrastructure deployment in China: An evolutionary analysis in complex network [J]. Energy, 2023, 264: 125747.

[163] Chen X, Wang X, Chan H K. Manufacturer and retailer coordination for environmental and economic competitiveness: A power perspective [J]. Transportation Research Part E: Logistics and Transportation Review, 2017, 97 (1): 268 – 281.

[164] Chen X, Wang X, Kumar V, Kumar N. Low carbon warehouse management under cap-and-trade policy [J]. Journal of Cleaner Production, 2016, 139 (12): 894 – 904.

[165] Cheng Y W, Fan T J. Production coopetition strategies for an FV automaker and a competitive NEV automaker under the dual-credit policy [J]. Omega, 2021, 103: 102391.

[166] Clarke J, Heinonen J, Ottelin J. Emissions in a decarbonised economy? Global lessons from a carbon footprint analysis of Iceland [J]. Journal of Cleaner Production, 2017, 166 (11): 1175 – 1186.

[167] Cong J, Liu H. Approaching human language with complex networks [J]. Physics of Life Reviews, 2014, 11 (4): 598 – 618.

[168] Correia F, Howard M, Hawkins B, Pye A, Lamming R. Low carbon procurement: An emerging agenda [J]. Journal of Purchasing and

510

Supply Management, 2013, 19（1）: 58 – 64.

［169］ Cournot A A. Recherches sur les principes mathématiques de la théorie des richesses ［M］. L. Hachette, 1838.

［170］ Cugurullo C, Acheampong RA. Fear of AI: an inquiry into the adoption of autonomous cars in spite of fear, and a theoretical framework for the study of artificial intelligence technology acceptance ［J］. AI & Society, 2023: 1 – 16.

［171］ Das C, Jharkharia S. Low carbon supply chain: A state-of-the-art literature review ［J］. Journal of Manufacturing Technology Management, 2018, 29（2）: 398 – 428.

［172］ Deng H D, Qi Hu Q, Guan H C, Chen Y S. Menendez M. Building a government-owned open data platform for connected and autonomous vehicles ［J］. Cities, 2024, 149: 104918.

［173］ Dian Ge Y, Kun J, Ding Z, et al. Intelligent and connected vehicles: Current status and future perspectives ［J］. Science China （Technological Sciences）, 2018, 61（10）: 1446 – 1471.

［174］ Ding C, Li XP, Mishra S, Qu XB. Emerging green pathways for a connected and automated vehicle future ［J］. Transportation Research Part D: Transport and Environment, 2024, 127: 104054.

［175］ Du S, Hu L, Song M. Production optimization considering environmental performance and preference in the cap-and-trade system ［J］. Journal of Cleaner Production, 2016, 112（1）: 1600 – 1607.

［176］ Erdös P, Rényi A. On Random Graphs I ［J］. Publicationes Mathematicae, 1959, 6: 290 – 297.

［177］ Erdös P, Rényi A. On the evolution of random graphs ［J］. Publ Math Inst Hung Acad Sci, 1960, 5（1）: 17 – 60.

［178］ Fan R, Dong L. The dynamic analysis and simulation of government subsidy strategies in low-carbon diffusion considering the behavior of heterogeneous agents ［J］. Energy Pol, 2018, 117: 252 – 62.

［179］ Fan RG, Bao XG, Du K, Wang YY, Wang YT. The effect of government policies and consumer green preferences on the R&D diffusion of new energy vehicles: A perspective of complex network games ［J］. Energy,

2022, 254: 124316.

[180] Fan RG, Y Wang YT, Chen FZ, Du K, Wang YY. How do government policies affect the diffusion of green innovation among peer enterprises? – An evolutionary-game model in complex networks [J]. Journal of Cleaner Production, 2022, 364: 132711.

[181] Farooqui AD, Niazi MA. Game theory models for communication between agents: a review [J]. Complex Adaptive Systems Modeling, 2016, 4 (1): 1 –31.

[182] Feng X, Li YY, Huang B. Research on manufacturer's investment strategy and green credit policy for new energy vehicles based on consumers' preferences and technology adoption [J]. Technological Forecasting & Social Change, 2023, 191: 122476.

[183] Fernando Y, Bee PS, Jabbour CJC, Thomé AMT. Understanding the effects of energy management practices on renewable energy supply chains: Implications for energy policy in emerging economies [J]. Energy Policy, 2018, 118 (7): 418 –428.

[184] Fernando Y, Hor WL. Impacts of energy management practices on energy efficiency and carbon emissions reduction: A survey of malaysian manufacturing firms [J]. Resources, Conservation and Recycling, 2017, 126 (11): 62 –73.

[185] Foster D, Young P. Stochastic Evolutionary Game Dynamics [J]. Theoretical population biology, 1990, 38 (2): 219 –232.

[186] Friedman D. On economic applications of evolutionary game theory [J]. Journal of Evolutionary Economics, 1998, 8 (1): 15 –43.

[187] FRIEDMAN M, SCHWARTZ A J. A monetary history of the United States, 1867 – 1960 [M]. Princeton: Princeton University Press, 2008.

[188] Furlan Matos Alves Marcelo W. Contingency theory, climate change, and low-carbon operations management [J]. Supply Chain Management: An International Journal, 2017, 22 (3): 223 –236.

[189] García – Durañona L, Farreny R, Navarro P, Boschmonart – Rives J. Life Cycle Assessment of a coniferous wood supply chain for pallet

production in Catalonia, Spain [J]. Journal of Cleaner Production, 2016, 137 (11): 178 – 188.

[190] Golpîra H, Khan S A R, Safaeipour S. A review of logistics internet – of – things: Current trends and scope for future research [J]. Journal of Industrial Information Integration, 2021, 22: 100194.

[191] Griese KM, Franz M, Busch JN, Isensee C. Acceptance of climate adaptation measures for transport operations: Conceptual and empirical overview [J]. Transportation Research Part D: Transport and Environment 2021, 101: 103068.

[192] Griffin Msefula G, Hou TC, Lemesi T. Dynamics of legal structure and geopolitical influence on carbon tax in response to green transportation [J]. Applied Energy, 2024, 371: 123682.

[193] Guo SQ, Wang J, Zhao DW, Xia CY. Role of second-order reputation evaluation in the multi-player snowdrift game on scale-free simplicial complexes [J]. Chaos, Solitons and Fractals, 2023, 172: 113539.

[194] Guo X, Zhu H, Zhang S. Overview of electrolyser and hydrogen production power supply from industrial perspective [J]. International Journal of Hydrogen Energy, 2023.

[195] Guo YX, Sun QY, Su YQ, Guo YS, Wang C. Can driving condition prompt systems improve passenger comfort of intelligent vehicles? A driving simulator study [J]. Transportation Research Part F: Psychology and Behaviour, 2021, 81: 240 – 250.

[196] Han J, Guo JE, Cai X, Lv C, Lev B. An analysis on strategy evolution of research & development in cooperative innovation network of new energy vehicle within policy transition period [J]. Omega, 2022, 112: 102686.

[197] Hao H, Ou XM, Du JY, Wang HW, Ouyang MG. China's electric vehicle subsidy scheme: Rationale and impacts [J]. Energy Policy, 2014, 73: 722 – 732.

[198] Hawkins T R, Singh B, Majeau‐Bettez G, et al. Comparative environmental life cycle assessment of conventional and electric vehicles [J]. Journal of industrial ecology, 2013, 17 (1): 53 – 64.

513

［199］He HN, Li SQ, Wang SY, Zhao J, Zhang CJ, Ma F. Interaction mechanism between dual-credit pricing and automobile manufacturers' electrification decisions ［J］. Transportation Research Part D: Transport and Environment, 2022, 109: 103390.

［200］He X, Ou SQ, Gan Y, Lu ZF, Przesmitzki SV, Bouchard JL, Sui L, Amer AA, Lin ZH, Yu RJ, Zhou Y, Wang M. Greenhouse gas consequences of the China dual credit policy ［J］. Nature Communications, 2020, 11 (1): 5212.

［201］He Z, Chen P, Liu H, Guo Z. Performance measurement system and strategies for developing low-carbon logistics: A case study in China ［J］. Journal of Cleaner Production, 2017, 156 (7): 395 −405.

［202］Helbing D. Interrelations between stochastic equations for systems with pair interactions ［J］. Physica A: Statistical Mechanics and its Applications, 1992, 181 (1 −2): 29 −52.

［203］Honggang Peng, Zhi Xiao, Mengxian Wang, Xiaokang Wang, Jianqiang Wang. An integrated decision support framework for new energy vehicle evaluation based on regret theory and QUALIFLEX under Z-number environment ［J］. Information Sciences, 2023, 647: 119515.

［204］Hotbllino H. Stability in competition ［J］. The Economic Journal, 1929, 39 (153): 41 −57.

［205］Hotelling H. Stability in Competition ［J］. Economic Journal, 1929, 39 (153): 41 −57.

［206］Hsieh IY, Pan MS, Green WH. Transition to electric vehicles in China: Implications for private motorization rate and battery market ［J］. Energy Policy, 2020, 144: 111654.

［207］Huang J, Leng M, Liang L, Liu J. Promoting electric automobiles: supply chain analysis under a government's subsidy incentive scheme ［J］. Iie Transactions, 2013, 45 (8): 826 −844.

［208］Huang X, Lin Y, Lim M K, et al. Electric vehicle charging station diffusion: An agent based evolutionary game model in complex networks ［J］. Energy, 2022, 257: 124700.

［209］Hui Yu, Ying Li, Wei Wang. Optimal innovation strategies of automakers with market competition under the dual-credit policy [J]. Energy, 2023, 283: 128403.

[210] Huisingh D, Zhang Z, Moore JC, Qiao Q, Li Q. Recent advances in carbon emissions reduction: policies, technologies, monitoring, assessment and modeling [J]. Journal of Cleaner Production, 2015, 103 (9): 1–12.

[211] Ishak SA, Hashim H. Low carbon measures for cement plant-a review [J]. Journal of Cleaner Production, 2015, 103 (9): 260–274.

[212] Jacobs BW, Singhal VR, Subramanian R. An empirical investigation of environmental performance and the market value of the firm [J]. Journal of Operations Management, 2010, 28 (5): 430–441.

[213] Jassim SH, Lu W, Olofsson T. Predicting Energy Consumption and CO2 Emissions of Excavators in Earthwork Operations: An Artificial Neural Network Model [J]. Sustainability, 2017, 9 (7): 1257–1281.

[214] Ji SF, Zhao D, Luo RJ. Evolutionary game analysis on local governments and manufacturers' behavioral strategies: Impact of phasing out subsidies for new energy vehicles [J]. Energy, 2019, 189: 116064.

[215] Jia TW, Li CJ, Wang HL, Hu YJ, Wang SY, Xu GT, Hoang AT. Subsidy policy or dual-credit policy? Evolutionary game analysis of green methanol vehicles promotion [J]. Energy, 2024, 293: 130763.

[216] Jiang W, Dong LF, Liu XY. How does COVID–19 affect the spillover effects of green finance, carbon markets, and renewable/non-renewable energy markets? Evidence from China [J]. Energy, 2023, 281: 128351.

[217] Jiang ZS, Xu CH. Policy incentives, government subsidies, and technological innovation in new energy vehicle enterprises: Evidence from China [J]. Energy Policy, 2023, 177: 113527.

[218] jica M, Blanco G, Santalla E. Carbon footprint of honey produced in Argentina [J]. Journal of Cleaner Production, 2016, 116 (3): 50–60.

[219] Jin M, Tang R, Ji Y, Liu F, Gao L, Huisingh D. Impact of advanced manufacturing on sustainability: An overview of the special volume

on advanced manufacturing for sustainability and low fossil carbon emissions [J]. Journal of Cleaner Production, 2017, 161 (9): 69 –74.

[220] Jun Li, Lili Gao, Xianfeng Hu, Junjun Jia, Shanyong Wang. Effects of personal carbon trading scheme on consumers' new energy vehicles replacement decision: Aneconomic trade-off analysis [J]. Environmental Impact Assessment Review, 2023, 101: 107108.

[221] Kahneman D, Tversky A. Prospect Theory: An Analysis of Decision under Risk [J]. Econometrica, 1979, 47: 263 –292.

[222] Kalecki M. A macrodynamic theory of business cycles [J]. Econometrica, Journal of the Econometric Society, 1935: 327 –344.

[223] Kellner F, Igl J. Greenhouse gas reduction in transport: analyzing the carbon dioxide performance of different freight forwarder networks [J]. Journal of Cleaner Production, 2015, 99 (7): 177 –191.

[224] Kerna T, Kigle S. Modeling andevaluating bidirectionally chargeable electric vehicles in the future European energy system [J]. Energy Reports, 2022, 8: 694 –708.

[225] Kushwaha GS, Sharma NK. Green initiatives: a step towards sustainable development and firm's performance in the automobile industry [J]. Journal of Cleaner Production, 2016, 121 (5): 116 –129.

[226] Lahrichi A, El Issmaeli, Kalanur S, et al. Advancements, strategies, and prospects of solid oxide electrolysis cells (SOECs): Towards enhanced performance and large-scale sustainable hydrogen production [J]. Journal of Energy Chemistry, 2024.

[227] Lee CT, Hashim H, Ho CS, Fan YV, Klemeš JJ. Sustaining the low-carbon emission development in Asia and beyond: Sustainable energy, water, transportation and low-carbon emission technology [J]. Journal of Cleaner Production, 2017, 146 (3): 1 –13.

[228] Lee H, Kim J. Pricing strategies of a battery swapping service for electric vehicles [J]. Transportation Research Part D: Transport and Environment, 2024, 129: 104142.

[229] Li B, Chen YR, Cao SP. Carrot and stick: Does dual-credit policy promote green innovation in auto firms? [J] Journal of Cleaner Pro-

duction, 2023, 403: 136863.

[230] Li BZ, Lv XT, Chen JX. Demand and supply gap analysis of Chinese new energy vehicle charging infrastructure: Based on CNN – LSTM prediction model [J]. Renewable Energy, 2024, 220: 119618.

[231] Li FY, Cao X, Ou R. A network-based evolutionary analysis of the diffusion of cleaner energy substitution in enterprises: The roles of PEST factors [J]. Energy Policy, 2021, 156: 112385.

[232] Li GY, Du HF, He XC. The evolutionary prisoner's dilemma game in continuous signed networks [J]. Chaos, Solitons and Fractals, 2024, 181: 114651.

[233] Li J, Ren H, Wang M. How to escape the dilemma of charging infrastructure construction? A multi-sectorial stochastic evolutionary game model [J]. Energy, 2021, 231: 120807.

[234] Li JJ, Jiao JL, Tang YS. An evolutionary analysis on the effect of government policies on electric vehicle diffusion in complex network [J]. Energy Policy, 2019, 129: 1 – 12.

[235] Li JZ, Ku YY, Liu CL, Zhou YP. Dual credit policy: Promoting new energy vehicles with battery recycling in a competitive environment? [J] Journal of Cleaner Production, 2020, 243: 118456.

[236] Li JZ, Ku YY, Yu Y, Liu CL, Yuping Zhou YP. Optimizing production of new energy vehicles with across-chain cooperation under China's dual credit policy [J]. Energy, 2020, 194: 116832.

[237] Li KJ, Jain S. Behavior – Based Pricing: An Analysis of the Impact of Peer – Induced Fairness [J]. Social Science Electronic Publishing, 2016, 62 (2): 2705 – 2721.

[238] Li MD, Han CF, Shao ZG, Meng LP. Exploring the evolutionary mechanism of the cross-regional cooperation of construction waste recycling enterprises: A perspective of complex network evolutionary game [J]. Journal of Cleaner Production, 2024, 434: 139972.

[239] Li W, Cheng RG, Garg A, Wang NB, Gao L. Batteries boost the internet of everything: technologies and potential orientations in renewable energy sources, new energy vehicles, energy interconnection and trans-

517

mission［J］. Sustainable Energy, Grids and Networks, 2024, 37: 101273.

［240］Li W, Long R, Chen H. Consumers' evaluation of national new energy vehicle policy in China: An analysis based on a four paradigm model ［J］. Energy Policy, 2016, 99 (12): 33 – 41.

［241］Li W, Long R, Chen H. Consumers' evaluation of national new energy vehicle policy in China: an analysis based on a four paradigm model ［J］. Energy Policy, 2016, 99 (12): 33 – 41.

［242］Li X, Wang P, Wang JC, Xiu FZ, Xia YH. State of health estimation and prediction of electric vehicle power battery based on operational vehicle data ［J］. Journal of Energy Storage, 2023, 72: 108247.

［243］Li Y, Tan W, Sha R. The empirical study on the optimal distribution route of minimum carbon footprint of the retail industry ［J］. Journal of Cleaner Production, 2016, 112 (1): 4237 – 4246.

［244］Li Z, Wang WJ, Ye M, Liang XD. The impact of hydrogen refueling station subsidy strategy on China's hydrogen fuel cell vehicle market diffusion ［J］. International Journal of Hydrogen Energy, 2021, 46: 18453 – 18465.

［245］Liao D, Tan B. An evolutionary game analysis of new energy vehicles promotion considering carbon tax in post-subsidy era ［J］. Energy, 2023, 264: 126156.

［246］Liao H, Peng S, Li L, et al. The role of governmental policy in game between traditional fuel and new energy vehicles ［J］. Computers & Industrial Engineering, 2022 (Pt. 2): 169.

［247］Lieberman E, Hauert C, Nowak MA. Evolutionary dynamics on graphs ［J］. Nature, 2005, 433 (7023): 312 – 316.

［248］Lin B, Jia Z. Energy, economic and environmental impact of government fines in China's carbon trading scheme ［J］. Science of the Total Environment, 2019, 667: 658 – 670.

［249］Lin B, Jia Z. What will China's carbon emission trading market affect with only electricity sector involvement? A CGE based study ［J］. Energy Economics, 2019, 78: 301 – 311.

［250］Lin BQ, Shi L. Do environmental quality and policy changes affect the evolution of consumers' intentions to buy new energy vehicles ［J］. Applied Energy 2022, 310: 118582.

［251］Liu D, Xiao X, Li H, Wang W. Historical evolution and benefit-cost explanation of periodical fluctuation in coal mine safety supervision: An evolutionary game analysis framework ［J］. European Journal of Operational Research, 2015, 243 (3): 974 –984.

［252］Liu GY, Guo FX, Liu YG, Zhang YJ, Liu Y, Chen Z, Shen SQ. Weighted double Q-learning based eco-driving control for intelligent connected plug-in hybrid electric vehicle platoon with incorporation of driving style recognition ［J］. Journal of Energy Storage, 2024, 86: 111282.

［253］Liu L, Wang Z, Liu Y, et al. Vehicle product-line strategy under dual-credit and subsidy back-slope policies for conventional/new energy vehicles ［J］. Computers & Industrial Engineering, 2023, 177: 109020.

［254］Liu LY, Liu SF, Wu LF, Zhu JS, Shang G. Forecasting the development trend of new energy vehicles in China by an optimized fractional discrete grey power model ［J］. Journal of Cleaner Production, 2022, 372: 133708.

［255］Liu P. Pricing policies and coordination of low-carbon supply chain considering targeted advertisement and carbon emission reduction costs in the big data environment ［J］. Journal of Cleaner Production, 2019, 210 (2): 343 –357.

［256］Liu X – H, Shan M – Y, Zhang L – H. Low-carbon supply chain resources allocation based on quantum chaos neural network algorithm and learning effect ［J］. Natural Hazards, 2016, 83 (1): 389 –409.

［257］Liu XL, Zhao FQ, Hao H, Liu ZW. Comparative analysis for different vehicle powertrains in terms of energy-saving potential and cost-effectiveness in China ［J］. Energy, 2023, 276: 127564.

［258］Liu Y, Chen K, Hill R V. Delayed premium payment, insurance adoption, and household investment in rural China ［J］. American Journal of Agricultural Economics, 2020, 102 (4): 1177 –1197.

［259］Liu Y, Gupta S, Zhang ZJ. Note on Self – Restraint as an Online Entry – Deterrence Strategy [J]. Management Science, 2006, 52 (11): 1799 – 1809.

[260] Liu YJ, Dong F, Li GQ, Pan YL, Qin C, Yang SS, Li JT. Exploring the factors influencing public support willingness for banning gasoline vehicle sales policy: A grounded theory approach [J]. Energy, 2023, 283: 128448.

[261] Liu ZL, Anderson TD, Cruz JM. Consumer environmental awareness and competition in two-stage supply chains [J]. European Journal of Operational Research, 2012, 218 (3): 602 – 613.

[262] Liu, Y, Dong, F. What are the roles of consumers, automobile production enterprises, and the government in the process of banning gasoline vehicles? Evidence from a tripartite evolutionary game model [J]. Energy, 2022: 122004.

[263] Lou GX, Ma HC, Fan TJ, Chan HK. Impact of the dual-credit policy on improvements in fuel economy and the production of internal combustion engine vehicles [J]. Resources, Conservation & Recycling, 2020, 156: 104712.

[264] Luce RD, Raiffa H. Games and Decisions [J]. New York: Wiley, 1957.

[265] Lv Z, Zhao WJ, Liu Y, Wu J, Hou HT. Impact of perceived value, positive emotion, product coolness and Mianzi on new energy vehicle purchase intention [J]. Journal of Retailing and Consumer Services, 2024, 76: 103564.

[266] Ma MM, Meng WD, Li YY, Bo Huang. Impact of dual credit policy on new energy vehicles technology innovation with information asymmetry [J]. Applied Energy, 2023, 332: 120524.

[267] Mao Z, Zhang S, Li X. Low carbon supply chain firm integration and firm performance in China [J]. Journal of Cleaner Production, 2017, 153 (6): 354 – 361.

[268] Meng XY, Zhou B. Scale-free networks beyond power-law degree distribution [J]. Chaos, Solitons and Fractals, 2023, 176: 114173.

[269] Milakis D, Müller S. The societal dimension of the automated

vehicles transition: Towards a research agenda [J]. Cities, 2021, 113: 103144.

[270] Moon W, Florkowski WJ, Brückner B, Schonhof I. Willingness to Pay for Environmental Practices: Implications for Eco – Labeling [J]. Land Economics, 2002, 78 (1): 88 – 102.

[271] Morin P, Samson C. Control of nonlinear chained systems: from the Routh – Hurwitz stability criterion to time-varying exponential stabilizers [J]. IEEE Transactions on Automatic Control, 1997, 45 (1): 141 – 146.

[272] Nakajima M, Kimura A, Wagner B. Introduction of material flow cost accounting (MFCA) to the supply chain: a questionnaire study on the challenges of constructing a low-carbon supply chain to promote resource efficiency [J]. Journal of Cleaner Production, 2015, 108 (12): 1302 – 1309.

[273] Netz B, Davidson OR, Bosch PR, Dave R, Meyer LA, Netz B, et al. Climate change 2007: mitigation. Contribution of working group III to the fourth assessment report of the intergovernmental panel on climate change. Summary for policymakers [J]. Comput Geom, 2007, 18 (2): 95 – 123.

[274] Neumann JV, Morgenstern O. Theory of Games and Economic Behavior [M]. Princeton: Princeton University Press, 1944.

[275] Newman ME, Watts DJ. Scaling and percolation in the small-world network model [J]. Physical review E, 1999, 60 (6): 7332 – 7342.

[276] Nie QY, Zhang LH, Tong ZH, Hubacek K. Strategies for applying carbon trading to the new energy vehicle market in China: An improved evolutionary game analysis for the bus industry [J]. Energy, 2022, 259: 124904.

[277] Ning JJ, Xiong LX. Analysis of the dynamic evolution process of the digital transformation of renewable energy enterprises based on the cooperative and evolutionary game model [J]. Energy, 2024, 288: 129758.

[278] Nowak MA, May RM. Evolutionary games and spatial chaos [J]. Nature, 1992, 359 (6398): 826 – 829.

[279] Ou SQ, Lin ZH, Qi L, Li J, He X, Przesmitzki S. The dual-

credit policy: Quantifying the policy impact on plug-in electric vehicle sales and industry profits in China [J]. Energy Policy, 2018, 121: 597 – 610.

[280] Pei L, Kong H, Xu Y. Government subsidies, dual-credit policy, and enterprise performance: Empirical evidence from Chinese listed new energy vehicle companies [J]. Chinese Journal of Population, 2023, 21 (2): 71 – 81.

[281] Pei LL, Kong H, Xu YY. Government subsidies, dual-credit policy, and enterprise performance: Empirical evidence from Chinese listed new energy vehicle companies [J]. Chinese Journal of Population, Resources and Environment, 2023, 21: 71 – 81.

[282] Peng Y, Lu Q, Wu X, Zhao YR, Xiao Y. Dynamics of Hotelling triopoly model with bounded rationality [J]. Applied Mathematics and Computation, 2020, 373: 125027.

[283] Pi ZY, Wang K, Wei YM, Huang ZM. Transitioning from gasoline to electric vehicles: Electrification decision of automakers under purchase and station subsidies [J]. Transportation Research Part E: Logistics and Transportation Review, 2024, 188: 103640.

[284] Pu JC, Chun WD, Yang H. Low carbon strategy and coordination for a two-echelon automotive supply chain considering dual credit policy [J]. Computers & Industrial Engineering, 2024, 192: 110229.

[285] Rand D. Exotic phenomena in games and duopoly models [J]. Journal of Mathematical Economics, 1978, 5 (2): 173 – 184.

[286] Ren MH, Zhou T, Wang CX. New energy vehicle innovation network, innovation resources agglomeration externalities and energy efficiency: Navigating industry chain innovation [J]. Technological Forecasting & Social Change, 2024, 200: 123114.

[287] Rogers EM. The Diffusion of Innovation, Free Press. New York 1995.

[288] Roth M A, Lokesh R, Tang J Q, et al. Punishment Leads to Greater Sensorimotor Learning But Less Movement Variability Compared to Reward [J]. Neuroscience, 2024, 540: 12 – 26.

[289] Rowley C, Tollison RD, Tullock G. The political economy of

rent-seeking [M]. Springer Science & Business Media, 2013.

[290] Rubinstein A. Experience from a course in game theory: pre – and postclass problem sets as a didactic device [J]. Games and Economic Behavior, 1999, 28 (1): 155 – 170.

[291] Schlag KH. Why imitate, and if so, how?: A boundedly rational approach to multi-armed bandits [J]. Journal of economic theory, 1998, 78 (1): 130 – 156.

[292] Schumpeter JA. The theory of economic development: an inquiry into profits, capital, credit, interest, and the business cycle [J]. Harvard University Press. Cambridgr, 1934.

[293] Sha H, Singh MK, Haouari R, Papazikou E, Quddus M, Quigley C, Chaudhry A, Thomas P, Weijermars W, Morris A. Network-wide safety impacts of dedicated lanes for connected and autonomous vehicles [J]. Accident Analysis and Prevention, 2024, 195: 107424.

[294] Shaharudin MS, Fernando Y, Chiappetta Jabbour CJ, Sroufe R, Jasmi MFA. Past, present, and future low carbon supply chain management: A content review using social network analysis [J]. Journal of Cleaner Production, 2019, 218 (5): 629 – 643.

[295] Shen J Q, Gao X, He W J, et al. Prospect theory in an evolutionary game: Construction of watershed ecological compensation system in Taihu Lake Basin [J]. Journal of Cleaner Production, 2021, 291: 125929.

[296] Shi L, Lin BQ. The dual-credit policy effectively replaces subsidy from the perspective of R&D intensity [J]. Environmental Impact Assessment Review, 2023, 102: 107160.

[297] Sierzchula W, Bakker S, Maat K, Wee BV. The influence of financial incentives and other socio-economic factors on electric vehicle adoption [J]. Energy Policy, 2014, 68: 183 – 194.

[298] Smith JM, Smith JMM. Evolution and the Theory of Games [M]. Cambridge university press, 1982.

[299] Sun Q, Chen H, Long R, et al. Who will pay for the "bicycle cemetery"? Evolutionary game analysis of recycling abandoned shared bicycles under dynamic reward and punishment [J]. European Journal of Opera-

tional Research, 2023, 305 (2): 917 – 929.

[300] Suna YF, Zhang YJ, Su B. Impact of government subsidy on the optimal R&D and advertising investment in the cooperative supply chain of new energy vehicles [J]. Energy Policy, 2022, 164: 112885.

[301] Szabó G, Töke C. Evolutionary prisoner's dilemma game on a square lattice [J]. Physical Review E, 1998, 58 (1): 69 – 73.

[302] Takeuchi Y, Yamamura T. Stability analysis of the Kaldor model with time delays: monetary policy and government budget constraint [J]. Nonlinear Analysis: Real World Applications, 2004, 5 (2): 277 – 308.

[303] Tang L, Wu J, Yu L, et al. Carbon emissions trading scheme exploration in China: A multi-agent-based model [J]. Energy Policy, 2015, 81: 152 – 169.

[304] Tang J, Wu Q, Chen Y, et al. Evolutionary game analysis of the production decisions of automakers in the Chinese automobile industry: a tripartite model of government, automakers, and consumers [J]. Journal of Systems Science and Systems Engineering, 2023, 32 (6): 708 – 728.

[305] Tao Jin, Yulian Jiang, Xingwen Liu. Evolutionary game analysis of the impact of dynamic dual credit policy on new energy vehicles after subsidy cancellation [J]. Applied Mathematics and Computation, 2023, 440: 127677.

[306] Tian Y, Govindan K, Zhu Q. A system dynamics model based on evolutionary game theory for green supply chain management diffusion among Chinese manufacturers [J]. Journal of Cleaner Production, 2014, 80 (7): 96 – 105.

[307] Vasconcelos VV, Santos FP, Santos FC, Pacheco JM. Stochastic Dynamics through Hierarchically Embedded Markov Chains [J]. Physical review letters, 2017, 118 (5): 1 – 9.

[308] Wang C, Wang Z, Ke R – Y, Wang J. Integrated impact of the carbon quota constraints on enterprises within supply chain: Direct cost and indirect cost [J]. Renewable and Sustainable Energy Reviews, 2018, 92 (9): 774 – 783.

[309] Wang C, Yang JJ, Zhang XY, Lee YK. Does value orientation

predict buying intention of new energy vehicles?[J]. Transport Policy, 2024, 153: 68 - 75.

[310] Wang G, Chao YC, Jiang TL, Chen ZS. Facilitating developments of solar thermal power and nuclear power generations for carbon neutral: A study based on evolutionary game theoretic method [J]. Science of the Total Environment, 2022, 814: 151927.

[311] Wang J, He YG, Wang HG, Wu EF. Low-carbon promotion of new energy vehicles: A quadrilateral evolutionary game [J]. Renewable and Sustainable Energy Reviews, 2023, 188: 113795.

[312] Wang L, Zheng J. Research on low-carbon diffusion considering the game among enterprises in the complex network context [J]. J Clean Prod, 2019, 210: 1 - 11.

[313] Wang ML, Wang XY, Liu ZC, Han ZY. How can carbon trading promote the green innovation efficiency of manufacturing enterprises? [J] Energy Strategy Reviews, 2024, 53: 101420.

[314] Wang Q, Zhu HT. Combined top-down and bottom-up approach for CO_2 emissions estimation in building sector of beijing: Taking new energy vehicles into consideration [J]. Energy, 2024, 290: 130302.

[315] Wang R, Zhan L, Xu ZM, Wang RX, Wang JB. A green strategy for upcycling utilization of core parts from end-of-life vehicles (ELVs): Pollution source analysis, technology flowchart, technology upgrade [J]. Science of The Total Environment, 2024, 912: 169609.

[316] Wang SJ, Liu Q. Decentralized multi-agent collaborative innovation platform for new energy vehicle core technology breakthrough with digital empowerment: From the perspective of prospect theory [J]. Heliyon, 2023, 9: e14553.

[317] Wang W, Li JZ. A tripartite evolutionary game model for the hydrogen fuel cell vehicle industry development under government regulation in China [J]. Fuel, 2023, 348: 128223.

[318] Wang Y Y, Fan R G, Du K, et al. Private charger installation game and its incentive mechanism considering prospect theory [J]. Transportation Research Part D: Transport and Environment, 2022, 113: 103508.

525

［319］Wang YT, Fan RG, Wang DX, Qian RO. Impact of the dual-credit policy on electric vehicle diffusion considering information transmission ［J］. Transportation Research Part D: Transport and Environment, 2023, 121: 103852.

［320］Wang YW, Miao Q. The impact of the corporate average fuel economy standards on technological changes in automobile fuel efficiency ［J］. Resource and Energy Economics, 2021, 63: 101211.

［321］Wang YY, Fan RG, J Lin JC, Chen FZ, Qian, RR. The effective subsidy policies for new energy vehicles considering both supply and demand sides and their influence mechanisms: An analytical perspective from the network-based evolutionary game ［J］. Journal of Environmental Management, 2023, 325: 116483.

［322］Wang ZC, Li XY, Xue XH, Liu YH. More government subsidies, more green innovation? The evidence from Chinese new energy vehicle enterprises ［J］. Renewable Energy, 2022, 197: 11 – 21.

［323］Watts DJ, Strogatz SH. Collective dynamics of ‘ small-world ’ networks ［J］. nature, 1998, 393 (6684): 440 – 442.

［324］Weibull JW. Evolution game theory ［M］. Cambridge: MIT Press, 1995.

［325］Werner Güth W, Bezalel Peleg B. When will payoff maximization survive? An indirect evolutionary analysis ［J］. Journal of Evolutionary Economics, 2001, 11 (5): 479 – 499.

［326］Widera B. Renewable hydrogen implementations for combined energy storage, transportation and stationary applications ［J］. Thermal Science and Engineering Progress, 2020, 16: 100460.

［327］Williams N, Barth M. A Qualitative Analysis of Vehicle Positioning Requirements for Connected Vehicle Applications ［J］. IEEE Intelligent Transportation Systems Magazine, 2020, 13: 225 – 242.

［328］Wu Y, Aziz SM, Haque MH. Vehicle-to-home operation and multi-location charging of electric vehicles for energy cost optimisation of households with photovoltaic system and battery energy storage ［J］. Renewable Energy, 2024, 221: 119729.

[329] Wu YE, Wang XY, Liu ZY, Zhao XK. Research on low-car-bon technology diffusion among enterprises in networked evolutionary game [J]. Chaos, Solitons and Fractals, 2023, 174: 113852.

[330] Xiao GM, Lee J, Jiang QS, Huang HL, Mohamed A – A, Wang L. Safety improvements by intelligent connected vehicle technologies: A meta-analysis considering market penetration rates [J]. Accident Analysis and Prevention, 2021, 159: 106234.

[331] Xiao L, Chen ZS, Hou R, Abbas Mardani, Miroslaw. Skib-niewski. Greenness-based subsidy and dual credit policy to promote new ener-gy vehicles considering consumers' low-carbon awareness [J]. Computers & Industrial Engineering, 2023, 185: 109620.

[332] Xiao T, Yu G. Marketing objectives of retailers with differentia-ted goods: An evolutionary perspective [J]. Systems Science and Engineer-ing, 2006, 15 (3): 359 – 374.

[333] Xiao TJ, Yu G. Supply chain disruption management and evolu-tionarily stable strategies of retailers in the quantity-setting duopoly situation with homogeneous goods [J]. European Journal of Operational Research, 2006; 173 (2): 648 – 668.

[334] Xie Y, Wu DS, Zhu SJ. Can new energy vehicles subsidy curb the urban air pollution? Empirical evidence from pilot cities in China [J]. Science of the Total Environment, 2021, 754: 142232.

[335] Xie YP, Chen RJ, Cheng JR. How can new-energy vehicle companies use organizational resilience to build business ecological advanta-ges? The role of ecological niche and resource orchestration [J]. Journal of Cleaner Production, 2023, 415: 137765.

[336] Xiong YQ, Cheng Q. Effects of new energy vehicle adoption on provincial energy efficiency in China: From the perspective of regional imbal-ances [J]. Energy, 2023, 281: 128324.

[337] Xu X, Hou YY, Zhao CP, Shi L, Gong Y. Research on coop-eration mechanism of marine plastic waste management based on complex net-work evolutionary game [J]. Marine Policy, 2021, 134: 104774.

[338] Yang D – X, Meng J, Yang L Nie P – Y, Wu Q – G. Dual –

527

Credit Policy of new energy automobile at China: Inhibiting scale or intermediary of innovation? Energy Strategy Reviews, 2022, 43: 100932.

［339］Yang L, Liu SN. Analysis on the Development Status of ICV ［C］. 17th IEEE International Wireless Communications and Mobile Computing Conference (IEEE IWCMC), 2021: 2153 –2156.

［340］Yang S, Wen W, Zhou P. Heterogeneous electric vehicle market resilience and underlying contributors: Evidence from China ［J］. Transportation Research Part D: Transport and Environment, 2024, 129: 104111.

［341］Yang WX, Hu Y, Ding QY, Gao H An evolutionary approach to explain reciprocal behavior in a simple strategic game, Li LG. Comprehensive Evaluation and Comparative Analysis of the Green Development Level of Provinces in Eastern and Western China ［J］. Sustainability, 2023, 15: 3965.

［342］Yang WX, Pan LY, Ding QY. Dynamic analysis of natural gas substitution for crude oil: Scenario simulation and quantitative evaluation ［J］. Energy, 2023, 282: 128764.

［343］Yang WX, Yang YP, Chen HM. How to stimulate Chinese energy companies to comply with emission regulations? Evidence from four-party evolutionary game analysis ［J］. Energy, 2022, 258: 124867.

［344］Yaoming Li, Qi Zhang, Boyu Liu, Benjamin McLellan, Yuan Gao, Yanyan Tang. Substitution effect of New – Energy Vehicle Credit Program and Corporate AverageFuel Consumption Regulation for Green-car Subsidy ［J］. Energy, 2018, 152: 223 –236.

［345］Ying LM, Zhou J, Tang M, Guan SG, Zou Y. Mean-field approximations of fixation time distributions of evolutionary game dynamics on graphs ［J］. Frontiers of Physics, 2018, 13 (1): 130 –151.

［346］Yu RJ, Cong LZ, Hui YJ, Zhao DC, Yu BY. Life cycle CO2 emissions for the new energy vehicles in China drawing on the reshaped survival pattern ［J］. Science of the Total Environment, 2022, 826: 154102.

［347］YU X, LAN Y, ZHAO R. Strategic green technology innovation in a two-stage alliance: Vertical collaboration or co-development? ［J］ Omega, 2021, 98: 102116.

[348] Yu YM, Xu H, Cheng JP, Wan F, Ju L, Liu QZ, Liu J. Which type of electric vehicle is worth promoting mostly in the context of carbon peaking and carbon neutrality? A case study for a metropolis in China [J]. Science of the Total Environment, 2022, 837: 155626.

[349] Yuan X, Liu X, Zuo J. The development of new energy vehicles for a sustainable future: A review [J]. Renewable & Sustainable Energy Reviews, 2015, 42 (2): 298 - 305.

[350] Zeng H, Chen X, Xiao X, Zhou Z. Institutional pressures, sustainable supply chain management, and circular economy capability: Empirical evidence from Chinese eco-industrial park firms [J]. Journal of Cleaner Production, 2017, 155 (7): 54 - 65.

[351] Zeng IY, Du C, Xiong J, Gong T, Wu T. Tax policy or carbon emission quota: A theory on traditional ICEV transportation regulation [J]. Energy, 2024, 289: 129848.

[352] Zhang FX, He YX, Xie SM, Shi WT, Zheng MX, Wang YW. Research on the game of fishermen's cooperative behavior in developing marine carbon sink fisheries from a complex network perspective [J]. Ocean and Coastal Management, 2023, 244: 106832.

[353] Zhang L, Wang J, You J. Consumer environmental awareness and channel coordination with two substitutable products [J]. European Journal of Operational Research, 2015, 241 (1): 63 - 73.

[354] Zhang P, Ding R. How to achieve carbon abatement in aviation with hybrid mechanism? A stochastic evolutionary game model [J]. Energy, 2023, 285: 129349.

[355] Zhang T, Ma CQ, Yong CH. Development Status and Trends of New Energy Vehicles in China [J]. AIP Conference Proceedings, 2019, 2066: 020012.

[356] Zhang WS, Luo R, Mao QS, Zhu ZN. Optimal production cooperation strategies for automakers considering different sales channels under dual credit policy [J]. Computers & Industrial Engineering, 2024, 187: 109769.

［357］Zhang X，Bai X. Incentive policies from 2006 to 2016 and new energy vehicle adoption in 2010 – 2020 in China ［J］. Renewable & Sustainable Energy Reviews，2017，70：24 – 43.

［358］Zhang YJ，Peng Y L，Ma C Q，et al. Can environmental innovation facilitate carbon emissions reduction? ［J］ Evidence from China. Energy Policy，2017，100：18 – 28.

［359］Zhao C，Yin YT，Dong KY，Yang CC，Wang K. How does port alliance survive extreme weather? Analysis using stochastic evolutionary game ［J］. Transportation Research Part D：Transport and Environment，2024，133：104294.

［360］Zhao D，Ji SF，Wang HP，Jiang LW. How do government subsidies promote new energy vehicle diffusion in the complex network context? A three-stage evolutionary game model ［J］. Energy，2021，230：120899.

［361］Zhao D，Wang J，Li Y – K，Tang J – H，Zhang S – W. How to promote the transition of fuel vehicle enterprises under dual credit policy? An improved tripartite evolutionary game analysis with time delay ［J］. Energy，2024，293：130696.

［362］Zhao P，Ma S – C，An HZ. Market-driven transformation policy for mobility electrification：An agent-based modelling approach ［J］. Transportation Research Part D：Transport and Environment，2024，129：104148.

［363］Zheng P，Pei WJ，Pan WB. Impact of different carbon tax conditions on the behavioral strategies of new energy vehicle manufacturers and governments – A dynamic analysis and simulation based on prospect theory ［J］. Journal of Cleaner Production，2023，407：137132.

［364］Zhou H，Liu M，Tan Y. Long-term emission reduction strategy in a three-echelon supply chain considering government intervention and Consumers' low-carbon preferences ［J］. Computers & Industrial Engineering，2023，186：109697.

［365］Zhou X，Wei X，Lin J，et al. Supply chain management under carbon taxes：A review and bibliometric analysis ［J］. Omega，2021，98：102295.

［366］Zhu X, Ma Y, Kong LL, Yang JZ. Understand consumers' true views on new energy vehicles through behavioral reasoning and brand extension fit ［J］. Research in Transportation Business & Management, 2023, 49: 100974.

［367］Zhu YY, Xia CY. Asynchronous best-response dynamics of networked anti-coordination game with payoff incentives ［J］. Chaos, Solitons and Fractals, 2023, 172: 113503.

［368］Zhuge XZ, Wang CY. Integrated modelling of autonomous electric vehicle diffusion: From review to conceptual design ［J］. Transportation Research Part D: Transport and Environment, 2021, 91: 102679.